普通高等教育"十一五"国家级规划教材

中国历史地理概述

第四版

邹逸麟 编著

上海教育出版社
SHANGHAI EDUCATIONAL
PUBLISHING HOUSE

出 版 说 明

《中国历史地理概述》(第三版)出版于 2013 年,距今整十年。

2018 年,邹逸麟先生接受上海教育出版社王鹏编辑的建议,开始着手主编一部为《中国历史地理概述》配套的参考资料。参考资料由中国人民大学华林甫教授、复旦大学傅林祥教授和段伟教授具体负责,参与编写的人员都是邹逸麟先生的学生及学生指导的研究生,除以上三位外,还有上海交通大学陈业新教授、上海海事大学林荣琴副教授、复旦大学杨煜达教授、淮阴师范学院李德楠教授,以及复旦大学博士生王华震、罗诚,中国人民大学博士生薛梦缘、硕士生朱琰怡,上海交通大学博士生龚俊文、范程琳。

在参考资料编写启动会上,邹逸麟先生就告诉我们,也要启动《中国历史地理概述》(第三版)的修订工作,准备出第四版,要求我们把发现的第三版中的错误汇集起来告诉他,具体工作仍由华林甫、傅林祥和段伟三位负责。

邹逸麟先生自 2019 年 6 月初开始住院,至 2020 年 6 月 19 日永远离开了我们,留给我们无尽的思念和未竟的事业。我们在清理邹先生的遗稿时,发现他已着手修订第三版中的一些错误,用红色水笔标出。秉承邹先生的遗愿,段伟、林荣琴和刘龙雨(南京师范大学副教授)三位老师及学生石哲宇(复旦大学博士生)、张彦娇(复旦大学硕士生)、王添翼(南京师范大学硕士生)、马郝楠、吴龙杰、佟金玥、章智恒(以上四位为南京师范大学本科生)以及本书编辑毛浩老师对第三版进行了全面修订,主要是修改、补充了一些注释,并修正了一些因近些年行政区划变动引起的古今地名差。

本书用作高校教材,邹逸麟先生力求言简意赅,条理清晰,不加重读者的阅读负担,故我们对正文基本没有补充。限于时间和我们的学识水平,肯定还有一些讹误没有修订,愧对邹先生,也敬请各位读者指出,以便今后有机会修改。特此说明。

8 月 3 日是邹逸麟先生的生日,值此书出版之际,向先生致以崇高的敬意!

2023 年 8 月 3 日

第三版前言

  本教材 2007 年版改由上海教育出版社出版以来，已过去六年了。去年上海教育出版社张文忠先生向我建议对该教材作一次修订，时间为一年。我当时有些犹豫，一则是因为手头上还有些项目没有全部完成，不可能腾出很多时间加以修订；二则我个人已年逾古稀，精力有限，很难再作大规模的修订。后来想想，这几年确实有不少历史地理新作问世，本教材里有的内容比较陈旧，也还有错误。为了对读者负责，决定勉为其难地作一次浅表的修订。主要工作是：一、对本书中括注的今地名以 2010 年的行政区划标准作了全面的修改。这方面得到了上海辞书出版社张敏女士很大的帮助，特此致谢。二、根据已出版的有关论著，在内容上作了部分修正和补充。三、全书插图，请陈伟庆女士作了全面的审核和修改。总的说来，修订的幅度不大，未敢打破旧框架，重起炉灶。原因是个人学识、时间和精力均有限，夕阳之年，已无能为力了。再说作为基本教材，也不宜过于扩充篇幅，徒增读者的负担。好在有许多相关著作出版，有志于此的读者完全可以以本书为线索作进一步的阅读和研究。

邹逸麟

2012 年 12 月 1 日

第二版前言

　　本书初版于1993年,由福建人民出版社出版。1999年重印了一次,重印时对内容并未作任何修改,只是改正了一些错字。自初版问世以来的十多年里,本书不仅是不少高校"中国历史地理概论"课程的基本教材,还成了报考历史地理专业研究生的主要参考书,所以还是比较受欢迎的。但是我总觉得作为中国历史地理一门概论性质的课程,本教材还存在许多缺陷与不足。所以我在每次课程结束时,总要求同学对本教材提出意见,希望有机会能作些修订工作。多年来同学们的意见归纳起来大致是两个方面:一是历史人文地理方面的内容太少,而这正是同学们比较感兴趣的部分;二是所附地图太少,特别是自然和疆域部分,没有地图光看文字,弄不明白,而同学们又没有条件去查阅许多地图。这些意见我总是铭记在心,希望有机会修订的话,一定尽量设法改进。

　　不久前华东师范大学历史系冯贤亮君向上海教育出版社推荐出本书的改订版,承出版社慨允出版,我当然很高兴。于是在一年多时间里利用晚上时间作了一次全面的改订。我在《重印附记》中说:"本书的缺点是显而易见的,如不少新的成果未及吸收,人文方面还显得单薄。如果以后有需要、有时间的话,将考虑作一次大的修改。"所以这次改订大体上作了三方面的工作:一是尽可能吸收这十余年里历史地理学界同行的研究成果,使教材的内容不至于太陈旧;二是对历史人文地理部分作了较大的补充,特别是社会经济、文化方面,增加了不少内容;三是增补了二十多幅地图。

　　在改订过程中深感历史地理这一学科涉及的知识面很广,个人研究的范围很小,所知有限,大有力不胜任之感。所以补充的内容绝大部分是吸收别人的成果,主要有科学出版社出版的《中国历史人文地理》、复旦大学出版社出版的《中国人口史》等,还有许多单篇论文。有的注明出处,有的是融合诸家所说,难以一一说明,故特此声明。所附地图均由复旦大学历史地理研究中心陈伟庆女士重新绘制,特此致谢。

本改订本在今后的使用过程中一定还会发现许多不足之处。我想一门基础学科的教材总得经几代人的努力,才能做得比较完备。希望若干年后,年轻的同行能再编一本新的教材来取代它,我们这一代人也就完成历史使命了。

邹逸麟

2007 年 4 月记于复旦十二宿舍

目　　录

第一章　历史地理学的研究对象、学科性质和学科发展简史

历史地理学是研究历史时期地理环境变化和发展的学科。所谓历史时期,是指新石器时代以来至当代的人类活动的历史时期。时间大约是一万年。新石器时代以前谓之史前时代,史前时代的地理环境是地质学的研究对象,当代的地理环境是现代地理学的研究对象。历史地理学就是研究新石器时代以来直至当代的地理环境形成以前,这段时期地理环境的发展、变化的过程,是地质学和现代地理学之间承上启下的学科。地质时代地理现象的变化是很缓慢的,往往以几万年、几十万年计。而历史时期由于人类活动的影响,随着科技的发展、生产力的提高,地理环境的变化就越来越频繁、显著。当代地理现象是地质时代以来人类社会活动对地理环境影响的最终结果。人类活动离不开地理环境。地理环境好比是舞台,历史好比是一幕幕活剧。过去学者多认为地理是学习和研究历史的一把钥匙,因为地理环境与人类历史的发展有密切的关系。我们虽然不是地理环境决定论者,但地理环境在人类历史发展过程中的重大影响是不能忽视的。在人类社会早期,地理环境可以说有着决定性意义。而在今天这个科技高度发达的时代,全球气候变暖,很多地区水资源缺乏、环境遭受破坏,也明显影响着当今社会的发展。历史地理学也就是一门研究人地关系的学科,与自然、人文和社会科学中有关的各分支都有密切的关系。

第一节　当代历史地理学的产生和发展过程

历史地理在我国有悠久的历史,其前身为沿革地理。沿即沿袭,革即变革。沿革地理主要研究历代疆域、政区制度、地方名称和方位、水道名称和流经的沿袭和变革。它在我国有很古老的传统,成书于公元初的《汉书·地理志》是一篇作者所处时代的地理学著作,但其所记不限于西汉一朝,而是"采获旧闻,考迹《诗》《书》,推表山川,以缀《禹贡》《周礼》《春秋》,下及战国、秦、汉"。所记汉代的政区、山川地

名,大多追溯汉前的沿革,此后正史中的 16 部《地理志》,基本因袭了这种传统。此外,从现存最早的全国地理总志《元和郡县志》,到宋代《太平寰宇记》《舆地纪胜》以至明清《一统志》,都是以追述沿革地理为其重要内容。在古代记述河渠水利的专著中,也多注意记述河渠水利的沿革,如司马迁《史记·河渠书》就从大禹治水、战国水利开始讲起,再论及当代的水利。以后从郦道元的《水经注》至唐宋以下各代河渠水利专著,无不涉及历史上的沿革变化。除了上述地理著作中注意历史沿革外,还有专门讲沿革地理的著作,如宋代王应麟《通鉴地理通释》就是专讲历代地理沿革的。元人胡三省注《资治通鉴》特别注意地理沿革。明清之际顾祖禹《读史方舆纪要》,顾名思义就是为读史写的地理书。近当代历史学家也大多注意沿革地理的研究,如王国维、顾颉刚、钱穆等。因此,可以说我国古代地理著作中注意沿革具有二千多年的历史传统。

但是我国古代的地理学并未成为一门独立的学科,而是历史学的辅助学科,其在地理学著作中注重沿革,目的也是为研究历史服务,所以中国传统图书的四部分类中,地理类列入史部。沿革地理学作为历史学的辅助学科,发展到了清代乾嘉时期成为一门显学,出现钱大昕、王鸣盛、赵翼等名家。清末杨守敬则是传统沿革地理学的集大成者,20 世纪初(1906 年)出版了由他主编的《历代舆地图》,绘制了自春秋至明代的历代疆域政区图,并辅以山川形势,历代正史地理志中的县级以上地名基本全收,并绘出了一级政区的界线,是历来历史地图中最详备的一种。在地名考订方面,吸收了以往沿革地理的主要研究成果,并对《地理志》中的讹误进行纠正;或一朝或一国为一组,共 44 组,图首冠以“历代舆地沿革险要图”,分订 34 册,以《大清一统舆图》为底图,朱墨套印,古今对照,代表了两千年来沿革地理的最后终结。此外还有他的《水经注疏》《水经注图》,都是中国沿革地理学史上的里程碑著作,为后人进一步研究沿革地理作出了重大贡献。

地理学变成一门独立的学科是近代西方科学思想输入以后的事,历史地理学也同样如此。“五四”前后,西方地理学思想和方法输入中国,许多历史学家、地理学家认为历史地理不能限于沿革地理,应全方位研究历史时期的各地理要素,方能形成现代意义的历史地理学。此可以禹贡学会为代表。1934 年在燕京大学教书的顾颉刚、谭其骧先生发起并组织了以《尚书》中的一篇我国最早的地理著作《禹贡》命名的历史地理学会,主要成员是燕京、北大、清华、辅仁的学生和青年教师,当代一些史学界的前辈如吴晗、韩儒林、白寿彝、冯家昇、翁独健、侯仁之、史念海和从事地方志研究的朱士嘉等都是当时禹贡学会的成员。同时还创办《禹贡》半月刊,自 1934 年 3 月创刊,到 1937 年"七七"事变停刊,共出版了 7 卷 82 期,发表论文 708 篇,内容包括历史、自然、经济、城市、交通、人口、民族、民俗、边疆史地等各个领域,对后代有很大影响。抗战军兴,学校内迁,学会无形解散,人员四散,历史地理的研究也告中断。

禹贡学会和《禹贡》半月刊创办的三年余,是我国历史地理学发展的关键时期,也是从传统的沿革地理学向现代历史地理学发展的转变时期。刊物初办时英文名称为：THE EVOLUTION OF CHINESE GEOGRAPHY,意为"中国地理(发展)沿革史"。但自第三卷起改为：THE CHINESE HISTORICAL GEOGRAPHY,即"中国历史地理"。这说明学会已经感到传统的地理沿革史已不能适应当时的要求。禹贡学会和《禹贡》半月刊存在的时间很短,但在当时学术界中兴起了一股研究历史地理学的高潮,也为此后历史地理学的发展打下了扎实的基础。

现代历史地理学真正得到长足的发展是在新中国成立以后。1954 年第一届全国人民代表大会上,毛泽东主席向吴晗建议编一套便于通读《资治通鉴》的历史地图。当时曾设想比较方便快速的是改编重绘杨氏《历代舆地图》,即利用现代制图方法重新编绘一次,但在实践过程中行不通。于是决定重起炉灶,新编一部《中国历史地图集》。经吴晗建议,由复旦大学谭其骧教授主持此事。

从 1955 年至 1987 年陆续出版的由谭其骧主编的《中国历史地图集》,是 20 世纪后半叶中国历史地理学上另一部具有里程碑意义的著作。图集共分八册,上自原始社会,下迄清末,分为 20 个图组,分图 304 幅。它不仅包括了历代中原王朝的统治范围,还包括边区少数民族政权所辖的地区,体现了中国是多民族共同缔造的国家。内容以疆域政区为主,收录了全部可考的县级以上的地名和县级以上的行政单位和界线,还收录了部分县级以下地方的重要地名。此外,山岭、长城、边塞、关津等要素以及重要的交通道路,历代河流、湖泊、海岸的变迁,均尽可能地以科学方法予以表示。全部地名约七万个。虽然图集的性质是普通历史地图集,内容以疆域政区为主,但其方法已非完全因袭传统的沿革地理学,而是吸收了 20 世纪以来现代历史地理学、地理学、考古学、历史学、测绘制图学的研究成果。它是"五四"以来现代历史地理学研究成果的全面总结,为以后历史地理学各分支学科的发展奠定了基础。同时,图集内容还包括原始社会和四周各边疆地区的历代政区,内容超过以往的所有历史地图集。因此,除了谭其骧教授所在的复旦大学历史地理研究室的同志参加外,还组织了南京大学、云南大学和中科院历史所、民族所、考古所、近代史所等一百多位同志参加。传统的沿革地理学主要从事中原王朝沿革地理的研究,对边区少数民族政权的地理一向不重视,且缺乏系统研究。如今要绘制详细的边区历史地图,许多问题需要从头开始研究。因此 20 世纪 60 年代开始,全国有一百多位学者对有关的历史地理问题进行了全面的研究,在全国历史地理学界掀起了一个历史地理研究的高潮,前后达 30 年之久。至今 70 岁以上的历史地理工作者,不少是参加过图集编制工作的。

20 世纪是中国历史地理学从传统向现代转变的时期,《历代舆地图》《中国历史地图集》这两部历史地图集正是两个发展阶段的里程碑。

历史地理学发展的第三个高潮则以《中国自然地理·历史自然地理》的编写、出版为标志。20 世纪 70 年代,中国科学院组织编写了一套"中国自然地理"丛书,其中一本为《历史自然地理》。虽然从 30 年代开始有人涉及历史自然地理的个别问题,但极为零星,不成系统。自从 1972 年竺可桢先生发表了《中国近五千年来气候变迁的初步研究》一文后,它得到国内外学界的高度重视。以历史气候为核心的有关历史自然地理问题,引起了历史地理学界的浓厚兴趣。再联系到 60 年代以来,我国自然灾害频发,环境日趋恶化,历史地理学界深感对自然变迁研究的必要。《历史自然地理》这本著作的编写,正迎合了这种要求。于是历史气候、植被、水系、海岸、沙漠等一系列历史自然地理问题成了历史地理学界的热门课题。

第四个高潮的兴起始于 20 世纪 90 年代。新中国成立后,人文地理学一度受到了冷落,历史人文地理学更无人问津。改革开放以来,人文精神、人文学科得到了知识界的关注,人文地理学也同样开始受到人们的重视。1992 年,谭其骧教授发表了《历史人文地理研究发凡与举例》一文,建议积极开展历史人文地理的研究。在老一辈历史地理学家的倡导下,历史人文地理掀起了一个研究高潮,在历史人口、农业、文化地理,以及城市、交通、物产等领域均有明显成果。现今流传的一些历史人文地理著作,都出版于 90 年代。特别是环境问题受到全面重视后,地理学界深感人们的行为对自然环境影响很大,而人类活动对环境的影响有一个历史过程,因此一些研究当代地理学的工作者也感到需要掌握历史人文地理的知识,不少学者也加入了历史人文地理研究的行列。黄河流域和长江流域的文化地理成了热门课题,如今正方兴未艾。近年来,灾害与社会的关系问题也成为历史地理学、经济学界和地理学界的热门课题。这是将历史自然地理和历史人文地理结合的研究课题,着重研究人地关系。因此可以说 20 世纪 90 年代是中国历史人文地理最兴盛的时期,估计这种情况还要延续一个阶段。2001 年科学出版社出版的《中国历史人文地理》,可以说是这个时期研究的初步总结。当前历史地理学普遍关心的是人地关系的综合研究,将不断有新的成果出现。

党的十八大提出,要实现中华民族的可持续发展,必须大力推进生态文明建设,其中包括推进荒漠化、石漠化、水土流失的综合治理,扩大森林、湖泊、湿地面积,保护生物多样性,增强对自然灾害的防御能力,强化对水、大气、土壤等污染的防治,等等。历史地理学对于地理环境的演变发展以及与人类活动关系的研究,无疑会为生态文明建设提供理论和实践的指导。

第二节 历史地理学的研究对象和学科性质

历史地理学是研究历史时期地理环境的变化及其规律的科学。地理环境包括自然和人文两个方面。自然地理环境是指人类社会周围的自然界,包括作为生产资料和劳动对象的各种自然要素,如气候、植被、水文、地貌(河流、湖泊、海岸、沙漠)、土壤、生物,等等。自然环境是人类赖以生存的空间。在漫长的人类历史时期里,自然环境处于不断的运动变化之中。恩格斯指出:"如果地球是某种逐渐生成的东西,那末它现在的地质的、地理的、气候的状况,它的植物与动物,也一定是某种逐渐生成的东西,它一定不仅有在空间中互相邻近的历史,而且还有在时间上前后相继的历史。"[①]这种空间上、时间上的每一重大变化,都会给人类社会带来巨大的影响。反之,人类社会的活动,也同样影响着周围的自然环境。因此,研究历史时期自然环境的变迁,不论对历史学还是地理学,都是十分重要的。由于中国历史悠久,幅员广大,人口众多,自然环境多样,历史时期自然环境各要素的变化及其在变化过程中的相互影响,是极其复杂的。本书仅就气候、植被、河流和湖泊、海岸、沙漠等要素,根据现有的科研成果,对中国自然环境在历史时期的变化作概貌性的介绍。

人文地理环境指人类为求生存和发展在地球表面上各种活动的分布和组合,如疆域、政区、军事、人口、民族、经济(农业、手工业、商业)、城市、交通、文化,等等。在漫长的历史时期内,人类为求生存和发展,首先是从事与自然界相适应的生产活动,如采集、狩猎,以后有了改造和适应自然的农业。随着生产力提高,手工业从农业中分离,成为一独立生产部门,手工业的发展必然产生商业贸易,于是城市和交通成为人们活动必不可少的条件。这一系列经济活动在地球表面的分布和变迁,是人文地理研究的重要对象。人类社会发展到一定阶段必然产生国家,有国家必然有疆域,中国在公元前3世纪(公元前221年)就形成统一的中央集权国家。中央

---

① 〔德〕恩格斯《自然辩证法》,《马克思恩格斯全集》第20卷,人民出版社1971年版,第367页。

政府需要对地方进行有效的管理,则又产生地方行政区划。历史上疆域的伸缩,地方行政区划的变迁最具有地域性,人类各种活动又都在此范围内进行。因此,历代疆域、政区的变迁成为历史人文地理研究的基础。人类是引起以上各类地理分布及其变迁的主要载体,民族又是人类中具有特色的群体,于是人口的增长、分布和迁徙,民族的分布和融合,成为历史人文地理中十分重要的部分。人类是有思想的动物,在不同时代、不同地域的各种政治、经济活动中产生出不同的观念、信仰、习俗、行为方式,表现为不同文化的地域差异,这是历史文化地理研究的内容。历史人文地理内容极为丰富,变化纷繁。本书仅对疆域、政区、人口、农业、手工业、城市交通和文化等方面作概貌性的介绍。

历史地理学研究的对象是地理,研究的资料和方法,既有历史的,也有地理的,还包括考古的,等等。其科学属性自 20 世纪 50 年代以来即有讨论,有三种观点:一是历史学的分支,这往往是历史学出身的研究者所主张的。二是地理学的分支,这往往是地理学出身的研究者所主张的。三是主张属边缘学科。现在比较一致认为它是地理学的一个分支。目前在地理学中是三级学科,属二级学科人文地理学,受西方地理学影响,在历史学中由于传统地理学为史学的一部分,故定为二级学科。

众所周知,自然界自身变化是以万年计的。而人类为生存在利用和改造自然界的过程中引起的自然界变化则是短促的,数十年即可有明显变化。因此,历史时期自然环境的变化,大部分是由人类活动引起的;同时自然环境的变迁,又反过来给人类活动带来某些有利或不利的影响。因此,历史地理学研究的主要内容也就是历史时期的人地关系。如何科学地处理好人地关系,则是历史地理学研究的重要目的之一。

从 20 世纪历史地理学发展的历程来看,这一百年内,前七八十年,主要是作研究的基础工作。地理学的一切研究基础是地图,研究的最后成果也必须用地图来反映。《中国历史地图集》的出版为历史地理各分支的研究提供了不可缺少的基础。《中国自然地理·历史自然地理》的出版,为历史自然地理分类研究奠定了基础。于是从 20 世纪 80 年代开始,历史自然地理的各分支如气候、植被、河流、海岸、沙漠等得到很大的发展。90 年代以来,历史人文地理分支如人口、农业、城市、文化的研究成果如雨后春笋。但学科发展也是"分久必合,合久必分",因为在研究实践中感到单科分支的研究有的问题很难说清。例如研究农耕区的扩展伸缩,不了解气候、河湖的变化,不了解当时政治格局、人口分布的变化,很难作十分深入的分析。研究者越来越感到有综合研究的必要,因此 20 世纪末以来,历史地理学向区域综合研究发展。区域自然、人文历史地理的综合研究,必将更能显示历史地理学的特点和功能。

第三节　历史地理学的学术意义和现实意义

历史地理学的研究成果对历史学和地理学的发展都有重要学术意义，同时对当前经济建设也有重要的参考价值。现代地理学创始人之一的竺可桢先生在20世纪二三十年代就注意历史时期气候的变迁。70年代初他在《考古学报》上发表了阐述近五千年来气候变迁的论文，引起了国内外学术界的广泛重视。以后不少学者在此基础上进行了深入细致的研究，对七八千年来中国气候环境的寒、暖、干、湿变化有了比较全面的认识。近几十年来全世界都在注意、研究地球气候的变化，特别是20世纪气候转暖的问题。其中，中国是十分重要的一支力量，因为世界上没有哪一个国家有中国如此丰富、持续的文献资料。研究历史气候的变化不仅能对历史上的一些经济现象作出正确的解释，其现实意义还在于了解气候变迁的规律，预测今后气候变化的趋势，寻找应对这种变化带来的负面影响的对策。例如现今大家已公认，21世纪二三十年代地球平均温度要升高2℃～3℃，但这种变化将对自然环境和社会生产、生活带来什么样的影响，尚难预料。由此我们可以研究一下我国历史上有没有过温暖期，这个温暖期在历史上有什么反映。从仰韶到殷商是个温暖期，这已成定论，但资料太少，很难说明问题。有人研究认为两宋时期是历史上的一个温暖期，从中探索在自然环境和社会经济上的反映，如两宋时上海地区海平面较今上升1米，太湖流域水灾增多，作物带北移等现象。研究气候转暖后对今天我们国家有何种影响，可为我们寻找21世纪气候变暖的对策提供参考。

黄河是我国以至世界历史上变迁最多的一条河流，从有历史记载以来，粗略统计，决溢改徙1 500余次，大的改道二三十次。在我国东部平原上，北至天津、南至扬州，都曾受到过黄河泛溢决改的危害，对我国自然环境、社会经济造成巨大影响。黄河变迁的具体过程怎样？有什么特点和规律？黄河变迁的原因和后果究竟怎样？这就是历史地理学研究黄河变迁的主要内容。经过研究我们知道了，黄河变迁的主要原因是中上游黄土高原的黄土，由于不合理的开垦，造成水土流失，大量泥沙被带入下游河床，年均达16亿吨。河床日益提高，堤防不力，即造成溃决。决口的地点和改徙的流路，都有规律可寻。黄河的不断改徙，对黄河下游平原的自然环境和社会经济带来巨大损失。河流淤浅、湖泊淤废、水利破坏、道路阻塞、地面淤高沙化、土壤碱化等，使汉唐时代经济最发达的黄河中下游地区，成为近代最贫困的地区之一。如今黄河淤高惊人，开封城北黄河河床高出地面10米，一旦决口，后果不堪设想。历史上开封城曾 7 次被黄河洪水所淹,明末一次全城被淹,只露出铁塔、相国寺顶。有报道(新华社郑州 2 月 7 日电,见《人民政协报》2002 年 2 月 8 日)说,今天开封市地下叠压着 6 座城,魏大梁城在今地面下 10 余米,唐汴州城距地面 10 米左右,北宋东京城在地下 8 米,金汴京城约在地下 6 米,明开封城在地下 5 至 6 米,清开封城在地下 3 米。历史上黄淮海平原上有许多湖泊,6 世纪时有 190 余个。千年来多次被黄河泥沙填没,后又经人为垦殖,变为平地,古今变迁很大。但自 20 世纪 70 年代以来,黄河情况大变,连续几年断流,开始断于下游河口段(利津),以后日益严重。从 1972 年至 1996 年的 25 年内有 19 年发生断流。1996 年甚至一年断流 260 余天,622 千米,上溯至封丘,经济损失严重。仅 1995 年估计,黄河下游断流带来的损失达 60 亿元。黄河断流的原因:一是中上游气候干旱,降水比正常年份少 12%。二是中上游沿河工业城市和农业用水过量。三是下游黄水外调,如引黄济青,引黄济淄,引黄济冀,使下游河道水量更少。进入 21 世纪,黄河流域的干旱问题已经十分突出,估计短期内不可能缓解。但是又不能保证今后黄河不出现今长江流域的大水,因此防洪问题仍不能稍有懈怠。我们研究黄河变迁史,就是探索其中规律,为今后治河提供参考。

西部山区森林植被破坏,水土流失严重,如陕西省是我国水土流失最严重的地区,水土流失面积达 14 万平方千米,全省 80% 的耕地和 70% 的人口位于水土流失区,不仅给本区农业带来严重损失,同时也加剧了东部下游河道的淤高。长江流域也有同样情况,东部河湖淤浅,蓄水面积减少,如逢大规模降雨,即成灾害,1998 年长江大水即为一例。三北地区沙漠化问题已十分突出,北方诸省市每年沙尘暴的现象日益严重。我国历史上哪些地方,原来不是沙漠后来变成沙漠的,哪些地方沙漠扩大了,这正是历史地理学研究的重要课题。我国在勘察南疆铁路时发现古代丝绸之路,全给沙漠吞噬了。在沙漠中发现许多古城,原因是下游流入沙漠的河流上游被截断了,下游断水,城市往上游迁,原来的地方就给沙漠淹没了。今天筑铁路,就要研究古代沙漠侵蚀的规律,考虑如何防止沙化,铁路能维持多久。

历史人文地理方面,研究的课题更多。疆域政区地理是我国传统的学科,过去主要是沿革地理,今天我们要研究我国的疆域是如何形成的。我们经常说我国是多民族共同缔造的国家,这句话的含义是什么? 过去总是将汉王朝在历史上开疆拓土的功绩过于夸大,其实对我国疆域贡献最大的是边疆少数民族。东北地区在古代与中原王朝的关系比较疏远,自女真族入主中原以后,东北黑龙江、松花江流域变成中原王朝的直属领土,满族建立的清朝也是如此。蒙古高原一直为与汉王朝对立的游牧民族所居，蒙古入主中原，使蒙古高原也成了我国直属领土的一部分。西藏、云南成为我国稳定的领土都与这些地区的少数民族归附中原王朝有关。因此，今天的中国是多民族共同缔造的是铁的历史事实，并非套语。西方一些学者别有用心地说长城是我国历史上的北部边界，而事实上今天北部、东北部边疆地区不仅是中华民族居留的地方，而且中原王朝很早就在这些地区有了政治影响。早在公元 7 世纪，唐朝就在今天俄国西伯利亚伯力（今名哈巴罗夫斯克）置有勃利州，在黑龙江上游置过黑水都督府。虽然这些都是羁縻政区，但唐朝势力影响所及是没有问题的。辽代在东北黑龙江地区统治有五国部，其中之一为剖阿里，即伯力。金代在东北边地置有"蒲与路"城，1949 年后发现了古城址，即在今黑龙江克东县，并发现了"蒲与路印"。金朝的军政合一制猛安、谋克，据记载，蒲与路下辖一个"火鲁火疃谋克"，在蒲与路以东 3 000 里，大略推算应在今外兴安岭一带。这一证据是十分确凿的。元朝和明朝都在今黑龙江口地方置有行政机构。明代置有奴儿干都司，永乐、宣德都派太监去视察过，建有永宁寺碑。此碑给俄国人搬到海参崴博物馆去了。唐代在我国西部置有安西都护府，下有四镇，其一为碎叶城，在今吉尔吉斯斯坦托克马克附近。清代初年准噶尔控制中亚和新疆，乾隆二十年（1755 年）平准噶尔，乾隆二十四年又平大小和卓，将新疆收入版图。过去有些人说这是新的疆土，也有人回避。其实这对清朝而言是新疆，对中国而言是旧疆。因此研究中国历史边界问题，不仅可以深入了解中国边界的形成，同时对中国是多民族共同缔造的说法有更深刻的理解。

从秦始皇推行郡县制开始至清代，我国地方行政区划制度在历史上经过多次变化。在等级上经过二级、二级半、三级甚至四级制的变化，在幅员、边界、政治中心等要素方面，都有过很大变化。这种变化与当时的政治局面、民族形势、经济开发以及中央集权和地方分权的矛盾等方面，都有着密切的关系。直至今天，县级地方行政制度实行了数千年，行省制度实行了数百年，还能不能适应今天我国政治、经济形势的发展？近年来，有学者提出应重新划分省区。不论其论点是否可行，重新检验传统的行政区划对当前我国经济发展的利弊，是应该考虑的。因此，历代的地方行政制度演变的历史背景、具体过程、正负效应，都是我们历史政区地理研究的内容。

我国自古以农立国，在长期封建社会里，农业一直是主要产业。今天虽然第二、第三产业在国民经济中所占比例越来越大，但我国是有 14 亿人口的国家，农业在相当长时间内，仍然是十分重要的产业。我国历史上农业发展过程中有值得借鉴的经验，可供我们今天参考。大家知道我国封建社会里，每个王朝要站住脚，必须有一个基本经济区以支持其政权。它们对这一基本经济区的农田水利十分重视。秦汉建都关中,建有郑国渠、白渠。汉唐时期是黄河下游平原,大型水利工程大多建于此。两宋以后长江中下游地区成为王朝的基本经济区,东南水利排到全国的首位。明清时长江三角洲地区是封建王朝命脉所在。此外,还有一些地方性的基本经济区,如成都平原为割据四川盆地政权的基本经济区,如三国时蜀汉。这种经济区转移的原因、后果是什么?1998年长江大水,大家都知道洞庭湖围湖垦田太严重,以致水面缩小,所以主张退田还湖。其实围湖造田非始于今日,宋代就开始了。主要因为人口增加,耕地不够,于是就围湖造田。东南地区历史上许多著名湖泊都是在这时期围垦为田了。当时就有不少人反对,政府也曾下禁令,但都成一纸空文。明清时期更甚,两宋时太湖流域是我国主要粮食基地,所谓"苏湖熟,天下足",到了明清两湖地区成了主要粮食基地,所谓"湖广熟,天下足"。这是因为太湖流域到了明清,农民主要从事蚕桑、植棉业,粮食从外地输入,粮食生产转移至湖广地区,于是两湖地区围湖造田日益严重。农业开发与环境保护之间的关系,是历史地理研究的重要课题。

城市历史地理研究近年来渐趋热门,这一方面是受到西方学界的影响,另一方面是由于近年来我国城市经济突飞猛进,在国民经济中地位日益重要之故。但是中国历史上的城市经济的发展特点是什么?什么时候出现经济型城市,其基础是什么?其历史和地理的背景怎样?这些都是值得研究的课题。宋代以前所谓的城市大多是各级政区的政治中心,因为其为政治中心,然后借政治之力,成为经济中心,如汉唐时期的长安、洛阳、建康等。宋代以后商品经济发展,才出现了纯经济的城镇,到明清尤为发达,如长江三角洲地区。近代大都市如上海,是西方势力入侵后产生的。经济城市的出现及其地理分布,以及其兴衰变迁,反映了什么?对整个中国的经济社会产生过什么影响?今后我国城市布局,如何才是合理的?这些都值得思考。

20世纪80年代开始,文化热也影响到历史地理学界,近年来历史文化地理研究也是一门显学。历史文化讲究区域差异。我国北方与南方、内地与沿海地区文化差异很大,人们的方言、宗教、婚丧礼俗、饮食起居等,各地都有特点,这种差异和特点是如何形成的?其政治、经济、自然背景如何?其变化发展的内因是什么?都是十分有趣的课题。

总之,历史地理学是一门内容十分丰富,涉及范围广泛,具有多学科知识内容的综合性学科。它既具有很强的学术意义,也有很具针对性的现实意义。目前这门学科的科学体系还不能说已经建立起来了,还需要多学科、几代人的共同努力才能完成。

第二章　历史时期气候的变迁

在自然界诸要素中,气候是最活跃的一种。当气候发生变化时,其他许多要素,如动物、植物、河流、湖泊、冰川、雪线等,都会随之出现相应的变化。所以我们研究历史时期各自然要素的变化时,首先要讨论的是气候的变化。

根据多年来地理学和考古学的研究成果可知,更新世最后一次冰期以后,进入全新世中期,曾出现过世界性的气候回暖时期,在中国大致相当于黄河流域的仰韶文化时期,故亦称"仰韶温暖期",距今约8 000～3 000年。从3 000年前开始出现了气温下降的趋势,这一趋势持续至20世纪。其间又穿插若干次以世纪为期的气温回升和复降期。由于资料的限制,我们讨论的依据主要是我国东部地区黄河中下游和长江中下游的资料,以此作为我国气候变迁的代表。

第一节　三四千年前的温暖湿润气候

三四千年前中国大地处在怎样的气候环境,近几十年的考古发现和孢粉分析资料充分回答了这个问题。作为中华民族主要发源地之一的黄河流域,在5 000年前处于温暖湿润的气候环境之下。在关中地区的西安半坡仰韶文化的遗址中发现了距今6 000年的獐、竹鼠和貉等动物遗骸,这些动物现今生活在气候温暖湿润而又多沼泽的长江流域。在京津地区当时生存有现今见于亚热带地区的动植物,北京西郊、燕山南麓和三河市附近发现了大量阔叶树种花粉带,反映了当时气候湿润和温暖。据天津地区孢粉研究证明,7 000年前这一地区生长有今天见于淮河流域的水蕨。渤海湾西北岸的蓟运河、潮白河下游的宁河、宝坻、唐山一带,在埋深3.5～12.7米的地下发现喜暖的阔叶林树种,如栎(今生长在淮河流域、川南)、桤(音欺,今分布在四川、贵州、陕南)的大量存在,估计距今7 500～2 500年,当地温度较今约高2℃～3℃。[①] 在京津地区以南的龙山文化遗址中还发现大量喜暖动物

① 王一曼:《渤海湾西北岸全新世海侵问题的初步探讨》,载《地理研究》1982年第2期。

11

遗骸和竹类遗迹。总之,燕山以南、太行山以东的河北平原,在距今 8 000～5 000年前处于气候温暖期,当时年均气温较今高出 2℃～3℃。

距今约 8 000～6 000 年,辽河流域占优势的是以栎为主的阔叶林植物群落,气候较今温暖。据辽宁地区孢粉分析,距今 8 000～2 500 年,辽宁南部地区以栎和桤木为主的阔叶林占优势,气候湿润温暖,从而推断当时的气温较今高出 2℃～3℃。多年来在内蒙古东、中部地区新石器时代遗址出土的动植物遗存,表明在其全新世高温期植被和气候与赤峰地区取得的环境考古资料一样,都证明当时温性针叶林和阔叶林的发育,显示较今温暖湿润的气候特征。① 东北三江平原和长白山区在距今 7 000～6 000 年,已属暖温带落叶阔叶林。据三江平原宝清县雁窝岛上的花粉分析,证明当时存在以阔叶林为主的森林草原景观。这种温暖气候带向北延伸到黑龙江省的呼玛县一带,该地区地层的花粉组合中也有一落叶阔叶树——桤树的优势带。

长江流域各地新石器时代遗址孢粉分析结果证明,5 000 年前的气候普遍较今温暖湿润。河南淅川下王岗遗址第 7～9 层中发现相当数量的喜暖动物遗骸,如孔雀、猕猴、大熊猫、苏门犀、亚洲象、水鹿、轴鹿等,而今天这些动物分布大多更为偏南,有的在中国境内已不存在,说明仰韶时期这里的气温较今为高。② 江苏沭阳县万北遗址发现有麋鹿和梅花鹿遗骸,江苏邳州市刘林、大墩子遗址发现有獐、水牛、獾等,以上遗存中的动物遗骸,均反映亚热带湿润的气候环境,说明全新世中期约距今 8 000～5 000 年,北亚热带北界比现今北界北移 2.5 个纬度。③ 上海地区的崧泽、亭林和唯亭遗址的孢粉分析,证明 5 000 年前,这里生长着以青冈栎、栲为主的常绿阔叶和阔叶——落叶的混交林,还有眼子菜一类水生草本植物,气候温暖湿润,年均温度高出今天 2℃～3℃,相当今浙江南部的气候。此外,太湖流域的宜兴、无锡附近第四纪沉积物孢粉分析和沪杭地区孢粉分析结果,都反映了自全新世中期以来,这些地区处于气候热暖潮湿的环境之中,年均温度较今高 2℃～3℃,降水也较今为多。④ 著名的浙江余姚河姆渡遗址中发现了象、犀等今天生活在热带地区的动物遗骸。当时的气候大致近于现代华南地区的广东、广西南部和云南地区。由

---

① 张丕远主编:《中国历史气候变化》,山东科学技术出版社 1996 年版,第 38 页。
② 贾兰坡:《河南淅川下王岗遗址中的动物群》,载《文物》1977 年第 6 期。
③ 张丕远主编:《中国历史气候变化》,山东科学技术出版社 1996 年版,第 102 页。
④ 王开发等:《太湖地区第四纪沉积的孢粉组合及其古植被与古气候》,载《地理科学》1983 年第 1期;《根据孢粉分析推论沪杭地区一万多年来的气候变迁》,载《历史地理》创刊号,上海人民出版社 1981年版。

此估计,新石器时代杭州湾属南亚热带或热带气候,年均气温高出现今 4℃ 以上。其他如长江中游的洞庭湖周围的湘阴、湘乡、汉寿,江西南昌地区及下游安徽安庆地区的孢粉分析的结果证明,距今 5 000 年前气候较今温暖湿润。

对中国西部内陆仰韶时期气候温暖的论断也有足够的证据。天山北麓在全新世中期云杉的生长树线较今为高。云贵高原元谋新石器时代遗址中有现在活动在西双版纳的喜暖动物遗骸。距今 7 000～3 500 年前的西藏高原上湖泊充分发育,人类活动遗迹分布很广,在今藏北高原无人区也有细石器的发现。另外,在西藏境内发现的植物花粉和今天早已绝迹的獐、鬣羚、马鹿等喜暖动物的遗骸,说明当时西藏气候较今温暖。

总之,根据目前掌握的资料,充分反映了距今约 10 000～5 000 年,北起黑龙江,南至长江流域以南,西至天山南北、云贵高原和西藏高原的广大范围,都处在温暖湿润的气候环境之下。这种温暖的气候环境一直延续到我国历史文明的早期——夏商时期。

夏商时期(前 21—前 11 世纪)中国仍处在气候温暖的环境之下,目前夏代尚缺实物资料,现留存的《夏小正》,是我国现存最古老的文献之一,分月记载每月的星象、气象、物候等有周年变化的自然现象,以及相应的农事活动。农学家认为所列星象应该是夏代末期的农家历,其与反映春秋时期物候的《月令》(见《礼记》)相比较,《夏小正》中的春季物候相应提前,秋季物候相应推迟,说明比《月令》时期气候温暖。近数十年来,在河南安阳殷墟出土大量动物遗骸,其中有如今生活在亚热带地区的獐、竹鼠,生活在热带的大型动物犀牛、亚洲象,以及仅生活在东南亚低地森林的圣水牛。甲骨文中还记载猎获 100 头以上的动物中就有兕(即犀牛),[①]此外,还有狩猎大象的记载。以上说明,夏商时期黄河流域的气候较今温暖,当时的亚热带北界约在今河南北部的安阳一带。

第二节 三四千年来气候的变迁

自仰韶温暖期以后的三四千年里,我国东部地区气候发生过多次寒暖变化,大体上可分为几个时期:

(一) 从公元前 11 世纪起至公元前 8 世纪中叶的西周时期,气温有所下降。

---

① 陈梦家:《殷墟卜辞综述》,科学出版社 1956 年版。

相当于西周早期的河南淅川县下王岗文化遗址第一层中,都是些适应性较强、分布面很广的动物种类遗骸,未见喜暖动物的遗骸。在《吕氏春秋·古乐》《孟子·滕文公下》中都有周武王灭纣时"驱虎、豹、犀、象而远之"的记载,这反映了周武王伐纣时是犀牛、野象成群退出黄河流域的关键时期。周孝王时有长江、汉水结冰的记载(《古本竹书纪年》)。此后在历史文献中黄河流域无任何犀牛、野象活动的记载,标志着全新世中期温暖期的结束,气温开始转寒。

（二）约自公元前 8 世纪中叶至公元前 5 世纪的春秋时代,气候又转暖和。《春秋》一书中记载,公元前 698 年、公元前 590 年、公元前 545 年等年份鲁国冬天无冰。今天我国中东部地区河流稳定冻结的南界大致上东起连云港,经商丘附近北跨黄河,沿黄河、渭河北侧高地向西,与 1 月份平均温度 −2℃ 一线非常接近,估计当时河流稳定冻结的南界要比现代北移 1 个纬度。据《左传》记载,公元前 720 年、公元前 478 年,黄河下游地区小麦收获提前到夏历四月间,比现代早 10 天左右。据《诗经》中反映东周时代的作品记载,今山东西部、河南东部及秦岭等地都有梅树的分布,而现代这种果树都分布在亚热带地区。

（三）从公元前 5 世纪中叶至公元前 2 世纪中叶的战国至西汉初年,气候有转寒的迹象。据《孟子》《管子》记载,黄河下游地区小麦收获时间已经推迟到夏至(公历 6 月 24 日)左右,与春秋时小麦收获日期相比明显推迟,说明战国晚期至西汉初年气候已经转寒。又据《吕氏春秋》《管子》记载,当时黄河中下游土壤解冻、农田始耕的时间,折算成公历平均为 2 月 23 日,而今天郑州、西安两地平均温度高于或等于 3℃,才开始耕作,时间大约在 2 月 11 日,说明当时黄河中游的始耕时间比今天推迟了 10 余天。还有秦汉之际确立的二十四节气,霜降定在公历 10 月 24 日,而今天郑州、西安等地霜降时间为 10 月 30 日,提前了 6 天。《周礼·考工记》云"橘逾淮而枳",而《淮南子》里讲"橘树之江北,则化为枳",反映了柑橘适宜生长的北界由淮河南移到了长江。

（四）公元前 2 世纪中叶至公元 2 世纪末的西汉中期至东汉末年,我国东部地区又进入一个温暖期。据反映西汉关中地区的农书《氾胜之书》记载,当时西安地区立春后土壤开始解冻,4 月 10 日水稻即可播种,比现代提前 5 天左右。拿《逸周书·时训解》中七十二物候与现代春秋两季的物候进行比较,气候都较今日暖和。《史记·货殖列传》:"陈夏千亩漆……齐鲁千亩桑麻,渭川千亩竹",这些经济作物的分布均较今日偏北。东汉末年开始气候趋寒,反映公元 2 世纪末洛阳地区农业生产的农书《四民月令》记载的物候表明,其时气候大体与现代相当。

（五）公元 3 世纪初至 6 世纪中叶的魏晋南北朝时期又进入一个寒冷期。反映华北地区农业知识的北魏贾思勰《齐民要术》里记载的桃树始花、枣树生叶的时间要比现代黄河流域迟了 5～7 天。而且石榴需要用蒲藁裹缠才能过冬，而今天则无此需要，说明当时黄河流域的气温较今为低。《三国志·魏书·文帝纪》记载，公元 225 年魏文帝曹丕率十万大军至今扬州附近的广陵城准备南伐，因是岁大寒，运河水道结冰，战船不得进入长江而罢。据《晋书·慕容皝载记》，公元 333—336 年从辽东湾西北岸至东南岸沿海沼泽连续三年全部冰冻，可以通军马辎重，估计气温较今低 2℃～4℃。在《晋书·五行志》《魏书·灵徵志》里异常霜雪事件频繁出现，也能证明当时为寒冷时期。

（六）公元 6 世纪中叶至 8 世纪初的隋至盛唐时期，在西安地区曾有梅树和橘树种植的记载，显然这是宫廷皇苑中的观赏性植物，很难说有确定气温的意义，但同时这一时期文献记载中，少见突出气候极端事件，寒冷事件记载在时间上分布是不均匀的，也无明显的增暖现象。因此，认为这一时期的气温比魏晋南北朝时期有所增高，与今日相近。但也有人认为仍属寒冷期，尚无定论。

（七）公元 8 世纪中叶至 10 世纪中叶的中唐至五代初期，为气候寒冷期。据当时文献记载，特殊的寒冷事件比较频繁，海州湾、莱州湾有海水冻冰的记载，苏北有江海冻冰的现象。韩鄂《四时纂要》记唐末关中地区石榴和板栗需包裹才能过冬，葡萄过冬需要全埋土防寒。据现代果树区划，葡萄全埋土过冬的地区相当于最低温多年平均值为－16℃至－20℃，说明这个温度已出现在关中地区。

（八）公元 10 世纪中叶至 13 世纪末的宋元时期，是我国历史上典型的气候温暖期。据《文献通考》载：五代后唐长兴四年（933 年）户部曾上奏诸州府夏税征收条例，其中征收夏税的小麦、大麦、豌豆等谷物的最靠北的州军有延州（治今延安）、庆州（治今庆阳）、威塞军（治今涿鹿）、大同军（治今大同）、振武军（治今朔州市）等地。这些地区夏税起征的时间变动在夏历五月十五日至六月十日，可见当时这些地区已有冬小麦的种植。

北宋时今临洮一带，"夏田种麦，秋田种粟豆"[1]，为冬小麦产区。据《鸡肋编》记，今陕北沿边当时的宋夏边境一带，"地苦寒，种麦周岁始熟"。今天冬小麦北界地区全生长期为 280 天至 360 天，此处云"周岁始熟"，当为冬小麦。宋夏边境区指今宁夏固原以北和陕西延安以北地区。

---

[1] 〔南宋〕李焘：《续资治通鉴长编》卷二七〇，熙宁八年十一月庚辰。

金泰和五年（1205 年），金政府调整夏秋税征收时间，把中都、西京、北京、上京、辽东、临潢、陕西等路夏税征收的时间定在七月初。① 其中西京路治大同，路境南界在今山西朔州市、应县、灵丘一带，临潢府治今内蒙古巴林左旗东南，府境南界在翁牛特旗至库伦旗一带，上京路治今哈尔滨市东南，路境南界在长春至抚松一带。因为这一带"地寒，稼穑迟熟"，所以定在七月初征收夏税，输送的谷物中有"粟麦"。以上资料说明 10 世纪初至 13 世纪初冬小麦已达临洮、固原北、延安北、大同、翁牛特旗、长春一线。

据陶谷《清异录》记载，宋初"甘蔗盛产于吴中"，杭州的"临平、小林多有种之"。这里的吴中指太湖流域。据《马可·波罗行记》记载，13 世纪末，在杭州、明州（今宁波）等城市出现专门从事榨蔗制糖的作坊，估计这些城市周围当时已有一定规模的甘蔗种植。现代甘蔗种植的北界在邵阳、长沙、景德镇、衢州、金华一线，而宋时北界较今日北移了两个纬度。宋金以秦岭、淮河为界，金人所需茶叶原先均由宋人通过榷场贸易供应。宋人输入除茶叶外，还有茶子和茶苗，可见金人境域内必有种植。1198 年（承安三年）金政府因购茶"费国用而资敌"，下令设官自行制造。次年（1199 年）在淄、密、宁海、蔡四州各设作坊制茶。这四州分别在今山东淄博、诸城、牟平和河南汝南等地。1201 年（泰和元年）下令"河南茶树有槁者，命补植之"。② 《金史》卷九九《贾铉传》载，上书论山东采茶事，云"茶树随山皆有"。另外，当时开封府土产有"香茶"，为当地所产。③ 以上文献记载说明，金代在今河南开封、汝南、山东半岛上都有茶树种植，较今日茶树种植北界南阳、驻马店、徐州、临沂至青岛一线北移一个纬度。

元代官修《农桑辑要》说，"苎麻本南方之物，……近岁以来苎麻艺于河南"，"今陈、蔡间，每斤价钞三百文"。每岁可以三镰，"五月初一镰，六月半一镰，八月半一镰"。陈州、蔡州分别是今河南淮阳和汝南，在当时为苎麻一年三收的地区。苎麻为亚热带作物，今以长江流域为主要产地。现代苎麻一年三收的北界为南阳、驻马店、阜阳、蚌埠至南京一线，相比之下当时北移了一个纬度。

以上物候记载证明，公元 10 世纪中叶至 13 世纪末的宋元时期，是我国历史上典型的气候温暖期。但这并不等于说这个时期气候没有波动，史实证明，在这 300

---

① 《金史》卷四七《食货志二·租赋》。
② 《金史》卷四九《食货志四·茶》。
③ 《金史》卷二五《地理志中》。

多年里,也曾出现过几次低温时期。如10世纪中叶至11世纪前10年,我国东部地区出现中世纪温暖期的第一冷谷。985年九江一带"大江冰合,可胜重载"。① 1018年(天禧二年)冬,湖南南部地区"大雪,六昼夜方止,江、溪鱼皆冻死"。② 1100年以后,我国东部地区气候又转入寒冷阶段。1110年福州地区出现大霜,荔枝全部冻死,原先无雪的岭南地区出现了降雪。③ 次年,太湖地区"河水尽冰",洞庭山橘树全被冻死。④ 1113年大寒潮再次肆虐中原地区,大雨雪十余日不止,飞鸟多冻死。⑤ 1126年冬从12月至次年2月至少有6次大寒潮南下,直至1127年5月仍有寒潮,北风大起,天气苦寒。⑥ 1132年冬,太湖再次结冰,洞庭山至湖岸"蹈冰可行"。当地橘树大部分冻死。⑦ 1135年冬,江汉地区"冰凝不解,深厚及尺"。⑧ 12世纪最冷时期为前二三十年,寒冷气候一直影响到岭南地区,据周去非《岭外代答》记,当时钦州(今属广西)一带冬常雪。而现在广西梧州、百色一线是无雪区,当时降雪至少南移了一个纬度。在整个12世纪大部分太湖地区和杭州一带河港结冰的现象最晚出现在12世纪70—80年代。⑨

12世纪末开始,我国东部地区气候开始转暖,上述茶树、橘树、冬小麦、苎麻种植北界的北移,可以为证。因此可以估计,在13世纪的大部分时间里,中国东部年平均温度比现代偏高0.7℃～0.8℃,可视为第三个暖峰。⑩

(九)14世纪初至19世纪末的元后期至清末,我国东部地区气候又转向寒冷。1309年,江苏无锡附近运河结冰。1329年、1353年太湖结冰,"厚达数尺"。1351年河南境内黄河出现流冰,同期广州也出现结冰的现象。这种寒冷天气现象在黄河以北农牧过渡带地区也有反映,从1260年至1339年这些地区赈济粮数增多,主要是由于大风雪、低温灾害造成大量人畜死亡。⑪ 明代初年也因蒙古高原南缘地区天气苦寒,屯田难以维持卫所士兵及其家属的生存,故于永乐元年(1403年)将40

① 《宋史》卷五《太宗本纪二》。
②⑤ 《宋史》卷六二《五行志一下》。
③ 〔南宋〕梁克家:《淳熙三山志》卷四一、〔宋〕袁文:《瓮牖闲评》卷八。
④ 〔元〕陆友仁:《研北杂志》卷上。
⑥ 《宋史》卷二三《钦宗本纪》、《宋会要辑稿》瑞异二之一七。
⑦ 〔宋〕庄绰:《鸡肋编》卷中。
⑧ 〔南宋〕李心传:《建炎以来系年要录》卷九八,绍兴六年二月庚戌。
⑨ 满志敏、张修桂:《中国东部中世纪温暖期(MWP)的历史证据和基本特征的初步研究》,载张兰生主编:《中国生存环境历史演变规律研究》,海洋出版社1993年版。
⑩ 竺可桢:《中国近五千年来气候变迁的初步研究》,载《考古学报》1972年第1期;满志敏、张修桂:《中国东部十三世纪温暖期自然带的推移》,载《复旦学报》1990年第5期。
⑪ 《元史》卷五一《五行志二》。

余个卫所迁入长城以南地区。15世纪以后气候加剧转寒。据国内外研究表明，1500—1900年是一次世界性气候寒冷期，即所谓小冰期。就中国而言，也是近五千年来四个低温期持续时间最长、气温最低的时期。至17世纪下半叶达到了最低点。当时柑橘冻死的南界，大致东起黄岩、衢州、南丰、安福至衡阳一线，东部沿海大致在北纬29°，西部湖南境内大致在北纬27°左右，与今日实际种植界限相比，东面偏南3°，西部偏南6°。估计当时在此界线上的极端低温比现代气温低5℃～7℃。① 据明末谈迁《北游录》中物候记载，推断当时北京冬季平均温度较今低2℃。17世纪中叶北京地区春季物候期平均较今迟7天左右。② 据清代杭州、苏州、南京等地晴雨降雪记录和物候资料，长江下游在18世纪20—70年代，冬季平均温度比现在低1℃～1.5℃。冬季降雪日数比现在多10%～15%。③ 这种气候转寒现象，在东北的黑龙江省和西南的云南省均有反映。19世纪末气温又开始有所转暖，这也是光绪年间内蒙古大规模开垦的气候背景，但有的学者认为这只是整个小冰期中的一个温暖阶段。

竺可桢先生在《中国近五千年来气候变迁的初步研究》一文中指出，距今5 000～3 000年，黄河流域的年均温度较今约高2℃，冬季温度则高3℃～5℃，相当于今长江流域的气温。距今3 000年至今，温度波动明显，周期约400～800年，年均气温振幅约1℃～2℃。竺先生的论断与历史事实基本相符。

随着气候冷暖变化，湿润状况也有变化。上述各地区在5 000年前处于温暖气候时期，环境湿润，雨量较今丰富，地面河湖水域面积较今为大。5 000年以来气候温暖和寒冷交替变化与干湿旱涝状况的变化基本上是一致的。辽宁南部地区在经过了温暖湿润的气候以后，阔叶林中松树的成分增加。内蒙古察哈尔右中旗的孢粉增加了麻黄花粉和松树花粉，反映了气候渐趋干冷。北京地区自2 500年前开始，气候变干凉，泽薮逐渐消失，泥炭停止积累，开始形成淤泥，继而为代表干旱环境的灰黄色黏性土所覆盖。④ 这种现象在人类活动干扰最少的西藏高原也有反映，3 000年前开始冰川由后退转为前进，高原上植被以灌丛草原—荒漠草原为主，泥炭沼泽后退，湖面下降，湖泊急剧退缩，气候寒冷干燥，古人类活动范围由高处转向

① 张福春等：《近500年来柑橘冻死南界及河流封冻南界》，载《气候变迁和超长期预报文集》，科学出版社1977年版。
② 龚高法等：《北京地区自然物候期的变迁》，载《环境变迁研究》第1辑，1984年。
③ 龚高法等：《十八世纪我国长江下游等地区的气候》，载《地理研究》1983年第2期。
④ 周昆叔：《试论北京自然环境变迁研究》，载《环境变迁研究》第1辑，1984年。

低处,藏北北部地区逐渐变为无人区。① 有人将我国东南部地区近 2 000 年来旱涝记载进行分析,发现有长短不同的周期性干湿交替时期。如以公元 1000 年为分界线,前期干旱时间短,湿润时间长。后期干旱时间长,湿润时间短。近 500 年旱灾又多于水灾,以南涝北旱为常见。黄河流域旱灾尤为频繁,其中 16 、17 世纪旱灾多于涝灾。如 17 世纪中(明崇祯末年)黄河流域连年旱灾。1644—1690 年河南博爱地区有 7 年连续干旱。② 18、19 世纪涝灾又多于旱灾,20 世纪以来旱灾又明显多于涝灾。这些情况表明,15 世纪下半叶到 17 世纪末为干旱阶段,18 世纪到 19 世纪末为湿润阶段,而至 20 世纪又进入干旱时期,且干旱发生频次北方高于南方。③ 20 世纪末的 20 年气候又趋温暖、干旱,黄河流域降雨稀少,2001 年北京地区出现第 14 个暖冬。

俄罗斯科学院士、俄生态安全科研中心的专家孔德拉季耶夫指出,世界气象组织与联合国共同成立的政府间气候变化专门委员会和俄科研机构的研究成果显示,在人为和自然因素的影响下,近百年来全球气候明显变暖。近 100 年来,地球表面的年平均温度上升了约 0.6℃,北半球气温升高的趋势为 1 000 年来所罕见。近 50 年来,气温的上升在多数情况下均与大气中二氧化碳等温室气体的浓度升高有关。20 世纪 90 年代是有史以来最热的 10 年,1998 年成了历史上最热年份。气温的升高导致陆地冰川逐渐融化,海水总量增多。在 20 世纪,地球海平面上升了 10～20 厘米,比公元前 10 世纪以来每百年海平面平均上升幅度高出了近 9 倍。如果不对人类排放温室气体的行为进行限制,在未来 100 年内全球平均气温有可能上升 1.4℃～5.8℃,人类社会发展会因此而大受影响。④

---

① 李炳元等:《试论西藏全新世古地理的演变》,载《地理研究》1982 年第 4 期。
② 〔清〕乾隆《怀庆府志》卷三二《杂识·物异》。
③ 郑斯中等:《我国东南地区近两千年气候湿润状况的变化》,载《气候变迁和超长期预报会议文集》,科学出版社 1977 年版。
④ 《人民政协报》,2002 年 7 月 29 日 A3 版。

第三章　历史时期植被的变迁

　　由于中国在五六千年前气候曾有过相当长的温暖湿润期，大部分地区覆盖着面积广袤而丰富的天然植被，包括森林和草原。以后随着气候的变化，主要是人类活动的影响，有些地区天然植被被砍伐殆尽，有些地区则为人工作物所替代，有的地区天然植被破坏后，又为次生植被所覆盖，有的地区由于人类活动较少，原始植被保持良好。总之，数千年来，我国森林、草原的景观有很大的变化。这种变化对各地区自然环境和社会生活产生很大影响。

　　现根据天然植被分布情况，从东南向西北粗略地分出森林以及草原和荒漠两个地带。

第一节　主要森林地带的原始植被状况

　　这类地区大致占全国总面积的 1/2 左右，约北起大兴安岭北段，东南沿着嫩江折向西南，经冀北、晋北、陕北、川北至西藏东南一线，此线以南为古代主要森林地带。从北至南可分为四个地区：

　　（一）大小兴安岭和长白山地寒温带、温带森林地区。大兴安岭北段的寒温带林是西伯利亚大森林在中国的延续。本区在古代大部分为森林所覆盖。历史文献记载，在古代社会的早期，大兴安岭地区多鹿、貂等野生动物。[1] 直至 17—19 世纪的文献里记载，长白山区"深林密树，树木丛茂"。[2] 康熙年间南怀仁（比利时传教士）在《鞑靼旅行记》（中译本）里说："辽东及其以东地方，全是山岳，为几世纪间从不知斧锯的繁密的老槲林及其树种的森林所覆盖。间有需要用几天才能通过的榛棵矮树，我除了树林如此之多外，什么也没有记忆。"图理琛在《异域录》中也说这里"林薮深密"。道光年间萨英额的《吉林外纪》载：长白山区"一望林莽，迷不得路"，

---

[1] 《魏书》卷一〇〇《失韦传》、《旧唐书》卷一九九下《室韦传》。
[2] 〔清〕高士奇：《扈从东巡日录》卷下。

"需伐木开道"。在小兴安岭、长白山区,根据吉林敦化全新世沼泽孢粉分析,在全新世早期,这里是针、阔混交林;中期以后气候转暖,松树和阔叶树种占优势,晚期(2 500年前开始)气候转寒,松树占优势,阔叶树减少。① 清代人对吉林一带山区存在的许多密林,称之为"窝集(稽)",其有名可考者数十处。从吉林(今吉林市)到宁古塔(今黑龙江宁安)有大小窝集两处,分别长30千米和20千米,"万木参天,排比联络,间不容尺"。② 宁古塔城附近"重岩叠嶂,古树丛密,城内人家俱于此樵柴"。③ 清徐宗亮《黑龙江述略》:"松柞蔽天,午不见日。"可见直至19世纪前期,大小兴安岭和长白山区还保持了森林原始状态,今天该区仍为我国主要森林区之一。

(二)华北暖温带林地区。本区范围甚广,包括辽东山地丘陵、辽河下游平原、冀北山地、黄土高原东南部、豫中和豫西山地丘陵、华北平原、渭河平原和山东山地丘陵。孢粉分析、考古发现及文献资料,都反映进入全新世以来至三四千年前华北地区普遍分布有茂密的天然森林植被。近年辽南地区全新世沉积物的孢粉分析也充分反映了这一带在全新世中期以栎属等阔叶树为主,到晚期气温下降,成为针叶、落叶阔叶混交林,森林范围缩小,蕨类和草本植物面积扩大。目前辽南地区以松、栎林为代表的植被,正是晚全新世以来植被情况的反映。燕山山地在二三千年前也分布有天然森林。《史记·货殖列传》记载这里有"鱼盐枣栗之饶"。直至辽金时代,燕山山地仍有大量木材可采。北京平原泥炭沼泽的孢粉分析表明,在全新世这里有森林、草原和沼泽植被。在广大的华北平原上,据孢粉分析、生物鉴定和考古遗址中的文化特征,说明距今8 500～5 000年期间属气候温暖、湖沼发育的森林繁盛期,普遍分布着森林、草原和沼泽植被。④ 在河南安阳殷墟出土大量麋鹿、象和竹鼠等喜暖动物遗骸,证明商代当地有森林、草原和湖泊沼泽的存在。正如《孟子·滕文公上》所说:"草木畅茂,禽兽繁殖。"与《禹贡》描述华北平原中部兖州"厥草惟繇,厥木惟条"的植被情况基本相同。在晋中、晋北、陕北、伊克昭盟南部、宁东、陇东的黄土高原东南部的黄土丘陵沟壑区,过去对历史时期的植被情况有争论。近年来在秦安大地湾遗址,发现大量房屋与柱洞,都是用木材建造的。宁夏南部西吉、隆德等地出土了一批胸径达数十厘米的粗大古木,证明宁夏南部及其邻近的黄土山区绝非今日之童山濯濯,而是有着以针叶树种为优势的规模浩大的原始

---

① 周叔昆等:《吉林省敦化地区沼泽的调查及其花粉分析》,载《地质科学》1977年第2期。
② 〔清〕杨宾:《柳边纪略》卷一。
③ 〔清〕吴振臣:《宁古塔纪略》。
④ 张丕远主编:《中国历史气候变化》,山东科学技术出版社1996年版,第11页。

针、阔叶混交林。① 据孢粉分析，黄土高原东南部植被在全新世中期为暖温带落叶阔叶林，并含有少量亚热带种属，河湟地区也生长有森林。黄土高原在以后近千年中森林破坏严重，但在《诗经》《山海经·五藏山经》里记载着 2 000 多年前现在的陇东山地、汾河下游的霍山、中条山都有茂密的森林和竹木，陕西梁山一带有森林和熊罴等森林动物的存在。而太行山南部更是"高林秀木，翘楚竞茂"。② 淇水流域的竹木在西周时已很著名。4 世纪时滹沱河、唐河上游还有许多大木冲至下游。③

（三）华中、西南的亚热带林地区。该区域包括秦岭、大巴山、大别山、江南山地丘陵、闽浙山地及长江中下游平原，还包括四川盆地、贵州高原、云南高原北部及中部、南岭山地、两广丘陵北部及青藏高原东南部等地。该区也是我国早期森林面积最大的区域。如长江中下游平原，据孢粉分析及考古研究表明，距今 8 000～5 000 年之间有亚热带森林及沼泽植被的分布。秦岭山地在 3 000 年前仍存在大片原始森林。周人先世公刘时代居于彬县，自漆、沮渡渭河，至南山（秦岭）一带伐取木材。④ 直至唐代终南山一带仍多森林。四川盆地、大巴山区、南阳盆地等处森林分布也很广。《盐铁论》记载，"蜀陇有名材之木"，"吴越之竹，隋唐之材，不可胜用"。《汉书·地理志》载，巴蜀有"山林竹木"之饶。这些记载都说明 2 000 多年前这些地区天然森林分布的情况。此外，浙江良渚、河姆渡、钱山漾湖、湖北京山屈家岭等新石器时代遗址中动植物的遗存也反映这一地区森林、竹林和沼泽植被的广泛分布。例如河姆渡遗址出现大量现生长在海南、广东、广西地区的热带蕨类。孢粉分析表明，这一地区在六七千年前生长有茂密的亚热带常绿落叶阔叶林。浙江宁波发现现生长在北回归线以南的热带红树。⑤ 会稽山地和四明山地在先秦时期有一片被称为"南林"的茂密森林。古代浙东的原始森林属于亚热带混交林和阔叶林，它们很可能与浙江中南部以及闽赣森林连成一片。至于云南高原北部、中部和青藏高原东南部，也有孢粉分析和文献资料证明曾有广大的亚热带森林的分布，直至明清以后才开始遭到破坏。

（四）华南、滇南、藏南热带林地区。该区域包括福建福州以南、台湾、两广山地丘陵中部和南部、海南岛、南海诸岛以及云南高原南部等地。据珠江三角洲地

---

① 张丕远主编：《中国历史气候变化》，山东科学技术出版社 1996 年版，第 189 页。
② 〔北魏〕郦道元：《水经》卷九《清水注》。
③ 《晋书》卷一〇四《石勒载记》；〔北魏〕郦道元：《水经》卷一一《滱水注》。
④ 《史记》卷四《周本纪》。
⑤ 张丕远主编：《中国历史气候变化》，山东科学技术出版社 1996 年版，第 105 页。

区全新世孢粉组合分析，在全新世中期，此处为向热带植被过渡的南亚热带常绿季雨林。① 该区在历史时期早期森林茂盛，由于人口稀少，开发较晚，直至宋代这里仍是"山林翳密"。② 广西山地、滇南地区在明清时还是"草木畅茂""榛莽蔽翳"的"树海"。③

第二节　草原和荒漠地带的原始植被状况

我国古代大兴安岭南段、呼伦贝尔草原、东北平原和内蒙古高原、黄土高原西北部及青藏高原中部和南部，是广大的草原地带，也有森林分布。大兴安岭南段即我国古代拓跋鲜卑先世居地大鲜卑山，这里"桦木生长成林"。④ 呼伦贝尔草原今天林木非常稀少，但在当地发现的汉墓中棺木全部用未剥皮的桦木和松木制成，而且许多随葬的器物也是松、桦木和桦树皮制成品。这些表明至少在汉代，海拉尔河、克鲁伦河、伊敏河沿岸生长着茂密的桦树林和松林。⑤ 又如内蒙古西南部鄂尔多斯高原、黄土高原的西北部，考古学家、古动物学家认为，更新世晚期鄂尔多斯地区是一个"有草原和森林的环境"。⑥ 在六盘山周围地区的泾原县、固原县、海原县、西吉县、隆德县等地，曾发现过原地生长的巨大树干。⑦ 现为最典型草原地带的赤峰地区，据考古孢粉学和古植物学研究，在距今 8 000～6 000 年前，曾广泛分布着暖湿性绿阔叶林。⑧ 进入历史时期以后，这些地区历来为游牧民族生息之地，这些民族过着"逐水草迁徙"，"畜牧迁徙，射猎为业"的经济生活。直至汉代，阴山山脉一带还是"草木茂盛，多禽兽"。⑨ 陇东、陕北一带，在战国秦汉时代，"饶材、竹、榖、纑、旄"。⑩ 北齐《敕勒歌》中"天苍苍，野茫茫，风吹草低见牛羊"，正是蒙古草原地区自然景观的生动描写。

此外，内蒙古西部、宁夏、甘肃河西走廊、青海柴达木盆地和新疆等地，存在着

---

① 张丕远主编：《中国历史气候变化》，山东科学技术出版社 1996 年版，第 84 页。
② 《宋史》卷九〇《地理志六》。
③ 〔明〕朱孟震：《西南夷风土记》；〔清〕赵翼：《簷曝杂记》卷三。
④ 《魏书》卷一〇八《礼志一》。
⑤ 景爱：《呼伦贝尔草原的地理变迁》，载《历史地理》第 4 辑，1986 年。
⑥ 伊克昭盟文物工作站编：《鄂尔多斯文物考古文集》（内部资料），1981 年，第 23 页。
⑦ 张丕远主编：《中国历史气候变化》，山东科学技术出版社 1996 年版，第 15 页。
⑧ 同上书，第 29 页。
⑨ 《史记》卷一一〇《匈奴列传》。
⑩ 《史记》卷一二九《货殖列传》。

一长条气候干燥、植被稀少的荒漠地带,但其中个别地区也分布有不少森林草甸。如祁连山地,北魏时"榆木成林",[1]唐时"多材木箭竿"。[2] 河西走廊在汉代地广人稀,水草宜畜牧,"故凉州之畜为天下饶"。[3] 西汉时乌孙在天山北坡,"山多松樠"。[4] 直至19世纪末,仍然"遍地松树"。[5] 阿尔泰山地,13世纪《长春真人西游记》载,金山"松桧参天,花草弥谷",反映了茂密的天然森林景色。其他在较低地区的河边湖畔,则广布着胡杨树,这是我国西北沙漠地带土生的一种优良树种。但总体而言,人烟稀少,地势高寒,植被覆盖情况较森林地带为差。

第三节　历史时期植被的变迁

全新世以来,随着人类活动的影响,各地天然植被分布状况不断发生变化,变化的主要趋势是天然植被地区逐渐缩减,栽培植被替代了天然植被。但究其原因、程度和过程,各地区差异很大。

一般说来,当人类社会生产活动中出现原始农业,即开始改变天然植被。但在金属工具普遍使用以前,人类活动对天然植被的破坏仅是局部的、缓慢的、微小的。如我国直至春秋时代,在古今植被变化最大的华北平原上,人口还十分稀少;河北平原中部还存在一片宽阔的、空无聚落的地区,各城邦国家之间还存在瓯脱地带。可见人为的垦殖范围不大,对植被的影响还是有限的。其时黄河中游地区仍保持良好的森林和草原,南方宁绍地区的四明山地、会稽山地在春秋时代大部分仍为古木参天的原始森林。

战国开始铁器工具的大量使用,加上各国竞相变法,发展农耕业,奖励垦荒,辟草莱,开阡陌,于是大面积的天然植被迅速遭到破坏,而为人工栽培的植被所代替。部分地区因自然环境较差,天然植被被破坏后,环境更趋恶化。现举历史时期植被变化最为显著的地区为例说明之。

(一)华北平原　近年来发现河北武安市磁山和河南新郑市裴李岗新石器时代遗址中出土粟的遗存和石制农具,说明距今七八千年前,在今华北平原西缘与太行

---

[1] 〔北魏〕郦道元:《水经》卷二《河水注二》。
[2] 〔唐〕李吉甫:《元和郡县志》卷四〇《陇右道·甘州》。
[3] 《汉书》卷二八下《地理志下》。
[4] 《汉书》卷九六下《西域传下》。
[5] 〔清〕肖雄:《西疆杂述诗》卷四《草木》。

山脉、豫西山地的交接处已经有了进入耜耕阶段的农业,这意味着天然植被开始遭到破坏。以后因农业工具的改进和耕地面积的扩大,加速了对森林和草原的伐拓。战国时代河南中部地区已"无长木"。① 山东丘陵西麓的泗水流域已"无林泽之饶",为"桑麻之业"的栽培植被所替代。② 今冀、鲁、豫三省交界的东部地区,在公元前2世纪时已缺乏薪材,③可见天然森林已被砍伐殆尽。在往后的2 000多年里,这一地区为战争发生最频繁之地,和平时期的大规模垦殖和战争时期的大规模焚毁的交替出现,使破坏的植被没有时间得以恢复。晋末十六国时期,长期战乱,人口流徙,大片农田荒芜,转为次生草地和灌木丛,本地区西部和北部不少农田变成了牧地和狩猎场所,如十六国后赵石虎时将今豫东、鲁西地区辟为猎场。北魏时曾一度将豫东黄河南北两岸千里之地辟为牧地,④同时因水利失修,灌溉系统破坏,盐碱遍地,灾害连年,农业也未获发展。隋唐统一时期,在华北平原上大兴水利,发展农耕业,大片栽培植物替代了次生草地和灌木丛。但至辽金时期,频繁的战火再次笼罩着华北平原,农业生产遭到严重破坏,河淮之间"荆莽千里"。⑤ 今河南、安徽的颍、汝河流域,"土广人稀"。⑥ 女真人占领了华北平原后,把大量的土地分给猛安谋克,但猛安谋克"不自耕垦,及伐桑枣为薪鬻之","民桑多为牧畜啮毁"。⑦ 金人占领今河淮之间的泗、寿、邓之地后,"择善水草休息,且牧马"。⑧ 人工栽培植被破坏,又为次生灌木丛及杂草所替代,而次生杂草又被牲畜所啮毁。宋金以后,黄河经常泛滥于河淮之间,沙地和盐碱土遍地皆是,已无良好的植被覆盖,残存的灌木丛及杂草也先后被砍作柴草及治河器材,天然植被完全破坏,更无森林可言。明清以后该区农业有所发展,大片栽培植物覆盖地面,以后又屡经荒芜和垦辟。总之,该区是我国历史时期森林和草原植被变迁最早、最大、最频繁的地区,也是人类活动对天然植被干扰最甚的地区。

（二）黄河中游地区　该区域中的陕西渭河平原,山西南部涑、汾河流域和河南西部的伊洛河流域,早在仰韶文化时期已进入了农业社会,天然植被已开始遭到破坏,代之以人工栽培植物。但是其他地区在战国以前仍还是畜牧区,森林和草原分

---

① 〔西汉〕刘向:《战国策》卷三二《宋卫策》。
② 《史记》卷一二九《货殖列传》。
③ 《史记》卷二九《河渠书》。
④ 《晋书》卷一〇六《石季龙载记上》、《魏书》卷四四《宇文福传》。
⑤ 〔北宋〕晁补之:《鸡肋集》。
⑥ 《金史》卷九二《曹望之传》。
⑦ 《金史》卷四七《食货志二·田制》。
⑧ 《金史》卷八七《仆散忠义传》。

布还相当广泛。秦汉以后情况发生了变化。秦汉建都关中,迁入大量关东人口,农业空前开发,大力兴办水利。当时长安地区"亩值一金",可见农耕业发展的程度。关中平原南部的秦岭山区和东部的函崤山地,为秦汉都城建设宫殿的主要取材地,森林之破坏可以想见。东汉末董卓迁汉献帝自洛阳趋长安,往陇山伐木以修长安宫室,陇东森林也遭采伐。① 秦皇、汉武北逐匈奴,修长城,为保卫农耕区,将大量汉民移入黄土高原北部地区,设郡县,辟农田,农牧分界线一度北移至阴山以北和乌兰布和沙漠一带,河套及其以南地区因农业发展而被誉为"新秦中",于是大片天然森林和草原为栽培植被所替代。东汉以后,虽因汉民的南迁和游牧民族的入居,农牧分界线大体上又恢复到战国后期的情况,次生灌木丛和草原又替代了栽培植物,但因气候转寒、变干,已不可能恢复到秦汉以前的植被情况。北魏时在河套地区也进行过垦殖,至隋唐盛世农牧界线再度北移至阴山一线。唐元和年间(9世纪初)在河套屯田,垦田8 800余顷,以后又在陕北、银川平原开设屯田,黄河中游植被又遭破坏。唯渭河上游的陇东地区和泾河上游的宁夏南部,在唐代置有监牧,植被破坏程度较轻。黄土高原的森林,在魏晋南北朝时长安、洛阳、邺都建都时多取材于陇山、吕梁山;隋唐建都长安,也在岐山、陇山、吕梁山地取材以建宫室。北宋初年陇东森林仍很茂盛,今天水地区的夕阳镇(今甘谷县东)在当时"产巨林,森郁绵亘,不知其极"。② 夕阳镇以西的大小落门砦(今武山县东)"多产良木"。③ 北宋初年营建开封宫室,大肆开采渭河上游森林,"以春秋二时,联巨筏自渭达河,历砥柱以集于京师,期岁之间,良材山积"。④ 后又在秦(治今天水市)、陇(治今陇县)、同(治今大荔)等州伐木,以造运舟。⑤ 金代继续开采河东、陕西、陇东材木,营建汴京。⑥ 森林范围逐渐缩小,以至陕北一带"山林无巨木"。⑦ 环州(今环县)境内"不产材木"。⑧ 以后,由于宋、金、西夏之间长期战争,陕北、陇东一带为修筑城堡、屯垦边地、廓清视野,又大肆砍伐残存的森林。明代贺兰山原是"林木生翳,骑射碍不可通"的密林地区,正统以前,开伐林木深至二三十千米,"无障蔽"。⑨ 其余长城以外地区也为廓

---

① 《后汉书》卷四四《杨震传》。
② 〔北宋〕僧玉莹:《玉壶野史》。
③ 《宋史》卷二六六《温仲舒传》。
④ 〔南宋〕李焘:《续资治通鉴长编》卷二八,雍熙四年。
⑤ 〔南宋〕李焘:《续资治通鉴长编》卷一〇六,天圣六年。
⑥ 《金史》卷八二《郑建充传》、《金史》卷七九《张中彦传》。
⑦ 〔南宋〕李焘:《续资治通鉴长编》卷五一,咸平五年。
⑧ 〔南宋〕李焘:《续资治通鉴长编》卷八〇,大中祥符六年。
⑨ 《明英宗实录》卷七二,正统五年冬十月。

清视野,每年进行烧草、伐林,地面覆盖植被几乎破坏殆尽,以致沙地不断扩大。总之,自秦汉开始,先是河套、鄂尔多斯高原的森林草地受到垦伐,以后秦岭山区森林被砍,再次陇东、吕梁诸山地经宋、金、夏、明等朝不断伐取,直至明代已均为童山秃秃,景观尽非了。

(三)太行山区及晋北地区 该区农业开发较早,古今植被变迁也很大。太行山中段是华夏族发祥地之一。从商代开始有很多政权建都于太行山东麓,如殷(安阳殷墟)、沫(今河南淇县)和赵国的邯郸等,宫室的营建材木均取于此。北魏时"京洛材木,尽出西河"。① 西河指今晋北以吕梁市离石区为中心的地区。隋唐都长安,"近山无巨木,求之岚、胜间"。② 南宋洪迈已指出,北宋时营建开封,也采用山西高原的岚、石(治今吕梁市离石)、汾阳之柏。③ 所以,经过历代的采伐,太行山区的森林至北宋时已半为童山。④ 明代建都北京,城内大建宫室、官署,大同、宣化一带的大树尽被砍伐运送至京城。从偏关至山海关原有一条延袤千里的"林木茂密"的森林带,由于京师富豪官宦竞起宅第,至弘治年间已被采伐殆尽。⑤ 此外,历史上每逢战乱、灾荒时,河北平原饥民多入山为生,乱砍滥伐。明代中期以后,玉米、甘薯等作物传入,迁入山区的饥民增多,林木被砍伐更甚。清代乾隆年间,林县一带"外山濯濯,屋材腾贵"。至清末民初,林县境内,"山坡有土之处,多垦作荒田,栽种树木者殊少"。⑥ 由此加重了太行山区的水土流失,以致形成"土薄石厚"的环境,反过来又影响次生植被的生长。

(四)豫鄂川陕交界地区 古代原为一片亚热带森林。唐宋时代秦岭、大巴山区还保存着茂密的森林,植被覆盖良好。元以前仍然人迹稀少。明初湖广、河南、陕西三省间,地广人稀,"山谷险塞,林菁蒙密"。⑦ 秦岭山区称"南山老林",大巴山区称"巴山老林",都是"高山深谷,千岙万壑",人迹罕至之地。⑧ 明宣德年间以后,大批流民迁入林区,至明中叶进入鄂西郧阳山区的流民竟达200万之多。清中叶又出现一次大批流民迁入的浪潮,流民进入山区后,伐木造纸、烧炭,种植玉米、甘

① 《周书》卷一八《王罴传》。
② 《新唐书》卷一六七《裴延龄传》。
③ 〔南宋〕洪迈:《容斋三笔》卷一一。
④ 〔北宋〕沈括:《梦溪笔谈》卷二四。
⑤ 《明孝宗实录》卷八一,弘治六年十月。
⑥ 民国《林县志》卷上《风土》。
⑦ 〔明〕高岱:《鸿猷录》卷一一。
⑧ 〔清〕严如煜:《三省边防备览》卷一七。

薯,甚至开辟梯田。多年老林,尽遭砍伐,以至"老林邃谷,无土不垦"。[①] 到了 19 世纪,除了少数地区如神农架、镇坪、淅川等处尚有较多的森林和竹林外,荒山秃岭到处可见,水土流失十分严重。故该地为天然植被破坏较晚而程度极为严重的典型地区。

综上所述,可知历史时期我国的天然植被经历了很大的变化。其变化的原因有自然本身的因素,更主要的是人类活动的影响。例如开辟耕地、修筑宫室、兴建寺院等等都要大规模地砍伐森林、铲除草地,频繁的战争也同样起着破坏植被的作用。由于各地区人类活动的程度不同,植被变化的程度也有很大差异。这种变化并非直线式的减少,而是天然植被——栽培植被——次生天然植被——栽培植被的反复出现。但总的趋势是天然植被的逐渐减少,然而各地情况不尽相同。如华北平原因开发较早,人类活动频繁,天然植被早已破坏殆尽,全由人工栽培植被所替代。又如黄河中游、太行山区天然植被被人为破坏后,因气候干燥、雨量稀少等不利因素,不少地区栽培植被也不普遍,变成荒山、荒坡和沙丘。而西南、东北地区开发较晚,人类活动相对较少,而气候温暖湿润,雨量丰沛,故至今尚保存较多的天然森林。总之,在我国辽阔的土地上,几千年来各族人民长期的开拓垦殖,大规模地改变了天然植被的面貌,生产了不可计数的粮食和经济作物,为各族人民的繁衍生息,提供了物质条件。当然也由于人类对自然发展的认识不足,无计划地滥垦滥伐,尤其是历代统治者对自然界无限制索取以及战争破坏等因素,使自然界失去了平衡。这种破坏越到近代越为严重,从 18 世纪初至 1949 年前的 250 年间,森林资源的损耗速度大大超过以往的千年。20 世纪 50 年代以来,由于政策上的失误,大炼钢铁,以粮为纲,大伐山林,森林面积大为缩小,这是造成当前生态环境恶化的主要原因。近年来政府提出封山育林,退耕还林,政策十分正确,但要收到明显效果,需有几十年的时间。

---

① 〔清〕严如熤:《三省山内风土杂识》。

第四章 历史时期水系的变迁

　　我国的主要河流大多发源于西部山区或高原,向东流经广阔的平原注入大海。因此我国东部平原地区有广大的河湖网,它们在历史时期曾经发生过频繁和复杂的变迁,这种变迁对我国东部地区的自然环境和人文环境都带来巨大的影响。

第一节 黄河下游河道的变迁及其影响

　　论述我国东部平原的水系变迁,首先应该提到的是黄河。

　　黄河是我国第二大河,源出青海省巴颜喀拉山北麓约古宗列盆地,流经青、川、甘、宁、内蒙古、晋、陕、豫、鲁等九省区,在山东垦利县境入海。干流全长 5 464 千米,流域面积为 752 443 平方千米。历史时期黄河下游曾北达海河,南抵淮河。因而就整个历史时期而言,黄河流域应包括今黄淮海平原的绝大部分。

　　黄河中上游流经约 30 万平方千米的黄土高原。黄土疏松,易受侵蚀。历史时期无节制的垦殖、过度放牧和不合理的樵采,使得地面覆盖不良,土蚀严重,到处沟壑纵横。每遇暴雨季节,即将大量泥沙带至下游河床,使黄河成为世界上含沙量最高的河流。据陕县站多年观测,黄河平均年输沙量为 16 亿吨,最高时达 33 亿吨。其中 1/4 被输送入海,2/4 堆积在利津以下的河口地区,平均每年造陆 38 平方千米,1/4 堆积在利津以上的河道里,日积月累,河床淤高,成为悬河。同时,黄河流域气候干燥,年降水量为 200～700 毫米,因蒸发量高,径流量十分贫乏,年际变化很大。据陕县站观测统计,黄河多年平均洪峰量度不超过 1 546 立方米/秒,但历史上曾出现 3.2 万立方米/秒(1761 年花园口)、3.6 万立方米/秒(1843 年三门峡)、2.2 万立方米/秒(1933 年三门峡)、2.23 万立方米/秒(1958 年花园口)和 1.53 万立方米/秒(1982 年花园口)的大洪水和特大洪水。年内分配又极不均匀,大多集中在 6—9 月,且多为暴雨形式,往往在几天内倾泻年内一半以上的降水,洪水来时下游宣泄不及就泛滥成灾。

　　黄河自远古以来即为多泥沙河流。公元前 4 世纪时就因水流混浊而有"浊河"

之称。① 公元 1 世纪初有"河水重浊，号为一石水而六斗泥"的说法。② 到了唐朝，"黄河"一词成为古代对河水的固定名称。宋人说黄河"河流混浊，泥沙相半"。③ 明人则更具体地说黄河平时"沙居其六"，伏汛时"则水居其二"。④ 当然，在整个历史时期黄河的含沙量并不是直线上升的，而是随着中游水土流失情况的变化而变化；下游的决溢、改道也有剧有缓，这又与下游河道情况和防治工作有密切关系。但总的说来，10 世纪的宋代以后，黄河下游的决溢改道愈演愈烈，每逢伏秋大汛，防守不力，轻则漫口决溢，重则河道改徙。据粗略统计，黄河下游决溢改道见于 20 世纪 50 年代以前的文献记载，有 1 500 余次，较大的改道有二三十次，洪水遍及范围北至海河，南达淮河，纵横 25 万平方千米，对我国黄淮海平原的地理环境和社会经济造成巨大的影响。

黄河下游河道变迁的历史，大致可以分为下列七个时期：

（一）公元前 4 世纪以前（战国中叶以前） 大致自新石器时代开始，黄河下游流经河北平原入大海。因两岸未筑堤防，河道极不稳定，不时在河北平原中部泛滥、改徙，如同现代河口三角洲地区一样，以致这一大片土地上至今未发现新石器时代至商周的遗址，说明当时由于河流任意泛滥，人们难以长期在此定居。据文献，其时在河北平原上曾出现过三条黄河河道，分别见于《禹贡》、《山海经·北山经》（以下简称《山经》）、《汉书·地理志》（以下简称《汉志》）。《山经》中大河大致在河北平原偏西，沿着太行山东麓北流，至今永定河冲积扇南缘，折东走今霸州市、雄县一线，至今天津市区入海；《禹贡》中大河下游在今深州市境内自《山经》大河分出别流，穿过平原中部，于青县以东地区入海；而《汉志》中大河离开了太行山东麓，经豫东北、鲁西北、冀东南，东北流至黄骅市境入海。上述三条黄河故道在战国中期以前，在河北平原或同时存在，或迭为主次，而以《汉志》大河为常见。在古代，"河"为黄河的专称。据《汉志》《水经注》记载，河北平原上被称为"河"的河道（即某某河）有十余条，都可能是黄河某次决流改徙后的故道。⑤ 总之，这一时期的黄河下游河道因堤防未筑，河道无所约束，漫流改徙无定，时常出现多股河道并存的局面。当时河北平原上人口稀少，这种情况对人类社会影响不大。据文献记载推断，大约到战国中期，约公元前 4 世纪中叶，下游河道两岸全面筑堤，河道开始固定，即《汉

① 〔西汉〕刘向：《战国策》卷二九《燕策一》。
② 《汉书》卷二九《沟洫志》。
③ 《宋史》卷九三《河渠志三·黄河下》。
④ 〔明〕潘季驯：《河防一览》卷二《河议辩惑》。
⑤ 谭其骧：《西汉以前的黄河下游河道》，载《长水集》下册，人民出版社 1987 年版。

志》所载河水和《水经注》所载大河之故渎。其他河道或淤成平陆,或自成源流,而"河"的称呼仍沿用到后代。

（二）公元前 4 世纪至公元初年（战国中期至西汉末年）　战国中期黄河下游地区人口稀少,初筑堤时,两岸堤距达 50 汉里（1 汉里相当于 414 米）,大溜得以在堤内游荡,河道蓄洪能力较强,不易发生决口。以后生齿日繁,人们在大堤内河槽两旁淤出的滩地上进行垦殖,并修筑民埝以自卫,远者距水数里,近者仅数百步,使河床迫束,河身多曲,淤高迅速,险情迭出。自西汉文帝时开始出现较大规模的决口、改道,以后河道淤积严重,至公元前 1 世纪末的西汉末年,今河南浚县境内"河水高于平地"①,显然已成为悬河。这是秦汉时期黄河中游地区大肆垦殖,发展农业,水土流失加剧的结果。西汉一代河患较为严重,仅见于文献记载的就有 10 次影响较大的决溢改道,大多发生在魏郡、清河、平原、东郡（相当今冀鲁交界地区）境内。河道北岸是低洼的冀中平原,所以当时河道北决多形成汊道,如曾经出现过屯氏河、张甲河、鸣犊河等,起过一定的分洪作用;东决往往袭夺已有的河流入海,如济水、漯水、笃马河等;东南决口则洪水往往奔流在豫东淮北鲁西南平原上,造成灾害尤为严重,如公元前 132 年河水在东郡濮阳瓠子口（今河南濮阳县西南）决,洪水东南夺泗、淮入海,泛滥于相当今豫东、鲁西南、淮北、苏北的 16 个郡境内的广大地区,成灾 20 余年。公元 11 年（西汉末王莽时）黄河在魏郡元城（今河北大名东）决口,洪水向东溃决清河郡以东的数郡之地,当时执政的王莽因河水东决可使他的祖坟不受威胁,就不主张堵口,听任河水离开故道,泛滥于河、济之间,东部平原受灾达 60 年之久。

（三）公元 1 至 10 世纪（东汉至唐末）　公元 69—70 年（东汉永平十二年至十三年）东汉政府动员了数十万民工,在王景的主持下,对黄河下游河道进行了全面的整治。王景根据王莽时决口后几十年冲决成的大河溜势,随地势高低,通过疏浚壅塞,开凿高阜,截弯取直,修筑堤防和水门等措施,开辟了一条新的河道。这条新道自长寿津（今河南濮阳县西）由西汉大河别出,大体流经今冀鲁交界地区,在今山东利津县入海。在此后大约 800 年的时间里,黄河下游河道出现相对稳定的局面,间有决溢,也未酿成大灾,更没有发生过较大的改道。其原因主要是自东汉开始,大量北方游牧民族入居黄河中游的黄土高原,大片土地退耕还牧,次生草原和灌木丛替代了原来的栽培植物,水土流失相对减缓,下游河道的泥沙也相对减少了。其

---

① 《汉书》卷二九《沟洫志》。

次是当时黄河下游河道的两岸存在着不少分流,或独流入海,或连接其他河流,沿途还有许多湖泊和沼泽洼地,均起着分洪排沙和调节流量的作用,减轻了干流的负担。再次是王景整治过的河道,流路顺直,有利于泥沙的冲刷,同时还有水门可调节水沙,延缓了泥沙的堆积。

图 4 - 1　先秦至东汉黄河下游变迁图

（四）公元 10 世纪至 1127 年（唐末至北宋末）　东汉以来的黄河经过千年的堆积,至唐末,下游河道已经淤高。公元 893 年（唐景福二年）下游河口段就发生过改道。进入五代,决口频率显著提高。据统计,五代的 53 年内有 19 次决溢,平均不足三年一次。[①]　至 11 世纪初,今山东商河、惠民、滨州市境内河道"(淤)高

---

① 　周魁一：《隋唐五代时期黄河的一些情况》,载《黄河史论丛》,复旦大学出版社 1986 年版。

民屋殆逾丈",①出现了悬河的险象。以后由于河口段淤高,决口地点上移,据统计,从 10 世纪至 12 世纪 20 年代今河南滑县至濮阳河段决口次数最多,占下游总决口数的 1/3,②决口后造成的灾情也十分严重。944 年黄河在滑州(今河南滑县东旧滑城)决口,洪水淹没了鲁西南的郓、濮、单、曹数州,最后积聚在梁山周围,将原先的巨野泽扩大为著名的梁山泊。1019 年(北宋天禧三年)河水在滑州城旁决口,口门广 700 步,河水经澶、濮、曹、郓数州注入梁山泊,又从梁山泊流出东南夺泗、淮入海,受灾地域达到 32 个州县。次年河塞而复决,"害如三年而益甚",至 1027 年才堵塞决口。次年(1028 年)河水又决澶州(今河南濮阳西南)王楚埽,1030 年才采取堵

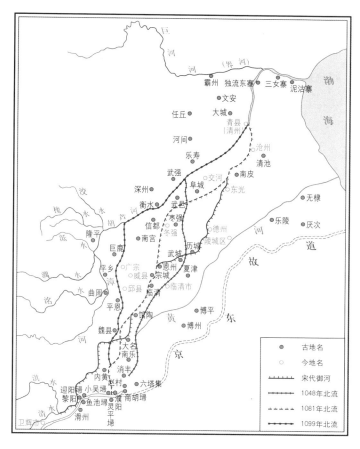

图 4-2 北宋黄河变迁图

---

① 《宋史》卷九一《河渠志一·黄河上》。
② 《中国自然地理·历史自然地理》黄河一节,科学出版社 1982 年版。

口措施。1034年(景祐元年)河决澶州横陇埽,形成一条新道,从今濮阳东北经聊城、临清一带,在今山东滨州市、惠民以北入海,史称横陇河。1048年(庆历八年)河决澶州商胡埽(今濮阳东昌湖集),向北流经今滏阳河和南运河之间,下游至青县、东光间合御河(今南运河)、界河(大清河),在今天津市区入海,是为宋代黄河的北派。1060年(嘉祐五年)河水又在魏县(今河北大名东)第六埽决出一条分流,东北走今马颊河入海,是为宋代黄河的东派。1077年(熙宁十年)河水决澶州曹村,北流断绝,河道南徙,东汇入梁山泊,分为两派:一股夺南清河(泗水)合淮入海;一股由北清河(济水)入海。1081年(元丰四年)河水又于澶州小吴埽决而北流。1094年闭北流,单行东流。至1099年(元符二年)又于内黄县决口,河道北流,东流遂绝,直至宋亡。总之,自1048年以后,至北宋亡国,黄河时而北流(共49年),时而东流(共16年),时而两股并行(共15年),时而决入梁山泊分南北清河入海。河道在河北平原中部呈游荡性活动,正如宋人苏辙所说,黄河"东行于泰山之麓,则决而西;西行于西山(太行山)之麓,则决而东"。[1] 黄河下游进入变迁紊乱的时代。

(五)1128年至16世纪中叶(金元至明嘉靖年间) 1128年(南宋建炎二年)宋东京留守杜充为阻止金兵南下,竟于今河南滑县西南李固渡扒开河堤,人为决河,使黄河东决经豫东北、鲁西南地区,汇泗入淮。从此黄河东流离开了春秋战国以来流经今河南浚、滑一带的故道,不再进入河北平原,在此后的700多年里以东南流入淮河为常。这是黄河下游变迁史上划时代的大事。

本时期黄河下游河道变迁的特点,归纳起来大致有下列三点:(1)决口地点西移。起初决口多在今山东巨野、寿张、郓城、曹县一带(12世纪50、60年代),以后西移至今河南卫辉、原阳、延津一带(12世纪80、90年代),到13世纪70年代至14世纪20年代,决口已移至新乡、原武(今原阳西部)、荥泽(今郑州市西古荥镇)一带。进入15世纪后决口到处都有,较集中在原武、阳武、开封等地,即黄河下游河道的上段。(2)河道干流逐渐南摆。12世纪中期以后,河道经豫东北、鲁西南地区,至今山东梁山县境入泗水。以后河道逐渐南摆进入开封、商丘地区,经安徽砀山、萧县至江苏徐州夺泗入淮。金元之际,两次人为决河,先后由濉、涡入淮。13世纪后期一段时间河道夺颍河入淮,到达了黄河下游扇形平原的西南极限。至此,黄河下游河道已在太行山东麓至黄淮平原西缘的整个黄淮海平原上扫射了一遍。入明以后,黄河夺涡、颍入淮竟成常事,有时竟成为黄河干流所经。1391年(洪武二十四

---

① 〔北宋〕苏辙:《栾城集》卷四六《论黄河东流劄子》。

年)黄河在原武黑洋山(今原阳西北)决口,经开封城北 2.5 千米,南折夺颍入淮。这是黄河第一次全河夺颍之始。以后,1397 年、1410 年、1416 年开封城三次被河水所毁,河水均夺涡入淮。(3)下游河道除干流外,还同时分出几条岔流,迭为主次,变迁无定。12 世纪下半叶(金大定年间)开始出现了"两河分流"的局面,以后黄河下游河道又分成三股,大致流经今废黄河一线以北地带汇入泗水,夺泗入淮。到 13 世纪下半叶(元初),河道南摆至今废黄河一线以南,出现了夺濉、涡、颍入淮的几股河道,嗣后,或东流夺泗入淮,或南流夺颍、涡、濉入淮,或东北决入马颊河、徒骇河、北清河入海。经常数股并存,迭为主次,变迁极为紊乱。1344 年(元至正四年)黄河在曹县白茅堤北决,豫东、鲁西南皆罹水患,接着洪水沿会通河、北清河,泛滥于两河沿岸的济南、河间等地域。1351 年(元至正十一年),经贾鲁的治理,形成了一条由河南封丘东流至徐州夺泗入淮的黄河干道,史称"贾鲁河"。1391 年(明洪武二十四年)黄河干流又改走颍河。明永乐年间定都北京,并修复了元末淤塞的会通河,成为输送东南漕粮的水运命脉。从此治河的主要目的是为了保运,即不使黄河北决冲毁山东境内的会通河,所以明中叶以后黄河形成比较固定的汴、涡、颍三道,以汴道(约当今废黄河,因古代汴水所经而名)为主要干流。由于汴道沿线地势是南高北低,故时而北决冲毁会通河。15 世纪末在黄河干流汴道北岸从河南武陟至江苏沛县修筑一道绵亘 180 千米的太行堤,北决相对减少,洪水来时多由南岸分疏濉、涡、颍、浍等河入淮。进入 16 世纪,山东境内太行堤年久失修,曹、单一带北决增多,几无宁日。

(六)16 世纪中叶至 1854 年(清咸丰四年)　黄河下游多股分流的局面至 16 世纪中叶(明嘉靖中期)基本结束,"两岸故道尽塞","全河尽出徐、邳,夺泗入淮"。[①]后经万历年间潘季驯推行"筑堤束水,以水攻沙"的治河方针,下游被固定为单一河道,即今地图上的废(淤)黄河。

单股河道的固定,对修防和漕运来说是有利的。但由于水沙不旁泄,来沙有增无减,河床淤高迅速,很快成为悬河。所以万历以后,河患仍屡屡不息。现将下游河道不同河段变迁的特点,分述如下:

其一,河南山东段。明万历年间河南境内河道"修防疏懈",[②]决口有所增多。在今开封、兰考、封丘、商丘境内,或北决入运,或南决夺濉、浍等河入淮。清初,阳

---

①　《明史》卷八四《河渠志三·黄河下》。
②　《明神宗实录》卷一九一,万历十五年十月己亥。

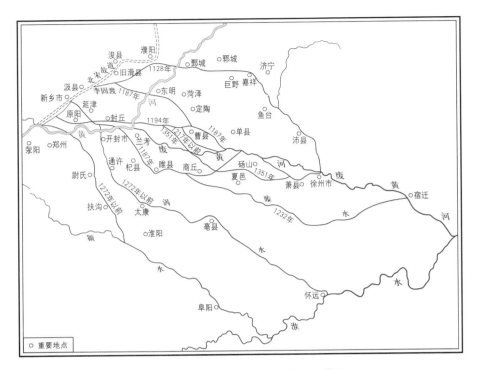

图4-3　金元时期黄河南徙主要泛道图

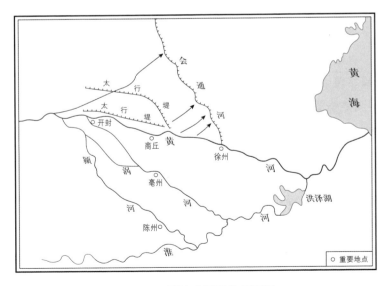

图4-4　明清黄河泛决示意图

武、封丘、祥符、陈留一带决溢仍多。后经康熙、雍正年间在河南境内大兴筑堤,并采取在滩地上开挖引河、截弯取直等措施,致使 17 世纪中叶至 18 世纪中叶(康熙至乾隆中)河南境内黄河出现过一段安宁的局面。18 世纪中叶以后,河南境内河患又趋严重。1761 年(乾隆二十六年)下游遇上特大洪水,武陟、荥泽、阳武、中牟、祥符、兰阳等地同时决口 15 处,造成重大灾害。1843 年(道光二十三年)在中牟九堡决口,正溜走今贾鲁河夺颍、涡入淮,是我国近代史上最大的一次河患。山东河段的情况也不佳,当时河南境内河道宽 2～5 千米,而虞城以下至徐州河道宽仅 0.25～1 千米(康熙时)。河道自河南进入山东形成卡口,洪水来时往往因壅塞而决口,所以 16 世纪中叶以后相当长的时间内,黄河在曹县、砀山境内经常决出数股甚至数十股冲入运河和昭阳湖区。后经清康熙年间修筑了几座减水坝后,河患稍有减轻。

其二,徐州至淮阴段。本河段兼作运河,是南北大运河中"咽喉命脉所关,最为紧要"①的一段。明嘉靖以后河患多集中在本段。隆庆(1567—1572 年)时,河工重点已"不在山东、河南、丰、沛,而专在徐、邳"。② 1578—1579 年(万历六年至七年)潘季驯第三次任总河时,主要致力于本河段的治理,具体措施即在本河段内大筑遥堤、缕堤、月堤、格堤、减水坝等拦洪、泄洪工程,又于下游增修高家堰,抬高洪泽湖水位,以洪泽湖清水来冲刷黄河河口段的积沙,所谓"蓄清刷黄",取得了一定的效果。入清后继续推行潘季驯的治河方针,于是河床不断抬高。康熙时实地勘察,从徐州至宿迁小河口的 140 千米的河段,堤外田地低于堤顶 3～4 米,堤内滩地低于堤顶 1～2.3 米,有的相去不足 1 米。③ 河床淤高如此,汛期就必然带来严重灾害。

其三,淮阴至河口段。今江苏淮安市西是当时黄淮交会口,又称清口。由于"黄强淮弱",汛期到来时,黄河水往往倒灌由清口进入洪泽湖,洪泽湖水抬高后,就易决破高家堰,泻入里下河地区。16 世纪以后里下河地区成了常年受灾区。同时由于全河夺淮后长期的堆积,淮阴以下河口段不断地延伸,河床坡度变缓,反过来又加速河口以上河身的堆积,致使入清以后,决溢地点逐渐下移。1677 年(康熙十六年)靳辅出任河道总督之初,即将治河的重点放在清口以下的河口段。18 世纪以后黄河下游河道已淤废不堪,滩槽高差极小,一般洪水年普遍漫滩,防御不慎,就发生决口,尤其是清口以下河口段河道严重淤积。据 1870 年(同治九年)实测,河口一

① 《明神宗实录》卷一九一,万历十五年十月己亥。
② 《明史》卷八三《河渠志一·黄河上》。
③ 〔清〕傅泽洪:《行水金鉴》卷四八《靳文襄公经理八疏摘钞》。

带黄河河底高于洪泽湖底 3.3～5.3 米不等。① 由此可见,清代中叶以后黄河不断决口是河道淤积的必然结果,一次新的大改道已是不可避免的了。

（七）1855 年(咸丰五年)至 1949 年   1855 年农历六月,黄河在兰阳铜瓦厢决口,洪水先冲向西北淹及封丘、祥符各县,又向东漫流于兰仪、考城、长垣等县地,分成三股,皆向东北流至张秋镇,会合后穿山东运河经小盐河流入大清河,由利津牡蛎口入海。至此,黄河结束了 700 多年由淮入海的历史,又由渤海湾入海。决口发生后,清政府正忙于对付太平天国和捻军的起义,"军事旁午,无暇顾及河工"。② 洪水就在以铜瓦厢为顶点,北至今黄河稍北的北金堤,南至今曹县、砀山一线,东至运河的三角洲冲积扇上自由漫流,水势分散,正溜无定。直至 1876 年全线河堤告成,现今黄河下游河道始基本形成。此后下游河道自武陟至铜瓦厢一段,因决口后口门附近水面有局部跌落,上游河道冲刷下切,滩槽高差增加,洪水时一般不上滩,故河道较为稳定。至 1938 年国民党妄图以水代兵,阻止日军西进,人为炸开郑州北面的花园口堤,使黄河南下夺贾鲁河、颍、涡河入淮,造成 5.4 万平方千米的黄泛区,受灾历 9 年,1947 年河始复故道。铜瓦厢至陶城埠一段,因堤内原有串沟和堤河交错,一遇洪水,便顶冲大堤,形成险工。1913—1935 年决口多集中在本段的濮阳、长垣、濮县、东明、鄄城一带,故有"豆腐腰"之称。自陶城埠至利津海口,原系小盐河和大清河道,河道窄深多曲。铜瓦厢决口之初,黄河泥沙大量沉积在河南境内,故陶城埠以下淤积不严重。光绪初年河南省境内大修河堤,约束河床,大量泥沙被带至下游沉积在大清河内,河床迅速抬高。故光绪年间决口多集中在本河段的历城、齐东、章丘、济阳、蒲台、齐河、惠民、利津等地。此外,黄河尾间段变化也很大,1855—1938 年南北摆动改道达 11 次之多。

综合上述,对历史时期黄河下游河道变迁有下列几点认识:

（一）从新石器时代以降至 12 世纪 20 年代(宋金之际),黄河下游绝大部分时间流经太行山以东、泰山山脉以北的河北平原,由渤海湾西岸入海。12 世纪开始河道离开了河北平原,向东南流经黄淮平原合淮入海,前后 700 余年。先是流经黄淮平原北部,以后河道逐渐南摆,至 13 世纪已达到了豫西山地的东缘,至此黄河下游河道已在华北大平原上扫射了一遍,直到 16 世纪中叶,河道大致固定在今废黄河

---

① 《清史稿》卷一二八《河渠志三·淮河》。
② 〔清〕林修竹:《历代治黄史》卷五,同治十三年。

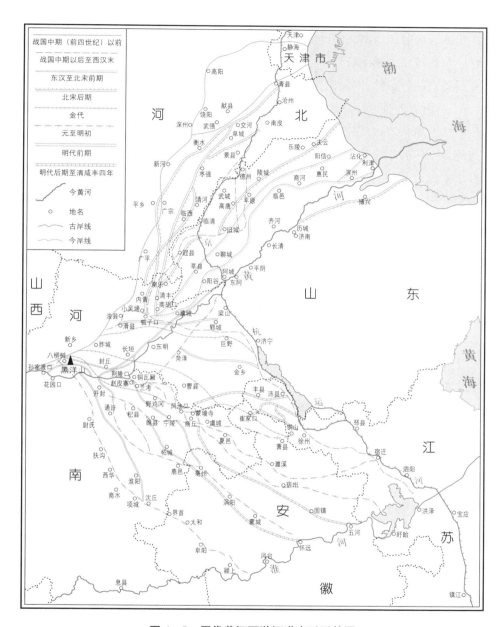

图 4-5 历代黄河下游河道变迁形势图

一线。又经过约 300 年,至 19 世纪中叶,又折向东北流,至渤海湾西岸入海。

(二)从历史上曾出现过的数十条黄河泛道来看,由利津入海的东汉大河和由徐州会泗夺淮入海的明清大河,流经的时间最长。前者大致行水 800 年,后者为

500年,两者均为1855年前黄河下游各条泛道的主干。这是因为黄河下游冲积平原由山东丘陵分割为南北两部分,使黄河具有东北入渤海,或东南入黄海的两种可能性。黄河按水流就下的规律,必然选择坡面最陡和距海最近的流路,而这两条泛道正具备这两种条件,因而成为各条泛道的主干道。

（三）历史上黄河泛决改道的根本原因,在于中游水土流失和下游防御不力。西汉时代河患频繁,与中游地区扩大农耕、水土流失加剧有关。东汉以后黄河下游有将近800年的相对稳定时期,这是中游地区返耕还牧、水土流失相对减弱的结果。唐宋以后,中游水土流失日趋严重,河患也愈演愈烈。明清时期,除了潘季驯、靳辅时代因下游河道加强了防治,河患有所稍息外,总的趋势,仍然是日益严重。新中国成立后,由于进行了上、中、下游综合治理,才取得显著的效果。

（四）历史时期黄河下游的决溢和改道,对下游平原的地理环境产生过重大的影响。每一次决口后,洪水吞没了大片土地,夺去了千百万人民的生命和财产;洪水过后,留下大片流沙,在风力作用下,形成许多断续的沙丘和沙垄,吞噬了农田、房屋以至城市,阻塞了道路交通。现在河南省的东北部和东部,大致以今郑州、兰考间黄河为脊轴,向东北、东南方向辐射分布的许多沙丘、沙垄和大片盐碱地,就是历史上黄河泛滥的结果。黄河的不断决口、改道也直接改变了黄淮海平原的水系面貌。战国以来的文献记载反映出古代华北平原上河网交错、湖泊密布的地理景观。仅据《水经注》记载,黄河下游平原上就有190多个大小湖泊,这些河流和湖泊大多有灌溉和通航之利,同时在调节黄河及其支流的流量、农田灌溉和改善当地小气候诸方面都有一定的积极作用。但经过黄河一次又一次的泛滥、袭夺和淤灌,河流多渐淤积,甚至完全断流。例如战国秦汉时代的鸿沟、隋唐的通济渠、宋代的漕运四渠〔汴河（即通济渠）、五丈河、惠民河、金水河〕等,当时都是中原地区的主要航道。金元以后,由于黄河的南泛,均告淤废。其他天然河流如颍、涡、濉、浍等河均因长期受黄河的袭夺和淤灌,大多已淤浅,无航运之利,而在宋代以前都是中原地区沟通南北的主要水运航路。许多湖泊被黄河泥沙淤浅后,不久均被垦为农田。如古代著名的大陆泽、圃田泽、荥泽、孟诸泽、雷泽、蒙泽等湖泊,在宋代以后全告淤平。就是唐代以前的巨野泽和宋代的梁山泊,到了明代以后也都被垦为农田。现今华北平原上的河流大多无通航之利,即便有也只能作季节性通航,湖泊则更为稀少。北部只有浅平的白洋淀,南部只有南四湖了。黄河泥沙的普遍淤灌,使华北平原地面普遍淤高。1108年的一次黄河决口,淹没了河北的巨鹿县,今天在巨鹿县地下6.7米处发现宋代的瓷器和屋基,说明宋代以来巨鹿县地面升高了6米。明代以前的开封城已全被埋在地下。据近年考古资料证明,宋代以来开封城地面被淤高了 10 米左右。明末以前的徐州城已被黄河的泥沙淹没在今徐州城下数米。以上仅举数例,说明黄淮海平原在历史上因黄河泥沙的堆积而抬高地面的现象到处可见。

新中国成立以来,对黄河进行了全面综合的治理,包括中游水土保持,下游淤固堤防、加强防治,取得了显著效果。60 多年没出事故,就是明证。但 20 世纪 90 年代以来,黄河中上游气候干旱,降水减少,下游因来水减少甚至断流,影响了下游地区的生产和生活。同时由于来水减少,泥沙停滞,淤积严重,黄河决溢隐患仍未根本上消除。

第二节 长江中下游水系的变迁

长江是我国第一大河。干流横贯青、藏、川、滇、渝、鄂、湘、赣、皖、苏和沪等 11 个省、市、自治区,全长 6 300 千米。湖北宜昌以上为上游,因流经山陵谷地之间,历史时期河床平面摆动幅度很小。宜昌以下进入中下游平原地区,地势平坦,河床摆动及沿岸湖泊水系均曾发生过较大的变化。现将古今变迁较大的云梦和云梦泽区、荆江河段、洞庭湖、彭蠡和鄱阳湖以及太湖水系等部分作一简述。至于长江各河段的演变主要表现为江心洲的形成、发展,单一河型和分汊河型的相互转化等,因过于细化而从略。

一、云梦和云梦泽

江汉平原地势低下,地质构造上属第四纪强烈下沉的陆凹地。现今平原上河道纵横交错,湖泊星罗棋布,素有“九曲回肠”之称的下荆江河段横贯其中,构成典型的陆上三角洲地理景观。据《左传》、《国语·楚语》、司马相如《子虚赋》的记载,先秦时期这一地区是在楚国名为“云梦”的楚王狩猎区范围之内。狩猎区地域广大,东部当指今武汉以东的大别山麓和幕阜山麓以至江滨一带,西部当指今宜昌、宜都一线以东,包括江南的松滋、公安一带,北面大致至今随州市、钟祥、京山一带的大洪山区,南面则以大江为缘。其中有山林、川泽、原隰等各种地貌形态,在江汉平原就有名为“云梦泽”的湖泊。所以“云梦”和“云梦泽”是两个不同而又相联系的地理概念。据文献记载,春秋时代的云梦泽主体在今荆州市(旧江陵)以东、江汉之间,部分则在汉江北岸的天门、应山一带,南部以大江(今下荆江)为限,与江南的洞庭湖无关。

先秦时期，由于江汉所挟带的泥沙的填充，原始地貌发生改观，云梦泽开始演变为平原—湖沼形态的地貌景观。当时云梦泽的两侧有两大平原：西侧为荆州市（旧江陵）以东的荆江陆上三角洲，东侧为城陵矶至武汉间的长江西侧泛滥平原。这两块平原在春秋时代已有居邑和聚落出现，如在今荆州市以东、潜江市西南汉晋华容城内的章华台①和长江泛滥平原上今洪湖市境内的州国故址，②以及柳关、乌林、沙湖发现的新石器时代遗址。这都说明在春秋时代以前这里已有人们生息劳动，并营建聚邑、建立政权。《禹贡》曰："云梦土作乂。"正是这种事实的反映。

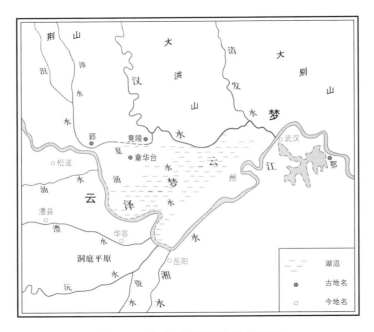

图 4 - 6　先秦时期云梦和云梦泽图

秦汉时代云梦泽汉江北岸部分已成平陆。江汉之间的云梦泽，西部接纳了荆江三角洲上长江的分流夏水和涌水带来的泥沙，不断向东发展，并和来自今潜江市一带向东发展的汉江三角洲合并，形成汉江陆上三角洲。随着三角洲的扩展，土地也大量被开辟。汉代就在荆江三角洲夏水自然堤北侧的章华台设立了华容县；汉江三角洲也不断向东南发展。故而西汉时期的云梦泽主体被挤迫在

---

①　《左传》昭公七年。
②　《左传》桓公十一年、《战国策·楚策》。

当时的华容县境内。其东其北，虽亦属云梦泽，但均以沼泽形态为主。东汉时曹操自乌林败走华容道，即途经华容县东境，虽属沼泽，尚可通行。魏晋南朝时，荆江三角洲上夏、涌二水分水分沙激增，塑造出"首尾七百里"，包括以后华容、监利二县县境的"夏洲"。[①] 这一现象说明了荆江三角洲在不断扩大，从而迫使原来华容县的云梦泽主体向下游方向的东部移动，至《水经注》时代云梦泽主体已在华容县东，而原来在华容县南的云梦泽则为新扩展的三角洲平原所代替。西晋时在华容县东南境设置监利县（今县治北）和石首县（今石首市东）；汉魏之际，又将今京山市的云杜县迁至汉南沔阳县境；东晋又在汉南平原与夏洲的接壤地带设立了惠怀县（今沔阳城关附近）。江汉之间云梦泽以西在汉代只有华容、竟陵二县，至此增至六县，正是荆江三角洲不断扩展和开发的结果。

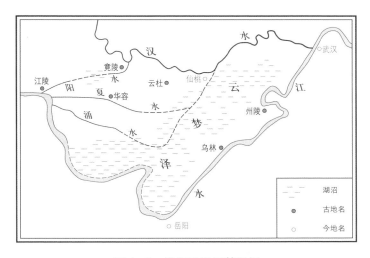

图 4-7　秦汉时期云梦泽图

6世纪《水经注》时代的云梦泽已被沙洲分割成许多小湖。在云杜、惠怀、监利一线以东，由大浐湖（今沔阳西境）、马骨湖（约今洪湖）、太白湖（今武汉汉阳区境）等组成。可见南朝时随着江汉陆上三角洲的向东扩展，云梦泽主体不断被迫东移到城陵矶至武汉的长江西侧泛滥平原，陆地沦为湖泽。西汉时已经设置在长江西侧泛滥平原上的州陵县（今洪湖市境内）也随之撤销。荆江三角洲北侧的云梦泽区也演变为赤湖、离湖、船官湖、女观湖等。云梦泽名称也随着大面积水体的分割消失了。

---

① 《太平御览》卷六九引《荆州记》。

南朝以后,原已浅平的云梦泽主体在唐宋时已淤成平陆。大浐、太白二湖已不见记载,马骨湖变成了周围仅 7.5 千米的小湖。宋代太白湖中蒉苇弥望,有"百里荒"之称。古云梦泽解体。

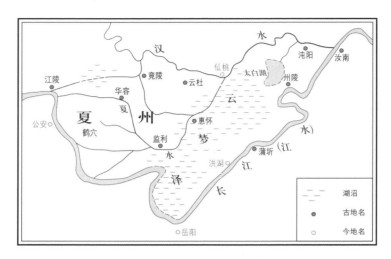

图 4-8　魏晋南北朝时期云梦泽图

宋代以前荆江河段的排水沙口均在北岸,故云梦泽变迁的主要趋势是水体减缩、陆地扩展。元明以后北岸诸口塞,南岸出现了太平、调弦、藕池、松滋四口,荆江水沙主要排向南岸,江汉平原来沙不多,下沉速度超过堆积速度,地表径流大部汇集于太白湖入江,洪湖水面逐渐扩展,至明末清初,太白湖已成为江汉平原上最大的浅水湖泊,范围达百余千米,清代中期太白湖又逐渐淤塞,至光绪年间,由于泥沙长期淤积的结果,宽浅的太白湖已基本消失,成为低洼的沼泽区。1949 年后成为江汉分洪区。与此同时,因江汉平原排水不畅,洪湖地区逐渐为积水所汇。19 世纪中叶以后,洪湖迅速发展成为今天江汉平原的最大湖泊。

总之,江汉平原著名的云梦泽,是因为长江和汉江带来的泥沙沉积量大于新构造运动下沉量,江汉陆地三角洲不断扩展而逐渐消失的。先秦时代数百里的云梦泽,至唐宋时已不复存在,代之而起的是太白湖、马骨湖、大浐湖、船官湖等等星罗棋布的小湖群。以后又相继淤成平陆。明清之际太白湖又扩展成为江汉平原上最大的湖泊。清中叶以后,随着太白湖的再度淤填,洪湖则又扩展成为浩渺的大湖。

二、荆 江 河 段

荆江是长江中游冲积平原上的一段河道。上起枝江,下迄城陵矶,全长约 420

千米。其中藕池口以上称上荆江，以下称下荆江，两段荆江因所处地貌条件不同，历史时期变化也各有差异。

（一）上荆江河床的演变。据《禹贡》《汉书·地理志》《水经注》等书的记载，长江出三峡流至枝江县境内，河床中沉积一系列沙洲，形成分汊河道，南支为主泓道称江，北支为汊道称沱。江沱之间有很多沙洲，其中以百里洲为最大。江、沱约在今松滋市涴市会合后，又向东流经至今荆州市（旧江陵）南，接纳了自北而南、折而东流的沮水（今沮漳水）。魏晋时代江沱分流渐趋平衡，故东晋南朝之际，江称外江，沱又称内江。以后内江流量逐渐增大，结果沮水折东的流路一段为江水所夺，于是江水紧逼江陵城下，威胁江陵城的安全。东晋开始沿江北岸修筑金堤，以策安全。同时也逼沮南下，原来江、沮之间的滩地被水流冲断，形成了许多沙洲；出现了《水经注》里记载的江陵城西南的北江分汊河道。沮水遂改在今江陵城西南李家埠附近入江，后又逐渐西摆，至明万历时西移至今枝江市江口一带入江。

明嘉靖年间，内江流量不断增大超过外江，终于在今江口附近，冲断百里洲，东南与外江会合，使江沱会合点上移至今松滋新闸附近，百里洲被分割为上下两百里洲，原来的主泓道在外江，由于沙洲密布，水流淤塞，逐渐演变为大江的汊流。江沱易位是上荆江河道的一大变迁。以后下百里洲以北以东的内江故道逐渐埋废，与之相关的江陵北江也随之浅狭。相反，江陵南江则因径流加大，河床不断拓宽刷深。明万历年间，沮水下游泛滥，江口带水流壅塞，遂东流袭夺了下百里洲北的内江故道和江陵城北的北江故道，至江陵城东南注入大江。至此，今江陵以西的荆江河势大致形成。

江陵以下的上荆江河段流经古云梦泽区。从以上云梦泽的演变分析，荆江河床的形成经历了三个阶段：一是荆江漫流阶段。史前时代，长江经江陵进入云梦泽地区，荆江河槽淹没在湖沼之中，河床形态不甚明显，大量水体以漫流方式向东南汇注。同时因该地区现代构造运动具有向南倾掀的特性，江陵以东的漫流有逐渐向南推移、汇集的趋势。二是荆江三角洲的分流阶段。秦汉时期，由于长江泥沙长期在云梦地区堆积，以江陵为顶点的荆江三角洲早在云梦泽西部地区形成。荆江在云梦泽陆上三角洲上形成扇状分流水系向东扩散，如历史上著名的夏水和涌水，而主泓道则受南向倾掀运动的制约，偏在三角洲西南边缘，穿过湖沼地区至城陵矶与今洞庭湖区的湘、资、沅、澧四水会合。三是荆江统一河床的塑造阶段。魏晋开始，荆江三角洲向东、向南推移，云梦泽被向东迫挤，于是自江陵以南至石首境内的

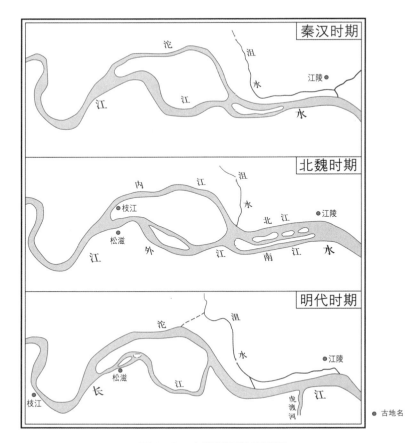

图 4-9　古荆江河段变迁图

荆江开始摆脱湖沼地区的漫流状态,塑造成自己的河床,但往下监利境内的河床仍处于湖沼之中,尚未形成固定河床。唐宋以后,江汉平原上云梦泽完全消失,其主体部分已被零星小湖沼所替代,监利境内统一河床最后塑造完成。江陵以下县治的设置,也能反映统一河床的形成过程。公安县始见于三国时代,石首县置于西晋,石首县东调弦口附近的建宁县设于北宋,而监利县至南宋端平年间(1234—1236 年)才自夏、涌水自然堤上迁至今所。这正与江陵以下荆江统一河床的形成是同步的。

(二)下荆江统一河床的形成和演变。魏晋时代下荆江统一河床形成后,据《水经注》记载,两岸形成许多穴口和汊流,分泄荆江水流。同时河床中沙洲发育,特别是在分汊穴口,沙洲之多超过现今数倍,所以当时下荆江河床属于分汊型河床。唐宋时代下荆江统一河床塑造完成后,河床不断淤积抬高。宋元以后下荆江地区垦殖频繁,筑堤围垸之风大盛,两岸穴口汊流尽归淤塞。下荆江河床被约束在大堤之内,代之而起的为人工穴口,如元大德年间重开的杨林、小岳、宋穴、调弦四口以泄洪水,其后通塞无常。至明中叶,荆江大堤连成一线,下荆江河床全被迫束在大堤之内,两岸穴口汊流几乎全部淤塞。明隆庆中,议复诸穴未成,唯石首县东大江北岸调弦一口泄水于监利县境,汇于潜江、沔阳一带。[①] 终明一代荆江唯调弦一口泄水于潜、沔,也不见江中沙洲的记载,与《水经注》时代迥然不同。由原来的分汊型河床演变为单一型河床是下荆江河床形态的一大变化。

在下荆江单一河床形成以后,由于下游壅水和洞庭湖的顶托,河曲活动亦随之发展。明中叶时监利县东南典型河曲弯道已发育形成,然后有自下游向上游推移的明显趋势。清代下荆江河床曲流活动全面发展,监利县境内有八曲之多。石首县境内河曲也是开始自下游向上游推移,至嘉庆年间得到全面发展。清代后期以来,由于松滋、藕池分流形成,大量水流进入洞庭湖,顶托作用不断加强,河曲活动更趋频繁,河道愈加蜿蜒曲折。从 19 世纪中叶至 20 世纪初,下荆江河曲经几次重大演变后,大致形成今日形势。以后河道的演变主要表现为洲滩的消长、局部深泓的摆动,基本已处于相对平衡状态,这是与近一百多年来护岸工程的作用分不开的。[②]

三、洞　庭　湖

与下荆江演变有密切关系的是洞庭湖的演变。洞庭湖是我国第二大淡水湖泊,面积 2 625 平方千米(1997 年测定)。自全新世初期以来,由于内外营力的相互作用、相互制约,洞庭湖经历了一个由小变大、由大变小的演变过程。约在三四千年前的新石器时代,洞庭湖区呈现为河网密布的平原地貌景观。迄今为止,在洞庭湖区发现的新石器时代文化遗址已达 40 余处,特别是在湖区中心的安乡、沅江、澧县、南县和大通湖、漉湖、钱粮湖地区,普遍发现新石器时代遗址。在湖区中心的大通湖农场发现的遗址,埋藏在地表下 7 米左右。这 7 米厚的沉积物是新石器时代以来沉降、堆积的产物。

新石器时代以后至汉晋时期,洞庭湖地区仍有沉降的趋势,在君山附近出现了一些局部性的小湖泊,即屈原《楚辞·九歌·湘夫人》中的"洞庭波",为一浅平的湖

---

① 〔清〕顾祖禹:《读史方舆纪要》卷七八石首县条。
② 杨怀仁等主编:《长江中游荆江变迁研究》,中国水利水电出版社 1999 年版,第 129、135 页。

沼。就整个洞庭湖区而言,河网切割的平原地貌景观未变。另外,《山海经·中山经》《汉书·地理志》和1957年安徽寿县出土的鄂君启节铭文也反映出,当时湘、资、沅、澧四水在洞庭湖平原上交汇,分别流入长江,不存在后世所见浩渺无际的洞庭湖,但其时受湖区盆地缓慢下沉的影响,开始向沼泽化方向发展。故虽然在新石器时代这一地区已有人类频繁活动的痕迹,然而此后缺乏商周文化层,秦汉时期也未在此设立郡县,无疑是受了沼泽化的影响。

4世纪至19世纪中叶是洞庭湖的扩展期。东晋永和年间桓温在江陵城南筑金堤,是荆江有堤之始。南朝时期,随着江陵城南荆江河段金堤坝的修筑,荆江三角洲的扩展和云梦泽的萎缩,在公安油口以下的荆江南岸出现了景口、沦口两股长江分流汇合而成的强大沦水,将大量洪水排入洞庭湖平原,使缓慢下沉的洞庭湖地区逐渐沼泽化而演变为浩渺的大湖。最先出现在岳阳西南的青草湖,至6世纪《水经注》时代,湘、资、沅、澧四水入湖的局面已经奠定,已扩展为包括其北边的洞庭湖区,青草、洞庭二名通称。而在今南县附近又出现由长江分流汇潴的赤沙湖。当时洞庭湖主体在今东洞庭湖地区,南洞庭湖区尚未包括在洞庭湖内,在地貌上属湘资联合三角洲的前缘部分,但河湖港汊已很发达。西洞庭湖区除今南县的赤山湖外,在赤山以西、沅水以南也有不少零星湖泊分布在沅水三角洲上,均未与东部洞庭湖主体连成一片。

唐宋时代洞庭湖进一步扩大,东部洞庭湖主体已西吞赤沙、南连青草,方圆七八百里,故有"八百里洞庭"之称。宋代文献中已明确记载,赤沙、青草、洞庭三湖连成一片。赤沙为洞庭并吞后,原为两湖间的华容县南境,地皆面湖,民多以舟为居。[①] 与此同时,东岸岳阳一带湖岸,因荆江、湘江的漱岸,倾颓严重。这时荆江口南移至岳阳城北2.5千米,水深至30~60余米,有的地方深数十尺,为历史上洞庭湖发展最深的阶段。

东晋南朝至唐宋时期,长江流域普遍开发,丘陵山区植被破坏,水土流失加剧。长江含沙量不断增加,首当其冲的江汉地区云梦泽逐渐淤填消亡,荆江统一河床形成。元及明初上游带来大量泥沙,迅速抬高荆江河床,水患增多。明中叶开始,为确保荆北地区安全,荆江北岸穴口尽塞,南岸调弦、虎渡二口将大量泥沙排入荆南洞庭湖区。洞庭湖底不断抬高,而来水有增无减,遂使湖面向四面扩展。每逢夏秋之交,湖面方圆达八九百里。清道光年间,洞庭湖扩展到了顶点,湖区跨四府一州

---

① 〔北宋〕范致明:《岳阳风土记》,古今逸史刊本。

九邑之境,估计面积可达 6 000 平方千米,为今湖面两倍以上。华容、安乡、汉寿、沅江、湘阴、岳阳等县城均矗立湖旁。但由于湖底高程不断抬高,沙洲裸露,湖水极浅。这时统一湖面在平水时分解为若干区域性湖群。明清之际,湖区西北部由虎渡、调弦两口带入的泥沙组成的水下三角洲迅速发展,在枯水季节,湖区水面退缩,三角洲裸露,分洞庭湖为东西两大湖区。

19 世纪中叶至 20 世纪中叶,是洞庭湖在整个历史时期变化最剧烈的阶段。湖区面积从 6 000 平方千米萎缩至不到 3 000 平方千米,据 1974—1978 年实测,洞庭湖湖泊面积为 2 691 平方千米;1997 年为 2 625 平方千米。[①] 其主要原因在于藕池、松滋两口的出现。从此荆江四口(包括太平、调弦)分流,荆江泥沙的 45%通过四口排入洞庭湖区。根据实测资料,19 世纪 50 年代以后形成的藕池、松滋两口,使涌入洞庭湖的泥沙增加三倍之多。由于泥沙成倍的增长来自湖区西北部,因此湖盆西北部水下三角洲首先迅速加积,成为陆上三角洲,位于华容、安乡之南,时人称为"南洲"。"南洲"自西北向东南延伸,速度甚快,自 1825 年至 1949 年的 124年中伸展了 57.5 千米。三角洲一旦露出水面,即被筑堤围垸开垦。1894 年置南洲厅于乌咀,1897 年迁厅于今南县治。1912 年改厅为县。19 世纪后期,西部湖区大半被淤塞,东部湖区也显著缩小,淤出大片沙洲。而南部湖区因北面水体南浸,沅江、湘阴二县的堤垸不断地溃废,原有小湖群逐渐合并为今南洞庭湖。

20 世纪以来,四口继续将大量泥沙排入洞庭湖,加上人工堤垸的增多,1961 年以来不断地围湖造田,自 1969 至 1979 年,湖区堤垸数为 278 个,耕地面积为868.7 万亩。洞庭湖终于明显地被分为东、西、南三大部分。目前西洞庭湖区在四口三角洲向南延伸与沅澧三角洲迅速会合,已基本淤积成陆地,仅存空名,其趋势将最终淤成陆地。东洞庭湖区自然消亡的趋势也十分明显,现今东洞庭湖湖面东西宽不过 10 余千米。南洞庭湖区在四口三角洲向东南延伸的情况下,大量北水南浸,湘资三角洲前缘不断沉溺,堤垸溃废,弃田为湖,小湖合并为大湖,湖区在迅速扩大之中。20 世纪 50 年代以来,南洞庭湖的淤积也逐渐严重,这是西洞庭湖淤塞的必然结果。

总之,近百年来,洞庭湖经历了一个不断淤塞萎缩,逐渐步向消亡的过程。其速度与日俱增:19 世纪的后 70 年,面积萎缩了 600 平方千米;20 世纪前 50 年,又萎缩了 1 050 平方千米;而后 50 年洞庭湖泥沙淤高 1 米多,泥沙淤积又加速了围

---

① 王克英主编:《洞庭湖治理与开发》,湖南人民出版社 1998 年版,第 67 页。

垦,洞庭湖天然湖泊面积由 1949 年的 4 350 平方千米缩减为 1978 年的 2 691 平方千米,仅为 1825 年的 45%。近 40 年萎缩的面积竟达 1 660 平方千米,其速度恰好与 50 年代以前的一百多年的淤积进程相等。

四、彭蠡泽与鄱阳湖

鄱阳湖是长江流域的一个重要集水盆地,洪水期间面积为 3 960 平方千米,是目前我国最大的淡水湖泊。湖盆为新构造运动的产物,全新世开始湖盆虽逐渐下沉,但由于泥沙沉积量与湖盆下沉量基本平衡,故仍呈现为河网切割的地貌景观。新石器时代这一地区已有人类活动,在江西省已发现的 60 余处新石器时代遗址中,31% 在湖区周围的南昌、九江、鄱阳、进贤等市县境内。公元前 201 年至公元 421 年曾在今鄱阳湖中心设置过鄡阳县,经考古发掘,证明故城在今鄱阳湖中心的四山,其周围还有彭泽(汉县,今湖口县东 15 千米)、鄱阳(汉县,在今县东北古县渡)、海昏(汉县,初治今鄱阳南湖西南岸游塘村,后移治今永修县西北艾城)等县,所辖土地也有部分在今鄱阳湖中。据《汉书·地理志》《水经注》记载,余水(今信江)、鄱水(今鄱江)、缭水(今缭江)均在鄡阳县境注入赣江,赣江又北出婴子口注入当时的彭蠡泽,即今鄱阳北湖。可见在 5 世纪 50 年代以前,鄱阳南湖地区并不存在庞大的水体,而是地势低平、河网切割的湖积平原,而鄡阳县为河网交汇的中心。

以往有人因鄱阳湖在古代曾有彭蠡泽之称,即认为古代彭蠡泽即今鄱阳湖。这是不正确的。彭蠡古泽的形成与古长江在九江盆地的变化有密切关系。更新世中期,长江出武穴后,主泓经太白湖、龙感湖、下仓浦至望江县,与从武穴南流入九江盆地南缘的长江汊道会合。这一地带就是先秦地理著作《禹贡》中的"彭蠡"。这时的彭蠡可能是一种水陆相间、水流纵横、草木丛生、候鸟栖居的河流洪泛盆地环境,所以《禹贡》说"彭蠡既潴,阳鸟攸居"。更新世后期,长江主泓逐渐南移至今长江道上,而原来被废弃的古河道因全新世以来倾掀下陷作用,逐渐扩展成湖,并与九江盆地南缘的宽阔长江水面相合并,形成一个大面积的湖泊,即彭蠡泽。当时的长江出武穴口摆脱两岸山地的约束,形成了以武穴为顶点,北至黄梅城,南至九江市,东至鄂皖边界的冲积扇,江水在冲积扇上分为多支,即《禹贡》里所谓的"九江",东至扇前洼地汇入彭蠡泽。可见古代彭蠡泽主体部分在江北,相当于今龙感湖、大官湖和泊湖等湖沼地区。江南仅为今鄱阳湖的颈部。司马迁《史记·封禅书》载,汉武帝南巡,"浮江,自寻阳出枞阳,过彭蠡"。寻阳在今湖北黄梅县西南,枞阳今属安徽,所过彭蠡在江北无疑。

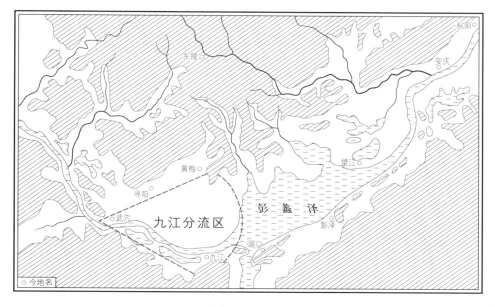

图 4‑10 先秦时期九江分流与彭蠡泽

由于古彭蠡泽是长江新老河段在下沉中受九江潴汇而成的湖泊,水下新老河段之间脊线分明。以后由于长江泥沙经过九江段时,受到赣江的顶托在主泓北侧堆积起来,日久天长新老主泓道之间自然堤逐渐高出水面,九江主泓道和江北彭蠡泽即被分割开来,时间约在西汉后期,距今 2 000 年。此后,长江泛滥,泥沙溢出,彭蠡古泽逐渐缩小形成几个水流连通的湖泊,史称雷水或雷池,即今龙感湖、大官湖的前身。江北彭蠡泽的名称逐渐消失。

自全新世开始的本区第四次断块差异运动,在南昌—湖口一线有较大的相对下陷,尤以湖口断陷为强烈。由于江北古彭蠡泽日渐萎缩,蓄洪能力下降,长江洪水过程随之增大,故至西汉后期,湖口断陷的古赣江区已扩展成为较大的水域,即今鄱阳北湖的前身。因为江北彭蠡泽之名出于经典《禹贡》,班固在《汉书·地理志》里就附会江南的鄱阳湖为古彭蠡泽。但在记载到湖汉水和豫章水(均指今赣江)时,却又说注入长江,而不是注入彭蠡泽。估计当时江南新彭蠡泽枯洪水位变率大,枯水时束狭如江之故。

汉晋时代的新彭蠡泽(晋时又称宫亭湖)南界不超过今星子县南婴子口一线,湖区范围与今鄱阳北湖大致相当,而婴子口则是赣水入湖口,也称彭蠡湖口。江南彭蠡新泽形成之后,历时千年至隋唐时代湖区相当稳定,尚未见湖区有扩大的迹象。但是鄱阳湖地区自全新世以来，后随南昌—湖口断层下陷自北而南发展，郯阳平原河网交错的景观逐渐向沼泽化发展，刘宋永初二年（421年）郯阳县的撤销，即与此有关。

唐末五代至北宋初年彭蠡泽迅速向东南方向扩展。这与当时气候转暖，降雨量增加有关。宋初彭蠡湖区已超过了婴子口、松门山，迫近鄱阳（今县）县城，彭蠡湖开始有鄱阳湖之称。这种扩大的结果使原在湖边上的山峰先后沦为湖中小岛，附近的小湖也相继与鄱阳湖连成一片。据《太平寰宇记》《舆地纪胜》记载，当时鄱阳湖的东界在今莲荷山与鄱阳县城之间，南界当在康山以南（康山在湖中），而其西南界在松门山东端至瑞洪镇一线上。古郯阳县周围平原几乎沦没殆尽，郯阳县城被浩渺湖水包围在孤岛上。但其时鄱阳南湖仍为吞吐型时令湖，洪水时茫茫一片，枯水时萎缩，水束如带。

明清时鄱阳湖演变的特点是汊湖的形成与扩展，特别是鄱阳湖南部地区，尤为显著。今军山湖、青岚湖都形成于此时。如在进贤县北境，宋时仅族亭、日月二湖，经元明两代，随着鄱阳地区的继续沉降，族亭湖被鄱阳湖所吞并，进贤县北境的北山成为鄱阳湖最南端。与此同时，日月湖泄入鄱阳湖的水道也扩展成为鄱阳湖南部条带状的军山湖，遂使军山、日月两湖成为进贤县境内最大湖泊。至明末清初，进贤县西北一些河流也沉溺而扩展为青岚湖。

如上所述，宋时鄱阳湖西南岸在松门山东端至瑞洪镇一线上。由于唐以后赣江下游主泓西移至吴城附近经北湖入长江，南昌东北的赣江三角洲发展缓慢，鄱阳南湖就逐渐向西南方向扩展。至清初，松门山以南陆地相继沦入湖中，松门山及吉州山也变为湖中岛屿。吴城附近的赣江三角洲从唐末以来逐渐发育。清代后期以来，吴城赣江鸟足状三角洲发育已相当良好，使松门山又与陆地相连。

近千年来，鄱阳北湖由于长江倒灌、顶托等因素，造成大量泥沙在北湖沉积，使湖面萎缩、干涸，水束如带。而鄱阳南湖则由赣江南支、抚河和信江西大河汇合形成东南—西北向的湖底河床，其自然堤被分隔成东北、西南两个萎缩湖面。近几十年赣江中、南支泥沙超过北支，赣江的口外沙洲向东北延伸，鄱阳南湖西南部湖面逐渐缩小，而抚河、信江西大河三角洲也向北推进，使鄱阳湖自南向北逐渐萎缩。

五、太 湖 水 系

太湖平原地处长江下游三角洲，西起茅山、天目山，南至杭州湾。考古发掘证明,在太湖湖底普遍分布有新石器时代遗物和古脊椎动物化石,说明五六千年前,太湖地区仍为湖陆相间的低洼平原。随着新构造运动的作用,太湖周围地区不断下沉,而沿海地区泥沙的堆积,又使太湖平原逐渐向碟形洼地发展,最终形成了水面辽阔的大型湖泊,即先秦地理著作中所记载的震泽(具区)。太湖水源主要来自发源于茅山和宜溧南部丘陵的荆溪和导源于天目山的苕溪。唐以前长江部分水流也通过胥溪合苕溪汇入太湖。古时太湖由淞江(今吴淞江)、娄江(流路大致上为今浏江)和东江(大致经今澄湖、白蚬湖一线东南入海)分泄入海,合称三江,即《禹贡》所谓"三江既入,震泽底定"。随着太湖周围地区不断下沉和沿海边缘地区泥沙堆积而抬高,碟形洼地发育愈甚,向东泄水道也由此逐渐淤浅。反过来又加速了太湖平原的沼泽化。因此与太湖平原进一步沼泽化同时进行并互为因果的是三江的逐渐淤浅。公元 5 世纪时松江下游已"壅噎不利",排水不畅。大约到了唐代,娄、东二江即已淤废,时人已难以确指故道所在。但太湖分三条水道入海的格局未变,如北宋朱长文《吴郡图经续记》里讲除了松江外,还有昆山塘(今娄河)、常熟塘等。以上太湖的三条泄水道中,以吴淞江为主干。唐宋时代的吴淞江大体上在今嘉定区黄渡、江桥一带与今道分出经西虹江、虹江(即旧吴淞江)、虹江路,在今复兴岛附近,截过范家浜(今外白渡桥至复兴岛段的黄浦江),经浦东新区高桥镇南的老界港、东虹江、北虹江一线,至今顾路一带入海。①

当时的吴淞江是一条深阔的大江,所谓"吴淞古江故道,深广可敌千浦",南北两岸的"塘浦阔者三十余丈,狭者不下二十丈,深者二三丈,浅者不下一丈"。② 两岸众多支流汇入吴淞江后,江面浩瀚,在当时上海地区最早的海上贸易港青龙镇(今上海市青浦区旧青浦)以东江面呈一喇叭形,海面称华亭海,海潮自吴淞江口至此形成涌潮。宋梅圣俞的《青龙海上观潮》有"百川倒蹙水欲立,不久却回如鼻吸"之诗句,是对当时吴淞江口宽阔、涌潮的生动描述。

青龙镇地属秀州华亭县(今上海市松江区)。华亭县据江瞰海,为蕃商舶贾交错的东南第一大县。它的海上港口就是境内的青龙镇。北宋时青龙镇的海上贸易十分发达。陈林《隆平寺藏经记》云:"青龙镇瞰松江上,据沪渎之口,岛夷、闽、粤、交、广之途所自出,风樯浪舶,朝夕上下,富商巨贾,豪宗右姓之所会",成为四周"海

---

① 祝鹏:《上海市沿革地理》,学林出版社 1989 年版,第 40—41 页;傅林祥:《吴淞江下游演变新解》,载《学术月刊》1998 年第 8 期。
② 〔南宋〕范成大:《吴郡志》卷一九《水利上》引郏亶、郏侨语。

商辐辏之所"。① 青龙镇海上贸易的繁荣说明吴淞江下游水流的畅通。

南宋中叶以后，青龙镇的海上贸易渐趋衰落，吴淞江的变迁是重要原因。众所周知，太湖地区是一个四边高、中间低的碟形盆地，其中心部位自地质时期以来一直在缓慢下沉，唐代以前太湖地区的积水由三江排入大海，故唐前太湖地区无大水患。从11世纪初开始，气候转暖，气温升高，海平面上升，河流的侵蚀基准面抬高，造成河道比降减小，曲流发育，再加上东边沿海因泥沙的堆积和海塘的修筑等因素，北宋以后太湖三条排水道的格局发生了变化，北、南二江淤塞，出水唯吴淞一江。北宋时郏亶已说："今二江已塞，而一江又浅。傥不完复堤岸，驱低田之水，尽入于松江，而使江流湍急，但恐数十年之后，松江愈塞，震泽之患，不止于苏州而已矣。"南宋时吴淞江下游河道呈现两个特征：一是江身多曲，水道迂回，泄水不畅，有所谓"五汇四十二湾"之说，由于河道多曲，"水行汙滞，不能迳达于海"。再是庆历二年（1042年）因为松江风涛，漕运多败官舟，遂在吴江县境筑松江长堤，界于江湖之间，由于吴江长堤的阻隔，水流无力，日长时久，积沙难去，以致水患不息，江身淤浅。二是长江水面高，吴淞江水面低，形成了吴淞江下游东高西低的地势。吴淞下游泄水不畅，"所谓东导于海而水反西流者是也……所谓欲北导于江者而水反南下者是也"。江口常为"潮沙之所积，久则淤淀"。北宋以后吴淞江口已淤出积沙，称为清洲，将江口分成二支，东支即旧吴淞江道，走今浦东新区老界港、虬江、北虬江一线入海；北支即走今黄浦江至吴淞口入海。大约至南宋初年，清洲南面的东支旧吴淞江旧入海逐渐淤浅，清洲与南面陆地连成一片，吴淞江由北支走吴淞口入海的局面始定。② 由于吴淞江口积沙的生涨，江身的纡回多曲，必然影响到通航，所以当南宋庆元元年（1195年）华亭县市舶司撤销后，外商不至，青龙镇的海外贸易也就骤然衰落。

上海港海上贸易的再度兴起，则依靠黄浦江水系的形成，吴淞江成为黄浦江的支流。江、浦移位是上海港再度发展的决定性因素，也是太湖水系的一大变化。

上海位于吴淞江的一条支流上海浦（今自龙华以北至外白渡桥一段黄浦江的前身）岸上，聚落因浦得名。大约到了北宋天圣（1023—1032年）年间以前，在上海设酒务以收税。③ 以后因商业的发展，在南宋末年置镇并设市舶务。④ 上海镇和青

---

① 〔南宋〕杨潜等编：绍熙《云间志》卷下。
② 傅林祥：《吴淞江下游演变新解》，载《学术月刊》1998年第8期。
③ 《宋会要辑稿》食货十九之十三（酒曲杂录）。
④ 明弘治《上海县志》卷一。

龙镇同在吴淞江沿岸,但前者在后者下游,这说明吴淞江上游河道淤浅,故港口下移。但到了元代,吴淞江下游河道因海潮带来的泥沙大量淤积,江中沙洲发育,江口段又出现河沙汇,水力分散,下游更淤废不堪,疏浚工程太大,一时不能见效,而太湖之水不能畅排,三吴地区经常发生水灾,于是就放弃对吴淞江下游的疏导,改引太湖水从刘家港入海。于是浏河替代了吴淞江成为太湖地区主要排水道。元代和明初时浏河沿岸的太仓,"粮艘海舶、蛮商夷贾辐辏而云集,当时谓之六国码头"。[①] 郑和下西洋,庞大船队均由浏河出海,浏河替代了吴淞江成为太湖地区的出海口。上述局面如果长期维持下去,太仓、浏河将替代上海成为太湖地区的对外贸易港,上海不可能再有以后的地位。使上海再度兴起的,则是明初永乐年间黄浦江水系的形成。

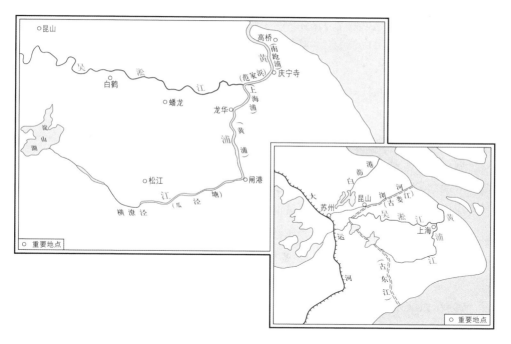

图 4 - 11 黄浦江水系示意图

(采自满志敏《黄浦江水系:形成和原因》,《历史地理》第 15 辑)

虽然元代已开刘家港为太湖主要泄水道,但至明初,"奈以一港难泄众流之横溃,由是田畴时被浸没"。[②] 于是永乐二年(1404 年)为消弭浙西水患,在尚书夏原

---

① 明弘治《太仓州志》卷一。
② 明洪武《苏州府志》卷三。

吉主持下，先自昆山东南下驾浦掣吴淞江水入刘家河，由刘家河入海；其次，浚常熟白茅塘引太湖诸水入长江；最后，于上海县东北浚范家港接黄浦，通流入海。① 上述白茅港即今常熟白茆塘，刘家港即今太仓浏河，这是以舒吴淞江之急，主要工程则是开浚大黄浦。② 黄浦亦称大黄浦，是吴淞江南岸的一条小支流，即今上海市区自龙华至闸港的一段黄浦江前身，下接上海浦注入吴淞江；上海浦即今龙华至苏州河口的一段黄浦江前身，所以黄浦和上海浦是一条河流不同河段的异称，正如正德《松江府志》卷二所言："上海浦即大黄浦下流合江处。"至于范家浜原为吴淞江下游入海口一段岔流，即今苏州河口至复兴岛南端、浦东庆宁寺一段黄浦江前身。今庆宁寺至虬江口的一段黄浦江为南跄浦的前身，今虬江口码头当为南跄口所在。永乐二年夏原吉开浚黄浦江，就是自大黄浦、上海浦与吴淞江会合处（今苏州河口）向东接通范家浜，至南跄浦口，下走吴淞江北支在今吴淞口入海。至此，太湖之水分三条入海道的格局再次恢复。黄浦江成为太湖地区主要泄水道，吴淞江变成黄浦江支流，所以明人说："今吴淞江口，即为黄浦口子。"③

　　至于当时的吴淞江，因江中沙洲聚积（明时人称为"沙洪"），将江道分为新江、旧江二支。④ 新江即宋家港，为明代以来的主泓，即今苏州河道，旧江因非主泓所经，逐渐淤浅，成为断续的残存河道，即今虬江。⑤

　　黄浦水系形成之后，由于太湖排水畅通，逐渐开阔，至明嘉靖年间终于成为太湖下游最大泄水道。同时明清两代也不断疏浚白茆、七浦、茜泾、浏河等以同时分泄太湖地区积水，但作用都不能与黄浦江相比。

　　近百年来，东太湖地区大片湖面淤积成滩，有的已被围垦成陆。如洞庭东山原为湖中一岛，19世纪中叶与水东半岛相连。大片浅滩露出而被垦成陆，自吴江诸港口下泄的流量也日益减少，去路不畅，使太湖沿岸地区经常受淹。20世纪50年代后，江苏在太湖东北岸开凿了一条起自望亭镇，东北流经常熟虞山西麓入长江的望虞河，代替了吴淞江、黄浦江成为太湖水下泄的主道。太湖水不再以东泄为主，而

　　① 明正德《松江府志》卷三《水下》。
　　② 黄浦之名，始见于《宋会要辑稿》食货八之二八记南宋乾道七年（1171年）丘崈年言。
　　③ 〔明〕方廉：《江南海防论》，《明经世文编》卷二八四。
　　④ 明嘉靖《上海县志》卷一《山水》：吴淞江"自吴江长桥东流至长洲尹山北流，至甫里东北流，又过华亭淀山乃入县境。是江历宋宝元、嘉祐、宣和开浚盘龙、白鹤诸汇。略变取直，有新江、旧江。江北嘉定，地名老鸦窠，有旧江形迹。今指其南通行为江。皆江中沙洪，江上之人，直以沙洪呼之，东流与黄浦会处，别名宋家港，又名减水河，又东为范家浜，以抵南跄浦口，即永乐初夏尚书原吉疏浚黄浦下流接济达海。时人概谓之江。此境内松江之始末也"。
　　⑤ 傅林祥：《吴淞江下游演变新解》，载《学术月刊》1998年第8期。

改以北流为主,这是太湖水系史上的一大变化。

第三节 海河水系的历史变迁

海河是我国河北平原上的主要水系,流域面积为 22.9 万平方千米,主要由北运河、永定河、大清河、子牙河、南运河五大水系汇合而成,汇集于天津入海。这五大水系支流众多,长 10 千米以上的有 300 余条。这些河流大多发源于燕山、恒山、五台山、太行山等山脉,河流含沙量都很高,流量季节分配又不均匀,每年汛期,山洪并发,出山口后骤然进入平坦的河北平原,河道极不稳定,变迁无常。在我国东部平原上,除了黄河以外,海河水系是变迁最大的水系。现今河北平原上诸水皆会于天津入海,是海河水系在历史时期形成、发展、变化的结果。

一、海河水系的形成和发展

海河水系形成以前,流经河北平原上的主要河流是黄河(这在黄河一节中已经提到)。据谭其骧先生研究,在战国中叶以前,河北平原上曾出现过三条有明确记载的黄河故道:最西的一股是《山经》中记载的大河,出大伾山后东北流经今太行山东麓,折东走今雄县、霸州市一线,在地质构造上为凹陷带,至今天津市区入海;中间一股是《禹贡》记载的大河,自今冀中平原的深州市一带从《山经》大河分出,东北流至今青县入海;最东的一股,即《汉书·地理志》中的大河,出山后离开了太行山东麓,东经豫东北、鲁西北、冀东南,东北至今黄骅市入海。[①]

最近对华北平原地下古河道的研究成果表明,《汉志》大河基本流路在中全新世已经形成。[②] 由于《汉志》大河长期塑造的自然堤,自西南向东北横亘于河北平原的东南部地区,而全新世中期的温暖、降水多的气候条件,使《汉志》大河的西北地区,即河北平原的中部和西部,出现了由大陆泽—宁晋泊、白洋淀—文安洼、七里海—黄庄洼三大相对集中、断续相连的湖沼带。[③] 当时《山经》《禹贡》大河尚未形成,发源于太行诸山的河流皆汇集于这一湖泊带。进入晚全新世早期,黄河下游河道泥沙堆积渐高,某次决口河水从大伾山以下破自然堤坝而北流,循着低洼的大陆

① 谭其骧:《西汉以前黄河下游河道》,载《长水集》下册,人民出版社 1987 年版。
② 吴忱等:《黄河古三角洲的发现及其与水系变迁的关系》,载《华北平原古河道研究论文集》,中国科学技术出版社 1991 年版。
③ 王会昌:《河北平原的古代湖泊》,载《地理集刊》第 18 辑,科学出版社 1987 年版。

泽—宁晋泊、白洋淀—文安洼湖泊带,折东至天津市地区入海。《山经》河、《禹贡》河开始出现。据研究,《山经》河和《禹贡》河实际上是同时出现的一条大河北岸分流,深州市以下两河之间,即为《禹贡》中所谓"北播为九河,同为逆河,入于海"的地域。九为多数之意,逆河是潮汐河口海水倒灌的形态,反映了当时《禹贡》河尾闾三角洲分流实态。《禹贡》河形成的时代大致为历史上的夏代时期。[1]

公元前4世纪中叶,战国中期黄河下游全面修筑堤防以后,《山经》《禹贡》大河因堤防阻隔,开始脱离黄河水系而断流,然其下游河道仍接受源于太行等山的地表径流,逐渐演变成独立的地方水系。这时形成的海河独立水系规模不大,仅包括大清河、永定河、北运河三个水系。以后随着泥沙的堆积,天津地区海岸在今天津市区以东军粮城—泥沽一线,于是泒河(今沙河)、滱河(今唐河)、治水(一作瀑水,今永定河)、沽河(今白河、北运河)、大清河诸河均在天津会合入海。海河水系初步形成。这时河北平原上除了黄河及其支流漳河外,还有滹沱河、浭水(今州河)、濡水(今滦河)等水系独流入海。

西汉中期渤海湾发生一次大海侵,海侵的范围大致在今渤海湾岸海拔4米的等高线附近,相当于今天津宁河、宝坻、武清、静海等区县及河北黄骅市一带。这次海侵的结果,使渤海湾西岸的海岸线大幅度内缩,导致战国中期至西汉中期形成的海河水系因此瓦解,泒、滱、治、沽等水均独流入海,黄河也在这个时期离开了行水数千年的《汉志》河故道,至今黄骅一带入海。这是河北平原上水系一大变迁。

东汉中期以后,海侵退后,海河水系又恢复了西汉初年的局面。公元204年(东汉建安九年)曹操遏淇水,开白沟,通清河下游。清河下游原先已与滹沱河、漳河会合。206年又开平虏渠(今青县至静海的一段南运河),沟通了滹沱河和泒河。[2] 于是清河、滹沱河、泒水、滱水、治(瀑)水、沽水等均会合于天津入海。以后的五大水系汇合的海河水系基本完成。

海河水系形成以后,东北和西南部分有很大的变化。

(一)海河水系在冀东北的扩展与变化。海河水系形成的同时,曹操于建安十一年(206年)先后开泉州渠、新河。泉州渠南起泉州县(今天津市武清区西南)境清、沽(即潞河)合口下游不远处,北流至雍奴县(今天津市武清区西北土门楼村)沟

①　张修桂:《海河流域平原水系演变的历史过程》,载《历史地理》第11辑,1993年。
②　谭其骧:《海河水系的形成与发展》,载《长水集续编》,人民出版社1994年版。

河口以东入鲍丘水(今潮河)①。新河上承雍奴县东鲍丘水盐关口,东会于濡水(今滦河)。于是东汉末年,海河水系的东北部扩展至包括了鲍丘、沟、浭、滦等诸水,今蓟运河水系、濡河水系均纳入海河水系。但两河为一时军事需要所开,不久即废。在《水经注》时代以前,由于新河的淤断,濡河必然退出海河水系,独流入海。泉州渠的淤断,鲍丘水便也就退出海河水系。沽水自武清至天津的笥沟一段又枯断,改东注鲍丘水由今蓟运河入海。故《水经注》成书时代灅、沽、鲍丘三水合流蓟运河入海,退出了海河水系,海河水系的东北部大大萎缩,仅以圣水(上游为今琉璃河,下游为今固安、永清界内的永定河)为限。

海河水系东北部再度扩展,始于隋炀帝开永济渠。永济渠即引沁水入白沟,由白沟循清河东北至天津,由天津经复通的笥沟,溯灅水而上,"北通涿郡",即今北京城西南隅。② 这说明此前灅水、沽水又恢复由笥沟旧道与南来的诸水相会(其时灅水、鲍丘水为沽水支流)。于是海河水系北界又包括了潮白河水系和永定河水系。

(二)海河水系在西南方向的扩展与变化。东汉末年海河水系形成时,西南仅包括淇水流域。淇水以西原先发源于辉县西北太行山,南注入黄河的清水,在十六国后赵时改流入淇水,于是清水也纳入了海河水系。以后在《水经注》以前清水以西的丹水也有部分分流注入清水。海河水系西南部又进一步扩展。隋炀帝大业四年(608年)开永济渠,引沁水入河,再在沁水东岸开渠,引沁水入白沟,以通涿郡。于是海河水系最远向西南扩展至沁河。但此举为时甚短,由于沁水含沙高、水量大,而白沟水清量小,必不耐久。所以唐后未见通沁的记载,估计引沁之渠不久即废。唐宋时代的永济渠均以清、淇为源,不及沁河。所以唐后比较稳定的海河水系是北包潮白河、永定河水系,南有清淇流域。③

海河水系的形成和稳定,大大改善了河北平原上的水运交通。但是由于众流汇于天津入海,每当夏秋汛期,洪水集中,往往酿成水灾。特别是隋代永济渠开凿以后,一直沿袭为后代的卫河、南运河,两岸筑堤,如同一道地上长城,纵贯于河北平原东部,因此,冀中平原为宋代以后水灾最多的地区。所以从唐代开始,为了解除洪水对河北平原的威胁,在南运河、北运河的东岸开了不少减河以泄洪水。如唐

① 《三国志》卷一《魏书一·武帝纪》、《水经》卷一四《鲍丘水注》。
② 《隋书》卷三《炀帝纪上》。
③ 谭其骧:《海河水系的形成与发展》,载《长水集续编》,人民出版社1994年版。

代的永济渠东岸的毛氏河、无棣河、浮河,明代的四女寺减河、捷地减河、兴济减河,清代的马厂减河,等等。1949 年后也开了不少减河,以泄海河洪水,形成了统一入海的海河水系和分流入海的分流水系并存的水网格局。[①]

二、海河水系中主要河流的变迁

海河水系形成以后,可以宋代界河(《水经注》拒马河下游,大致为今霸州市、雄县一线)为界分为南北两大支流水系,这是由白洋淀—文安洼这一条东西带状延伸的现代构造沉降洼地所决定的。南系包括清、漳、滹沱、滱、涞、易等水,北系包括灅、沽、鲍丘、潞、沟、庚等水。历史时期南北两系各水下游都曾有过较大的变迁。今列举其中几条主要河流的变迁,以窥海河水系中一些主要河流变迁的概貌。

(一)潮白河。潮河古称鲍丘水,白河古称沽河,原非一水系。据《汉书·地理志》《水经注》记载,在西汉中期海侵以后,沽水在泉州县(今天津市武清区西南)境入海。鲍丘水在雍奴县(今天津市武清区西北土门楼村)境入海。以后海水东退,据《水经·鲍丘水注》,鲍丘水西南流至潞县(今北京通州区东北古城村)北与沽水会合,潮白河成一水系。以下大致走今北运河,时称潞河,别称笥沟,至今天津会南来之水东入于海。辽金时两水会合点上移至顺义县南之牛栏山。明嘉靖时为密云漕运,人工筑堤,改两水会合于密云城西南,大致即今形势。

(二)永定河。钻探资料表明,永定河出石景山后,在今北京城北、中、南三面分为五条古河道,流经北京城北的小清河一道时间最早,据 C^{14} 测约距今 18 000～7 000 年。这些都是永定河史前时期的古河道,处于出山后分流的状态。西汉时代治水(后称灅水)经蓟城(今北京城西南隅)南,东南至泉州县(今天津市武清区西南)入海。东汉以后,下游称清泉河,流蓟城南,又东至雍奴县与沽水会合,经笥沟与南来的清河在天津相会,成为海河水系北派的主要河流。《水经注》时代笥沟断流,灅水东流与沽河、鲍丘水会合,东循今蓟运河下游入海。根据《太平寰宇记》所引《隋图经》记载,隋时沽河又恢复了由笥沟与南来的清河会合的故道。隋炀帝开永济渠"北通涿郡",即利用沽水、灅水(今永定河)下游河道通达蓟城的。

唐代桑干河出石景山后,下游分为三股:一支经蓟城南,东南与高梁河合,下游会潞河(即沽河),大致上即隋代故道;一股东南流经大兴、安次县南,东南流至武清

---

① 张修桂:《海河流域平原水系演变的历史过程》,载《历史地理》第 11 辑,1993 年。

一带入潞河；一股南流经固安、永清县北，南流至今霸州市境入拒马河。辽金以后，桑干河含沙量渐高，“水性浑浊”，故有卢沟之称。下游河道干流已经离开了蓟城之南，改折南流经卢沟桥（桥筑于金明昌三年）南入安次县境，下达武清县境入北运河。筑堤亦始于此时。筑堤坝以后，河床泥沙淤积加速，故元代桑干河下游又称浑河、小黄河。元代桑干河自石景山南东麻峪分为两派：一支即由安次经武清入北运河，一支自涿县南流经固安，南至今霸州市入拒马河（即宋代白沟）。明代桑干河下游自卢沟桥下分为东、南两派：东派走今凉水河至张家湾、漷县北入北运河；南派分几股，先后走牤牛河、琉璃河、大清河、永定河道，或入三角淀，或入北运河，数股并存，迭为主次，来回摆动，变迁无常，故有“无定”之称。清康熙三十七年（1698 年）下游全面筑堤，固定河道，赐名永定河。自后下游以三角淀为尾闾，不再入大清河。因沙多淤积，隔数年必改道一次。20 世纪 40 年代才形成今日形势。

（三）大清河。上游分为南、中、北三股：北股为南北拒马河、易水，中股为唐河（即古滱水）、徐河、漕河，南股为潴龙河，上游包括大沙河（即古泒水）和滋河。海河水系形成之初，各自东流至天津市区会合。北宋时期北方与辽（契丹）的界河以南有一条带状的湖泊洼地，即今白洋淀—文安洼凹陷地带。北宋初年为防御契丹骑兵南下，将南面的滱水、滹沱河、漕河、鲍河、徐河、鸡距泉等大小河流均引入这一洼地，形成了西起保定，东近海的屈曲 450 千米的塘泊地带，作为潴泽国防线，北连拒马河下游的白沟河（即当时的界河），其时北面的永定河下游也注入界河，因而界河成了包括永定河、滹沱河、永济渠及其间大小诸水的一大水系。宋朝南渡，界河失去了限制南北的作用。于是南面滹沱等河脱离了界河，北面来的永定河则挟带大量泥沙，填于界河各段之中。明中叶以后，界河渐被淤平，水体南移于大清河。清康熙三十七年（1698 年）修筑永定河大堤，下游入三角淀处与大清河分开，同时大清河两岸先后筑堤，南岸主要留有潴龙河独入大清河。今大清河水系基本形成。

（四）滹沱河。《禹贡》《山经》时代原属于黄河水系，西汉时大河从今黄骅市境入海，滹沱河脱离黄河独流入海，下游分出岔流数股，除干流外尚有滹沱别河、滹沱别水等岔流，在今青县附近会流入海。三国以后滹沱河自饶阳以下夺泒水经河间、任丘、文安、大城，与拒马河会合，同流入海，成为海河水系南派的一大支流。直至唐代仍然沿袭此道。宋代导滹沱河入边吴泊，注于塘泊，乃为人工北流的一支，另一支东流经深州（今深州市），至乾宁军（今青县）与御河合流，又有一支自鼓城南流注入葫芦河（今滏阳河）。金元时北流一支已不见记载，下游多走东、南二道。明时滹沱河主流已脱离大清河，自藁城以下分为三股：一股自藁城县东南流经束鹿县

（今辛集市）南，注入滏阳河；一股北流自饶阳经河间、任丘，注入五官淀（今任丘市东北）；一股南流经宁晋县，注入宁晋泊（今宁晋、新河间滏阳河）。明代后期，每逢洪水泛滥，以南流宁晋泊一股为常。北道渐微，河势趋南。晚清时引滹沱河入子牙河道，两岸修筑堤防，固定河道，今滹沱河、滏阳河会合同入子牙河的局面基本奠定。总之，历史上滹沱河南北摆动很大，其范围大致以藁城为起点，北至淀泊洼地，南至滏阳河。宋以前北流为主，属大清河水系；元明以后，以南流为主，属滏阳河水系。晚清以后与滏阳河并为子牙河一大支流。

（五）南运河。上游为漳、卫两大河流。卫河前身为魏晋时白沟，白沟原为《禹贡》《山经》成书时代的黄河故道，以后黄河改流，残留地面河道以沥水为源，因水流较清，故称清河。东汉时上游由人工疏导为白沟，东汉末年曹操引淇水入白沟通清河，下游至青县合滹沱水，成为河北平原上纵横南北的运河大川。以后又开平虏渠，清河又北由平虏渠合泒水，由泒水下游至天津市区与沽水合流。《水经注》时代清河自大名至东光段，在今南运河（卫河）之西。隋开永济渠后，今德州以下走今南运河道，德州以上仍在今南运河之西。北宋中叶以后，永济渠时为黄河所夺。元明以后经多次演变始成今日卫河河道。

（六）漳河。漳河在历史上变化最大。《禹贡》时代漳河为黄河一大支流，在今河北肥乡县境注入黄河。西汉以后，《禹贡》所载大河故道即成漳河下游。但在反映西汉后期情况的《汉书·地理志》里，今新河以下漳水已不复北流，改道东流经南宫、枣强、景县、东光注入大河。东汉时黄河改由山东利津入海，漳河下游即由西汉大河故道入海。曹操于213年开利漕渠，引漳水自斥漳县（今曲周县东南）南至馆陶（今馆陶县）西南注入白沟。此后漳水下游迁移无常。唐代漳水下游至少有二股：一股北流，与《水经注》时代的漳水河道大致相同，经今临漳、成安、肥乡、曲周、平乡，以下走今滏阳河，注入大陆泽，出泽后又走今滏阳河，至衡水以下经武邑东北流，截永济渠，东北入海；一股南流，经魏县至馆陶入永济渠。南北两道之间还有零星漳水记载，或为分支，或为故道，然首尾不明。北宋时漳水下游主流仍走北流滏阳河一股，中叶以后，衡水以下为黄河北流所夺，成为黄河一大支流。1108年漳水在平乡、巨鹿间一段曾一度为黄河所夺。金元时滏阳河和南运河之间诸县境内都有漳水出现，说明河道摆动频繁。明时南北二股均存，前期以北流为主，后期以南流于馆陶入卫河为主。清康熙时分为三股：南股仍在馆陶入卫河，中股为老漳河至青县入卫河，北股至宁晋与滏阳河合称新漳河。后又分成四股，变迁纷繁。清康熙末年南流于馆陶入卫一股成为唯一主流。乾隆时在成安县建坝筑堤，使这一股为主流基本定局,大致经临漳北、成安南、广平南、魏县北,至馆陶入卫河。以后这一股又经南北摆动,始成今状。

综上所述,海河水系在历史上变迁之大,仅次于黄河。主要原因是各水含沙量高,自山区进入平原后,河床摆动不定。宋代以后,由于诸水发源地太行山区开发加剧,水土流失严重,下游含沙量与日俱增,变迁也日趋频繁。沈括《梦溪笔谈》云:"凡大河、漳水、滹沱、涿水、桑干之类,悉是浊流。"其变迁特点是:一是下游河道往往从单股发展成多股,最后又逐渐演变为单股;这是因为早期河道含沙量不高,经长期稳定后,泥沙增多,河道在扇形平原上分成多股,又因堤防不全,故变迁无定。明清以后全面修堤,河道方始固定,又渐为悬河。二是河道主流摆动总的趋势为永定河自东向南,明以后又东移;滹沱河和漳河则由北向南摆动,这与河北平原的新构造运动有关。同时也有人为因素,如宋代强行引滹沱河入淀泊,明清时为增加水源,引漳济卫便是。

第四节 黄淮海平原湖沼的历史变迁

历史时期湖泊有天然和人工之分,沼泽又是一种地面长期潮湿,生长喜湿、喜水的植物,并有泥炭堆积的洼地。由于历史文献记载简略,很难明确分清,故而总称为湖沼。

古代我国东部黄淮海平原上分布着很多湖泊和沼泽。有全新世中期海侵时滨岸浅海因海退后残留的产物,有废弃的河床和牛轭湖,有太行山、燕山山前洪积—冲积扇和河道自然堤之间的洼地,有纵横交错河流之间的堤间洼地等等,因排水不良,积水潴聚而成。这些星罗棋布的湖沼群,构成了与今天迥然不同的地理景观。以后随着以黄河为主的河流不断决、溢、改徙造成泥沙的淤积,河流三角洲的推进,人类活动对耕地的需要等等原因,致使许多湖沼收缩、淤浅,以至消亡,有的则由于水体的移位,产生新的湖沼。总之,三四千年来,我国东部黄淮海平原上湖泊和沼泽发生过很大变化,对人们的生存环境产生过很大影响。

一、先秦时代湖沼的分布及其特点

根据古代文献《左传》《尚书·禹贡》《周礼·职方》《山海经》《史记》《汉书》等记载,从春秋战国至两汉时期,黄淮海平原上有名称可考的湖沼就有 40 余个。实际数字远不止此。因为根据地质资料,全新世中期白洋淀—文安洼就是一个很大的湖淀区,这在文献中没有记载,原因是当时土地未辟,人迹罕见,这些湖沼的情况没有被记载下来。随着人口的增长,土地的开辟,人类活动范围的扩大,到了 6 世纪,反映此前中国河流地貌的《水经注》一书里,记载当时黄淮海平原上的湖泊和沼泽竟有 190 余处之多。考虑到今本《水经注》散佚了滹沱河篇、洈水篇,必然也脱载了这两大水系的沿流湖沼,因此实际存在的湖泊和沼泽还不止此数。

这些湖沼的分布特点大体如下:一、在河北平原上有三个湖泊带:(1)太行山、燕山山前冲积扇和古大河(《山经》大河)西、北两侧自然堤之间有一条自西南向东北延绵的湖泊洼地带,由太行山、燕山各河流潴汇而成。著名的有吴泽、黄泽、大陆泽、泜湖、督亢陂,等等。(2)在河北平原中部,今滏阳河和南运河之间也分布着许多由封闭式堤间洼地潴聚沥水而成的湖泊,如武强渊、张平泽、大浦淀等。(3)自渤海湾至莱州湾沿海地带有由海退后留下的滨海沼泽和潟湖,如北运河和蓟运河之间的雍奴薮、今天津宝坻区西北的夏谦泽、黄河入海口附近的马常坑、小清河入海口的皮丘坑和山东广饶县东北的巨淀湖等。二、在黄淮平原上也有三个湖泊带:(1)豫西山地山前冲积扇和鸿沟运河西侧自然堤交接处有一条自北而南的湖泊洼地带,由豫西山地发源的河流受鸿沟西自然堤阻隔潴聚而成,后又经人工改造,有胡城陂、白雁陂、蔡泽陂、南陂、护陂等 10 余个陂塘。(2)在豫东、鲁西南平原有一条东西向排列的湖泊带——那些东西向河流,如黄河、济水、濮水、汴水、睢水等河流的堤间洼地和河口洼地以及平原东缘与泰山山脉东麓之间的交接洼地。著名的有圃田泽、孟诸泽、菏泽、雷泽、巨野泽、空桐泽、梧桐陂、泮湖等。(3)淮北低洼平原区的汝淮、汝颍、涡颍等水之间,支津众多,堤间洼地相间,因下泄不畅,壅塞成一连串湖泊。最大的要数汝淮之间的鸿郤陂,周围数百里,其余较小的也有数十个,形成分布极密的由西北向东南的湖泊带。

综上所述,可知从春秋战国至 6 世纪以前,黄淮海平原上湖泊和沼泽十分发达。其原因大致有几个方面:一是,从新石器时代到商周时期,黄河流域处于温暖气候环境之下,年均气温高出今天 2℃～3℃。进入周代早期气候开始转寒,大致延续了两三个世纪,到了春秋时期气候又趋温暖。以后战国和西汉初期,气候又有转寒的现象,但西汉中叶以后至东汉末,又是一个温暖气候期。这种较长时期的温暖气候条件,产生了丰富的降水,使平原湖泊的水源有了充分的保证。二是,先秦两汉时代统治者受"天人合一"思想的影响,比较重视湖泊环境的保护,并设有专门管理湖泊的职司,其目的是利用湖泊进行灌溉和开发水资源。由于当时平原地区人口尚未达饱和状态，土地未尽开垦，遂使这种愿望得以实现。三是，太行山、燕山、豫西山地植被覆盖情况较为良好，水土流失尚不严重。从东汉至唐前期黄河下游曾出现过相对稳定的时期，说明黄河中上游植被覆盖尚好，水土流失有所控制，带至下游的泥沙较少，延缓了湖泊、沼泽淤积的速度。

二、唐宋以后黄淮海平原湖沼的变迁

从唐代中叶开始，黄淮海平原的湖泊和沼泽发生较大的变化。其主要原因是人口的增长，农耕区的扩大，水土流失加剧，河流带至下游的泥沙剧增，湖沼淤浅迅速，河湖滩地一旦生成，即被垦为农田，使水体面积缩小，甚至趋于消亡。由于黄淮海平原面积辽阔，黄河及其他河流决口、泛滥的地域差异，河北平原和黄淮平原上湖泊和沼泽演变的时间、特点和具体原因有所不同，故分别加以论述。

河北平原北部永定河冲积扇上，在《水经注》里记载著名的湖沼夏谦泽（今河北三河、大厂、香河等市县间）、督亢陂（今河北涿州市东）、雍奴薮（今天津市武清、宝坻间）等，在唐代开始已被永定河水系的泥沙所淤浅。如督亢陂在北魏、北齐时还起灌溉作用，唐初《括地志》里还说"督亢陂径五十余里"。但到了晚唐，据《新唐书·地理志》记载，晚唐太和六年（832 年）在故督亢陂地置新城县，属涿州。说明 9 世纪初督亢陂已淤为平地。夏谦泽在唐代已不见记载，当已消亡。雍奴薮原为海侵退后的潟湖，由于地势低洼，斥卤严重，不宜垦殖，所以比较稳定。明万历《顺天府志》卷一记载古雍奴薮时说："宝坻之南、天津之北三角淀，大三角淀即其处也。"直至清康熙、雍正年间，相继在其中开挖了筐儿港、青龙湾等排水渠道，以及近代开挖的潮白新河等等，才将古雍奴薮湖沼洼地分割成黄庄洼、自沽洼、大黄铺洼、七里海等滨海沼泽洼地，并相继脱水，现今大部分已被开垦为农田。

在河北平原南部，先秦时期以大陆泽为代表的湖沼群，在北宋以后也发生重大变化。大陆泽在先秦时为《禹贡》河水所汇。战国中期以后，《禹贡》大河断流，大陆泽汇集了今巨鹿、隆尧、平乡、任县、永年以及邯郸等数市县境内的太行山东麓地表径流，水域十分广大，由于来沙不多，大陆泽基本上能维持先秦时代的大湖形态。但是到了唐后期的《元和郡县志》里，在巨鹿（今巨鹿县）和昭庆（今隆尧县东）境内的大陆泽，仅"东西二十里，南北三十里"，且"葭芦、菱莲、鱼蟹之类充仞其中"，呈现出一片沼泽化的现象。其后受滹沱河南派决流的影响，古大陆泽分为东北和西南两部分，东北部分在陆泽（今深州市）、鹿城（今辛集市）间，不久因滹沱河冲积扇南缘的淤覆和北宋黄河的决淤，即告消亡。西南部分在巨鹿、昭庆间，在北宋大观二年（1108 年）黄河北决淹没了巨鹿城①，波及辇平县（今隆尧县），大陆泽也为黄河带来的泥沙所淤浅，湖底抬高，湖水顺着葫芦河（今泜阳河）向下游泄入今宁晋东南，《水经注》所载的泜湖地区，潴汇成宁晋泊。明初开始，宁晋泊为南徙的滹沱河所汇注，湖面水域不断扩大，而上游原大陆泽则继续缩小。明代中期，在洪水季节，宁晋泊与大陆泽连成一片，合称大陆泽；枯水季节，则分为南北两部分，北部为宁晋泊称北泊，南部为大陆泽称南泊。然其主体部分已在北泊，南北两泊间有河道相通。② 清雍正年间导南泊之水注于北泊，南泊再次缩小。以后正定、广平、顺德三府广开稻田，截水灌溉，南泊大陆泽来水大减，渐趋淤平。道光年间"大陆泽在任县，不过一泓宛在"而已；而宁晋泊自明初后受滹沱河淤泥灌注，也不免"日就高仰"。③至清末，南北两泊随着湖底抬高，积水通过子牙河下泄至河北平原中部的文安洼一带，历史上著名的大陆泽终于消亡。

在河北平原中部今白洋淀—文安洼一带为构造凹陷地带，先秦时期为《禹贡》《山经》河的"九河"分流区，据沉积相分析，其河间洼地当有为数不少的湖沼存在，因稀有人居，故不见于记载。在《水经注》时代，该区内有明确记载的湖沼有大渥淀、小渥淀、范阳淀、狐狸淀、大浦淀、阳城淀等。从北宋开始，今白洋淀—文安洼一带湖群发生重大变化。北宋与辽在河北平原中部以白沟河（上游为拒马河，下游至今雄县北白沟镇折东经霸州市北、信安镇北，东流至天津入海）为界，故白沟河又称界河。界河以南即为白洋淀—文安洼低洼湖沼带。北宋初年为了防御辽朝骑兵南下，人为地将滹沱河、葫芦河（今泜阳河前身）、永济渠等河流引入这一地带，筑塘蓄水，形成了一条西起保定市，东至海的淀泊带。南北最宽处达一百三五十里，最狭处也有八里、十里，深度三尺至一丈三尺不等，"深不可以行舟，浅不可以徒步"，史称"塘泺"。其中大小淀泊，星罗棋布，不可胜计。以后逢天旱水枯，又不断将河北平原河流引入淀泊地区，至此，河北平原南北一些湖泊，因主要河流都汇注于这一湖泊带而渐趋枯涸。自庆历八年（1048 年）后，黄河又三次北决，流经平原中部夺御河入海，前后 60 余年，侵犯塘泺，"浊水所经，悉为平陆"。④ 其他如漳水、滹沱河、涿水、桑干河都是含沙量很高的浊流，⑤自然也带来大量泥沙，使淀泊地带迅速淤浅，

---

① 《宋史》卷九三《河渠志三·黄河下》。
② 明隆庆《赵州志》卷一《山川》。
③ 〔清〕吴邦庆：《畿辅河道管见》，载《畿辅河道水利丛书》。
④ 《宋史》卷九三《河渠志三·黄河下》。
⑤ 〔北宋〕沈括：《梦溪笔谈》卷二四《杂志一》。

"夏秋可徒涉,遇冬冰冻,即无异平地"。① 所以自徽宗以后,塘泊"淤淀干涸,不复开浚,官司利于稻田,往往泄去积水,自是堤防坏矣"。② 明代中叶以后,北宋时代的界河被永定河南来的泥沙所淤平,地表径流遂汇集于界河南侧的塘泊地带,又形成许多新的大型湖泊。明清时期今白洋淀—文安洼一线凹陷地带湖泊群,总称为东西二淀:东淀"延袤霸州、文安、大城、武清、东安、静海之境,东西绵亘一百十余里,南北二三十里及六七十里不等。永定河水自西北来汇入,子牙河水自西来汇入";"西淀跨雄、新安数邑之境,既广且深,西北诸山之水皆汇焉"。③ 东淀大体上即今文安洼和东淀,西淀大体上即今以白洋淀为主体的湖群。明代和清代前期河北平原上湖沼大多消失,潴水的湖泊唯存东西二淀和上文所说的南北二泊。当时正定、广平、顺德三府之水,过南北二泊后,由滏阳河、子牙河归入东淀;顺天、河间、保定三府之水皆汇入西淀,又由玉带河、会同河归入东淀,因而东淀"举畿辅全局之水"。在康熙三十七年(1698年)以前,尚为渺然巨浸,周二三百里。康熙三十七年永定河全面筑堤,将东淀作为永定河尾闾,大量泥沙也随之输入,"于是淀病而全局皆病",东淀湖群相继"尽为桑田"。④ 明清时期随着降水的年际变化和年内分配不均,东西二淀区,时而积水弥漫,时而河滩裸露,但总的趋势日益淤浅。三角淀在雍正年间便已"所余无几"。其余各淀大半淤塞,"或仅存浅濑,或竟变桑田"。⑤ 至20世纪初,三角淀全部淤平。最近几十年东淀湖群已淤为文安洼,西淀为白洋淀。从顺治元年(1644年)至光绪七年(1881年)湖区缩小了十分之七。20世纪以来,白洋淀继续淤高。进入80年代以后,已连年干淀,面临全面淤废的危险。⑥

黄淮平原上湖泊的变化是从宋金之际黄河南泛以后开始的。1128年(南宋建炎二年)东京留守杜充为了阻止金兵南下,在今河南滑县境内人为扒开河堤,使黄河洪水流经豫东南、鲁西北地区,由泗水汇入淮河。从此黄河离开了河北平原,进入了黄淮平原,屡屡夺颍、涡、濉、浍等河入淮。金、元开始黄河河道逐渐向南摆动,数股并存,迭为主次,洪水在黄淮平原上漫流决溢。明代后期经潘季驯的治理,黄河河道基本上固定在今淤黄河一线上,但南北决口时有发生。1855年黄河改走山东入海。在1876年下游河道全面筑堤前的20年内,洪水在以铜瓦厢为顶

① 〔南宋〕李焘《续资治通鉴长编》卷二三五,熙宁五年。
② 《宋史》卷九五《河渠志五·塘泺》。
③ 〔清〕陈仪:《直隶河渠志》,载《畿辅河道水利丛书》。
④ 〔清〕陈仪:《陈学士文钞·治河蠡测》,载《畿辅河道水利丛书》。
⑤ 〔清〕陈仪:《陈学士文钞·直隶河道事宜》,载《畿辅河道水利丛书》。
⑥ 萧嗣荣:《气候变迁和人类活动对白洋淀的影响》,河北地理研究所气候室,1984年第8期,油印本。

点北至今黄河稍北的金堤,南至今曹县、砀山一线,东至大运河的三角洲冲积扇上自由漫流。1938年国民政府为阻止日军决开郑州花园口河堤,又使洪水泛滥于贾鲁河、颍河、涡河流域达九年之久。总之,从金元以后至20世纪50年代的800多年时间里,黄河不断地南决,造成黄淮平原上大部分地区受黄河泥沙的堆积,洪水所到之处,城庐漂没,良田被毁,河床淤浅,湖泊环境也发生了很大变化。这种变化大致可分为三种类型。

(一)淤填消亡型。这一类可以豫东南地区的湖沼为代表。今郑州、中牟间著名的圃田泽,先秦以来即中原地区一大湖泊,《水经注》时代虽然开始沼泽化,分解为20余个小湖,但至唐时东西仍有50里,南北26里。宋代开始淤浅为数十处大小不一的陂塘,起着调节汴河流量的作用。金代以后,汴河淤废,黄河南岸筑堤,圃田泽来水减少,渐被辟为农田。元明时黄河多次夺颍、涡入淮,圃田泽洼地成为黄水倾注之地,再度积成大片浅水陂塘。明万历年间圃田泽洼地有陂塘150余处。① 其后周围湖滩被垦为农田,唯中心尚有积水。清乾隆时分为东西二泽,周围尚有不少陂塘。② 晚清以后,随着农庄的扩展,东西二泽均被辟为耕地。著名的圃田泽终于在地面上消失了。其余如商丘东北的孟诸泽、蒙泽,山东定陶附近的菏泽,鄄城南的雷夏泽,开封附近的逢泽等,都因黄河南泛,所过之处,"使陂浅尽为陆地"。③

(二)移动消亡型。这一类型可以鲁西南平原上的巨野泽和山东运河济宁以北的北五湖为代表。巨野泽又名大野泽,古时为黄河分支济、濮所注,为黄淮平原上最大的湖泊。汉武帝时曾为黄河决流所注,《水经注》时代为一浩浩巨浸。唐时东西达百里,南北三百里。以后济水枯断,上游来水减少,西南面岸线内缩。10世纪初以来,黄河多次决入鲁西南地区,巨野泽西南部因受黄河沙的淤高,湖区向东北面相对低洼处推移。五代后晋开运元年(944年)黄河在滑州决口,侵入豫东、鲁西南地区,洪水环梁山合于汶水。梁山原在巨野泽东北岸的陆地上,因巨野泽南部淤高,梁山周围相对低洼,黄河决水蓄集于此,形成了历史上著名的梁山泊。④ 宋代黄河曾多次决入梁山泊,湖面不断扩大,"绵亘数百里"。⑤

---

① 清同治《中牟县志》卷九。
② 清乾隆《郑州志》卷三。
③ 《元史》卷六十五《河渠志二·黄河》。
④ 《旧五代史》卷八一《晋少帝纪》。
⑤ 《宋史》卷四六八《宦者传三·杨戬》。

金代以后梁山泊因河水泥沙的长期灌入,湖底抬高,滩地被附近居民所垦。金朝政府曾遣使招徕流民在梁山泊安置屯田。① 元时黄河又多次决入,"有复巨野、梁山之意"。② 梁山泊又被扩展成为"量深恣包藏""碧阔渺无津"的汪洋巨浸。③ 元末河决白茅,"水势北侵安山"。④ 安山原在梁山之北,可见梁山泊湖底淤高,洪水又向北推移。明代前期梁山泊还是一大片浅水洼地。自弘治年间筑太行堤后,黄河多南决,梁山泊来水短缺,湖底裸露,皆为居民所垦。清康熙时,梁山泊区全成平陆,"村落比密,塍畴交错"。⑤ 桑田之变,无甚于此。北五湖(安山、南旺、马场、马踏、蜀山五湖)形成于明永乐初年,原作为会通河的水柜,以调节运河流量。这些都是人工湖泊,原来就是很浅的。不久即淤出滩地,为民占垦。安山湖潴水时周围有一百余里。嘉靖时湖周围只有七十三里,而平水时水域中心仅十余里。⑥ 至万历末年,满湖成田,禾黍弥望。⑦ 崇祯末年安山湖已"久化平陆"。⑧ 南旺湖、蜀山湖、马踏湖至万历初大部分已为官民所占为田,可柜者无几。⑨ 马场湖在清初时周围尚有六十里,至康熙中叶湖区"尽成民田"。⑩ 总之,至清末,北五湖除蜀山湖尚可蓄水外,其余四湖均淤为低洼平地。来水缺乏和泥沙淤积是主要原因,而人为垦种加速了淤废的过程。

(三)潴水新生型。这一类型可以山东、苏北南四湖和洪泽湖为代表。南四湖北起济宁市南,南至徐州市北,南北长约110千米,积水面积约1 200平方千米。南四湖中昭阳湖出现最早。元时称山阳湖或刁阳湖。它由历史上黄河长期夺泗水下游的洪水,在古泗水以东、山东丘陵西侧之间洼地聚积而成湖。明初济宁以南只有昭阳湖作为四大水柜之一。成化年间开永通河将南旺西湖的水引往东南流,至鱼台县东北南阳闸北入运,积水成为南阳湖。以后由于泗水下游三角洲的延伸,南阳湖水不能顺利排入昭阳湖,湖面逐渐向北扩展。隆庆元年(1567年)开南阳新河,运道改经南阳湖东出,经昭阳湖东岸南下,于是在南阳湖以东运河东岸独山坡下低洼

① 《金史》卷四七《食货志二》。
② 《元史》卷六五《河渠志二·黄河》。
③ 〔元〕袁桷:《清峪集·过梁山泊》。
④ 《元史》卷六五《河渠志二·黄河》。
⑤ 清康熙《寿张县志·艺文》。
⑥ 〔明〕刘天和:《问水集》卷二《闸河诸湖》。
⑦ 〔明〕潘季驯:《河防一览》卷一四常居敬《请复湖田疏》。
⑧ 〔清〕傅泽洪:《行水金鉴》卷一三二引《崇祯长编》。
⑨ 〔明〕万恭:《治水筌蹄》卷二《运河》。
⑩ 〔清〕张伯行:《居济一得》卷一《金口河》。

处,阻截了东面来的诸山水形成独山湖。昭阳湖也因运河的改道,由运东的水柜变成了运西的水壑,不断接受运河溢出的余水和西面黄河决来的洪水,湖区不断扩大。清乾隆时周围达 90 千米。微山湖区在明万历前仅存有一些零星小湖。1604年开泇河后,湖区被隔在运西,承受了运河余水、黄河决流和北面南阳等湖的涨水,三股洪水汇集于此,而下泄道十分浅狭,于是发展成为鲁西南一大湖泊。清末民初时,南阳湖低水位面积 54 平方千米,独山湖 190 平方千米,昭阳湖 165 平方千米,微山湖 480 平方千米,合计近 900 平方千米。同时因泥沙和水生植物的封淤,湖水很浅,最深处在微山岛以南,水深亦仅 3 米,最浅处仅 0.5 米。多雨季节又极易漫溢成灾,为近代中国洪涝灾害最多的地区之一。

苏北的洪泽湖的形成也是与黄河夺淮有密切关系。宋代以前洪泽湖区只存在一些零星小湖,如白水陂、破釜塘等。金元以后,黄河夺淮入海,淮河下游河口段河床不断抬高,上游各支流来水汇集于此,下泄不畅,零星小湖和洼地连成一片,形成洪泽湖。明代隆庆、万历年间在洪泽湖东岸修筑高家堰,一则为防止洪泽湖水决入里下河地区,二则为抬高洪泽湖水位,以达到"蓄清刷黄"的目的。以后高家堰不断抬高,湖水只能向西、北两方面扩展。向西扩展最严重的后果,即 1680 年(康熙十九年)洪水淹没了泗州城。1855 年黄河改东北流经山东入海,来水减少,洪泽湖北面逐渐淤出陆地,水线内缩 30 余里。[①] 今天洪泽湖最高洪水时面积约 3 780 平方千米,最大库容 130 多亿立方米,为我国五大淡水湖泊之一。

---

① 武同举:《淮系年表全编》第 4 册《全淮水道编》。

第五章　海岸线的变迁

中国东部大陆面对西北太平洋，有绵长 1.8 万千米的海岸线，全新世以来处在不断的运动和发展之中。影响海岸变化的因素很多，有海岸动力、海岸物质本身和新构造运动以及世界性洋面变化等等因素的不同，各具体岸段在历史时期的变化也各有特征。我国的海岸地貌大体上可以杭州湾为界分为南北两部分。杭州湾以北为除了山东半岛和辽东半岛为山地丘陵海岸外，大部分为平原海岸，杭州湾以南的东南沿海地区，基本上都属山地丘陵海岸。几千年来，山地丘陵的海岸变化幅度不大，而平原海岸则由于河流来沙丰富变化较为显著。现就辽东湾、渤海湾、苏北、长江口、杭州湾等地区海岸的变迁作一简述，以反映中国东部海岸变迁的基本概貌。

第一节　辽东湾海岸

辽东湾北部下辽河（东西辽河汇合后以下的河段）平原在第四纪冰后期海侵后，滨海部分受到淹没，未被淹没的近海部分，因排水不良，形成大片沼泽。就西汉时代辽东郡所属各县方位而言，今辽宁黑山以南、台安以西、北宁以东的近海地区空无城邑，其时应为一大片沼泽化滩地。这一情况从晋末、唐初辽东、辽西间往返的记载中有所反映。晋末慕容皝趋辽东，趁沼泽结冰，"践凌而进"。[1] 唐人描述辽河下游有"辽泽泥潦，车马不通"，"辽东以西水潦坏道数百里"。[2] 12 世纪许亢宗使金，途经下辽河地区，"地势卑下，尽皆葭苇，沮洳积水。是日凡三十八次渡水，多被溺，名曰辽河，濒河南北千余里，东西二百里，北辽河居其中，其地如此。隋唐征高丽路皆由此"。[3] 但当时海岸线确切位置已不可考。地理工作者通过微地貌分析发

---

[1]　《晋书》卷一〇九《慕容皝载记》。
[2]　〔唐〕公乘镕：《使契丹进玄宗蜡书》，《全唐文》卷八七〇。
[3]　〔北宋〕许亢宗：《奉使行程录》，载《大金国志》卷四〇。

现，自盖州市、大石桥市西北，经牛庄达沙岭一线的东南、西北的地面坡降有所差异，而钻孔资料也反映此线东南和西北的沉积物性质不同。线北为河口或河流相沉积物，线南在现代河口沉积物 20 米以下为浅海相沉积。可证此线为公元前开始形成的古海岸线，它在很长时间内无明显延伸。大约到 10 世纪契丹族在西拉木伦河流域和老哈河流域利用俘虏来的渤海人、汉人进行耕垦，草原变成农田，使辽河含沙量渐增，海岸线延伸逐渐明显。明代辽河河口在梁房关，即今营口附近的大白

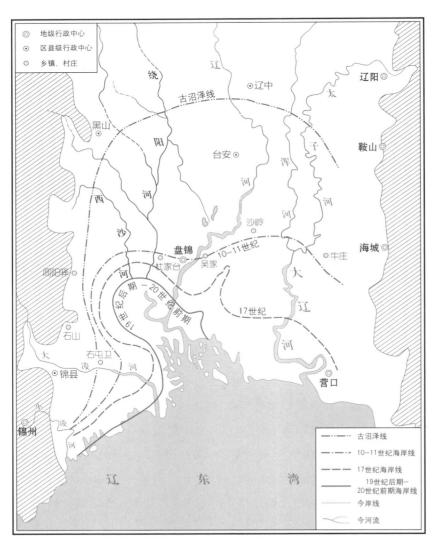

图 5‑1　下辽河平原海岸历史变迁图

（采自《中国自然地理·历史自然地理》）

庙子。岸线由此向西,经沙岭以南约 25 千米,至吴家坟附近。营口在明末清初原为辽河口外一沙岛,以后泥沙淤积,至 19 世纪二三十年代才与大陆相连,辽河口才延伸至营口之外。

辽东湾西部为大凌河三角洲。大凌河输沙不及辽河,三角洲延伸缓慢,与辽河三角洲之间形成了北面至闾阳(今北宁西南)的浅海湾,现名盘锦湾。海湾以北的沼泽,后代一直存在着。隋时大凌河口为望海顿,即今锦州市东南右卫,岸线大约在此附近。明后期三角洲岸线已至今锦州市南蚂蚁屯、四合浦、文字官一线。19 世纪末,岸线在头沟、四沟、大沙沟、元宝底、南项、狼坨一线。

大凌河三角洲和辽河三角洲之间的盘锦湾,随着两侧三角洲的发展而逐渐缩小。明代岸线已推至杜家台附近,东与双台子(今盘锦市双台子区)、吴家坟岸线相接。杜家台以东、今盘锦市以南,辽河三角洲西侧仍有一小海湾,一直保持至 20 世纪上半叶。清光绪年间为排泄辽河洪水,开挖了双台子河,促进了盘锦湾的淤积。1958 年后,拦断了辽河分泄营口流路与浑河、太子河等分流,全辽之水均由双台子河入海。原已淤为沼泽的盘锦湾逐渐流干,成为农田和苇场。

第二节　渤海湾海岸

渤海湾在黄河口与滦河口之间。距今 8 000～5 000 年的冰后期,冰川消融,全球海平面上升,渤海湾海岸线约与今 4 米等高线(大沽零点)相当。据在今天津北距海岸 50 千米的大杨庄钻孔资料推断,距今 7 000 年前左右,海水已逼近今洼淀腹地。[①] 此后,气候转冷,海水消退,海岸线逐渐向东推进。据近几十年考古调查,天津市区附近渤海湾西岸有 4 条高出地面呈带状的古贝壳堤,自西向东:Ⅳ. 市区南部沈清庄—同居—翟庄—黄骅的苗庄贝壳堤;Ⅲ. 小王庄—巨葛庄—沙井子贝壳堤;Ⅱ. 岐口—上古林—泥沽—军粮城—白沙岭贝壳堤;Ⅰ. 马棚口—驴驹河—蛏头沽贝壳堤坝。据 C^{14} 测定,第Ⅳ条贝壳堤距今 5 000～4 000 年,约相当于新石器时代晚期。第Ⅲ条贝壳堤距今 3 800～3 000 年,约相当于殷商时期。第Ⅱ条贝壳堤其北段发现战国时期遗址,南段发现唐宋时代文物。经 C^{14} 测定,南段岐口附近,下层距今 2 020±100 年,上层距今 1 080±90 年;北段在白沙岭附近,距今 1 460±95 年,说明这条贝壳堤是经历约千年时间塑造而成的。第Ⅰ条贝壳堤则形

---

① 王一曼:《渤海湾西岸全新世海侵问题的初步探讨》,载《地理研究》1982 年第 2 期。

成于宋代以后(见图 5-2)。① 渤海湾海岸线的伸展与黄河入海地点的变迁密切相关。自新石器时代以来,黄河长期从渤海湾入海。当时黄河中上游植被覆盖良好,黄河下游河道含沙量不高,再则战国中期黄河下游河道全面筑堤以前,黄河下游在河北平原上分成多股在天津、河北黄骅和山东无棣间游荡,泥沙分散,输送至天津海口的泥沙并不多。在波浪的作用下,宜于贝壳堤的形成。这是第Ⅳ、Ⅲ条贝壳堤形成的历史地理背景。战国中期下游河道全面筑堤以后,其主流在黄骅一带入海。东汉以后,黄河改由山东利津、滨州市一带入海,天津附近来沙明显减少,海岸线由淤泥质海岸转变为沙质海岸,从而形成了第Ⅱ条贝壳堤。以后黄河在山东入海口的泥沙向北扩散,在堤外堆积了海滨平原。1048 年以后,黄河大概有 80 年的时间在天津入海。当时黄河含沙量很高,大量泥沙排入海中,不利于贝壳堤的成长。1128 年黄河改由泗、淮入海,黄河下游从此脱离了河北平原,渤海湾的来沙减少,故又形成了第Ⅰ条贝壳堤,是为 19 世纪中叶前的海岸线。

渤海湾南部的海岸线,自公元 70 年黄河改由今山东利津、滨州市间入海后,三角洲推进迅速。9 世纪河口在今滨州市东 70 千米。金时于永利镇置利津县(1192年),其东北 35 千米还有丰国镇盐场。12 世纪黄河夺淮后,原先的三角洲海岸受波浪的侵蚀,有所后退。1855 年黄河又改从山东利津入海,新三角洲迅速向外扩展。据统计,自 1855 年至 1985 年海岸线向前推进共计 28.5 千米,实际行水 96 年,推进速率为 0.3 千米/年,共延伸造陆 2 620 平方千米,造陆速率为 27 平方千米/年。其中 1855 年至 1938 年,实际行水 57 年,共造陆 1 400 平方千米,平均每年造陆 24.6平方千米。1947 年至 1985 年,实际行水 38 年,共延伸造陆 1 220 平方千米,平均每年造陆 31.3 平方千米,比 1947 年前增大 27.2%。② 海口的泥沙又由海流向北搬运,在渤海湾西岸第Ⅰ条贝壳堤外堆积了广阔的淤泥滩地。

滦河三角洲的发育直接关系到渤海湾北岸海岸线的变迁。据考古资料表明,冰后期海水消退后,约公元前 3500—前 2000 年,海岸线大约在今昌黎县东南的七里海附近。东汉以后,滦河下游入海尾闾在三角洲上时而西南时而东南,往返游荡摆动,三角洲不断向外延伸。6 世纪《水经注》成书时代,海岸已在今乐亭以南。乐亭县西南马头营是辽代设置的,大致反映公元 1000 年前后的海岸线。在滦南

---

① 《天津土地开发历史图说》,天津人民出版社 1998 年版,第 5 页。
② 黄河水利委员会山东河务局编:《山东黄河志》,1988 年,第 341—344 页。

县柏各庄,乐亭县红房子、大苗庄等地,还发现明代海防的哨台和与海岸并行的贝壳堤和沙堤,说明这里是明代的海岸线。明嘉靖初年,乐亭县南祥云岛为海中一岛,至清康熙年间与大陆相连,今距海尚有十余千米。清嘉庆十六年(1811 年)滦河东迁,在乐亭和昌黎间长出不少滩地。19 世纪以前滦河三角洲延伸缓慢,这是因为清初以来滦河上游封禁之故。清末开禁,大批人口迁入滦河上游,森林草被破坏严重,水土流失加剧,海岸线延伸较快。1938 年以来,每年以 200 米的速度向前推进。

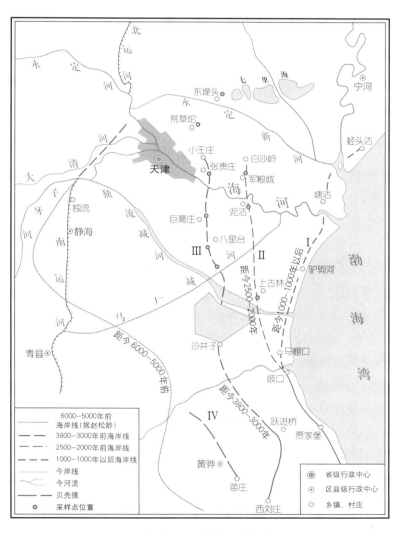

图 5-2　渤海湾西岸贝壳堤和古海岸线分布图

第三节　苏　北　海　岸

今天在平坦的苏北平原上有一条北起阜宁南至吕四镇全长三百多千米的范公堤,它是一条重要的地貌界线,标志着全新世内相当长时期的古海岸线的所在。自冰后期海侵,海水深入苏北平原。根据海安县西北青墩新石器时代遗址东30千米出土全新世的鲸类遗骸,推论距今5 000～4 000年海水可能西进30千米。以后海水后退,在波浪的作用下,泥沙横向运动堆积成岸外的沙堤,今沿范公堤两侧由几条沙堤或贝壳堤组成的带状岗地,即为其时的海中沙洲。以后与大陆并岸,成为不同时期的海岸线。其中著名的有盐城境内的西冈、东冈及其间较短的中冈。据C[14]测定,西冈距今6 500～5 600年,中冈距今4 650±100年,东冈距今3 800～3 300年。东冈上发现了汉代墓葬和战国时代文化遗址,可见东西两条沙冈在新石器时代已经形成,东冈在战国秦汉时已经出水,它在相当长时间内都是比较稳定的海岸线。今里下河洼地(古射阳湖)和运西诸湖都曾是潟湖的范围。据沉积物剖面表明,兴化一带沼泽湖相沉积(厚约2米)以下,便是滨海相粉砂层。

在废黄河北岸平原地带,也有数条沙堤分布,但不及范公堤两侧整齐,堤西有史上存在过的硕项湖、桑墟湖等大湖,亦为潟湖的遗存。硕项湖在南北朝时东西宽20千米,南北长40千米。明清时均为季节湖,"夏则潴水,冬为陆地",[①]是18世纪以后才淤成平陆的。地处连云港市的云台山,原为海中一岛,名为郁洲。明时距大陆尚有七里许,[②]18世纪中叶(康熙年间)才与大陆相连。[③]

西汉时盐渎县在今盐城市西北角,为产盐地。南宋时大海在盐城县东500米。[④] 北宋以前,黄河长期在渤海湾入海,淮河沙不多,其一大支流泗水,又名清河,是一条水流较清的河道。所以这时淮河口深阔,潮波可以到达盱眙县以上。8世纪(唐大历时)在扬州、淮安间修了一条捍海堰,又名常丰塘。不久废圮。11世纪在范仲淹主持下重修捍海堰,即今范公堤。由此可见,自西汉至北宋,苏北海岸线长期稳定在范公堤以东不远处。

1128年黄河南侵,以后700余年中,黄河均夺淮入海,使大量泥沙涌入淮河。

---

①　明隆庆《海州志》卷二。
②　〔清〕崔应阶:《云台山志》。
③　清嘉庆《海州直隶州志》卷一一。
④　〔南宋〕王象之编:《舆地纪胜》卷三九。

不过在开始几个世纪里,黄河分由颖、涡、睢、泗诸水入淮,泥沙在沿程堆积,送至海口的泥沙不太多,海岸延伸并不迅速。16 世纪中叶以后,全河夺泗、淮入海,尤其是

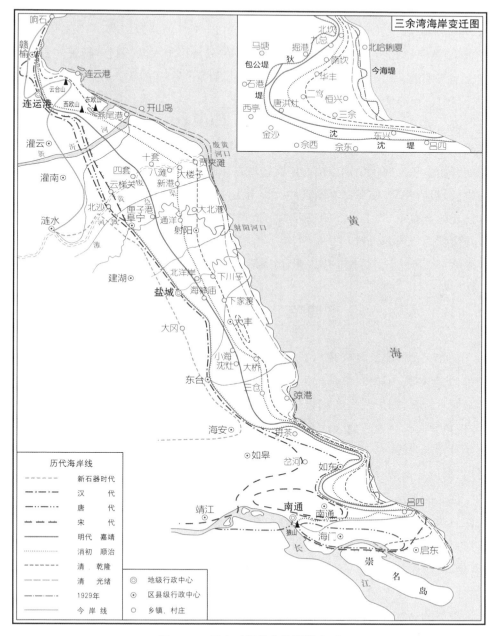

图 5-3　历史时期苏北海岸线变迁

(采自张忍顺《苏北黄河三角洲及滨海平原成陆过程》,《地理学报》第 39 卷第 2 期)

1573年潘季驯治河后,大筑堤防,堵塞决口,出现了由汴入泗、由泗入淮的固定河道,即今地图上的废黄河。他采取"筑堤束水,以水攻沙"的治河方针,大量泥沙堆积在海口,海岸不断向外延伸。16世纪初黄河在云梯关(今江苏滨海县西南)外入海。1696年(康熙三十五年)河口在十套以东15千米的八滩以外。1711年(康熙五十年)黄河口北侧云台山与海州间渡口淤平,云台山与大陆相连。雍正间黄河河口已至王家港。18世纪下半叶河口已至七巨港以下贾夹滩、尖头洋一带。19世纪中叶河口已至今大淤尖。

范公堤以东滨海平原外涨的特点是岸外水下沙脊群的裸露和并岸。唐宋时海岸尚在范公堤一线,盐城县城东500米即大海。南宋时东台县富安、安丰附近宽浅海面开始淤积。明代中期以前海岸在盐城东15千米。黄河夺淮后,河口外沙洲迅速生长,最后并陆,使海岸不断延伸。17世纪初海岸在盐城东25千米。19世纪中叶已迁伸至城东50千米。1855年黄河改道由山东入海,苏北海岸线开始内缩。首先是废黄河口内缩,最初大约以每年1千米的速度向后内缩,进入20世纪后降至每年内缩400米以下。后修护岸工程,后退渐停,而连云港市以北海州湾仍在淤涨。

第四节　长江口海岸

长江三角洲是长江和东海长期相互作用下的产物。三角洲顶点在镇江、扬州一带,北至如东小洋口,南临杭州湾,面积约40 000平方千米。冰后期海侵,三角洲渐被海水侵没,海岸线大致相当于今海拔4~5米等高线位置。距今6 000~5 000年,三角洲大部分地区成为浅海、潟湖、沼泽和滨海低地。长江口在镇扬以下呈喇叭状,口外一片汪洋。以后在波浪的作用下,逐渐堆积了江北的古沙嘴和江南的古沙堤,形成三角湾。

江北的古沙嘴由扬州向东延伸,经泰州、泰兴至如皋附近。公元前1世纪时,长江三角湾北侧沙嘴的南缘,即长江三角湾北侧的海岸线,大致在扬州、泰兴以南江岸,折东北至如皋、李堡(今属海安)一线,沙嘴前缘在如皋以东。其东有一古沙洲(扶海洲)将长江分为南北二道。由于主泓流向逐渐偏南,接近北岸的沙洲与沙嘴之间夹江容易淤积,沙洲并岸,形成沙嘴的延伸,如扶海洲并岸后,形成了滨海三角洲平原的马蹄形海湾(即新川港前身)。六朝时期北侧岸线大致在泰兴、如皋以南至白浦(今属如皋)以南一线,沙洲的前端推至如东(掘港),称为廖(料)角嘴。南通尚在大海之中。岸外在今南通、海门间涨出东西长40千米、南北宽17.5千米的胡逗洲。唐末胡逗洲并岸，又形成今川腰港马蹄形海湾。廖角洲推至今余西（今属南通）附近。唐时岸外又涨出东洲和布洲，后合为东布洲。北宋前期相继并岸，廖角嘴延伸至吕四。东布洲与大陆相连后，又形成一个马蹄形的石港湾。南岸线大致在泰兴、狼山、刀刀山、江家镇一线。今海门东南部和启东市尚未成陆。14、15 世纪开始，长江主流移向北泓，海门县（治今启东市东北南阳村附近）境土地大片坍没。元至正中至清康熙十一年（1672 年）海门县治三次向内陆迁徙，最后除吕四一角外，全部坍入江中，终于废县为乡，并入通州。清雍正以后，又开始沉积，形成海门群沙。乾隆年间海门群沙靠岸，形成海门县。道光年间，海门以东又出现启东群沙。光绪年间启东群沙并岸，廖角嘴移至今启东市东南寅阳附近。今三角洲北岸面貌基本形成。总之，长江口北岸沙嘴的伸展，基本上是自西北向东南合并了一个连一个的沙洲而形成的（参阅图 5-3）。

唐时长江口外涨出东西二沙，即今崇明岛的雏形。12 世纪时演变为三沙，亦称崇明沙，五代为崇明镇。南宋时居民繁衍。元至元十四年（1277 年）建为崇明州。明初降为崇明县。明代以来，因沙洲涨坍曾五迁其治。清乾隆时崇明沙洲与周围南沙、平洋沙合并为一沙洲，今崇明岛基本轮廓形成。明万历十三年（1585 年）移治长沙，即今崇明县治（城桥镇）。

长江口南岸，在第四纪最后一次冰期过后，海平面上升，古长江三角洲大片土地被海水所侵，成为浅海、潟湖、沼泽和滨海低地。在长期波浪作用下，将近海的泥沙和介壳动物的遗骸堆积在长江口南岸的边缘，形成几条西北—东南向的沙堤。以后沙堤以东成陆，而这些沙堤高于两侧地面，于是当地人称之为冈身。最早见于北宋郏亶《水利书》和朱长文《吴郡图经续记》。冈身在今吴淞江北岸有五条：最西一条相当于太仓、外冈、方泰一线，最东的一条相当于娄塘、嘉定、马陆、南翔一线。东西相距 6～8 千米不等。在今吴淞江南岸有四条：最西一条相当于马桥、邬桥、胡桥、漕泾一线，最东一条相当于莘庄、横泾、奉贤、柘林一线，宽度为 1.5～2 千米，南端近海处扩展至 4 千米左右。据 C^{14} 测定，最西一段冈身形成于距今 6 800 年，最东一条冈身形成于距今 3 200 年，这说明这段 4～8 千米的冈身地带，塑造成的时间将近 4 000 年之久。20 世纪 50 年代以来，在冈身地带马桥镇东还发现良渚文化型的新石器时代遗址，冈身以西更有大量新石器时代遗址发现，充分证明这条冈身地带及其西部地区成陆于新石器时代。在最东一条冈身以东陆地，至今未发现魏晋以前的文化遗址，表明海岸线离开冈身向东扩展的时间不会太早，大约在公元 1—3 世纪以后。

在冈身以东,今浦东北蔡、周浦、下沙、航头一线存在着一条北西向的断续沙带,与宝山区境内的盛桥、月浦、江湾一线的断续沙带连成一条与西部冈身地带相平行的古代海岸线。20世纪70年代以来,在这条沙带以西的上海中部地区出土了不少南朝至唐代的文物,更重要的是1975年在今浦东新区北蔡西北严桥,也就是这条沙带西侧发现了唐宋时代的村落遗址。1979年又在北蔡出土了唐代中期的木船,出土层经分析为海滩相沉积,则木船沉于岸外海滩之上无疑。考虑到从海岸的形成到人民可居,应有一段相当长的脱盐、排涝过程,故推断这条沙带及其以西地区当成陆于两晋时期,即公元三四世纪,距今1700年左右。

今北起嘉定区界的吴淞江南岸,南经顾路、龚路、川沙、祝桥、盐仓、惠南、大团的一条里护塘,为北宋熙宁年间郏亶《水利书》的海岸线,也就是《弘治上海县志》记载的下沙捍海塘。在此岸线以西、下沙沙带以东的浦东中部地区发现不少唐末五代至两宋时代的遗址遗物,说明这是一条相当于10—11世纪形成的海岸线。[①] 宋代开始气候转暖,海平面有所上升,海岸线虽然稳定在里护塘一线,但经常受到潮灾的威胁,所以南宋、元、明时期都曾有重修之举。明清以来,长江南岸海岸线伸长缓慢。明万历十二年(1584年)修了外捍海塘。清雍正十一年(1733年)南汇知县钦连主持重修,故称钦公塘。大致北起今浦东新区黄家湾,南经合庆、蔡路、江镇、施湾入南汇区黄路一线。乾隆初钦公塘外田庐日辟,复筑一条南接南汇、北连宝山的老圩塘。光绪七年(1881年)又在老圩塘外筑小扩塘,亦名陈公塘。光绪十年(1884年)自浦东新区撑(畅)南经南汇老港、新港折西至泥城,又筑一条由南汇知县王椿荫主持修筑的王公塘。以后沙滩日涨,光绪三十二年(1906年)又在王公塘外,由南汇主事李超琼主持筑李公塘。1933年被冲毁。1912年前大致形成今人民塘一线。

近四五百年来,长江主泓自太仓至川沙高桥港口附近紧逼南岸,由于海潮的侵蚀,局部海岸坍没现象十分显著,主要发生在月浦、宝山和高桥北面一带。今宝山区城在吴淞江西岸,北临大江,是明嘉靖十六年(1537年)所筑的吴淞所新城。此前吴淞所老城筑于洪武十九年(1386年),在新城东北500米,距海尚有1.5千米。嘉靖时因海渐坍江,故移于西南500米筑新城。老城于万历末全部坍入江中,以后又不断坍岸,后因清乾隆年间修了石塘,才得保全。可见自14世纪中叶以来,这里的江岸已坍去2千米余。今月浦东北3千米张家宅后海塘(今为宝钢地)外,自宋至明中叶有个著名的黄姚镇,一度为海上贸易港口,在明嘉靖、

---

① 参阅张修桂《上海地区成陆过程研究中的几个关键问题》,载《历史地理》第14辑,1998年。

万历间坍入江中。吴淞江口以东的长江江岸也有坍没,永乐十年(1412 年)在今老宝山城东 1.5～2 千米处筑一土山,高 150 米,名宝山,以为航海标志。万历五年(1577 年)于宝山之麓筑宝山城。万历十年(1582 年)海潮大溢,宝山及宝山城均被海水沦没。清康熙三十三年(1694 年)于万历旧城址西北 1 千米造一新城,即今尚存的老宝山城(高桥镇北),距海塘已不足 1 里。可见此处坍岸也十分明显。高桥以南流势渐微,泥沙沉积,越南流势越缓,沉积量越大,故南汇嘴一带延伸最快。部分泥沙越过南汇嘴,为杭州湾强潮推向西南,使奉贤的里护塘以外海岸不断延伸。

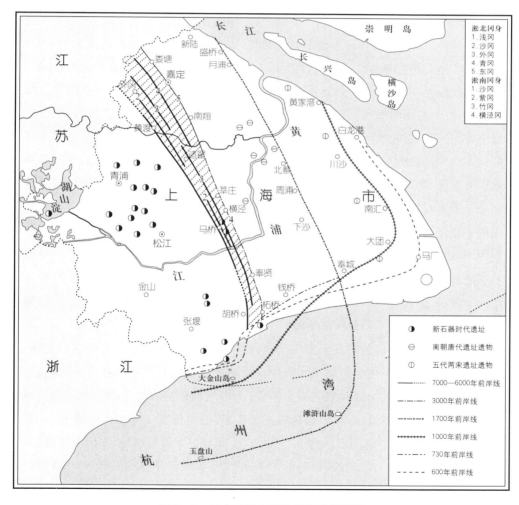

图 5-4　历史时期上海地区海岸线变迁

第五节　杭州湾海岸

　　杭州湾北岸是长江三角洲的南缘。古长江口南岸的沙嘴逐渐自西北向东伸展，在到达杭州湾后受强潮影响折向西南，与钱塘江沙嘴连成一片。公元4世纪以前，杭州湾北侧海岸线大致由大尖山向东，经澉浦至王盘山，折东北与柘林、奉贤一带冈身相连。现今从金山卫至王盘山之间为波涛汹涌的大海，在当时却是一片宽阔的滨海平原。20世纪30年代以来，在金山卫滩地和戚家墩海滩及大金山山腰上发现新石器时代遗址和春秋至秦汉时代的村落遗址。乍浦南1.5千米许海中，在17、18世纪特大低潮时曾裸露出古代遗址，史称故邑城。据文献记载，应为东汉时海盐故城址。4世纪东晋时王盘山为滨海屯兵处。南北朝时滨海平原进一步开发，公元508年梁朝在海盐县东北境设置前京县，治所约在今金山北麓的金山故城一带。凡此种种，都说明这一条海岸线稳定了相当长的时间。随着长江口南岸沙嘴的延伸，杭州湾南岸加速淤积，改变了海水动力条件，引起杭州湾北岸的内坍。王盘山首当其冲，首先沦入海中。但就整个平原而言，侵蚀和堆积同时发生。南宋以前杭州湾北部滨海平原以金山以东为轴心，岸线产生顺时针方向的转动，东北部是堆积外涨区，西南部是侵蚀内坍区。唐前期的岸线西起澉浦，东北经望海镇（海盐东7.5千米）、宁海镇（今海盐东）至金山东南约5千米处，折东北与自奉贤、柘林南来的岸线相接。以后随着杭州湾东南潮流的不断冲刷，唐后期金山附近的岸线严重内坍，唐末五代时海潮已紧逼金山脚下，海盐县一带岸线在县东南2.5千米的望月亭附近，而乍浦岸线尚在故邑城之南。宋元时故邑城为巡检司治所。直至12世纪20年代末的南宋初年，杭州湾北岸岸线还保持在西南起澉浦，经望月亭、故邑城至金山南麓一线，向东与长江三角洲的岸线相连，进入南汇县境。

　　南宋初年开始，杭州湾北岸出现全线内坍的局面，东北部较西南部内坍更速。大约在12世纪50年代金山始沦入海中。最初大小金山之间还存在一小块陆地，称为鹦鹉洲。宋末元初鹦鹉洲已完全消失，金山故城也被海水沦没。元时海盐城外宁海镇也被海水吞没，海岸距海盐城约1千米，明时仅及250米。15世纪60年代岸线逼近金山卫，南面几无滩地。15世纪70年代以来屡修海塘，岸坍有所控制，塘外滩地渐有扩展，大致与今日相同。[①] 杭州湾南岸姚江平原成陆较晚。20世纪

---

　　① 　以上参阅张修桂《金山卫及其附近一带海岸线的变迁》载《历史地理》第3辑，1983年。

70 年代在余姚河姆渡发现新石器时代遗址,距今约 7 000～6 000 年,就同时发现的古生物而论,当时这一地区仍是湖泽分布的水乡泽国环境。成陆不久,地势低洼,距海甚近,故春秋战国时代遗址多分布在平原和山麓交接地带。平原的北部成陆更晚。今临山—浒山(慈溪市)—上林湖一线北侧的古海塘(大古塘),始建于北宋庆历年间(1041—1048 年)。其北的慈溪平原都是后来形成的。12 世纪以后,海岸向外推进很多,涨到大古塘(又称后海塘)以北 8 千米,沥海、庵东、观海卫一线,呈凸弧状。13 世纪开始发生内坍,至 14 世纪坍至澥浦、观城、浒山、麦盖山北麓,直至崧夏镇(崧城)一线,即大古塘所在。以后又不断向外扩展,修筑了一系列海塘(从后塘至七塘),从中可以看出海岸线发展的大势。从后海塘至今海塘约 15 千米,为近 600 多年所涨出的土地。第四条塘筑于明成化年间,即 15 世纪中后期,从第四条

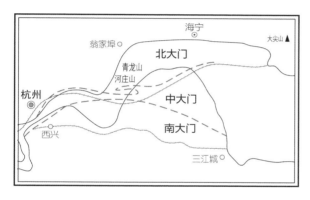

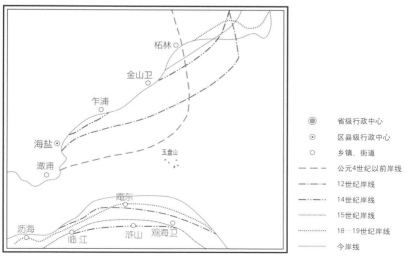

图 5-5　钱塘江河口和杭州湾历史变迁图

塘至海边为 8 千米。可见 16—18 世纪外涨极慢。19 世纪又开始内坍。20 世纪开始基本稳定,以后又外涨约 6 千米。20 世纪 50 年代以来又修筑了八塘、九塘。

　　概言之,杭州湾北岸,在 4 世纪以前主要是向外淤涨,4 世纪至 14 世纪一直是内坍,其沙嘴顶点不断向东北移动约 40 千米。杭州湾南岸海岸除 13 世纪及其前后发生较大规模的内坍外,其余时间基本属于外涨。

第六章 沙漠的变迁

沙漠是干旱气候的产物。我国的沙漠主要分布在东经 75～125 度,北纬 35～50 度之间的西北、华北北部和东北西部的干旱和半干旱地区,主要在今新疆、青海、甘肃、宁夏、内蒙古、陕西、辽宁、吉林等省区内。其面积包括戈壁在内共有 130.8 万平方千米,约占全国总面积的 13.6％。其中以新疆分布的面积最广,约占全国沙漠戈壁的 60％。这些地区虽然都具有干燥少雨、日照强烈、冷热剧变、风力强大、植被稀疏和沙质丰富等形成沙漠的条件,但因所跨经纬度大,自然条件有相当的差异,再加上人类活动的影响也不相同,因而沙区的演变也是各具自己的特点。

第一节 我国东部草原和荒漠草原 地带沙漠的形成和变迁

我国东部草原和荒漠草原地带在历史时期早期原非沙漠地区,但由于这一地带的生物和周围环境处于一种比较脆弱的相对平衡状态,自然环境本身就潜伏着产生沙漠的条件,随着人类社会活动因素的作用,如对自然资源的掠夺性破坏、不合理的垦殖和过度的放牧以及战争的破坏等因素,造成植被覆盖减少,在日照、风力的强烈作用下,先有表层的风蚀,继而引起下覆沙沉积物的扬起和移动,使地面出现连绵的沙丘。

一、科尔沁沙地

科尔沁沙地,又称科尔沁草原,位于内蒙古东南部西拉木伦河和老哈河流域,年降水量为 300～500 毫米,今天除了大片草地外,还有零星和成林的松、榆、栎等树种,自然条件比较优越。古代科尔沁地区没有今天这么多沙丘,植被状况远较今好,生长有茂密森林和物种,是一片水草丰美的地方。近几十年考古发现在细石器、红山文化、富河文化遗址中,有不少石制农具,说明很早就有了原始农业;同时还发现不少汉代鲜卑人和辽代人墓葬被埋在沙丘之下,当时的地面是黑土层,说明与西拉木伦河、西辽河及其支流的冲积作用和植被茂盛有关，沙丘是后代出现的。史载潢河（西拉木伦河）两岸"地沃宜耕种，水草便畜牧"。[1] 公元 10 世纪前，长期为游牧民族活动的场所。10 世纪时契丹（辽）将从战争中俘虏来的汉人和迫迁来的渤海人约数十万人，安置在西拉木伦河和老哈河流域建立州县，进行屯垦，开辟农田。虽然当时的农田由于自然条件的限制，不仅规模有限，还呈现插花式分布，但毕竟初次使这块草原成为农牧交错之地。部分地区因植被覆盖面减少，表土裸露，风吹即起沙。当时农作物都种在垄上，即为防止为"吹沙所壅"。金灭辽后，为了防止契丹贵族势力集结反叛，撤销大部分辽代州县，使其变成废城，大片耕地撂荒沙化。又为防御蒙古人袭扰，修筑界壕，造成沿线山林草场大片破坏，以致"沙雪埋塞，不足为御"。以后蒙古贵族统治时期，没有更大规模的开垦，草原植被有所恢复。清代在此广设牧场，孳息大批马驼牛羊。19 世纪以后，清政府为了增加财源，招民开垦大片草原，关内大量流民蜂拥而至，据研究，清末科尔沁总人口达 130 余万，以至大量草地被垦。因土地贫瘠，开垦后二三年即因沙害而放弃，继而开垦新草地。在无植被覆盖的撂荒地上，干旱风季时沙层被吹扬而起，形成了流动沙丘。这些沙丘先以点状出现，以后连成一片，使草原退化为沙漠化土地。[2]

二、乌兰布和沙漠北部

乌兰布和沙漠北部在今内蒙古河套西部，原是黄河冲积平原上的一片草原。自晚更新世以来，由于西面风沙的移动，黄河河道一再东移，至今在这一地区还存在三条自西向东排列的古河道遗迹。在废弃的古河道和低洼地，曾因河水浸溢积聚成湖。《汉书·地理志》《水经注》就记载了这一地区著名的大湖屠申泽。现今这一带为以亚砂土、亚黏土与中细沙互层为主的地层，正是代表黄河冲积相和冲积—湖积层表层的沉积物。秦汉时代，为了防御匈奴的入侵，从内地迁来大量汉民安置在河套一带进行屯田戍边，并设置了郡县，其中朔方郡最西的三个县：窳浑、临戎、三封，就分布在今乌兰布和沙漠的北部。现今故城遗址已半被沙埋，周围一片沙丘，但当年却是新辟的农垦区。东汉以后，匈奴南进，边民内迁，垦区废弃，已被耕作过农田的表土，受干旱气候和强烈风蚀，遂成流沙，并逐渐蔓延。[3]

---

① 《辽史》卷三七《地理志》。
② 景爱：《科尔沁沙地的形成及影响》，载《历史地理》第 7 辑，1990 年。
③ 侯仁之：《乌兰布和沙漠的考古发现和地理环境的变迁》，载《历史地理学的理论和实践》，上海人民出版社 1979 年版。

10 世纪末,宋使王延德出使高昌(今吐鲁番),途经乌兰布和沙漠北部,据他的记载,这一地区已是"沙深三尺,马不能行,行者皆乘橐驼。不育五谷,沙中生草名登相,收之以食"。① 登相即流动沙丘中的植物沙米。可见当时沙漠植被已经开始恢复。在 17世纪末的记载中,该地已有蒲草、红柳等在固定的沙丘上生长的灌丛植物,说明植被在进一步恢复。② 晚清以来,由于滥行砍伐和过度放牧,又导致这一地带流沙再起。现从磴口以南至乌达的黄河西岸,流沙已直抵河岸,南北交通完全阻塞,包新铁路不得不改在黄河东岸铺设。

三、甘肃民勤西沙窝沙地

甘肃河西石羊河下游民勤绿洲西部,有一条南北斜长约 75 千米,宽约 7～13千米,面积约 800 余平方千米的沙漠化地带,俗称西沙窝,是历史上形成沙漠化的典型地区。西汉时这里是防御匈奴的前线,置戍屯田。今尚有汉代城障烽燧遗址三角城,已陷于茫茫沙漠之中。在三角城周围分布着成片古耕地、阡陌、渠道遗迹,散落着大量汉代遗物,但没有发现汉代以后的遗物,可以推定城址的废弃及其周围垦区的沙漠化发生的时间应在汉代大规模开发的后期。唐代前期河西地区又掀起一次开发浪潮,石羊河流域开发的地域主要集中在中游今武威平原。唐代凉州六县,五县在中游绿洲平原,仅武威一县在下游绿洲平原,说明下游平原自然条件已远不如昔。就是这个武威县也仅置了 27 年(668—695 年)后即行废弃。其原因是中游的大规模开发,使下游绿洲地区水源缺乏,耕地废弃,地表无植被保护,在强风力作用下,加速沙化。明清时期,又大规模开垦武威、镇番(民勤)两地,引起周围地区迅速沙化。明中期镇番卫"飞沙拥城","筑西关以堵飞沙"。清乾隆年间,镇番城"西北则风拥黄沙,高于雉堞"。③ 到了清末民初,民勤县已是"五谷枯槁,岁不丰登"的贫困县了。可见石洋河下游地区沙漠化过程的直接原因是过度的农耕开发。据记载,清咸丰八年(1858 年)镇番一县人口已逾 19 万,④如此贫瘠的土地、恶劣的环境,还要负担如此众多的人口生存,唯有滥垦滥伐而已。其结果必然造成土地的沙漠化。⑤

---

① 《宋史》卷四九〇《外国传六·高昌》。
② 〔清〕高士奇:《扈从纪程》,载《小方壶斋舆地丛钞》第一帙。
③ 清乾隆《镇番县志·建置志》。
④ 清宣统《镇番县志》。
⑤ 王福成、王震亚主编:《甘肃抗旱治沙史研究》第四章《古代甘肃沙漠化过程及其危害》,甘肃人民出版社 1995 年版。

第二节　第四纪以来形成的沙漠地区的变迁

这类地区在第四纪以来就出现沙漠，但在沙漠中间或边缘地带存在着自然条件较好的绿洲。以后因人类活动的影响以及气候的变干，沙区不断扩大，沿边地区也逐渐沙漠化。

一、毛乌素沙地

内蒙古鄂尔多斯高原南部和陕西北部，大约在第四纪以来已有小块沙地存在，但面积不大，其间尚分布有草原、沼泽和灌丛（此沙地形成的时间有争论，有人认为形成于唐宋以后）。今沙地内部有大量新石器时代遗址和汉唐时代的故城遗址，如汉代的奢延县、十六国时代赫连夏的统万城（今乌审旗南白城子）、唐宋时代的夏州城。但从汉代以来沙地逐渐扩大，东汉时代的奢延泽，即因河道出水口被沙丘堵塞而形成。据《水经注》记载，今无定河流域已分布着"赤沙阜"、"沙陵"（沙丘）、"沙流"（流沙）。9世纪唐人记载夏州的地理环境时，说周围"皆流沙""风沙满眼"，"茫茫沙漠广，渐远赫连城"。《新唐书·五行志》记载，长庆二年（822年）十月，"夏州大风，飞沙为堆，高及城堞"。公元994年宋太宗毁夏州城时说："夏州深在沙漠。"1080年左右，沈括过无定河一带，有"沙随风流，谓之流沙"的记载。据《续资治通鉴长编》的记载，当时沙漠南界在今横山、白于山和鄂尔多斯高原交界处，恰为今毛乌素沙地的南缘。[①] 明代主要在长城边墙外数十里开垦，影响不大。18世纪以后，清政府招民开垦，残留的草地均遭破坏，据光绪《靖边县志》记载，其时靖边已是"明沙、扒拉、碱滩、柳勃居十之七八，有草之地仅十之二三"。流沙掩埋神木、榆林、横山、靖边一带长城，并侵入边墙之内，毛乌素沙地周围进一步沙漠化。

二、塔克拉玛干沙漠

塔克拉玛干沙漠是我国最大的沙漠，位于南疆塔里木盆地的中央。面积约33.7万平方千米，占全国沙漠面积的43%（不包括戈壁），也是世界上的大沙漠之一。据研究，塔克拉玛干沙漠是在中更新世至全新世时期所逐渐形成的、闭塞的内陆盆地，由于极端干旱和多风的气候，在风力作用下，丰富的冲积—湖积沙质沉积

---

① 赵永复：《历史上毛乌素沙地的变迁问题》，载《历史地理》创刊号，1981年。

物形成了这一广袤的沙漠。但其周边地区在历史上曾经是我国西北部农牧业发达的地区。据《汉书·西域传》记载,西汉时期通往西域的丝绸之路以塔里木盆地分为南北两道:南道上的鄯善(今若羌)、且末、精绝(今民丰北)、扜弥(今于田)、渠勒(今于田南)、于阗(今和田)、莎车等,北道上的楼兰(今楼兰废墟)、危须(今焉耆东北)、尉犁(今焉耆南)、渠犁(今库尔勒)、龟兹(今库车)、姑墨(今阿克苏)、温宿(今乌什)、尉头(今乌什西)、疏勒(今喀什市)等,都有发达的农业或畜牧业。这些古城国多兴建在河流的下游三角洲或沿岸地区,如精绝位于尼雅河三角洲,且末位于车尔臣河沿岸的冲积平原等等,农业用水全依靠这些河流。但沙漠地区的河流由于气候干燥、风沙侵袭,极易淤废和改道。一旦河流淤废或改道,植物枯死,土地碱化,居民迁往他处,留下的故城即为废墟。如且末、尼雅等古城即被沙淹没;汉代的轮台(今轮台东南)、渠犁等均被盐碱吞噬,剩下一片白茫茫的碱滩。至今在这些古城周围还可看到扇形分布的干河床,枯死的胡杨,废弃的渠道、道路和耕地的遗迹。

历史时期塔里木河等河流不断地摆动、改迁,再由于沙漠的侵袭,原沿塔里木河西行的交通要道遂为流沙所淹。从西汉至魏晋时期丝绸之路上的重要城市楼兰,即因孔雀河的改道被迫废弃。古且末在今且末北约 100 千米处,约废弃于 6 世纪中期至 7 世纪早期。其他如尼雅废墟(汉代精绝),在今民丰北 150 千米沙漠中,约于公元 3 世纪或稍后废弃。米兰(伊循城)也因车尔臣河改道而废弃。据研究,塔克拉玛干沙漠东部及南部地区历史上土地沙漠化发生的时间主要在:一是公元 4—5 世纪,二是公元 8—9 世纪以后,三是 15 世纪以后。[①]

塔克拉玛干沙漠北部历史时期形成的沙漠化土地,一是塔里木河两岸,一是天山南麓洪积—冲积扇前缘。据考古调查,今库车、新和、沙雅一带废址数以百计。考古发现不少唐代遗物和古大道遗迹,盛唐时为边防驻地。唐以后塔里木河改道,植物枯死,古河道河床中的风沙侵袭了这些古城,使之先后成为废墟,形成沙丘景观。

风力亦为沙漠地区沙丘扩展的重要因素。历史上自楼兰西进沿昆仑山北麓山前平原至喀什是汉唐时通往西域的南道。由于历史时期以来开发不当,长期不合理灌溉,地下水位上升,土壤次生盐渍化而弃耕,耕地亦逐渐向洪积冲积扇中上部扩展。从库车、新和、沙雅、轮台绿洲边缘许多历史遗迹呈半圆形分布并具有由南

[①]　朱震达:《塔克拉玛干沙漠地区沙漠化过程及其发展趋势》,载《中国沙漠》第 7 卷第 3 期,1987 年。

而北按时间(汉、唐)顺序的特点可以得到证明。废弃的耕地,造成就地起沙的条件,在长期风力作用下,道路已被沙丘淹没,成为沙漠地带。如墨玉至叶城、于田至民丰等地的现今公路以北的低矮沙丘中,尚可见古代大道和烽燧的遗迹。据推算,一千年前,该地沙漠界线在现今沙漠边缘的南界以北约5.4千米处。[①] 如今若羌至且末的公路路面有不少流沙和沙丘,20世纪50年代以来已改道过三次,南移了30千米。从且末至民丰、策勒、皮山,情况更为严重。然各地段情况不一,原因也各异。如尉犁至若羌原为塔里木河下游的一条绿色走廊,由于1957年大西海子水库的修建,铁干里克以下断流,野生胡杨林大片枯死,河床填满沙子,因风力而引起周围地区沙化。总之,塔克拉玛干沙漠在历史时期沿河绿洲和边缘地区,在河流改徙、风力作用的影响下,有沙漠化土地逐渐蔓延的趋势。

---

① 朱震达:《塔克拉玛干沙漠地区沙漠化过程及其发展趋势》,载《中国沙漠》第7卷第3期,1987年。

第七章 历史时期疆域的变迁

中国是一个由多民族共同缔造的统一国家。中华民族大家庭中每一个成员在历史时期中在祖国土地上劳动、生息的范围及其所建立的政权的疆域和政区,都是中国历史上疆域政区不可分割的一部分。公元前 221 年秦始皇统一六国以来,我国就形成了多民族统一的国家。以后的两千多年里,经过以华夏族为主体的政权与周边各族的部落、部族和政权长期的交往和融合,于 18 世纪中叶,以清朝为代表的中华帝国疆域最终形成。这时清代的疆域:北至萨彦岭、外兴安岭,东北抵鄂霍次克海、日本海,西北至巴尔喀什湖,西有帕米尔高原,西南抵喜马拉雅山脉,南包有南中国海的西沙、中沙、南沙诸岛,东南有台湾、澎湖、钓鱼列岛。1840 年后,由于帝国主义列强的入侵,通过一系列不平等条约,蚕食了我国大片领土,逐步形成今天的疆域。现今中国的国境南邻越南、老挝和缅甸,西南与印度、不丹和尼泊尔接界,西连巴基斯坦、阿富汗,西北和东北与独联体部分国家接壤,正北与蒙古国为邻,东面以鸭绿江、图们江与朝鲜分界,隔黄海、东海、南海与日本、菲律宾、印度尼西亚、马来西亚等国相望,全国国土面积为 960 万平方千米。

第一节 夏商周时期中原王朝的势力范围及其周边民族

迄今为止,在中国的土地上发现的新石器时代遗址大约有七八千处,遍及全国各地。这些文化遗址的分布,反映了原始社会后期人类活动的范围。这些分散的原始氏族和部落经过长期的交往和融合,形成了三个主要部落联盟,一是活动于黄河中游的夏人,一是活动于黄河下游的夷人,此外是活动于江汉流域及其以南地区的苗蛮集团。先是夏人部落不断扩展,与东部夷族交相融合,形成最大的夏人部落联盟。以后又与南方的苗蛮部落集团频繁交往,使华夏部落集团不断扩大,逐渐成为中华民族的主体。此后黄河流域先后出现了夏、商、周三个中原王朝。

(一)约公元前 21 世纪,中国黄河流域出现了第一个国家政权——夏王朝。据考古和文献资料揭示，夏朝统治的中心地区在今豫西嵩山附近的颖河上游、伊洛河流域和河南黄河北岸的古济水流域以及晋西南地区。现在一般认为二里头类型文化代表夏文化，而二里头文化遗址主要集中分布在以上一些地区。文献记载中的禹都阳城，很可能就是近年在河南登封告成镇王城冈发现的古城址。以后夏王朝几个君主活动的地方也都在这个地区。如斟寻在今巩义市（一说偃师），阳翟即今禹州市，原在今济源市境，此外，几处称为"夏墟"的地方，多在今晋西南的翼城、临汾、夏县、安邑、永济等地。夏王朝的势力范围还向东扩展到了豫东和鲁西地区，夏朝后期都城斟灌，可能在今山东莘县一带，帝丘在今河南濮阳西南，老丘在今河南陈留。其势力所及南至江汉，东近淮泗。中国主体民族华夏族就是在这个地区发展起来的。

（二）继夏朝而兴起的商朝，约在公元前 16 世纪至前 11 世纪。商族相传是东方古老的部落，始祖是契，传十四世至汤，才灭了夏朝。据《尚书·商书》记载，"自契至成汤，八迁，汤始居亳"。这八迁的具体地点，自唐代以来说法不一，很难确指。但早期商人活动的中心地区显然是在夏朝中心区域的东部，大体上在今河北省西南部，河南省北、中部和山东省西部范围内。近年有人认为郑州商城或郾师商城都有可能是汤的亳都所在。成汤灭夏后至盘庚五迁，始居于殷。《古本竹书纪年》："自盘庚徙殷，至纣之灭，二百七十三年，更不徙都。"现除殷已经考古证实在今河南安阳西北小屯村外，其余四处隞（郑州）、相（内黄）、邢（邢台）、奄（曲阜），尚无定说。不过从文献记载和商代遗址发现的地域分布来看，河北西南部和河南北、中部为其统治中心区，是不成问题的。盘庚（第二十商王）迁殷后，国势逐渐强大。武丁（第二十三商王）以前，商朝的疆域北面扩展到了河北的易水流域，南抵淮滨，西至太行山、伏牛山脉，东至泰山山脉。武丁以后，疆域有所扩大，东北到达辽宁，南抵江淮（湖北黄陂盘龙城即为归附商朝的一个方国），西北越过太行山进入山西高原、渭水下游，成为古代东方一大强国。

商朝的周围还有许多部族和方国（即归附商朝的部落国家），在今天东北的有肃慎、孤竹，在今北京市和河北易县一带的有燕，在今内蒙古东南部和今山西境内有鬼方、舌方、土方，在今陕西北部有羌方、犬戎、熏育（荤粥），西部有周、氐、羌，西南有巴、蜀，长江中游有濮人、楚人，淮河流域有淮夷，长江以南有百越，等等。

（三）公元前 11 世纪至前 8 世纪建立周朝的周人，也是一个古老的部族，相传起源于陕西武功一带（一说源出山西汾河流域）。周人原为商朝西部的一个方国，到公刘时代，由于狄人的侵扰，迁居于豳（今陕西彬州市、旬邑一带）。至古公亶父（周太王）时，仍因狄、戎的侵扰，又南逾梁山，迁至岐山下的周原。考古证明周原在今陕西岐山县京当乡、扶风县黄堆乡和法门乡之间，是一块地势平衍、水草丰肥的沃土。周人就在此定居下来，定国号为周，营建城郭，修建宫室，以后逐渐强大，奠定了灭商的基础。

从周文王开始沿渭河向东发展，翦除了商朝在关中的势力，自岐下迁都于丰（今西安市西南沣河西岸）。周原出土的甲骨文中已有"伐蜀""征巢""楚子来告"等记载，说明当时周人的政治影响已到达了西南巴、蜀和江淮、江汉流域。以后武王即位，为经营东方，将国都迁至沣河东岸的镐（今西安市西南斗门街道一带）。数年后灭殷，控制了商朝统治区。武王死后，周公东征，相继征服了商朝残余势力和东方诸小国。周朝对其新取得的领土，采取分封制。因此周王朝的势力范围有两个层次：一是周朝王室直接治理的地区，称为"周邦""王畿"，主要是周人的创业地和政治中心丰、镐一带，即所谓"宗周"，也即今西安地区，还有就是周成王时周公和召公所营建的洛邑，也即成周，即今河南洛阳地区。其次是周王室将王畿以外的地区分封给宗室、勋戚、功臣、先圣后裔，建立统治据点，以拱卫周室。据记载，周初分封 71 国，以后仍陆续有所分封，多至数百国。其中主要的有东方的齐、鲁，北方的燕、晋等大国，此外还有黄河下游的卫、管、陈、蔡，汉江流域的"汉阳诸姬"，长江下游的宜（在今江苏镇江市）和太湖流域的吴，等等。总之，周代盛时势力范围所及相当辽阔，东北方封国燕的疆土已到达了今辽宁喀左、朝阳一带，西面至今渭河上游，北方抵汾河流域和霍山一带，东面齐、鲁到了山东半岛，南至汉江中游，东南征淮夷而抵长江下游和太湖流域。武王灭殷发动牧野之战时，其部队统下有庸、蜀、微、髳等人，说明势力也达到巴蜀一带。周公在今洛阳附近建洛邑，作为控制东方的政治中心。

周王朝控制的领土内，并不是连成一片的，除荒地外，还杂居着许多夷狄和方国。其周围也同时存在许多部落、部族和方国。东北有肃慎、孤竹，北部有鬼方、北戎，西有犬戎、翟、羌，江汉平原有荆楚，荆楚以西有濮、群蛮，西南有巴、蜀，淮泗之间有淮夷、徐夷等。

西周末年，犬戎强大，最后杀周幽王而周亡。公元前 770 年平王东迁，是为东周，进入历史上的春秋战国时代。

第二节　先秦时期华夏诸国的疆域

春秋初年，全国处于分裂状态，见于《左传》的大小国家有 120 多个。而其时四周夷狄却伺机入侵中原华夏地域。"南夷与北狄交，中国不绝若线。"[①]西方关中地

---

① 《公羊传》僖公四年。

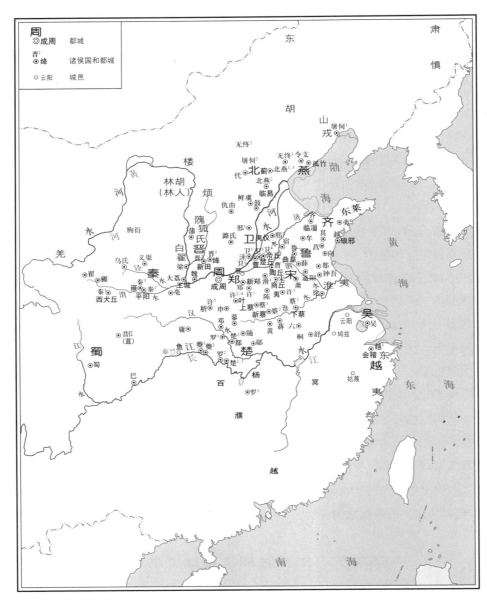

据《中国历史地图集》改绘

图 7-1　春秋时期中心区域图

区为犬戎所据,东方的山戎、北戎曾扰燕、齐、郑,山东东部、淮北一带的东夷、淮夷势力也伸入中原地区。最强大的是狄,居于山西中部以北、陕西北部及太行山东西两麓,地域广大,并四出侵扰,主要是向东向南扩展,如侵邢(今河北邢台),灭卫(今河南淇县),灭温(今河南温县),并多次侵扰晋、齐、郑、鲁、宋等大国。南方荆蛮的楚势力也逐步强大,经江汉间向北发展,并吞了汉淮间许多小国,"汉阳诸姬,楚实尽之"①,还占有了南阳盆地和汝颍河流域。中叶以后,五霸迭兴,齐桓公、晋文公、秦穆公相继和戎狄展开斗争。齐西征戎狄,东并山东半岛诸夷;晋并太行东西、大河南北诸戎狄;秦并关中自陇以东诸戎,东抵黄河,西距陇山,基本上控制了关中四周土地。原处中原地区的戎狄、东夷也渐与华夏融合,南方的楚越"蛮夷"之地也多华夏化。如西周末年楚国自称"蛮夷",到春秋后期则以"华夏"自居。所以到了春秋末年诸夏范围又有所扩展。秦国的西疆到了渭水上游今宁夏东南部和甘肃东部;东逾黄河和崤函之塞,与三晋对峙;东南逾今商洛地区与楚为邻;南逾今陕西汉中地区进入巴蜀;都于雍(今陕西宝鸡市凤翔区东南)。晋国兼并戎狄后,北疆到了山西中部汾河中游,东北达河北南部、河南北部和陕西东南部;先后都绛(今山西翼城县东南)、新田(今曲沃县西北)。齐国北疆至黄河,与燕接界,西至济水,与卫为邻,南以泰山与鲁分界,东灭莱国,据有山东半岛,以临淄(今淄博市临淄)为都城。燕国的北界到了河北北部和辽宁西部的大凌河流域,西面尚有戎、狄诸族,南面与齐为界,都城在蓟(今北京城西南部)。南方楚国的势力北达汉水中游连及淮域,东至江淮中部,西至陕西东南部和四川东部,南达湖南洞庭平原。建都于郢(今湖北荆州市北纪南城)。吴国以太湖流域为中心,西至皖南,北抵徐淮。越国原据有今浙东一带,都于会稽(今浙江绍兴市),勾践时灭吴,向北扩展,疆土有今江苏北部运河以东和山东南部、苏南、皖南、江西东部和浙江北部,并一度迁都琅邪(今山东青岛市黄岛区琅琊台西北),与中原诸国会盟。

　　春秋战国之际,战争频仍,中原诸国相互兼并,至战国初年,只剩下了十余国,其中的韩、赵、魏、齐、楚、燕、秦七大强国,史称"七雄"。这时七国国势强盛,纷纷向四边开疆拓土,置郡县,修长城。魏国原有晋南、豫北和豫中偏东一带,在公元前4世纪前后取河西白狄地(今陕北)及部分秦地,"筑长城,自郑滨洛以北,有上郡"②,即今陕西北洛河的魏长城。都城先在安邑(今山西夏县),后迁都大梁(今河南开封

---

① 《左传》僖公二十八年。
② 《史记》卷五《秦本纪》。

市)。赵国占有今山西中部、北部以及河北中部和西北部,其北界原在今桑干河上游一带,赵武灵王时(前325—前299年)"胡服骑射",向北击败了林胡、楼烦,疆土扩展至河套、阴山地区,置云中、雁门、代郡,筑长城自代(今河北蔚县)西傍阴山山脉至高阙(今内蒙古巴彦淖尔市临河区东北狼山口),都于邯郸(今河北邯郸市)。燕国原有河北北部和辽南一带,燕昭王时(前311—前279年)击退了东胡,却地千余里,在北边设置了上谷、渔阳、右北平、辽西、辽东五郡,筑长城西起造阳(约今河北张家口附近),东经辽东,又东至满潘汗(今朝鲜清川江一带)与朝鲜分界,仍以蓟为都。今内蒙古昭乌达盟境内还有断续的燕长城遗址存在。韩国国土最小,据有今晋东南、豫西及部分豫中地区,先都平阳(今山西临汾市),后迁都郑(今河南新郑)。西面的秦国拓土最为显著,秦惠王时(前337—前321年)南攻楚汉中,取地300千米,置汉中郡。昭襄王时(前306—前251年)灭义渠等戎而置陇西、北地二郡(在今甘肃东部),疆界扩展至今甘肃东部和宁夏南部的泾渭河上游和洮河流域。于是筑长城,西端起临洮(今甘肃岷县),沿洮河而上,东北沿北地、上郡北界,至今陕北黄河西岸止,今仍有遗址存在。先都栎阳(今陕西西安市临潼北渭水北岸),后向西迁都咸阳(今咸阳市东北)。齐国在战国仍然强大,都城仍在临淄,疆土北至河北中部与燕分界,南至泰山与鲁为邻,西隔黄河与赵、魏对峙,东至于海。楚国在战国时期空前强大,大肆开疆拓土,初期灭蔡,占有淮北地,后又灭莒(今山东莒县),后期灭鲁,据有山东南部地;向南越过了洞庭湖到了湘、资、沅、澧流域,向西占有了湘西、鄂西地区,设置了巫郡、黔中郡,势力还远及广西平乐一带。公元前279年左右楚顷襄王派庄蹻由黔中郡向西南进入贵州夜郎国,直至滇池(后黔中郡为秦国所有,庄蹻即在云南自称滇王)。战国中期楚灭越,疆土拓至浙江及海。晚期曾先后迁都陈(今河南淮阳)、巨阳(今安徽太和东南)、寿春(今寿县西南)。

总之,到了战国末年,七雄的疆域范围,东北过鸭绿江到了朝鲜北部,北面到了内蒙古西部河套地区、山西、河北北部和辽宁南部,西面抵达甘肃洮河流域,南面已有浙江一半、江西北部、湖南全省及贵州、四川、重庆一部分,为秦统一后的疆域打下了基础。

战国初年,华夏诸国的周围分布着许多蛮夷和戎狄,以后有的与华夏族合并、融合,有的保持自己发展的道路。靠近中原地区的戎狄,先后为魏、赵、韩、秦合并,遂与华夏族融合。东夷和淮夷也为齐、鲁所并。南方越族的许多地方成为楚国的领地。较远的如北边的林胡、楼烦,原居于晋、陕北部和内蒙古地区,先曾为秦、晋、燕北边大敌,战国时受赵、燕攻击,渐次退出长城以外,为匈奴所并。战国后期,匈

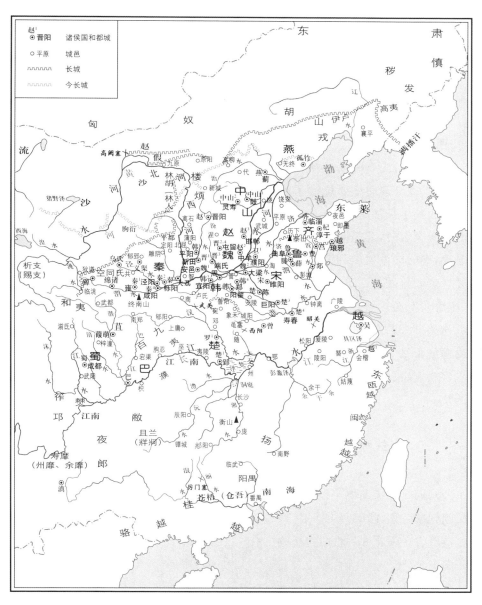

图 7-2　战国时期中心区域图

奴南下，成为华夏族北边的劲敌，"冠带战国七，而三国边于匈奴"①。东北地区今大兴安岭南端至西拉木伦河流域为东胡所居，其东为涉貊，居在今长城以外辽宁、吉林一带，再东则为肃慎地区，已远至今松花江、黑龙江流域了。在河西地区有羌人和月氏人。西南巴蜀为秦人占有后，其西、其南还有且兰、夜郎、滇、昆明（均在今云南、贵州一带）、邛都（今西昌一带）、嶲、筰都（今四川大渡河、雅砻江流域）、徙（今四川天全一带）、冉駹（今四川茂县）、白马（今甘肃成县）等各族。楚国西南有百濮、群蛮。大江以南有百越，分为东瓯（今浙江南部）、闽越（今福建）、南越（今广东）、骆越（今广西）等。

综上所述，先秦时期疆域变迁的总趋势：一方面是华夏地区由中原向南向北，逐渐扩展。夏时主要统治区在黄河中游地区；商时南至淮河，北至河北中部；周时南面到了长江南岸，东北到了辽宁南部；春秋时南到洞庭湖，北至山西中部；战国时南至五岭，北至阴山。另一方面是从下游向上游发展，夏商时主要在黄河中下游，周时向西发展到渭河上游，春秋时发展到洮河。长江流域从下游向上游发展与黄河流域有所不同，主要由于交通关系，黄河流域诸夏文化先到长江中下游，然后向上游发展。从西周诸国林立，华夏与戎狄、蛮夷杂居的局面，至春秋五霸迭兴，华夏文化圈的扩大，再至战国七国争雄的局势，最后出现秦帝国统一局面的形成，前后大致经过了 8 个世纪。在这 800 年里，通过政治（包括战争）、经济、文化的交流，相互融合，相互认同，最后通过军事手段，达到了政治上的统一。

第三节　秦汉统一王朝疆域的形成和变迁

公元前 221 年秦始皇统一六国，中国历史上第一次出现了中央集权的统一的多民族国家。秦、两汉共 400 年（前 221—220 年），以汉族为中心的中原王朝疆域规模基本奠定。因此这一时期的疆域在中国历史上有开创性意义。

秦王政（统一后称始皇）二十五年（前 222 年），即统一六国前一年，平定楚国江南地（即吴、越旧域），设会稽郡，有今江苏长江以南、浙江大部分地、安徽东南小部分地；又并闽越和东瓯，置闽中郡，有今福建全省和浙江东南部地。二十六年统一六国后 7 年，三十三年（前 214 年）秦军 50 万，南逾五岭，统一了南越和西瓯地区，置

---

① 《史记》卷一一〇《匈奴列传》。

桂林、南海、象三郡,相当于今广东、广西二省。三十二年派将军蒙恬发兵 30 万北击匈奴,略取"河南地"(河套以南地,古时黄河干流走今乌加河);次年又使蒙恬渡河,拓地至阴山,沿河筑城,在河套地区设置九原郡(一说九原郡,秦统一前已置,此次置新秦中郡),并置四十四县,徙有罪的人充实之,将匈奴势力逐至阴山以北。于是将战国秦、赵、燕以及秦始皇时代所筑的长城重加修缮和连接,形成"起临洮(今甘肃岷县)至辽东,延袤万余里"的秦长城。历史文献记载秦代的疆域,"东至海暨朝鲜,西至临洮、羌中,南至北向户(北回归线以南),北据河为塞,并阴山至辽东"。① 秦始皇时代还开筑了从今四川宜宾经云南昭通至曲靖地区的五尺道,控制了当地的邛、笮、冉駹等部族国家,将政治势力深入到了云贵高原,因为秦朝统治时间短促,未及设置郡县而亡。

秦代统一帝国疆域的形成,是战国以来各国历史发展的必然结果。战国中期以来各国竞相变法自强,大力发展农耕业。秦国和东方六国都处于温带、亚热带地区,自然资源和自然条件都比较适合农业的发展。战国以来各国开始十分注意农田水利建设,农业收成仍得到可靠的保证。生产方式的认同,减少了统一期间的阻力。同时对中原华夏文化的认同,也为统一事业在人文方面创造了条件。在春秋时代,秦国僻在西隅,"不与中国诸侯之会盟",但对西戎还是以"中国"自居。② 楚国在西周末年自称"蛮夷",到了春秋末年则以"华夏"自居。其他处于中原之间的各小国,经过春秋战国长期的融合,都已华夏化了。所以秦始皇统一后很快就进行法律、度量衡、货币、车轨、文字、历法的统一,并未遭到什么阻力。这正说明秦帝国统一疆域的出现是历史发展的必然产物。

汉高祖刘邦即位后,先是翦除异姓诸侯,以后景帝又平定吴楚七国之乱,中原战争长期不息,政局动荡不定,无暇顾及边防。北部边境上秦朝所徙的戍卒纷纷离去,匈奴乘机渡河南下,重新占有了秦朝开拓的"河南地"。"与中国(按指汉朝)界于故塞"③,即以朝那(今宁夏固原东南)、肤施(今陕西榆林东南)、武州塞(今山西左云至大同一线)一线与汉朝分界,今内蒙古河套内外地区复为匈奴所有。文、景帝时代还不断侵扰北部边郡。东南的东瓯和闽越也乘机脱离秦王朝,闽中郡废。汉初分别封其为东瓯王、闽越王,不为直属版图。秦南海郡龙川令赵佗在秦

---

① 《史记》卷六《秦始皇本纪》。
② 《史记》卷五《秦本纪》。
③ 《史记》卷一一〇《匈奴列传》。

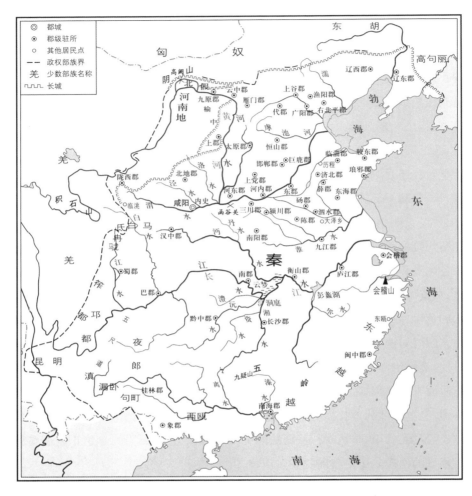

据谭其骧主编《中国历史地图集》第二册绘制

图 7-3　秦时期形势图

亡后，据南海，又西并桂林、象郡，自立为南越王，尽有岭南之地。西南方面放弃
了五尺道，失去了对云贵高原上部族国家的控制，连同战国时楚国在今湘西、黔
东设置的黔中郡也放弃了。所以秦末汉初时王朝的疆域，不仅小于秦始皇时代，
也小于战国末年。

　　汉武帝即位后，其前 40 年（前 140—前 100 年）内，不断地向外扩展领土，使汉
代的疆土达到了空前的辽阔。

　　（一）北方疆域的开拓。公元前 127 年汉将卫青出击匈奴，不仅收复了陇西、北

地、上郡的北部,还收复了河南地,置朔方、五原二郡(秦九原郡故地)。云中、雁门二郡的北界也在此时得到恢复。北边疆界又推至河套、阴山以北。公元前 119 年汉将卫青、霍去病率重兵出击匈奴,追至狼居胥山(今蒙古国境内肯特山),匈奴远遁,从此"幕南无王庭"。

(二)西北河西四郡的设置。公元前 121 年汉将霍去病出陇西击居于河西走廊的匈奴浑邪王、休屠王,浑邪王杀休屠王降汉,以其地置酒泉郡,以隔断匈奴与羌人的联系。以后的几十年里,陆续分置了张掖、敦煌、武威三郡,合称河西四郡。连同公元前 81 年"西逐诸羌"后,在湟水流域设置的金城郡,合称河西五郡。这是历史上第一次将河西走廊地区纳入中原王朝的疆土之内。

(三)南方疆土的扩展。公元前 138 年,东瓯王迫于闽越王的威胁,征得汉朝的同意,举国内迁至江淮之间。公元前 110 年,汉朝又灭了闽越,又徙其部分人民于江淮间。后在其原地即今福建全省和浙江南部地置冶(今福建福州市)、回浦(今浙江临海东南)二县,属会稽郡。公元前 111 年汉分五路大军逾五岭,平南越,以其地置南海、郁林、苍梧、合浦、交趾、九真、日南、象八郡。次年又跨海于海南岛上置珠崖、儋耳二郡。以上十郡包括了今天广东、广西、海南三省和越南北部地区,较秦时的南疆更为扩大。

(四)西南七郡的设置。公元前 135—前 109 年间,汉王朝势力向西南扩张,在原夜郎、且兰、邛笮、冉駹、白马氏、劳浸、靡莫、滇、昆明等部族国家地置犍为、牂柯、越巂、沈黎、汶山、武都、益州七郡,除了武都郡位于陕甘二省南端的嘉陵江上游外,其余六郡均在今云贵高原与川边地区。这时汉代的西南边界已到达今四川邛崃山和云南高黎贡山和哀牢山一线,版图大大超过了秦代。

(五)东北乐浪四郡的设置。公元前 108 年灭了由燕人卫满在朝鲜建立的卫氏朝鲜,以朝鲜及其附属国地置乐浪、玄菟、真番、临屯四郡,将东北疆界推至朝鲜半岛中、北部,东至日本海,南抵汉城以北一带。

(六)西域都护府的设置。"西域"一词有狭广二义:狭义的西域是指今甘肃敦煌玉门关、阳关以西,葱岭(今帕米尔高原)以东的今新疆地区;广义的西域还包括葱岭以西远至中亚或更远至欧洲东部和北非地区。中国历史文献里有政区意义的西域往往是狭义的,而广义的西域则指从玉门、阳关西出所能达到的地区。

新疆由于地理环境的影响,在古代分布着许多分散的小国。居于沙漠绿洲中的城邦国家,以种植业定居为主,称为居国;在山谷中逐水草而牧的,称为行国。历史上有所谓三十六国、四十八国、五十余国之说。公元前 2 世纪初,匈奴势力已经

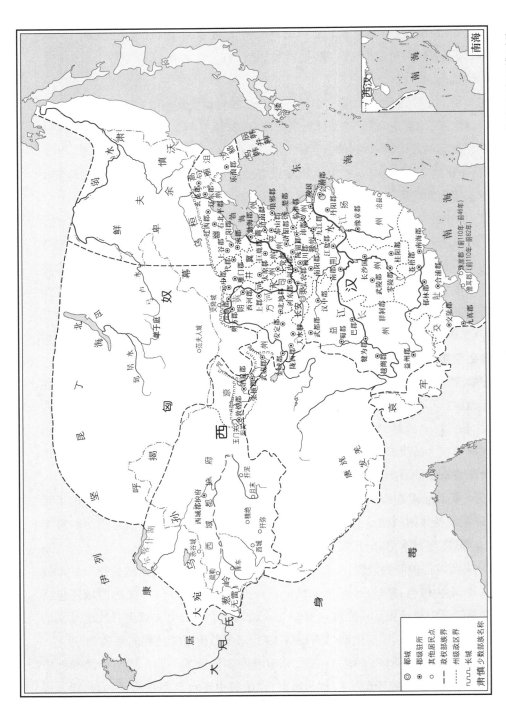

图 7－4　西汉时期形势图

据《中国历史地理图集》改绘

到达了西域(狭义),设置僮仆都尉控制西域诸国,并征收赋税。[①] 汉武帝时曾于公元前138年、公元前119年两次派张骞出使西域(广义),目的是联络乌孙(今伊犁河和伊塞克湖一带)、大月氏(今阿姆河上游),以抗击匈奴。公元前102年又远征在费尔干纳盆地的大宛获胜,于是西域震恐,纷纷遣使来贡。汉朝由是在敦煌至罗布泊之间设立了交通亭站,在轮台(今新疆轮台东南)、渠犁(今库尔勒)等处进行屯田,以保护来往使者和提供粮食供应。这时汉朝还只控制天山南路,北路自乌孙以东犹在匈奴统治之下。以后匈奴势弱,公元前60年匈奴日逐王降汉,"僮仆都尉由此罢",[②] 天山北路也摆脱了匈奴的统治。汉朝派郑吉为第一任西域都护驻乌垒城(今新疆轮台东),其辖区包括今新疆及巴尔喀什湖以南的乌孙、帕米尔地区的无雷和费尔干纳盆地的大宛等。

综上所述,可见汉武帝时代的疆域空前辽阔:东抵日本海、黄海,东暨朝鲜半岛中北部,北逾阴山,西至中亚,西南至高黎贡山、哀牢山,南至越南中部和南海。

自汉武帝末年以后的近百年间,随着国势的削弱,版图有所缩小。东北方面由于涉貊族的反抗,始元五年(前82年)撤销了真番、临屯二郡,将其尚可控制的单单大岭(今朝鲜境内狼林山、阿虎飞岭)以东七县的领土并入乐浪、玄菟二郡,后玄菟郡也内迁至今辽宁新宾附近,单单大岭以东七县全归乐浪郡所辖,遂置乐浪东部都尉分治之。辽东四郡变成了二郡。元帝时(前48—前33年)高句丽兴起,更为削弱了汉朝的统治。西南方面,因当地部族的反抗,公元前97年撤销沈黎郡,公元前67年又撤销汶山郡,将二郡的辖地并入了蜀郡,西南七郡变成了五郡。南方于公元前76年省象郡入郁林、牂柯二郡,罢海南岛上的珠崖、儋耳二郡,汉朝势力退入大陆,南海十郡变成了七郡。总之,到了公元前夕汉朝的疆域已明显内缩。

西汉末年疆域发生较大的变化。由于王莽对匈奴的错误政策和匈奴内部的因素,造成东汉初年匈奴联合乌桓、鲜卑屡屡袭击边郡,几无宁岁。公元39年(建武十五年)东汉王朝被迫将雁门、代郡、上谷三边郡(相当于今河北、山西北部)的人民移居到常山关(今河北唐县西北倒马关)、居庸关以东,匈奴乘机转居塞内。公元48年匈奴内部分裂为南北二部,时适逢蒙古高原连年旱蝗,赤地千里,人畜饥疫,死耗大半。匈奴呼韩邪单于率众到五原塞附汉,入居云中郡(治今内蒙古托克托),旋迁至西河郡美稷(今内蒙古准格尔旗西北),其所领八部牧民分驻于沿边的北地、朔方、五原、云中、定襄、雁门、代、上谷八郡(今甘肃东部、山西和陕西北部、内蒙古呼和浩特

---

①②　《汉书》卷九六《西域传》。

至包头一带以及河北西北部），东汉王朝才恢复了对这些地区的统治。

公元 2 世纪上半叶，东汉安帝、顺帝时代，西北的羌人不断地侵扰边郡，削弱了东汉的国防势力。陇西、安定、北地、西河、上郡的郡治和人民一度内迁渭水流域和山西中部。北边的鲜卑开始强大，也不断地滋扰北边诸州，构成了匈奴以后东汉北部的一大威胁。灵帝中平元年（184 年）黄巾起义，中原烽火遍起，政府已无暇顾及北边，逐渐放弃了定襄、云中、五原、朔方、上郡、北地等六郡，以及雁门郡恒山、代郡上谷郡桑乾河、安定郡朝那、西河郡离石一线以北地区，约当今河套、陕北、晋西北、河北长城以北地均为鲜卑、羌胡所居。

东北方面，高句丽于西汉末年建国，都国内城（今吉林集安市），以后逐渐强大，向东西扩展。建武六年（公元 30 年）罢乐浪东部都尉，单单大岭以东七县领土全归高句丽所有，玄菟郡治内徙至今沈阳、抚顺间，鸭绿江上游地亦入高句丽。在南方，公元 137 年在今越南境内的日南郡象林县徼外土著攻占象林县，建立林邑国，使日南郡的南界从北纬 14°以南，北缩至 16°。

唯西南疆界有所扩展。永平十二年（公元 69 年）居于今云南西部地区的哀牢夷内附，东汉在其地置哀牢（今云南盈江东）、博南（今云龙北）二县，又割原属益州郡西部都尉所领的不韦（今保山市金鸡村）、巂唐（今云龙西南）、比苏（今云龙北）、楪榆（今洱海西岸）、邪龙（今巍山县境）、云南（今祥云东南云南驿）六县置永昌郡。由此东汉西南的疆界已达到伊洛瓦底江上游支流大盈江一带。

秦汉时代中原王朝周边民族中以匈奴最为强大。匈奴是游牧民族，约于公元前 3 世纪兴起于中国的大漠南北。其东与西拉木伦河以北的东胡为邻，北接贝加尔湖一带的丁零，西至色楞格拉河一带，南面与秦、赵、燕三国长城为界。秦始皇时出击匈奴，夺取河南地，匈奴势力退出阴山以北。秦末中原战乱，匈奴乘机渡河南下，与中原王朝以故塞（即战国以来汉匈分界）为界。至匈奴冒顿单于时期（？—前 174 年），东击东胡，西逐月氏，北服丁零，南并楼烦、白羊，南侵燕、代，悉收秦前所取河南地。其势力包有东尽辽河，西至葱岭，北抵贝加尔湖，南达战国长城的广大地区。在中国北部以漠北鄂尔浑河为中心，建立了强大的民族政权。至汉武帝以后，匈奴退出河套及其迤西一带，河西走廊、新疆等地为汉朝所有，其势益衰。其后丁零乘匈奴渐衰之机，攻其北部，乌桓入其东，乌孙击其西，南面又受到汉朝的多次袭击，匈奴人畜大量死亡，更为虚弱。建武二十四年（公元 48 年）匈奴内部分裂为南北两部，南匈奴归附于汉，入居云中郡，以后又迁至西河郡美稷县，这是匈奴入居内地传统居留的地方。

据《中国历史地图集》改绘

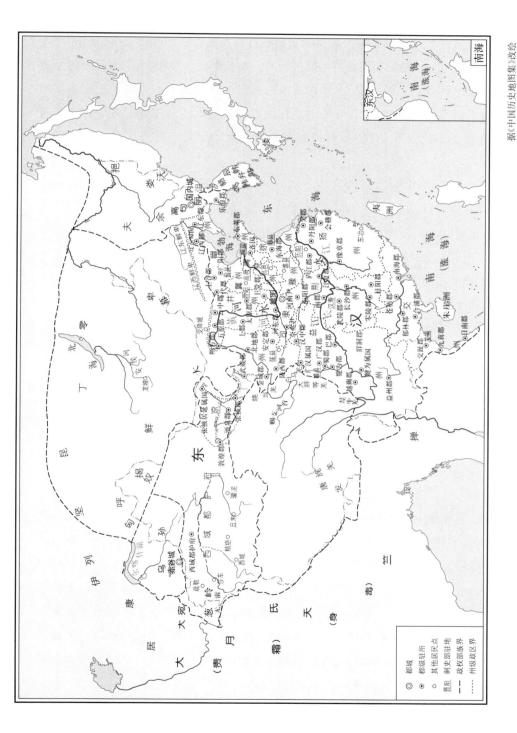

图 7 - 5 东汉时期形势图

南匈奴的内附是我国历史上农业民族与游牧民族长期交往的结果。塞北匈奴的游牧经济在生产上和生活上需要与汉朝进行农产品和手工业的交换，所谓"单于好汉缯絮食物"，①而汉朝又需要匈奴的名马。在长期交往过程中，汉族先进的经济文化所给予匈奴的积极影响，逐渐在匈奴内部对汉族关系上产生两种不同态度的社会势力，同时也是匈奴社会发展不平衡的反映。内附的南匈奴促进了游牧民族和农业民族经济文化的交流，对中国大一统国家的形成与发展起着重要的巩固作用。

北匈奴自南部内附以后，势孤力单，其时又遭到多方攻击，"南部攻其前，丁零寇其后，鲜卑击其左，西域侵其右"②，北匈奴在漠北遂难以立足，其部民或西迁或南下，分崩离析。公元89年、90年、91年（永元元年、二年、三年）东汉连续三年出兵攻击北匈奴，大军先后直达燕然山（今杭爱山）、金微山（今阿尔泰山），北匈奴单于领一部分人众西徙乌孙，后转迁康居，其故地为鲜卑所居，留下的10余万落（由若干帐户组成的帐落）并入鲜卑。在中国大漠南北活跃了300多年的匈奴政权退出了历史舞台。

匈奴以东是东胡族的乌桓和鲜卑，最初都分布在蒙古高原的东南部和东北角。乌桓后为匈奴所击败，迁至西拉木伦河以北，今阿鲁科尔沁旗一带。公元前3世纪末，乌桓役属于匈奴。公元前119年，汉将霍去病击败匈奴，徙乌桓于沿边的上谷、渔阳、右北平、辽东、辽西五郡塞外，即今老哈河流域、滦河上游一带，为汉侦察匈奴动静，并在幽州（今北京）置护乌桓校尉，监领乌桓，使不与匈奴通。东汉初年，乌桓入居辽东属国、辽西、右北平、渔阳、广阳、上谷、代、雁门、太原、朔方等十郡障塞之内，约当今辽宁大凌河下游、河北北部、山西北部和中部以及向西抵内蒙古伊克昭盟一带，其故地为鲜卑所居。

鲜卑按其起源地区，分为东部鲜卑和拓跋鲜卑两部。东部鲜卑原居鲜卑山，据今人考证约在今内蒙古东部科尔沁旗西哈古勒河附近，在乌桓之北。匈奴冒顿单于强大，击败东胡后，迁至辽东塞外。汉武帝时乌桓附汉，迁居老哈河流域，鲜卑也西南迁徙至西拉木伦河流域。因为乌桓所隔，西汉一代未与中原王朝通使。拓跋鲜卑原居于大鲜卑山，即今大兴安岭北段。1980年在内蒙古鄂伦春旗阿里河镇西北10千米处、大兴安岭北段顶巅的嘎仙洞，发现了太平真君四年（443年）魏太武帝

---

① 《汉书》卷九四《匈奴传上》。
② 《后汉书》卷八九《南匈奴传》。

拓跋焘派中书侍郎李敞等前去嘎仙洞祭祀时镌刻在洞壁上的"石刻祝文",学界都认为拓跋鲜卑发祥地"大鲜卑山",即大兴安岭北段。此几成定论。① 东汉初年,东部鲜卑常与乌桓、匈奴联合犯边。东汉中叶,乘匈奴衰弱之机,联合丁零、南匈奴和西域诸国攻击北匈奴,后北匈奴西迁中亚,鲜卑遂占有匈奴故地。其时拓跋鲜卑也向西南迁移至呼伦贝尔草原,以后又迁至蒙古高原西部。公元 2 世纪中,东部鲜卑首领檀石槐统一了鲜卑各部,成立了草原部落大联盟,北拒丁零,南略汉边,西击乌孙,其势力范围包括了整个蒙古草原,分为东(从右北平以东至辽东)、中(从右北平以西至上谷)、西(从上谷以西至敦煌)三部。单于庭建在弹汗山(今内蒙古大青山)歠仇水上。东部大人即后来宇文鲜卑的先世,中部大人即后来慕容鲜卑的先世,西部大人即后来拓跋鲜卑的先世。所以公元 2 世纪以后,东汉北部"幽、并、凉三州缘边诸郡,无岁不被鲜卑寇抄",并入居云中、雁门、北地、代郡、上谷及太原等郡边塞内外。② 东汉北疆势力内缩。公元 181 年檀石槐死,鲜卑分裂,西部鲜卑诸部相率叛去,漠南自云中郡以东分为三部分:一为檀石槐后裔,占有云中、雁门、北地、代郡以及太原等郡的全部或一部分地;一为轲比能集团,据有自高柳(今山西阳高)以东的代郡、上谷郡边塞内外各地;一为渔阳、右北平、辽西等郡塞外分散小集团,"割地统御,各有分界"③。鲜卑势力一度衰落。

鲜卑以东活动于黑龙江、松花江和鸭绿江流域的是涉貊语族的夫余、高句丽、涉貊和沃沮。夫余活动于松嫩平原,建立过政权,与两汉保持友好关系。夫余南为古高句丽,在今辽宁新宾一带,后为卫氏朝鲜所并。古高句丽以东为沃沮,汉武帝灭卫氏朝鲜后于其地置玄菟郡(治今朝鲜咸兴),昭帝时为夷貊所侵,郡治内迁至高丽县(今辽宁新宾西)。元帝时(前 37 年)夫余王子朱蒙在浑江流域重建高句丽,迫使汉玄菟郡再度内迁至沈阳、抚顺间。沃沮之南为涉貊,在朝鲜单单大岭以东,西至乐浪,东穷大海,南与辰韩接。汉武帝时曾一度于其地置苍海(前 128—前 126 年)、临屯二郡。东汉时高句丽强大,鸭绿江两岸、浑江流域尽为其所有,东汉后涉地亦入高句丽。在夫余东北、沃沮北为肃慎族,后称挹娄,分布于黑龙江、乌苏里江一带,东滨大海,曾长期臣属于夫余。

秦汉时期分布在青、藏、甘西南、川西的有羌系各族。分布在青海湖周围及其

---

① 有人撰文认为此为北魏时伪作。实质拓跋魏起源于河套鄂尔多斯高原。见李志敏《嘎仙洞的发现与拓跋魏发祥地问题》,《中国史研究》2002 年第 1 期。

② 《后汉书》卷九〇《鲜卑传》。

③ 《三国志》卷二六《魏书二十六·田豫传》。

迤东与汉朝接壤地区的有先零羌、烧当羌等，蜀郡、广汉郡徼外有白马羌，越巂郡徼外有旄牛羌等，更远处有唐羌、发羌等分布于西藏地区。汉景帝时（前156—前141年）居于湟水流域的部分羌人迁入陇西郡。武帝时在湟水流域置护羌校尉治理，昭帝时又置金城郡，治允吾县（今甘肃民和南），羌人去湟中居于青海湖一带。以前西汉政府招徕羌人入居边地，西汉末王莽时金城郡所领各县多为羌人占有。东汉时羌人不断内迁，建武十一年（公元35年）先零羌归服，徙置于天水、陇西、扶风三郡。永平元年（公元58年）烧当羌迁至京兆、冯翊、扶风的三辅地区。于是渭水流域和西北各郡均有羌人活动，并多次反抗东汉王朝的统治。其盛时曾"东犯赵魏，南入益州"，还"寇抄三辅"，金城、陇西、安定、北地、上郡等郡治都内迁至陇东和渭水流域，成为东汉西北一大边患。东汉中叶以后，甘南、川西、青海湖以东居留着大批羌人，汉族势力大为削弱。

在今滇、黔、川西的川西南及桂西地区，秦汉时代分布着总称为"西南夷"的众多部族和部落，种类繁多，主要有白马、冉駹、徙、筰都、邛都、僰、滇、巂、昆明、夜郎、句町、漏卧、且兰、哀牢，等等，有的是濮人，有的是氐族。汉武帝开西南夷，先后在其地置犍为、牂柯、越巂、沈黎、汶山、武都、益州七郡。东汉永平十二年（公元69年）哀牢夷率种人55万口内附，于其地置哀牢、博南二县，割益州郡西部都尉所领六县，合为永昌郡，开启了通往掸国（今缅甸）以至大秦（罗马）的道路。

从公元前2世纪至公元2世纪的400年，是中国疆域基本形成的关键时期。自战国以来长期的经济文化交流，使农耕区已统一在一个政权之下，秦始皇统一六国即然。秦汉时代北逐匈奴，筑长城，主观上并无领土要求，其主要目的：一是为了保护农耕区，正如汉文帝给匈奴单于信中所说："先帝制，长城以北，引弓之国，受令单于；长城以内，冠带之室，朕亦制之。使万民耕织，射猎衣食，父子无离，臣主相安，俱无暴逆。"①故汉初和亲政策的出现。二是打通与域外交通的道路，如武帝时开河西四郡，置西域都护，以及两汉开西南夷，置七郡。虽然置郡之初，曾受到当地部族的不断反抗，但汉朝政府还是千方百计用武力控制对当地的统治，目的即在于维持与中亚与西南亚的交通。由于西南地区山川阻深，各部族国家分散溪谷，势孤力单，又风俗各异，容易被汉朝所控制。而北方蒙古草原则不然，地域辽阔，驰骋千里，一旦有强有力的部族领袖能统一草原各部，即可形成与汉王朝对立的强大势

---

① 《史记》卷一一〇《匈奴列传》。

力,匈奴、鲜卑、西羌即然。游牧民族所处的自然环境不稳定,又加上对农业区物资如粮食、布帛、铁器的需求超过农耕区人民对游牧区物资马匹的要求,故就不断地骚扰农耕区,强时则掳掠而去,弱时则内迁归附,因而造成北边形势的不断变化。然客观上却加强了游牧民族与农耕民族的经济文化交流,对中国几千年来多民族统一国家的形成有着重要的作用。东北方面由于气候寒冷,当地人民还处于较落后的狩猎、采集经济阶段,生产力低下,又无对外交通的价值,故秦汉时代对东北疆域并无积极的经营。这就是秦汉时代中国疆域形成的自然、人文地理背景。

第四节 魏晋南北朝时期疆界的变迁

本时期中原地区处于长期战乱状态,而边区民族伺机兴起,并向农耕地区扩展,出现了全国性的民族大迁徙,黄河流域第一次进入民族大融合时期。汉族统治的中原王朝疆土的内缩和边区各族统治范围的扩展,是本时期中国疆域变迁的特点。现试以分区述之。

一、东北边区形势

东汉中期以后,东北地区民族林立,据有今吉林的长春、农安和黑龙江哈尔滨一带的夫余族尚为强盛,而据有今松花江、乌苏里江下游地区的挹娄臣属于夫余。魏晋以后,夫余渐衰。5世纪末为勿吉(肃慎、挹娄的改称)所逐,投奔高句丽。勿吉在北朝时强大,居于今松花江、乌苏里江一带。在勿吉北面的是豆莫娄,居于今黑龙江下游,东至于海。6世纪中,黑龙江上游齐齐哈尔至讷河一带为室韦(一作失韦)所居。4世纪中叶后,活动于西拉木伦河、老哈河流域的是奚(一作库莫奚,在西)和契丹(在东)。

对东北地区疆域变化影响最大的是高句丽。东汉末年,乐浪郡南部诸县地已经荒废。初平年间(190—193年)公孙度割据辽东,自称平州牧。建安(196—219年)中,其子公孙康分乐浪郡屯有县(今朝鲜黄州)以南荒地置带方郡,在今朝鲜黄海南道、北道一带,并向南扩展,使韩濊役属带方郡。238年(魏景初二年)公孙氏为曹魏所灭,时值公元3世纪。这时高句丽统治区已有今浑河流域以东,盖马大山以西,北至松花江上游,南至朝鲜清川江一带。国都丸都城(今吉林集安市北2.5千米山城子)。其后国势渐强,不断向周围扩展。313年,高句丽向南占有了乐浪郡,带方郡则为韩濊所有,中原王朝势力退出了朝鲜半岛。以后十六国前燕、后燕与高

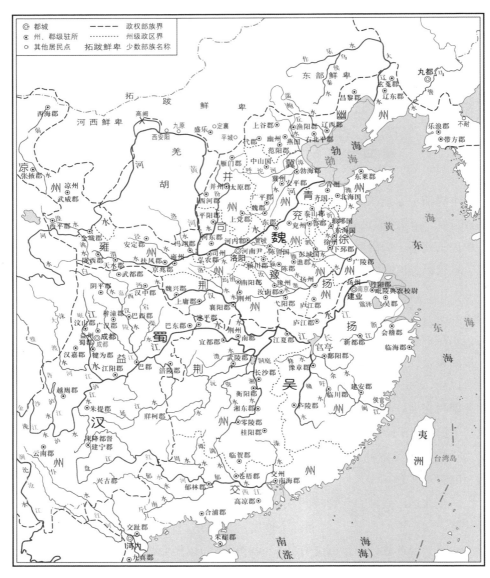

魏景元三年、蜀汉景耀五年、吴永安五年(262年)　　　　据《中国历史地图集》改绘

图 7-6　三国时期中心区域图

句丽之间争夺辽东、玄菟两郡,互有进退。至 404 年两郡终为高句丽所有,后燕退出辽东,东北边境以辽河为界。其时高句丽已迁都平壤,南界达汉城以北,与新罗、百济为界,为朝鲜半岛上一大强国。辽东地区自公元前 3 世纪左右战国燕破东胡置辽东郡开始,以后汉代又置乐浪四郡,南界至朝鲜汉城以北,一直是中原王朝直属领土,前后达 7 个世纪之久,至公元 404 年为高句丽所占,这是东北疆界的重大变化。

二、北方边区形势

当东汉末年鲜卑衰落时,取代鲜卑雄踞于蒙古高原的有敕勒和柔然。敕勒又称丁零、高车、铁勒,是我国北方古老的游牧民族,原居于贝加尔湖周围及其以西地区。公元前 3 世纪役属于匈奴。北匈奴西迁后,部分敕勒自贝加尔湖一带南向蒙古高原中部徙移,后为鲜卑势力所阻。以后鲜卑势衰,部分敕勒遂南迁至今甘肃兰州、武威、酒泉以北,在居延海至黄河河套一带游牧,留在贝加尔湖的称为"东部高车"①。3 世纪中叶以后,鲜卑军事大联盟瓦解,有更多的敕勒迁入塞内,成为十六国时期黄河流域众多的游牧民族之一,分布于长城内外、河北、山西、河南以及陇西等地。388—392 年曾在河南、山东间建立过翟魏政权。4 世纪以后,游牧于漠北的敕勒部落人口繁衍,4 世纪末、5 世纪初部分被北魏迫迁至漠南,而仍居于漠北的敕勒,被柔然所统治。5 世纪末,漠北敕勒曾一度击败柔然,建立过高车国,其控制地区东北至色楞格河、鄂尔浑河、土拉河一带,北达阿尔泰山,南服高昌、焉耆、鄯善,西接悦般,东与北魏接界。然为时很短,前后仅 54 年(487—541 年),最终为柔然所灭。

柔然又作蠕蠕、芮芮、茹茹,为东胡鲜卑中的一支,原游牧于今内蒙古河套东北、阴山以北一带。4 世纪末为拓跋魏所破,退居漠北,征服了敕勒诸部,居有漠北地区。402 年柔然首领社仑统一漠北草原,建立了政权,自称可汗,其辖区东至朝鲜故地之西,南邻大漠与北魏为界,西逾阿尔泰山,包有准噶尔盆地,北至贝加尔湖。此后不断地与北魏发生战争,423 年北魏修筑了"起自赤城,西至五原,延袤二千余里"的长城②,以御柔然。429 年北魏大败柔然,追至弱洛水(今蒙古国土拉河),柔然向北魏求和。自后柔然向西域挺进,5 世纪60—70 年代据有西域焉耆、鄯善、龟

---

① 《魏书》卷四上《世祖纪》。
② 《魏书》卷三《太宗纪》。赤城今属河北,五原在今内蒙古包头市东北。

兹、姑墨(今新疆阿克苏)诸国,541年灭了高车国,更为强盛。6世纪中,柔然锻工突厥族兴起,555年柔然政权在北齐、突厥攻击下瓦解。大漠南北、西域诸国遂为突厥所控制。柔然是5至6世纪间雄踞于蒙古高原上最强大的政权,前后达一个半世纪之久。

漠南地区政治形势变化也很大。自东汉末年以来,南匈奴大批入迁于今陕西、山西北部的沿边诸郡,共有三万余落(落是游牧部族若干帐户所组成的帐落群)。其中心在今山西汾河中游地区。原先入居边郡的乌桓在匈奴与汉朝之间叛服不常,其中辽东、辽西、右北平三郡乌桓曾一度统一起来,骚扰边地。公元207年为曹操所击破,再度内迁至并、幽二州所属诸郡,编入军队,"由是三郡乌桓为天下名骑"①,是为曹魏政权一支强大的军事力量。蒙古高原原为鲜卑所控制,181年东汉灵帝时,鲜卑首领檀石槐死,鲜卑部落联盟解体。曹魏时鲜卑大人轲比能又统一东部鲜卑,占有漠南,"自云中(今内蒙古托克托县东北)、五原(今包头市东北)以东抵辽水,皆为鲜卑庭"。②231年轲比能死,鲜卑各部纷纷南进,慕容部、宇文部、段部移居于辽水东西和河北塞外。宇文部在北,大致在今西拉木伦河以南老哈河流域;段部在南,大致分布在今河北省滦河下游及迤东地区;慕容部在段部之东,即今大凌河流域及迤东地区。拓跋部则迁居于河套以北和河北、山西北部。4世纪初拓跋部强大,于338年建立代国,以盛乐城(在今内蒙古和林格尔北)为北都,平城(今山西大同市)为南都。在东起浑源,西至河套,南过长城抵今山西大同、代县北,北达漠北草原的广大地区内的部落均臣奉拓跋鲜卑。秃发部迁至甘肃东部和宁夏、陕西一带。乞伏部迁至陇西。而慕容部一支吐谷浑迁至青海湖一带。十六国时期迁至内地的少数民族,历史上所谓的"五胡",纷纷在中原建立政权。由于他们的根据地在北方,在中原建立的政权的北疆都有所扩展。如后赵控制了河套地区,前燕灭了鲜卑宇文部后,疆域扩展到了老哈河流域,前秦于376年灭了代国后有了河套地区的大黑河流域。所以当北魏(386年拓跋鲜卑重建魏国,史称北魏)统一北中国时,北部疆界到了阴山、河套,与北面的柔然接壤,大致同秦汉时代的北界。而东北则不如前汉和前燕。北魏后期六镇起义后,漠北突厥兴起,北疆才大大内缩。

三、西北边区形势

魏晋时控制了新疆东部地区,在高昌(今新疆吐鲁番东南)置戊己校尉,在海头

---

① 《三国志》卷三〇《魏书三十·乌丸传》。
② 《三国志》卷三〇《魏书三十·鲜卑传》。

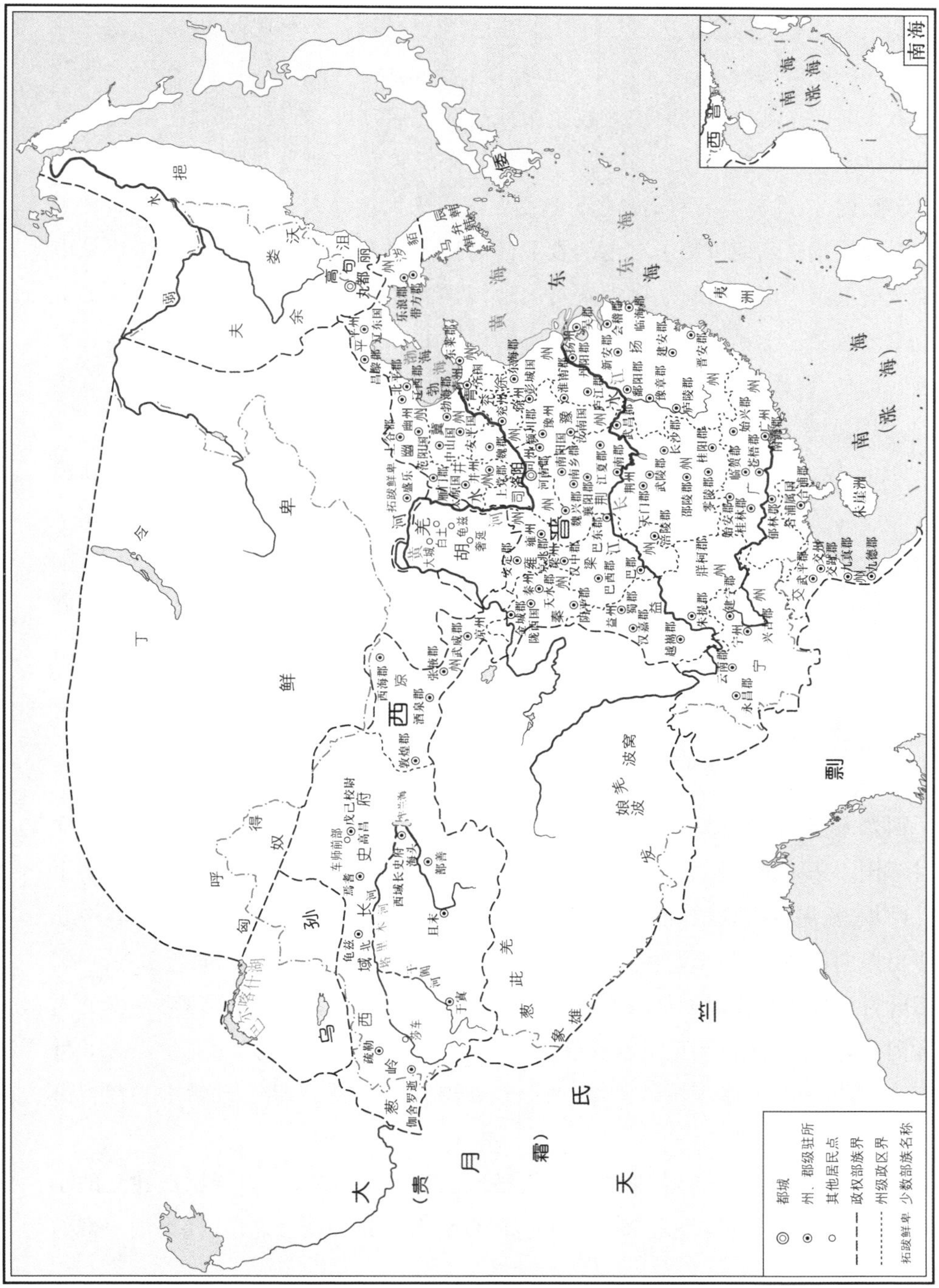

据《中国历史地图集》改绘

南海

"西沙"
南海(涨海)

图 7-7 西晋时期形势图

太康二年(281年)

图例：
◎ 都城
⊙ 州、郡级驻所
○ 其他居民点
——— 政权部族界
········· 州级政区界
拓跋鲜卑 少数部族名称

（罗布泊西）置西域长史，略同东汉规模。西域诸国无岁不奉朝贡。自西汉以来，中原三朝虽然控制了西域地区，但从西域都护到戊己校尉都不是民政机构，而是一种军政合一的羁縻统治，与内地由中央直接统治到基层的郡县制不同。而十六国时期据有今河西走廊地区的前凉政权乘中原战乱之际，出兵击败了孤悬一隅的西晋所置的戊己校尉，在高昌地区设置了高昌郡（今吐鲁番盆地）。此后据有其地的前秦、后凉、西凉、北凉都置有高昌郡。这是西汉以来大量汉人入居开发的结果，到了前凉时期就很自然地采用了与内地农业区同样的地方行政制度进行统治，这是中国疆域史上第一次在新疆地区设置与内地同样的地方行政制度，在西北开发史上具有重要意义。至 5 世纪 30 年代，北魏灭北凉，北凉王逃至高昌，建立高昌国，以后经阚、张、马、麴数姓，麴氏享国最久，其盛时疆土南接罗布泊以南的吐谷浑国，东连敦煌，西次龟兹（今新疆库车），北邻天山。7 世纪中为唐朝所灭。

5 世纪初，新疆西部所谓西域地区，有龟兹（今阿克苏、库车一带）、疏勒（今新疆喀什地区）、乌孙、悦般（两者均在今巴尔喀什湖东南）、渴槃陁（今新疆塔什库尔干一带）、于阗（今和田一带）、鄯善（今若羌一带）、焉耆（今焉耆、博斯腾湖一带）、车师（今吐鲁番一带）等小国，都有归附北魏的愿望，因柔然所阻，未能遂愿。其间北魏与柔然常为争夺西域，互有进退。5 世纪中柔然曾控制新疆西部焉耆、龟兹、鄯善、姑墨等国，北魏曾于焉耆置镇，于鄯善置西戎校尉府，然统治均不稳定。

四、西部边区形势

西晋末年，慕容鲜卑一支吐谷浑西迁至甘肃南部和青海地区，约于 329 年建立吐谷浑国。[①] 其疆域东至西倾山、白龙江流域，北接祁连山，西至巴颜喀喇山，南至川北阿坝、松潘一带。前期东、北部受到西秦的威胁，北部边界时大时小。其中心逐步由东向西移动，与其游牧经济相适应，主要在青海湖周围，尚无固定首府。426 年后吐谷浑转入兴盛时期，431 年西秦、夏国亡，吐谷浑掠夺了大批夏国和西秦的人口和财物，向东疆域扩大至陇西一带，即西秦原有的一部分土地。至 5 世纪末 6 世纪初，吐谷浑全盛时东至洮河流域，西至今新疆若羌、且末一带。政治中心在青海湖百十五里的伏俟城。

北朝时于今甘肃东部白龙江上游宕昌地区建立的宕昌，系羌族梁氏建立的小政权，曾受吐谷浑控制，公元 566 年为北周所破，置宕州。在今北川、九寨沟一带的

---

① 周伟洲：《吐谷浑史》，宁夏人民出版社 1985 年版，第 15 页。

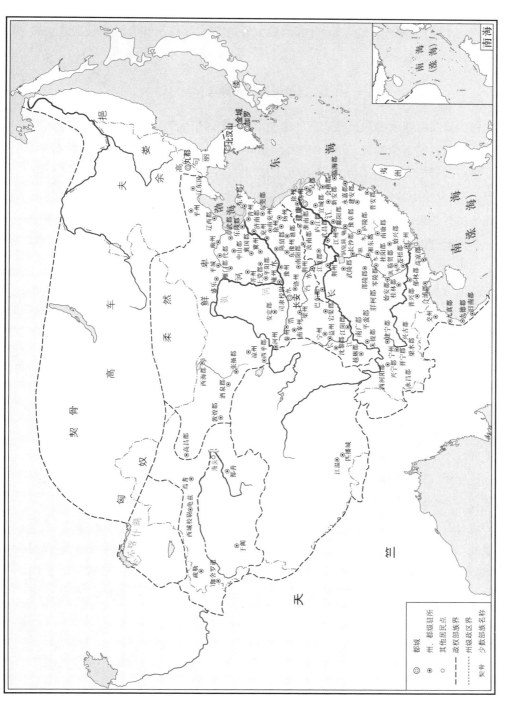

据《中国历史地图集》改绘

图 7-8 东晋时期形势图

晋太元七年·前秦建元十八年(382 年)

邓至羌，也曾役属于吐谷浑，552年为西魏所破，置邓州。此外，北朝时居于青海南部的为党项羌，北接吐谷浑，"魏周之际，数来寇边"。① 西藏东部为西羌一支建立的附国，西部为女国。

五、南部边区形势

三国蜀汉时西南少数民族所居的南中地区（今四川大渡河以南和云南、贵州两省地区），设置了不少郡县，于214年设置庲降都督以统之。271年（西晋泰始七年）分益州南部置宁州，辖云南大部分和贵州、广西一小部分。南朝时对西南地区控制不力，至6世纪中叶侯景之乱后，分布在滇东黔西一带的爨族乘机独立，影响到周围其他民族纷纷脱离南朝，南朝萧梁的势力退出了宁州，由当地土豪爨氏家族控制。于是大渡河、川江以南的南中地区形成西南各族林立的局面。四川盆地西部山区则为党项羌所占有。

越南方面，自东汉末年林邑国建立后，不断向北扩展。248年林邑北侵占有了日南郡最南的寿泠县（今广治北），以此与东吴分界。东吴日南郡南界北缩至北纬17度。南朝时势力更弱，整个日南郡均为林邑所有，边界北缩至北纬18度。

从公元3世纪初至6世纪末的近400年内，中国疆域变迁的主要特点是边区少数民族纷纷建立了有一定统治规模的政权，军事势力逐渐强大，统治区域南北都有所扩展。不仅包含了原有的游牧地区，还包含了漠南的农耕区。这说明秦汉以来边区民族受汉文化的影响，逐渐适应农牧两种文明的结合。能够将两种不同经济区联合在一个政权之下，表现了政治的成熟和经济上的兼容，对我国多民族统一国家的建立有一定影响。同时原来的中原王朝由于北部游牧民族的入居，发生了长期战乱，黄河流域出现了第一次民族大融合。各民族之间经济、文化交流空前加强，统治地区犬牙交错，互相之间，消长频繁。这种融合为隋唐大一统帝国的出现打下了基础。这一时期就整个中国疆域而言，除了西南边境有所内缩外，北部边境的规模无显著变化。

---

① 《隋书》卷八三《西域·党项传》。

第五节　隋唐统一帝国疆域的形成

隋唐五代时期共 380 年,在此期间疆域变迁很大,大致可以公元 755 年唐安史之乱事件为界,分为前后两个时期。

一、隋和唐前期(581—755 年)为中原王朝疆域的扩展期

6 世纪中叶在中国北方蒙古高原上兴起的突厥人,原居于叶尼塞河上游,后来迁至阿尔泰山一带,以锻铁为业,臣服于柔然。公元 552 年突厥人在土门(伊利)可汗领导下灭了柔然汗国,建立了突厥汗国。建牙于都斤山(又作郁督军山、乌德鞬山,即鄂尔浑河上游杭爱山)。以后又"西破厌哒,东走契丹,北并契骨,威服塞外诸国。其地东自辽海以西,西至西海万里,南自沙漠以北,北至北海五六千里,皆属焉"。[1] 此处辽海指辽河下游濒海地区,西海指里海,北海指贝加尔湖。这是公元 583 年前突厥极盛时期的疆域。以后,突厥势力又南进至阴山,逼临周、齐,成为中原王朝北边的强大邻邦。

隋文帝开皇元年(581 年)取代北周。七年并后梁。九年平陈,统一了南北。但在隋朝初年,突厥不断侵扰东北、北、西北三边。公元 583 年突厥内部分裂为东西两个汗国,东突厥居于阿尔泰山以东的蒙古高原,西突厥居于阿尔泰山以西至雷翥海(里海,一说咸海),包括准噶尔盆地、伊犁河流域和楚河流域。时东突厥已衰,西面为西突厥所困,东面又畏契丹人入侵,584 年向隋朝求援,隋朝同意其部落度漠南,寄居白道川(今内蒙古呼和浩特市北白道溪),立约以沙碛与隋为界。隋朝乘机取得河套地,置五原、榆林等郡。这是隋朝向北疆的开拓。

公元 608 年(隋大业四年)隋军进驻伊吾城(今新疆哈密),设伊吾镇,610 年置伊吾郡。公元 609 年隋军大破据有今青海省和新疆东部的吐谷浑国,可汗伏允远循雪山(今甘肃岷山),"其故地皆空,自西平临羌城(今青海湟源东南)以西,且末以东,祁连以南,雪山以北,东西四千里,南北二千里,皆为隋有"。[2] 隋朝在其地置西海(治今青海湖西 7.5 千米伏俟城,即吐谷浑国都城)、河源(治赤水城,今青海兴海县东南)、鄯善(治今新疆若羌)、且末(治今且末)四郡。前二郡在青海境内,后二郡

---

① 《周书》卷五〇《突厥传》。
② 《隋书》卷八三《吐谷浑传》。

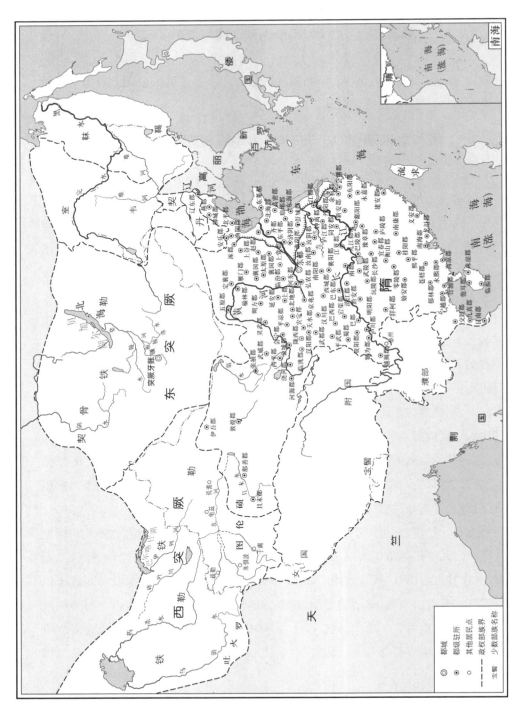

据《中国历史地理图集》改绘

图 7-9　隋时期形势图

大业八年（612年）

在新疆东南部。加上 610 年所置伊吾郡,为西北五郡,包括了新疆东部和青海省大部分,中原王朝西部郡县设置如此之远是前所未有的,当为十六国以来中原文化在西部开拓的结果,在疆域史上具有重要意义。

在西南,隋朝初年开始企图恢复对两晋南朝以来原宁州的统治,公元 593 年(开皇十三年)前后,在味县(今云南曲靖)置南宁州总管府。其统治区西南止于今礼社江、元江一线。此后不断受到爨族人民的反抗,不得不放弃南宁州,西南边界保持在今贵州西部的安顺东部地带。

在南方,隋炀帝大业年间疆域也有所扩大。公元 605 年(大业元年)派大将军刘方平林邑国,置比景、海阴、林邑三郡。林邑、比景二郡约在旧日南郡境内,海阴确址无考,南界当已超过日南郡旧界,至越南南圻一带。但为时很短,只有数月的时间,刘方退兵后不久,林邑即复其国。海南岛再度归附中原王朝也在隋炀帝时代。自西汉末年昭、元二帝时代先后罢弃了武帝时代在海南岛上设置的儋耳、珠崖二郡后,经东汉、魏晋南北朝,海南岛一直为当地土著俚族人所居。隋初海南岛为俚族首领高凉冼夫人所控制,隋文帝封冼氏为谯国夫人,开幕府,置长史以下官属,给印章,承认其对当地的统治。仁寿(601—604 年)初,冼夫人卒,隋朝才正式控制了海南岛,610 年(大业六年)在海南岛上设朱崖、儋耳、临振三郡。上距汉元帝时罢弃珠崖郡已有 656 年,①中原王朝又重新控制了海南岛。隋末战乱,中原王朝对边区失去控制。吐谷浑复国,收复了为隋朝所占故地,脱离了中原王朝。海南岛又在俚族酋豪冯氏控制下,至唐武德初才归附中原王朝。

唐初太宗、高宗统治(627—683 年)的半个世纪里,是中原王朝疆域的又一个扩展时期。

(一)北方疆域的开拓。隋末东突厥势力增长,东至契丹、室韦,西尽吐谷浑、高昌诸国,都在其役属之下。630 年(贞观四年)唐朝出兵灭了东突厥,"斥地自阴山北至大漠",②将漠南地区收入版图。此后五十年,东突厥一直是唐朝的属国。6 世纪以前活动在漠北的铁勒诸部役属于突厥。629 年,在东突厥将亡之际,铁勒部之一薛延陀建汗国于漠北,建牙于郁督军山下。其盛时疆域东至室韦,西至阿尔泰山,南至突厥,北临瀚海(指杭爱山)。③ 646 年(贞观二十年)唐朝一举灭了漠北的薛延

---

① 谭其骧:《自汉至唐海南岛历史政治地理》,载《长水集续编》,人民出版社 1994 年版。
② 《通鉴》卷一九三《唐纪九》贞观四年二月甲辰。
③ 岑仲勉:《中外史地考证》,中华书局 1962 年版,第 67 页。

陀,大漠南北全入唐版图。于是以大漠为界,在漠北设安北都护府(先于647年置燕然都护府于河套乌加河北,663年移治回纥本部土拉河畔,改称瀚海都护府。669年改称安北都护府,仍治漠北,在今蒙古国杭爱山东端),统辖漠北铁勒诸部都督府州;在漠南设单于都护府(663年置云中都护府,治云中城,今内蒙古和林格尔北土城子,664年改称单于都护府),统辖漠南突厥诸部都督府州。这是唐朝北方疆域极盛时期。679年(调露元年)由于单于都护府境内的突厥叛唐,682年(永淳元年)突厥复国,唐朝势力退出漠北。698年(圣历元年)单于都护府并入安北都护府,移治阴山以南。①

7世纪初,回纥兴起于薛延陀北娑陵水(今色楞格河)一带,先臣服于突厥,后臣服于薛延陀。突厥亡后,与薛延陀平分漠北。646年薛延陀为唐所灭,回纥奄有其地。744年(天宝三载)建国,745年击杀突厥白眉可汗,斥地辽阔,东极大兴安岭的室韦,西至金山(今阿尔泰山),南临大漠,尽得突厥故地。建牙鄂尔浑河,为漠北一大强国。

(二)西北疆域的扩展。西突厥射匮可汗在位时(611—618年),征服了准噶尔盆地的薛延陀族,拓地东北至阿尔泰山,东南至玉门,西北至里海,西南至兴都库什山,618年更北并铁勒余部,西南逾阿姆河,占领吐火罗斯坦(今阿富汗北部),建牙庭于龟兹以北三弥山裕尔都斯谷,又在千泉②建夏都,为唐初西北一大劲敌。630年(贞观四年)唐灭东突厥,对西域震动很大。就在这一年,西域胡人所居伊吾七城(即隋伊吾郡地)降唐,唐朝于其地置西伊州(治哈密),632年改名伊州。这是唐朝进入西域的第一步。640年(贞观十四年)平高昌(今新疆吐鲁番东南),于其地置西州和安西都护府。同时又取可汗浮汗城(今吉木萨尔北古城子),置庭州。644年取焉耆(今新疆焉耆西南),648年取龟兹(今库车),西突厥裕尔都斯谷之汗庭归唐所有。次年移西域都护府于龟兹,并置龟兹、于阗(今和田)、疏勒(今喀什市)、碎叶(今吉尔吉斯斯坦北部托克马克附近)四镇。659年(显庆四年)唐又平西突厥,至此西突厥及其属国全境入唐版图。唐朝在东起阿尔泰山、西至咸海的西突厥本部设置了几十个羁縻都督府州,由昆陵、濛池二都护府统辖。这二都护府和河中地区(今乌兹别克斯坦撒马尔罕一带)及天山南路城邦诸国都属安西都护府管辖。661年(龙朔元年)又在阿姆河以南西域十六国置羁縻都督府州,势力最远伸至波斯。这是唐朝西北疆域最盛的时期。702年(长安二年)分安西都护府,置北庭都护府,治庭州,分辖天山以北昆

---

①　谭其骧:《唐北陲二都护府建置沿革与治所迁移》,载《长水集》下册,人民出版社1987年版。
②　冯承钧:《西域地名》说为喀拉湖以南的明布拉克。

陵、濛池二都护府所领突厥诸部;安西都护府只辖天山南路及葱岭东西城邦诸国。[1]在 665 年(麟德二年)时由于大食势力的扩展,唐朝势力退出葱岭以西。715 年(开元三年)唐朝击退了吐蕃、大食的进攻,势力一度又扩至葱岭以西。751 年(天宝十载)唐朝与大食的怛罗斯(今哈萨克斯坦江布尔城)一役战败后,唐朝势力退至葱岭以东,在葱岭以西的影响大为削弱。

　　(三) 东北疆域的变迁。隋唐初年朝鲜半岛上高句丽、百济、新罗三国鼎立。高句丽在北,新罗据东南,百济居西南。隋代曾四次出征高句丽,均以失败告终。645 年(唐贞观十九年)唐朝军队开始进入高句丽本土,攻下许多城市,后因天寒而班师。660 年(显庆五年)唐先灭了朝鲜半岛西南部的百济。667 年(乾封二年)唐再次进攻高句丽,次年(总章元年)攻下平壤,灭高句丽。于其地置都督府州县,并设安东都护府于平壤,统理高句丽及靺鞨诸部府州,辖区西起辽河,东与北抵海,包有今乌苏里江以东和黑龙江下游地区,南及朝鲜半岛北部及西南部。这是唐朝东北疆域最盛的时期。但不久即遭到高句丽人民的强烈反抗,同时新罗也向北扩展。670 年(咸亨元年)安东都护府被迫内迁移治辽东,676 年(仪凤元年)移治辽东城(今辽宁辽阳市)。677 年(仪凤二年)移治新城(今抚顺市北高尔山)。开元以后移至辽西,放弃了对辽东的控制。[2] 开元后期辖境南部缩小,浿水(今朝鲜大同江)以南为新罗所有。天宝以后安东都护府废,辽东遂空。居于松花江上游的粟末靺鞨乘机兴起,据有其地。

　　隋唐之际,东北地区的勿吉又称靺鞨,分黑水、粟末等七部。当唐朝势力在东北削弱之时,居于松花江流域的粟末靺鞨扩展势力。698 年其首领大祚荣在忽汗河(今牡丹江)上游东牟山筑城,建立震国。713 年(唐开元元年)唐封大祚荣为渤海郡王,加授忽汗州都督,遂改称渤海国。8 世纪中(唐天宝末),渤海国迁都上京龙泉府(今黑龙江宁安市南东京城)。当唐朝与高句丽双方在辽东势力都受到削弱时,渤海起而取之,逐渐扩展势力开拓疆土,其盛时南以泥河(今朝鲜咸镜道龙兴江)与新罗分界,东北至黑龙江下游与黑水靺鞨为邻,北隔那河(今东流松花江)与室韦为界,西与契丹接境,西南抵辽东地区与唐为邻,东至于海,为"海东盛国"。

　　唐朝盛时曾于648 年(贞观二十二年)在契丹所居的西拉木伦河流域置松漠都督府,在奚所居的老哈河流域置饶乐都督府。726 年(开元十四年)在松花江下游、黑龙江下游与乌苏里江流域黑水靺鞨分布地(其中窟说部在今库页岛上)置黑水都

---

①　《新唐书》卷四三下《地理志七下》。
②　孙进己等:《东北历史地理》第二卷,黑龙江人民出版社 1989 年版,第 267—270 页。

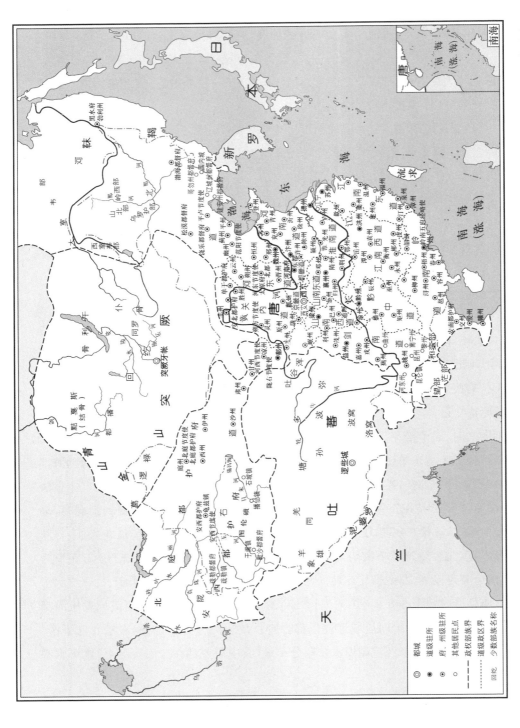

据《中国历史地理图集》改绘

图 7－10　唐时期形势图

开元二十九年(741年)

督府。742 年(天宝元年)以前又在黑龙江中上游和嫩江流域室韦分布地置室韦都督府。以上都督府均归安东都护府管辖,但均属羁縻性质,安东府内迁后,渐失控制。

(四)西部和西南部疆域变迁。隋末战乱,吐谷浑摆脱了隋朝的统治,重新复国,但其国势已不能与兴盛时相比。唐武德(618—626 年)初开始,与其役属的党项一起不断侵扰唐朝的甘南、川西边境。629 年(贞观三年)开始有不少党项部落归附,唐朝在其地设置了几十个州县,最西到达今四川阿坝和青海阿尼玛卿山一带,"于是自河首积石山而东,皆为中国地"。① 635 年(贞观九年)初,在吐谷浑煽动下,已附唐的党项羌皆叛归吐谷浑。同年唐朝出兵平定了吐谷浑和党项,又将四川西部西羌部落改入版图,在大小金川一带也设置了州县,边界线西推至黄河河曲,其南大致以折多山为界。吐谷浑作为一个唐朝边区部族臣属于唐朝。此后吐谷浑不断受到吐蕃的侵扰和攻击,663 年(唐龙朔三年)为吐蕃所灭,其地全为吐蕃所占。从此吐谷浑作为一个部族分别归吐蕃、唐朝统治,散居于今青、甘、陕、宁等地。吐谷浑建国如自 329 年起计,共 334 年。

在此同时,吐谷浑的西南今西藏地区有吐蕃族的兴起。吐蕃原居于雅鲁藏布江一带,6 世纪中开始强大,至 6 世纪末与吐谷浑、苏毗为青藏高原上三大势力。7 世纪初,赞普松赞干布(? —650 年)在位,自山南匹播城(今泽当琼吉宗)迁都逻些(今西藏拉萨),统一西藏高原,再征服了北面的苏毗(西藏北部)和西面的羊同(西藏阿里地区)以及南边的泥波罗(今尼泊尔),其疆域一度扩至今印度河上游包括拉达克即大小勃律和尼泊尔地。7 世纪下半叶,吐蕃更为强大。663 年(龙朔三年)击破吐谷浑,尽有其地,遂统一了青藏高原。后多次与唐朝争夺安西四镇,为唐朝西南一大劲敌。

在西南方面,唐初即进行西南边疆的经营,招降边境各族,以其首领为刺史、都督,皆得世袭。621 年(武德四年)于味县置南宁州总管府,624 年改为南宁州都督府,其时西界扩展至今云南弥渡、华宁一带。664 年(麟德元年)又于今姚安县置姚州都督府(治姚安),辖数十羁縻州,加强对洱海地区的统治,其西界大致为澜沧江、元江一线。

在南部边境,唐武德初尽有隋交趾之地,622 年(武德五年)置交州总管府,后改都督府。679 年(调露元年)改为安南都护府,治宋平(今越南河内),其辖区西南界

---

① 《新唐书》卷二二一《党项传》。

有今云南东南、广西西南和越南北部地，南至今越南河静省南部和广平省北部交界的横山一线。

二、唐后期至五代(756—960年)为中原王朝疆域收缩和边区民族政权疆土扩展期

安史乱后，唐朝国力严重削弱，周边各族因长期受汉文化的影响，加强了自身的政权建设，乘机扩大了疆土，使汉族政权的疆土日缩。

（一）北方疆域。8世纪中叶开始称雄于漠北的回纥汗国，对唐朝平定安史之乱和收复两京(长安、洛阳)、河北，出力很大。9世纪初，回纥更强，大破吐蕃，恢复了自北庭、龟兹西至拔贺那国(今乌兹别克斯坦费尔干纳盆地)的交通道路，雄踞漠北。840年左右，回纥内乱迭起，被黠戛斯乘机攻破，各部分散，一部分南迁至唐边塞受唐招抚，余众分三支西迁：一支西南至甘州(治今甘肃张掖市)为中心的河西走廊地区，史称河西回鹘、甘州回鹘，11世纪初为西夏所并；一支西迁至新疆东部，以高昌(今吐鲁番)为中心，建都喀喇和卓城(今吐鲁番东35千米)，疆域西包龟兹，东至敦煌，北界天山，南邻于阗，史称西州回鹘或高昌回鹘；一支西迁至新疆西部和中亚，从10世纪中至13世纪初，以楚河为中心，建立了黑汗王朝，又称哈喇王朝，都城八拉沙衮(今吉尔吉斯斯坦托克马克东)，其西界至阿姆河，包有今新疆西部和中亚河中地区。

（二）东北疆域。安史乱后，居于西拉木伦河和老哈河流域的契丹和奚脱离了唐朝的控制，日益强大，10世纪初契丹首领耶律阿保机统一各部，公元916年建立强大的契丹帝国。此后为扩展疆土，西征回鹘、党项、吐谷浑、阻卜(鞑靼)和突厥余部，926年还灭了东面的渤海国，建为东丹国，952年又为辽所并。其时辽国疆域东至于海，西通西域。五代后唐时先占有营、平二州(今河北滦河下游和辽宁大凌河流域)。936年后晋又割让山南代北地区的幽云十六州(幽、蓟、瀛、莫、涿、檀、顺、新、妫、儒、武、云、应、寰、朔、蔚)给契丹，大体相当于今北京市和河北、山西二省的北部地区。947年建国号曰辽。五代末后周于959年(显德六年)收复了十六州最南的瀛(治今河北河间)、莫(治今任丘北鄚州镇)二州后，中原王朝和辽(契丹)以河北的白沟河和山西内长城为界。

（三）西南疆域。安史乱起，唐朝将陇右、河西及四镇兵力东调平乱，西边国防空虚，吐蕃伺机而取有唐朝的川西北、青东、甘东南地区，公元764—781年又先后占凉、甘、肃、瓜、沙州，河西走廊尽入吐蕃。8世纪下半叶，吐蕃进入极盛时期，其疆

土除本土青藏高原外,北包有河西走廊至新疆东部、湟水流域,东至陇山,东南有云南省西北角和四川盆地的西部山区,南有尼泊尔,西至中亚。国势十分强大,并不时与唐朝冲突,侵入关内道北部诸州,763 年曾一度攻占长安。此后回鹘与唐联合对付吐蕃,云南的南诏也脱离吐蕃的羁绊,吐蕃处境孤立,势力日削。这样,吐蕃曾多次与唐会盟、败盟,最后于 821—822 年(长庆元年至二年)会盟,于次年立《唐蕃会盟碑》(该碑今仍屹立于拉萨大昭寺前)。9 世纪中,吐蕃内乱。848 年(唐大中二年)沙州土豪张议潮率众起义,赶走吐蕃守将,收复瓜、沙二州,遣使向长安报捷。851 年遣使奉瓜、沙、伊、西、肃、甘、兰、鄯、河、岷、廓十一州图籍入献唐朝。唐封其为归义军节度使。861 年(咸通二年)张议潮又收复凉州。吐蕃退出陇右、河西。时归义军辖区东抵灵州,西达伊吾,尽有河西之地。时吐蕃内部分裂,王朝瓦解,西藏遂陷于分裂割据局面。

西南方面有南诏的建国。隋唐时期在今云南洱海周围地区以乌蛮为主体和白蛮等族长期融合形成六个部落,史称"六诏"(诏即王的意思)。六诏是蒙嶲(今巍山北)、越析(今宾川)、浪穹(今洱源)、邆川(今洱源东南邓川)、施浪(今洱源东)、蒙舍(今巍山北)。蒙舍地处六诏最南,又称南诏。唐前期曾于其地置姚州,此后数十年间,唐与吐蕃的斗争中,南诏始终附唐。唐朝需要在洱海地区建立一个强大的地方政权与吐蕃抗衡。在唐朝的支持下,南诏统一了五诏。738 年(开元二十六年)唐封其首领皮罗阁为云南王,在洱海地区建立了统一政权,但仍在唐姚州都督府的监督之下。以后南诏强大,并吞了洱海地区的东西两爨。750 年(天宝九载)开始与唐朝对立,攻陷姚州都督府,迫使唐朝势力退至金沙江北岸。765 年(永泰元年)以洱海、滇池为中心的云南地区全统一在南诏政权之下。前期建都太和城(今大理市和旧大理间太和村),779 年迁都羊(阳)苴咩城(旧大理)。9 世纪时为最盛,其时疆域有今云南全省,四川大渡河以南,贵州西部以及缅甸、老挝北部,北与吐蕃接界。902 年为权臣郑氏所篡,建立长和国,南诏亡。后又经赵氏天兴国(928—929 年)、杨氏义宁国(929—937 年),至 937 年政权落在南诏贵族段氏(白族)手中,建立了大理国。

唐末交州土著势力崛起。906 年交州土人曲承裕据安南,自称节度使。930 年为南汉所灭,后经杨廷艺、皎公羡割据,至 938 年吴权自立为王,越南北部自成一区,脱离了中原王朝。自汉武帝平南越起,千百年来一直是中原王朝直属版图的越南北部地区,至此完全脱离汉族中原王朝而独立。

从唐朝在 756 年安史之乱前后中国疆域变化的史事看来,中国主体王朝也即中原王朝国力的盛衰与中国疆域变化有着密切的关系。当中原王朝国力强盛时,边区少数民族政权无论是从仰慕中原经济、文化出发,抑或迫于强大的政治压力,形成一种强烈的向心力,以中原王朝首都为中心,其辐射力可达东西数万千米。当中原王朝内部发生动乱、国势衰落时,这种向心力立刻变成离心力,边区民族政权纷纷独立,自求发展,扩展自己的国力。这几乎形成一种规律,从中国疆域变迁史上可获证明。但由于其在与中原王朝合为一体的过程中,长时期地接受了中原文化,使游牧文明和农耕文明相互交融,当中原地区再度出现强有力的政权时,这些边区民族又可能再一次投入中华大家庭的怀抱。这从以后的疆域史上也可获得证明。

第六节 宋辽金时期各分裂政权的疆域

公元 10 世纪下半叶至 13 世纪下半叶的 300 年内,中国境内分成好几个政权。在中原地区先后有北宋、南宋、辽、金、西夏,在边区先后有南诏、大理、吐蕃诸部、西州回鹘、喀喇汗国、西辽等。现分别阐述其疆土变迁的过程。

一、北　　宋

宋因五代梁晋汉周之旧,建都开封。宋太祖时(960—975 年)先后征服了荆南、湖南、后蜀、南汉、南唐诸国,太宗时(976—997 年)又有吴越归附,漳、泉献地。公元 979 年(太平兴国四年)又灭了山西中部的北汉政权,结束了唐安史之乱以来 200 多年藩镇割据的局面,在中原地区建立了统一王朝。北宋初年北疆沿后周之旧,端拱二年(989 年)失易州,于是以保州(今河北保定市)为中心,其东以拒马河为界河,其西以大茂山为界,与辽分境。唯唐末以来据有今陕北河套的党项族,时降时叛,宋朝始终未能统治这一地区,到 11 世纪成立了夏国。宋代前期对西夏主要采取绥靖政策,宋神宗时代曾锐意开拓疆土,1067 年(治平四年)收复了绥州,熙宁以后又取得了银州一部分地(今陕西绥德、米脂一带)。1072、1073、1081 年(熙宁五年、熙宁六年、元丰四年)又取得唐末吐蕃、西羌所据甘肃陇西地,置熙、河、洮、岷、兰等州。哲宗元符时(1098—1100 年)和徽宗崇宁、大观时(1102—1110 年)才进一步从吐蕃手中取得湟水流域、洮河上游和黄河上游贵德一带疆土,置鄯、湟、廓、洮、积石等州军。1121 年(宣和三年)西安州(今宁夏海原)、怀德军(今宁夏固原北寺口子东)又为西夏所取。总之,北宋前期在对西夏的边疆斗争中基本上处于守势,后期虽采取进攻政策,因国力所限未见多大效果。

在西南方面,唐代所置羁縻州在唐末国势衰颓时,都已脱离中原王朝。宋王朝建立后,西南少数民族又纷纷归附。宋朝即在其地置羁縻府州:有雅州(治今四川雅安)及其所属羁縻州,约在今雅安、天全、泸定等大渡河上游两岸一带;黎州(治今汉源)及其所属羁縻州,约在自汉源大渡河南岸至越西一带;叙州(治今宜宾市)及其所属羁縻州,约自今四川宜宾以南包有云南昆明市东川区和会泽以北的东北部以及贵州遵义以西、安顺以北的西部地;泸州(治今泸州市)及其所属羁縻州,约有今四川泸州以南至贵州六盘水市、织金以北地;黔州(治今彭水)及其所属羁縻州,约相当于今四川彭水以南和贵州大部分地区;邕州(治今广西南宁市)及其所属羁縻州,约有今南宁市以西广西壮族自治区地。这些边区羁縻州西南与大理国接壤。直至北宋末年,疆土无多大变化。

二、辽

与宋对峙的辽朝疆域辽阔,南以山西雁门山、河北大茂山和白沟(今河北巨马河下游白沟镇、霸州市、信安镇一线)与北宋分界;北面以西北路招讨司、乌古敌烈统军司统辖漠北诸部族,北界在今蒙古国和俄罗斯边界以北,至克鲁伦河、鄂尔浑河、色楞格河;东循外兴安岭至海;东面926年后据有渤海国故地;东南跨越鸭绿江、图们江,有今朝鲜北部新义州、咸兴一线以北地,其南为王氏高丽;西境辖有阿尔泰山地区的粘八葛部。东北黑龙江下游的室韦诸部和松花江流域的女真诸部为其羁縻地区。初期建都上京临潢府(今内蒙古巴林左旗林东东城街道),1007年(辽统和二十五年)迁都中京大定府(今内蒙古宁城西大明镇)。1114年(辽天庆四年)属部女真完颜部起兵反辽,次年建国号金,10年以后(1125年),辽为金所灭。

三、西　　夏

党项羌为古羌人一支,北朝末期分布于青海湖东部黄河河曲一带。东至中原王朝的松州,北连吐谷浑,南为吐蕃。唐时置羁縻州理之。后为吐蕃所逼,请求内迁,唐遂移其部众于陕西西北部的庆州一带。安史乱后,或臣属吐蕃或附唐,叛服不常。唐后期居地扩大,散居于今甘肃东南部、宁夏、内蒙古鄂尔多斯高地南部和陕西西北部地区的银、夏、绥、延等州。以居于夏州(治今陕西榆林市北)的平夏部

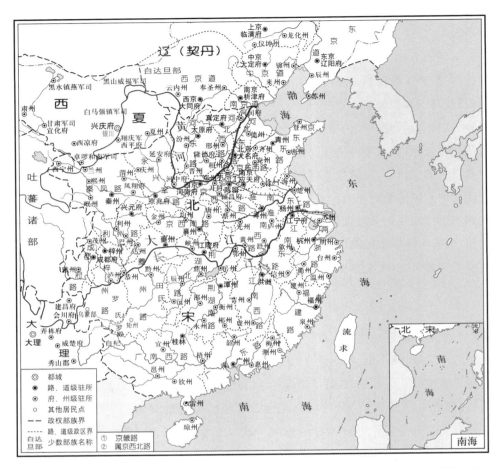

① 京畿道　② 属京西北路　辽天庆元年、北宋政和元年、西夏贞观十一年(1111 年)　　　据《中国历史地图集》改绘

图 7‑11　辽北宋西夏时期中心区域图

最强。① 唐末因助政府镇压黄巢起义有功,于公元 881 年(唐中和元年)封为定难军
节度使,辖有夏、绥、银、宥四州之地,开始成为割据政权。宋初不断寇边,1002 年
(宋咸平五年)攻下灵州(治今宁夏灵武市西南),继又取西凉府(今甘肃武威)。初
以夏州为政治中心,旋迁灵州,1020 年迁都怀远镇(今宁夏银川市),筑城居之,建为
兴州。1021 年(辽太平元年)辽封其为大夏国王。1033 年夏国升兴州为兴庆府,定
为国都。1035 年(景祐二年)进攻回鹘,占领了肃、瓜、沙三州,控制了整个河西走
廊。1038 年称帝,西夏为天授礼法延祚元年,国号大夏。宋人因其在西部,故称其

---

① 《旧唐书》卷一九八《党项传》、《新唐书》卷二二一上〈党项传〉。

为西夏。其时疆域：东据黄河，西至玉门关，南临萧关，北抵大漠，据有夏、银、绥、
宥、静、灵、盐、会、胜、甘、肃、凉、瓜、沙等州，西至古玉门关（今敦煌西北小方盘城），
北有今内蒙古额济纳旗和后套地区，南至祁连山，东有河套至陕北横山，即今内
蒙古河套以南、宁夏南部、陕北一小部分和甘肃河西走廊地区。宋神宗以后，东
部绥州和银州部分地入宋。1127 年北宋亡。此后 1136、1137 年夏国又从金人手
中取得湟水流域，达到西夏立国以来的最大疆域。1146 年（金皇统六年）金又以
沿边德威城、西安州、定边军予夏。自后金、夏间边境时有进退。1227 年西夏为
蒙古所灭。自 881 年起计，党项族建立政权 346 年。如自 1038 年称帝起计，共
190 年。

四、大　　理

公元 902 年（唐天复二年）南诏政权崩溃，此后自 902 年至 937 年间，先后出现
过长和国、天兴国、义宁国的统治。937 年各政权为白族首领段思平取代，建立大理
国。其疆域基本上沿袭南诏时期，唯局部地区有所改变。辖有今云南省除金沙江、
牛拦江以东的昭通等数县外的全境，四川大渡河以南及贵州西边数县，西南边远及
今缅甸和老挝的北部、越南西北角和泰国西北一小部分。

五、吐 蕃 诸 部

自 9 世纪中分裂后，成为青藏高原许多分散部落，史书称为吐蕃诸部或西蕃。
其中最强大的是兴起在邈川城（今青海乐都县东南）一带的唃厮啰，其辖区"占河湟
二千余里，河间有鄯、廓、洮、渭、岷、叠、宕等州"。[1] 曾一度为吐蕃割据势力中的霸
主。终宋一代长期与中原王朝保持交往关系。

六、西 州 回 鹘

唐末回鹘一支西迁至新疆东部，以高昌（今吐鲁番）为都城，又称高昌回鹘。其
疆域西面开拓至龟兹（今新疆库车）以西阿克苏、乌什一带，与喀喇汗国接壤，西北
界天山，北包有准噶尔盆地，南隔塔里木盆地与于阗为邻，东至敦煌西，与西夏分
界，东南以阿尔金山与黄头回纥（居阿尔金山南、青海北部）接壤。12 世纪 20 年代
臣服于西辽。13 世纪初臣服于蒙古。

---

① 〔宋〕李远《青唐录》，《说郛》卷三五。

七、喀 喇 汗 国

回鹘西迁至中亚所建立的王国，又称黑汗王朝，是中国境内第一个接受伊斯兰教的突厥语民族建立的王朝。它是一个松散的多民族部落联合，实行双汗制。大汗直接统治东部，建都八拉沙衮；副汗治怛罗斯和疏勒。其余小汗，各有分地。由于建国时间较长（840—1212 年），前后疆域变化很大。在 1009 年合并于阗李氏王朝以前，其版图东至今新疆阿克苏、拜城间，与西州回鹘以荒山、沙漠为界，东北隔准噶尔盆地为西州回鹘，北至巴尔喀什湖，西北至锡尔河、阿姆河下游，西南抵阿姆河，南至葱岭与于阗接壤。大约自 1041 年起黑汗王朝正式分裂为二，西汗以布哈拉为都城，领有河中地区（阿姆河、锡尔河之间地区）、费尔干纳西部；东汗以八拉沙衮为都城，领有怛罗斯、石城（今塔什干）、费尔干纳、七河流域（巴尔喀什湖以南，包括哈萨克斯坦东南、楚河流域及天山北麓地区西段）和喀什噶尔。东西两汗互相攻伐。1132 年后东西两汗臣服于西辽王朝。1140 年左右，西辽占领八拉沙衮，东喀喇汗王朝沦为西辽附庸，1211 年为西辽王所灭，次年西喀喇汗王朝为花剌子模所灭。

八、金　朝

1115 年女真人建立的金朝，崛起于松花江支流阿什河（金时称按出虎水）。其后迅速强大，1125 年灭辽，1126 年灭北宋。1142 年（南宋绍兴十二年）与南宋罢兵议和，成为北中国一大强国。初都按出虎水上的上京会宁府（今黑龙江阿城市南白城），1153 年（金贞元元年）迁都燕京，建号中都大兴府（今北京城西南隅）。1214 年（贞祐二年）为避蒙古兵锋迁都开封府（今河南开封市）。其盛时曾不断进攻南宋，取得一定土地。但比较稳定的疆域是南以淮水、秦岭与南宋分界，东至日本海，东南稍逾鸭绿江、图们江与高丽接壤，西邻西夏、吐蕃，略同北宋旧界，北边东段抵外兴安岭，西段有蒙古高原诸部，在金代屡为边患。为了防御蒙古的入侵，在金熙宗（1135—1148 年）初年即有婆卢火在北部边境上修筑界壕（或作壕堑、金源边堡）之举。以后经大定年间、明昌三年（1192 年）至承安三年（1198 年）不断修建，基本完成。经考古调查①，具体走向为：东北起自今内蒙古莫力达瓦达斡尔族自治旗尼尔基镇北七家村南，西南沿兴安岭，经索伦、突泉西、达尔泊北，再沿阴山西延至黄河

---

① 夏洲杰：《金代长城》，载《中国长城遗迹调查报告集》，文物出版社 1981 年版。

后套,今东段尚有土壁遗址;又今额尔古纳河上游北岸,西经满洲里市北,直至蒙古国境,也有金代边堡遗址。金界壕直线距离约 2 500 千米,实际长度仅从保存在今天地面上有遗迹可查的就有近 5 000 千米,可见规模之大。这是金代北部边疆上的一条防线,而金代北疆界则在今俄罗斯远东地区的勒拿河上游一带。1234 年为蒙古所灭。

九、西　　辽

1124 年,即金灭辽前一年,辽宗室耶律大石自立为王,率部西迁,1131 年至起儿漫(今乌兹别克斯坦克尔米涅)称帝,后迁至虎思斡耳朵(今吉尔吉斯斯坦托克马克东南楚河南岸),史称西辽或黑契丹。其直辖领土以都城虎思斡耳朵为中心,北至伊犁河,南至锡尔河上游,东至伊塞克湖东南的巴尔思罕,西至塔剌思。1134 年(西辽康国元年)起,西辽大力开疆拓土,东攻金朝至喀什噶尔、和阗,西攻寻干思(今撒马尔罕),南渡阿姆河降服花剌子模。1142 年时,其疆土西抵咸海、阿姆河两岸,并将花剌子模改为附庸,北面越过巴尔喀什湖北岸,其东至土拉河上游,包有可敦城(今蒙古国乔巴山城西)周围地区,东北势力范围在 1175 年前曾到达谦河(今叶尼塞河上游),1175 年后退至阿尔泰山南乌伦克河,其东以役属畏兀儿与西夏接壤,其南、西段以阿姆河为界,中段包括瓦罕走廊,东段以昆仑山与吐蕃诸部、黄头回纥邻界,东南包括哈密、若羌,与西夏为邻。① 一时为中亚一大强国。1218 年为蒙古所灭。西辽立国共 94 年。

十、南　　宋

1127 年(南宋建炎元年)初都南京,1138 年(绍兴八年)正式定都临安(今杭州市)。1141 年(绍兴十一年),宋金议和,两国边界,大致东以淮水中流为界,西割商、秦之半,以秦岭、大散关为界,中段则割唐、邓二州与金。故南宋疆土仅限于秦岭淮河以南,岷山、邛崃山以东地区。东南海疆有所扩展,澎湖列岛始见于南宋赵汝适的《诸蕃志》(成书于 1225 年),属当时的晋江县(今泉州市)管辖。

从上所述,可知从公元 10 世纪中叶至 13 世纪上半叶的近 300 年时间内,当时中国境内先后存在过 10 个政权,分别由汉、契丹、女真、回鹘、党项、白蛮、吐蕃等族所建立。于是出现了疆土交错、纷繁杂陈的局势。这种局面的产生,是因为隋唐大

---

① 　魏良弢:《西辽王朝疆域考释》,载《历史地理》第 5 辑,1987 年。

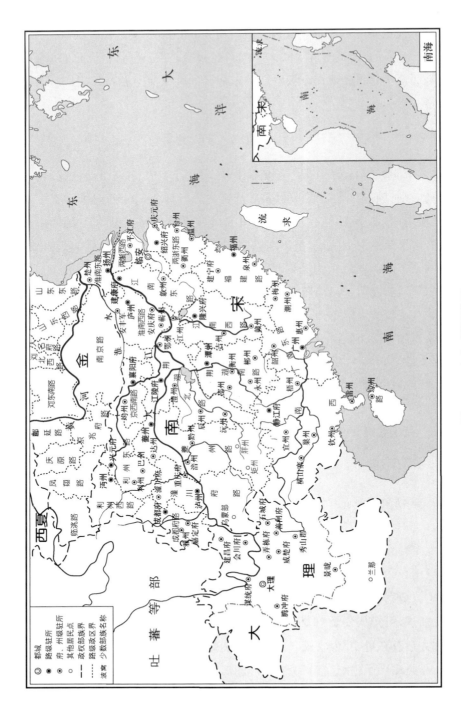

图 7-12 南宋时期形势图

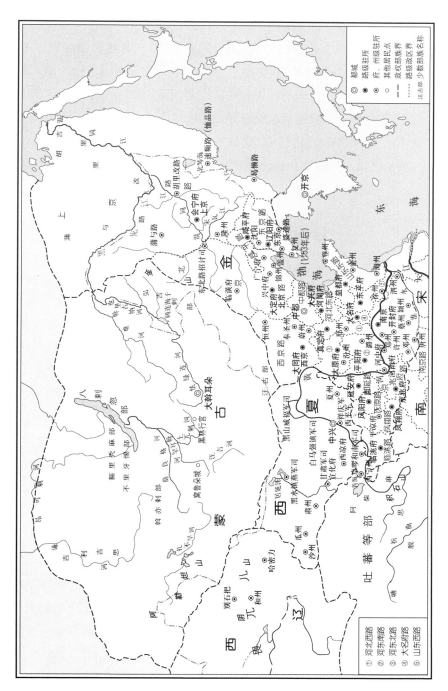

图 7-13 金西夏时期形势图

一统帝国时期,汉族和周边少数民族之间有了长期的政治、经济、文化诸方面的双向交流,使周边少数民族加强了民族意识和政权意识,当汉族中原王朝国势一旦衰落时,周边少数民族乘机奋起,加强四边疆土的开拓、政权的建设和经济的开发。虽然晚唐以后,中国处于分裂状态,但整个中国社会的进步并未停止。辽、金、西夏、大理等政权在疆土治理方面所设置的政区体制,明显吸取了汉族王朝农耕民族的统治经验,与其松散的游牧部族的统治方式相比较为进步;还有其他官吏制度也明显受到唐宋制度的影响。可见相对成熟的汉文化对边区民族政治体制上的影响。这种长期的政治、经济、文化诸方面的交流融合,为以后元统一帝国的建立准备了条件。

第七节　元代的疆域

元代是中国疆域史上又一次扩展时期。其与汉唐不同的是由边区少数民族占有了全部汉族地区的统一帝国。少数民族将其原根据地的广大边区加入了统一的大家庭,故其疆域十分辽阔。《元史·地理志》序云:"其地北逾阴山,西极流沙,东尽辽左,南越海表。……元东南所至不下汉、唐,而西北则过之,有难以里数限者矣。"本节所述元朝疆域是指元朝皇帝直接统治的版图,不是指整个蒙古帝国。

元帝国建立前,在中国范围内分成七个部分:蒙古高原诸部、西辽、金、西夏、南宋、吐蕃、大理。1203 年,铁木真统一了漠北蒙古诸部。1206 年蒙古贵族在斡难河源奉铁木真为大汗,尊号成吉思汗,建立了大蒙古国。自后开始向蒙古高原以外地区扩展,至 1279 年,最后统一了中国境内所有政权。

蒙古统一中国的时间十分漫长。自 1205 年起,蒙古曾六次进兵西夏,直至1227 年才灭了西夏国,黄河上游地区遂为蒙古势力所控制。1211 年成吉思汗亲率大军南下攻金。1215 年攻占中都城(今北京城西南隅),金宣宗南迁汴京(今河南开封市),1234 年蒙古又与宋联合攻金,金亡。黄河流域全为蒙古所控制。1215 年时,金朝的辽东宣抚使蒲鲜万奴叛金,在辽东东部独立,建立大真国。1233 年即为蒙古所灭。于是东北地区全入蒙古。自 1218 年起,成吉思汗又向北方森林地区扩展势力,把活动于蒙古高原以北叶尼塞河一带的"林木中百姓"各部落纳入大蒙古国统治之下,这样北部极边的寒冻地带也收入蒙古版图。1211 年(或 1212 年)西辽帝位为乃蛮部屈出律汗所篡,1218 年屈出律为蒙古军所杀,西辽国土尽归蒙古。蒙古在灭金以后,于 1235 年开始进攻南宋,但遭到强烈反抗,特别是攻打四川,所遇久攻不下,蒙哥汗亦死军中。最后终因南宋内政极端腐败,军力过于悬殊,1276 年(元至元十三年)都城临安为蒙古军攻占,南宋亡。1279 年,南宋残部被元军消灭于广东新会海中厓山,南中国全入元朝版图。蒙古在进攻南宋的同时,又发动了南侵大理的战争。1256 年灭了段氏大理国。当 1227 年蒙古灭西夏后,对西藏地方政治宗教势力产生巨大影响。1239、1244 年蒙古军两次进军西藏,后与西藏地方实力派萨斯迦派宗教领袖进行磋商,乌思、藏、纳里诸地都归附了蒙古。从 1205 年至 1279 年的 74 年时间里,蒙古军先后征服了西夏、西辽、金、吐蕃、大理,最后灭了南宋,统一了全中国。

自成吉思汗至蒙哥汗(宪宗,1251—1259 年),蒙古帝国均以蒙古高原为根据地。成吉思汗的大斡耳朵设在怯绿连河上游的曲雕阿兰之地(今蒙古国肯特省温都尔汗西南)。成吉思汗儿子窝阔台继位后,于 1235 年建都于鄂尔浑河上游的哈喇和林(今蒙古国后杭爱省厄尔德尼召北哈尔和林)。1259 年蒙哥汗死,次年,忽必烈即大汗位于漠南的开平(今内蒙古正蓝旗东闪电河北岸),1263 年升开平为上都,以取代哈喇和林。1264 年改汉地燕京为中都,1267 年改筑中都新城于旧城东北(即今北京城前身),并迁都于此。1271 年(元至元八年)改国号为大元,次年改中都为大都。从此这个政权便承继宋金成为中国史上一个中原王朝。

当元世祖忽必烈征服南宋时,蒙古帝国已开始分裂。西辽故土在元朝和窝阔台、察合台二汗国三方争夺之下。13 世纪时今新疆地区大部分还直属元朝管辖,元世祖忽必烈曾在阿力麻里(今霍城县水定镇西北)、别失八里(今吉木萨尔北破城子)、火州(今吐鲁番东南)、斡端(今和田)、可失哈耳(今喀什市)等地设置地方行政机构。14 世纪开始这些地区终于并入察合台汗国。察合台汗国都阿力麻里(今新疆霍城县水定镇西北),其疆域西至两河流域,东至新疆哈密,南至昆仑山、兴都库什山,北抵巴尔喀什湖、额尔齐斯河南岸。

元世祖即位后,建立地方行省制度,全国划分为 11 个行政区,即中书省直辖、十行省及吐蕃宣政院地。

元朝疆域辽阔,四周边区以岭北行省为最大。漠北本是蒙古本土,为诸王封地和诸千户牧地。至元时置和林宣慰司为中书省派出机构,大德时改为和林等处行中书省,1312 年(皇庆元年)改为岭北等处行省,治和宁路(今蒙古国哈尔和林)。辖区东至哈喇温山(今大兴安岭),接辽阳行省;西至也儿的石河(今额尔齐斯河),接钦察汗国和察合台汗国;北至北海(今西伯利亚北部)之地;南隔大漠与中书省和甘肃行省接界。包有今蒙古国、俄罗斯西伯利亚中部和中国内蒙古北部、东部及黑龙江省西部地区。

至元初在东北地区置北京行省，后改为辽阳等处行省，治辽阳路（今辽宁辽阳市）。辖区东临大海，在黑龙江口奴儿干地置征东元帅府，1287年（至元二十四年）前还控制了库页岛上的骨嵬，将其收入版图；行省南端包括辽东半岛，东南与高丽接界，行省所辖开元路南界东段最初抵达铁岭（今朝鲜元山南）。13世纪末，省属双城府治（今朝鲜永兴）以南地相继为高丽收复，南界遂止于双城府。① 元末至正年间，双城为高丽所破，元、高丽间疆界北移至今朝鲜咸兴南—西南一线，大致恢复辽金时代旧界；②西段疆界元至元初曾以慈悲岭（今朝鲜黄海北道黄州东岊山）为界山，1290年（至元二十七年）因高丽之请，以东宁路所辖诸城归还高丽，至是元、高丽间边界大致恢复到辽金时期鸭绿江口以上占有南岸一部分土地分界状况。

1254年灭大理国后，先分置19个万户府，后又置南、北、中三路总管府，至1276年（至元十三年）才立云南行中书省以为定制，治中庆路（今云南昆明市）。因大理国境内少数民族复杂，直至大德年间才全部征服。其省境疆界基本同于大理时规模。其后直至元末不断向外扩展。元至元年间在云南西部置金齿宣抚司，治保山，与印度和缅甸接界。其辖区内最西的蒙光路（今缅甸孟拱）西界，即今缅甸北部和印度分界的那加山脉；西南边境在元灭大理初基本维持大理时西南界。1271年（至元八年）开始多次进攻缅甸。1277年（至元十四年）占有了今缅甸新维至腊戌上下地。1284年（至元二十一年）攻占太公城（今缅甸伊洛瓦底江东岸拉因公），后置太公路。1286年（至元二十三年）再度进攻缅甸，灭了缅甸的蒲甘王朝（都今伊洛瓦底江东岸蒲甘）。1312年（皇庆元年）在阿瓦（今曼德勒西南）置邦牙宣慰司，属云南行省管辖。其时西南边界到达伊洛瓦底江下游卑谬下端一带。1342年（至正二年）邦牙亘撤销，西南界北缩至太公城以南，大致相当于今萨尔温江以西掸邦地区。大德（1297—1307年）中，在原臣属大理的景昽国置彻里军民总管府（治今车里），境外为八百媳妇国，其南部分界为今缅甸南掸邦北部南垒河。1300年（大德四年）发动了对八百媳妇国的征伐未成，最后八百媳妇国愿受招抚，主动请元朝设置官吏。1327年（泰定四年）置蒙庆宣慰司，治今泰国清莱府北部昌盛，又于其南置八百等处都元帅府，驻八百大甸，即今泰国北部清迈。遂使元朝云南行省南界包有了泰国北部清

① 谭其骧：《元代的水达达路和开元路》，载《历史地理》创刊号，1981年。
② 韩儒林主编：《元朝史》下册，人民出版社1986年版，第197页。

迈府地。1338年(至元四年)又因老告(即今老挝)主动来朝后,元朝于其地置老告总管府,于是云南行省南界扩大到了老挝琅勃拉邦与万象、川圹的交接地带。云南行省东南边界有1323年(至治三年)所置宁远州,治今越南北部莱州,据有今越南西北的一小部分土地。此外,元临安路所辖有今马关县外今越南河江省境大赌咒河(今斋河,又名黑河)以北地,总之,元代云南行省辖土十分广大,包有今云南全省及贵州、四川部分地外,还有今缅甸、泰国、老挝的北部和越南一小部分地。

西南方面统一吐蕃地区,设立三个最高地方行政机构:吐蕃等处宣慰使司都元帅府,又称朵思麻宣慰司,辖今青海东部;吐蕃等路宣慰使司都元帅府,又称朵甘思宣慰司,辖有今甘孜藏族自治州及昌都地区;乌思、藏、纳·里速、古鲁·孙等三路宣慰使司都元帅府,又称乌思藏宣慰司,辖前藏、后藏和阿里地区,辖区包括今西藏、青海大部、四川西部、甘肃小部及不丹和克什米尔部分地。三司直属中央宣政院管辖,使西藏高原地区第一次归入中原王朝的直属版图。[①]

海疆方面,有对台湾海峡的开发。台湾在三国吴时称夷洲,据《三国志》记载,公元230年(吴黄龙二年)曾遣甲士万人浮海至夷洲,俘虏了数千人而还。这是有文献记载的大陆与台湾的第一次接触。隋时台湾称流求,大业时隋军曾从广东潮州泛海经澎湖列岛的花屿、奎壁山,至台湾本岛,俘男女数人而归,但没有设置行政机构。南宋时福建沿海地方向海上开发,澎湖列岛属泉州晋江县管辖,明确见于南宋人赵汝适的《诸蕃志》。到了元代台湾称瑠求(一作琉球),据《岛夷志略》记载,大约在1290年(元世祖至元二十七年)前后,第一次在澎湖列岛上置行政机构巡检司,征收租税,属泉州路晋江县(一说同安县)管辖。元汪大渊《岛夷志略》记南海有万里石塘,当指今南海诸岛,或云今西沙、中沙群岛,或云包有今南沙群岛,说明东南沿海海上行商和渔民很早就在南海诸岛一带进行活动。

自8世纪中叶唐安史之乱以来,原先大一统的多民族国家长期处于分裂状态。10世纪中北宋建立,只是统一了中原地区的大部分,整个中国还处于七八个政权的割据局面,前后达三四百年之久。这种分裂阻碍了各地区经济的发展和人民生活的提高。分裂时期各政权之间的互相残杀造成人民生命财产的损失,战争对社会经济建设的破坏自不待言,即便是和平时期,政权之间物资的禁运,商品流动的阻隔,人才、文化交流的缓滞,都影响了农耕区、游牧区、渔猎区之间的沟通交融,无疑

---

① 韩儒林:《元朝中央政府是怎样管理西藏地方的》,载《穹庐集》,上海人民出版社1982年版。

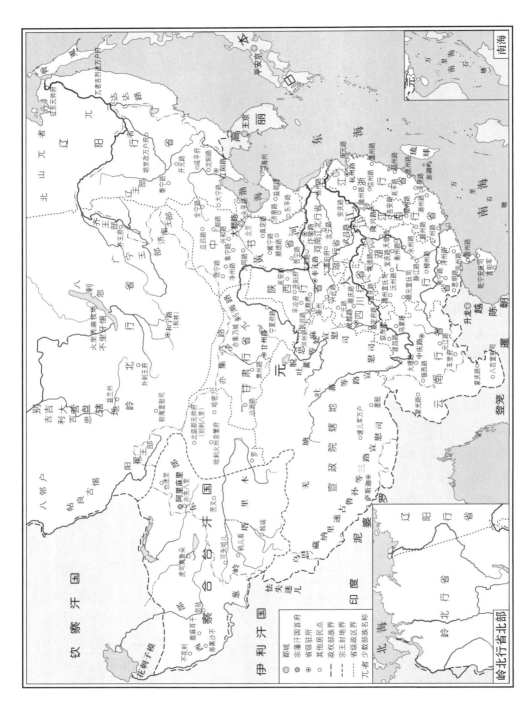

据《中国历史地理图集》改绘

图 7-14　元时期形势图

至顺元年（1330 年）

会影响整个中国社会的进步和经济的发展。蒙古族虽然通过军事征服手段击败了各个政权和民族,在战争过程中,确实对人民生命财产和社会经济有过严重的破坏。但当打破了各民族政权间的疆界,建立了统一政权以后,居于北方的契丹人、女真人、党项人、蒙古人、色目人(包括畏吾儿人和西域各部人)、汉人之间以及农耕区、游牧区、渔猎区之间经济、文化的交流融合得到充分的加强,对整个中国社会经济文化发展和进步,无疑具有十分重要的作用。此外,由于蒙古帝国地跨欧亚大陆,元帝国对中外文化交流和中外交通发展的作用是史无前例的。就本节疆域而言,元帝国首次将蒙古高原和西藏高原纳入中原王朝的直属版图,为近代中国疆域的形成奠定了基础,这在中国疆域变迁史上具有十分重要的地位。

第八节 明时期的中国疆域

1368 年元顺帝在北伐的明军威逼下,北遁上都。明军进入大都(今北京城),元朝作为中原统治王朝,至此结束。元朝残余势力退据漠北,史称北元,1402 年后改称鞑靼。继之而起的明王朝直接统治了原来南宋、大理、西夏和金的大部分领土,对黑龙江、松花江流域和吐蕃地区则采取羁縻统治的方式,漠北地区仍为蒙古后裔鞑靼、瓦剌所据。今新疆地区为察合台汗国后裔亦力把里的领土,而介于亦力把里与甘肃之间的嘉峪关以外的哈密等卫,明前期也在明王朝羁縻统治之下。总之,在蒙古人统治中国将近一个世纪以后,由于蒙古帝国的民族分化政策和强暴的黑暗统治,最终又使中国出现农耕区和游牧区、渔猎区长期分裂的局面。现试以各边区分述之。

一、北部疆域的变迁

1369 年(洪武二年)明军北伐,攻下上都,元顺帝北遁,次年死于应昌(今内蒙古达来诺尔西南)。1370 年明军再一次北伐,至开平,破应昌,元朝残余势力逃至和林旧都。此后在洪武年间,曾多次对蒙古用兵,"肃清沙漠",军锋直指蒙古心脏地区土喇河(今土拉河)、阿鲁浑河(鄂尔浑河)和胪朐河(今克鲁伦河)一带,严重打击了蒙古势力。当蒙古势力远遁后,明朝政府在蒙古高原的南缘设置了四十余个卫所(一种军事屯戍组织),著名的有东胜卫(治今内蒙古托克托)、云川卫(今和林格尔)、官山卫(今察哈尔右翼中旗南)、察罕脑儿卫(今商都东南察汗淖尔附近)、开平卫(今正蓝旗东北闪电河北岸)、全宁卫(今翁牛特旗)、老哈河卫(老哈河流域)等等,都是明帝国的北部重地。其走向大致沿着阴山、大青山南麓斜向东北至西拉木伦河侧一线,是为明王朝北部疆界。[①] 这实际上是当时的一条农牧分界线。15 世纪以后,由于北部边区气候转寒,沙地扩大,环境严酷,屯垦农耕已无法维持卫所士兵及其家属的生存,而由内地转输给养又不胜负担;同时由于在靖难战争中燕王尽拔大宁及北平都司诸卫兵士投入战斗,边塞空虚,设施残破。所以在 1403 年(永乐元年)一年之内将北部大部分卫所内迁至山西、河北北部的长城一线。但当时明朝的北疆仍然保持在蒙古高原南缘一线。[②]

当时蒙古内部分裂为三部:兀良哈部、鞑靼部、瓦剌部。兀良哈部原居于大兴安岭南端今黑龙江和内蒙古两省交界地带。明初元辽阳行省境内蒙古诸部降明,1389 年(洪武二十二年)在其地置朵颜、泰宁、福余三卫,史称兀良哈三卫。鞑靼居阿尔泰山以东蒙古东部,瓦剌居阿尔泰山以西叶尼塞河、鄂毕河一带的蒙古西部。永乐年间,明朝军势仍十分强盛,朱棣曾多次亲征鞑靼和瓦剌,兵锋直指东蒙古本部胪朐河、斡难河(今鄂嫩河)、土喇河一带,历史上称为"五出三犁"之威,高原震骇,蒙古远遁,"漠南无王庭"。永乐以后,北部境外出现了新的形势。首先,宣德(1426—1435 年)初年兀良哈三卫开始南迁,至正统(1426—1449 年)初年活动于西拉木伦河、老哈河一带,天顺(1457—1464 年)、成化(1465—1487 年)年间牧地才固定下来:朵颜卫和泰宁卫约在今老哈河、滦河一带,经常侵犯明朝西自开平,东至古北口、山海关一带边境;福余卫在朵、泰二卫东北,约在今辽宁开原以西一带,屡犯辽东都司边境。总之,至明代中期,自开平至辽东,蓟辽边外已为兀良哈三卫牧地,时为边患。其次,是鞑靼的南进,永乐以后,原"北元"势力稍有复苏,1449 年(正统十四年)"土木之变"后,开始南进,自景泰(1450—1456 年)末年进入河套地区,成化以后长期驻牧河套以及套西甘、凉境外,并大规模侵犯明朝边境。正德(1506—1521 年)年间,即 16 世纪初,北元一部分余部出套西奔,进入青藏高原,沟通了蒙古草原和青藏高原间的经济、文化联系,最为显著的就是藏传佛教在蒙古地区的传播。再次,瓦剌部与鞑靼部在明初不断发生战争,以后鞑靼游牧漠南,瓦剌东侵,一度攻占东蒙古和林,并袭击山西大同、甘肃甘州一带。1449 年(正统十四年)明英宗亲征瓦剌,土木堡一役,明军大败,英宗被俘。1451 年瓦剌也先汗击杀东蒙古脱脱不花可汗,瓦剌一度十分强盛,除占有原来的叶尼塞河上游广大地区外,已

---

① 《明史》卷四〇《地理志一》。
② 邹逸麟:《明清时期北部农牧过渡带的推移和气候寒暖变化》,载《复旦学报》1995 年第 1 期;达力扎布:《明代漠南蒙古历史研究》,内蒙古文化出版社 1997 年版,第 7、10 页。

西越阿尔泰山,至额尔齐斯河上游,南面"东及建州、兀良哈,西及赤斤蒙古、哈密"①,屡为边患。1454 年也先身亡。东西蒙古统一瓦解。景泰(1450—1456 年)以后为鞑靼所袭,西迁。嘉靖以后又为吐鲁番所败,益西迁,活动于今叶尼塞河、鄂毕河一带。

明代自永乐边卫内迁以后,三面近塞。宣德以来,蒙古南进入漠南地区,明朝在"东起鸭绿,西抵嘉峪,绵亘万里,分地守御。初设辽东、宣府、大同、延绥四镇,继设宁夏、甘肃、蓟州三镇,而太原总兵治偏头,三边制府驻固原,亦称二镇,是为九边"②。这也就是明代北边的九个军区。同时为防御鞑靼、瓦剌的侵扰,自洪武开始即修筑北边关隘、烽堠,宣德、正统以后边防事急,更加强了烽堠、墩堡和其间边墙的修建,至万历时,前后经过 200 多年,形成了一条东起山海关,西迄嘉峪关的长城。是为明代中后期的北边。

二、东北疆域的变迁

在朱元璋推翻元朝统治的同时,东北地区黑龙江下游及极东缘地区的吾者野人(或作兀者野人,即金时兀里改人)也掀起反抗元朝统治的斗争。③ 当朱元璋将元朝势力赶出中原后,明王朝遣使自莱州湾渡海,很快消灭了在辽东的元朝残余势力,顺利地控制了辽东地区,置辽东都司(治今辽宁辽阳市),进一步经营东北。以后又多次进军松花江、黑龙江流域,并招抚女真各部,最后继承了元帝国在东北的疆土,势力到达了黑龙江口和库页岛。自 1403 年(永乐元年)至 1409 年(永乐七年)间,明朝在黑龙江南北、乌苏里江东西、松花江流域,先后设置了 115 个卫。1409 年在黑龙江下游和亨滚河(今阿姆贡河)会合处东岸特林地方,即元征东元帅府地,设置了奴儿干都司,下辖 130 多个卫所。1413 年(永乐十一年)、1433 年(宣德八年)中央两次派员至该地巡视,并建永宁寺碑和重建永宁寺碑,两碑至今尚存,是明朝对黑龙江下游地区行使统治权的物证。④ 以后奴儿干所属卫所与明朝中央政府关系日益密切,明政府定期派兵往奴儿干都司地驻守,至万历年间(16 世纪下半叶)下辖卫增至 384 个。⑤ 以后自宣德至正统年间(1426—1449 年),原居于西拉木伦河

---

① 《明史》卷三二八《瓦剌传》。
② 《明史》卷九一《兵志三》。
③ 《元史》卷四一《顺帝纪四》。
④ 李健才:《明代东北》,辽宁人民出版社 1986 年版,第 53—56 页。
⑤ 《明史》卷九〇《兵志二》。

流域的兀良哈三卫南迁至辽河以西、内蒙古赤峰和河北北部地；原居于绥芬河一带的建州女真也逐渐南迁至浑河一带。其后不断相交侵犯辽东的农耕区，1469年（成化五年）明政府在今辽宁省境内修了一道跨辽河东西的辽东边墙。16世纪末至17世纪初，居于今浑河、苏子河流域的建州女真酋努尔哈赤崛起，统一了女真诸部，原设于女真诸部的羁縻卫所遂归消亡，其地为女真势力所控制。1616年努尔哈赤称帝，以赫图阿拉（今辽宁新宾县西老城）为都，建国号为金（史称后金）。其后，后金势力不断壮大。1619年（万历四十七年）萨尔浒山（今辽宁抚顺市东北）之战，明军大败，后金即攻破辽东边墙，占领了辽东都司的大部分土地。17世纪30年代后，奴儿干都司辖境全在其控制之下。

三、西北疆域的变迁

明初洪武时国力强盛，西北最远势力到达今新疆东边的哈密和青海柴达木盆地。其西则是察合台汗国。1370年察合台汗国亡后，分裂为东西两部分，西察合台汗演变为帖木儿汗国，不在中国范围之内；东察合台汗居于今新疆东部，形成别失把里汗国。而居于今新疆东部的其他畏兀儿人，形成许多互不统隶的封建地方政权，"地大者称国，小者止称地面"[1]，继续受蒙古人的统治。当明初军队到达甘肃河州（今临夏市）时，居于青海原受元朝敕封的撒里畏吾儿来归。1374年（洪武七年）分其地为阿端、阿真、苦先、帖里四部。次年置安定、阿端二卫，其地在今青海柴达木盆地北部托来南山、党河南山、安极尔山以南。几乎同时又在苦先置曲先卫，约在今青海省西北部阿尔金山之南一带。永乐后迁徙至药王淮（《方舆纪要》作药王滩，疑是），确址不详。1375年（洪武八年）又于青海湖东侧、黄河以北置罕东卫。1479年（成化十五年）在沙州一带（今敦煌）置罕东左卫。[2] 1410年（永乐八年）于原居于沙州的蒙古人地，置赤金蒙古卫（今甘肃玉门市西北赤金）。1404年（永乐二年）于居于敦煌的蒙古人地置沙州卫（今敦煌），1434年（宣德九年）因受罕东卫侵扰和哈密卫所逼，移治苦峪（今甘肃瓜州县东南），遥领其众。1406年（永乐四年）于原蒙古人所居哈密力地置哈密卫（今新疆哈密）。以上诸卫，均受明王朝节制。所以明初西北疆境包有今青海全省至今新疆东部。15世纪中叶以后，西北形势变化。哈密卫受到多方侵扰，1472年（成化八年）哈密卫城一度被吐鲁番所攻破，卫内迁于

① 《明史》卷三三二《西域传四》。
② 邓锐龄：《明初安定、阿端、曲先、罕东等卫杂考》，载《历史地理》第2辑，1982年。

苦峪。后复。1514 年（正德九年）终于为吐鲁番所并。赤金蒙古卫当其冲，亦受其侵，内迁肃州南山，其城遂空。其他安定、罕东、罕东左、阿端、曲先、沙州等卫，或为吐鲁番所并，或为蒙古入青海时所破，有的迁入肃州，有的四散。明朝西北屏障全失。[①] 15 世纪下半叶开始，由于瓦剌和吐蕃的侵扰，明朝放弃了这些地区，退守嘉峪关。

吐鲁番（今新疆吐鲁番）在 14 世纪末原为地方小国，后合并火州（今新疆吐鲁番东南哈剌和卓）、柳城（今鄯善县东南鲁克沁）二小地面后，日益强大。15 世纪中叶吞并哈密、瓜、沙，侵扰甘、肃州，嘉峪关外几尽为其所有，以迄明季。16 世纪下半叶开始衰落。

吐鲁番以西为察合台后裔建立的别失把里王国，以建都于别失把里城（今新疆吉木萨尔县北破城子）而得名。居民以畏吾儿族为主。其境域相当于今伊犁河流域、天山以北和额尔齐斯河、巴尔喀什湖以南地区。1418 年迁都亦力把里（今伊宁市），改国号为亦力把里。天山以南包括费尔干纳盆地，南抵昆仑山为亦力把里首辅大臣朵豁剌惕家族世袭领地。15 世纪下半叶分裂为亦力把里、叶尔羌、吐鲁番三政权，其王皆察合台后裔。1514 年建立起来的叶尔羌汗国不久消灭了东察合台的残余势力，统一了天山南北。1600 年为最盛时，其疆域东至嘉峪关与明朝为邻，南以昆仑山、阿尔金山为界，与乌斯藏、蒙古部族相邻，西南以喀喇昆仑山与乌斯藏之拉达克、博洛尔分界，西面包括整个帕米尔及希瓦、瓦罕地区，与印度莫卧尔帝国邻属地区相邻。[②] 1680 年为准噶尔所灭。

四、西部疆界的变迁

明朝在今西藏地区设置乌斯藏都指挥使司，在青海和川西地区设置朵甘都指挥使司，又于拉达克地区（今克什米尔）置俄力思军民元帅府，长官均由明政府任命。同时继承元代西藏政教合一体制，尊迦举派及其他教派国师为五法王，即大宝法王、阐化王、赞善王、护教王、阐教王，各有分地，法王为最高僧侣，奉明朝敕命，行使地方职权。法王以下各级僧官也必须由明朝廷任免，袭职、升迁也由明王朝决定。于是西藏、青海、川西地方各不统属的地方行政单位，直属明中央政府。其疆界基本同于元代。

---

① 《明史》卷三二九、三三〇《西域传一、二》。
② 魏良弢：《叶尔羌汗国史纲》，黑龙江教育出版社 1994 年版，第 85—90 页。

五、西南疆界的变迁

当 1368 年明王朝建立之时，西南边区尚未收入版图。直至 1381 年（洪武十四年），川、贵、云三省才全部统一明王朝版图范围之内。有明一代仍以云南省为西南极边省，故明代西南边疆即云南省西部和南部边界。洪武年间继承了元代在云南西部和南部边境上曾置有六个宣慰司，即车里宣慰司（今西双版纳）、老挝宣慰司（今老挝北部）、八百大甸宣慰司（今泰国北部）、木邦宣慰司、孟养宣慰司、缅甸宣慰司（三司皆在今缅甸北中部），其后边界变迁颇为复杂。

明军洪武初入云南，即在其西边傣族聚居区原元云远路置孟养府，永乐初改为孟养军民宣慰司（治今缅甸孟养），其西界达那加山脉以东，西南达今亲敦江中下游的上亲敦县至杰沙一线。1430 年（宣德五年）为麓川思氏（驻今云南瑞丽）所控制。1585 年（万历十三年）复于其地置孟养长官司。1604 年（万历三十二年）孟养之地全为缅甸所有。其时西界内缩至大金沙江（今迈立开江）一线。洪武年间改元金齿宣抚司所辖木邦路为木邦府，治缅甸新维。1404 年（永乐二年）改为木邦军民宣慰使司，以后木邦土司不断扩大自己的领地，其盛时包有萨尔温江以西缅甸掸邦之地，加上今密支那南部伊洛瓦底以东一片克钦邦属地。1484 年（成化二十年）从木邦分置孟密宣抚司，木邦司势力稍弱，1606 年（万历三十四年）为缅甸洞吾王朝所并。孟密宣抚司治今缅甸掸邦蒙米特，其西界至伊洛瓦底江东岸。明初于元末邦牙等处宣慰司基础上置缅甸宣慰司，治阿瓦（今曼德勒西南），其北境自江头城（今杰沙）南部斜线向西南至戛里（今上亲敦县）与孟养接界，南面约至蒲甘一带。明朝在设缅甸宣慰司后，至 1424 年（永乐二十二年）又进一步向南扩展，置底兀刺宣慰司，治洞吾（今缅甸东吁），隶云南行省。然为时甚短，1430 年（宣德五年）后即不见记载。1526 年（嘉靖五年）以后缅甸宣慰司为孟养、木邦土司攻破，宣慰司被杀，其子至洞吾建立缅甸史上的洞吾王朝。此外，永乐初年又在白古（今缅甸勃固）置大古刺宣慰司，在马都八（今缅甸莫塔马），置底马撒宣慰司，其地在伊洛瓦底江三角洲至萨尔温江江口一带。在云南省南部，永乐初置孟艮御夷府（今缅甸景栋），辖今景栋地区。洪武时又在元八百等处宣慰司地域上置八百大甸宣慰司，治景迈（今泰国北部清迈），其境"其地东至车里，南至波勒，西至大古喇，与缅邻，北至孟艮"。[1] 波勒即今泰国彭世洛，可知其南界已达泰国北部诸地。

---

[1] 《明史》卷三一五《云南土司传三》。

永乐时又在元朝老告总管府基础上建立老挝宣慰司,治南掌(今老挝琅勃拉邦),其南境至万象以北。[1]

以上所述,可知明朝洪武、永乐年间继承了元朝在西南的影响,在云南西南边境设置了六宣慰司,边界南推至缅甸中部、老挝中部和泰国北部。以后由于边境土司内部相互争斗和明朝国势的衰落,嘉靖以后缅甸宣慰司被木邦攻破,宣慰司后人于洞吾另建缅甸洞吾王朝,势力日渐壮大,而明王朝政治腐败,无暇顾及西南边地,孟养、木邦、孟密、底兀剌、大古剌、底马撒、八百大甸、老挝等土司先后为洞吾王朝所并。至16世纪下半叶,即明万历后期开始,明王朝云南边界西面内缩至迈立开江、萨尔温江一线,仅南面泰国景栋地区为云南孟艮府地,1622年(明天启二年)洞吾王朝兵入孟艮,不久明亡,孟艮地入缅甸。于是,明车里宣慰司直接与缅甸、老挝接界,其南与缅甸边界同今,而有今老挝北部孟乌(今孟乌怒)、乌得(今孟乌再)等小部分地。

六、南部疆域的变迁

越南中北部于五代后晋天福三年(938年)脱离南汉政权,成立大越国。以后历经杨氏、丁氏、黎氏、李氏王朝,至宋时广源州人侬智高叛乱,一度侵入宋境邕州、广州,侬智高乱平后,宋朝曾一度进军交趾,然不久即退兵。南宋时封李氏为安南国王,安南始为正式国名。南宋末年安南陈氏立国,1257年(蒙古宪宗七年)蒙古军以下云南之余威,进军交趾,安南降元。但元朝并未在安南置行省,只是置达鲁花赤,作为元朝的附庸国。至元年间曾再度遣兵远征安南,欲于其地置行省,终因军事失败而未果。明初安南胡氏篡位,改国号大虞。1406年(永乐四年)明军进攻安南,军锋直至日南州,将安南收入明朝直属版图。次年置安南布政使司,下设15府,分辖36州,200余县。推行与内地同样的地方行政制度。后因当地人民的强烈反抗,明朝政府终于1427年(宣德二年)被迫撤兵弃守,安南恢复黎氏王朝。明朝统治越南北中部共20年。此后越南一直是独立国家,直至近代。以后中越边界的情况是:宣德二年(1427年)云南宁远州为黎氏王朝所得,明仅有今越南河江省莱州市、黑河以北地,为沐氏勋庄;其东在马关县南,即仍元朝之旧以大赌咒河为界。广西与越南的边界大致同今,唯十万大山以南、分茅岭以北一小块土地为越南所有。

---

① 《明史》卷三一五《云南土司传三》。

七、东 南 海 疆

16世纪开始,不少大陆和澎湖渔民、商人去台湾捕鱼和经商,有的即移居台湾。16世纪中叶(明嘉靖年间)以后,闽、浙、粤海上和台澎地区出现不少武装集团,前后曾盘踞台湾,如林道乾、林凤、林辛老、颜思齐、郑芝龙等,有的还建立过政权。1624年(天启四年)荷兰殖民者占据了台南地区,筑热兰遮城(今台南市安平区)。1626年(天启六年)西班牙殖民者登上台湾岛北部,进入鸡笼港(今基隆),接着在台北各地扩大侵略,占有淡水、宜兰等地。1642年(崇祯十五年)荷兰人击败西班牙人占据了台湾全岛。1661年(清顺治十八年)郑成功自金门率军进攻台湾,次年荷兰人被逐出台湾,结束了荷兰东印度公司对台湾38年的殖民统治。郑氏收复台湾后,设置了承天府和天兴、万年二县,以后又增设了州县。沿海漳、泉、惠、潮等地人民大量移入,对台湾的开发起了很大作用。台湾岛东北钓鱼列岛最早见于1532年(明嘉靖十一年)陈侃所著《使琉球录》,该书明确指出赤屿与久米岛之间为中国和琉球的分界线。此后1561年(嘉靖四十年)郭汝霖《重刻使琉球录》、清康熙年间徐光葆《中山传信录》所记均同。可见钓鱼列岛自古以来即为中国领土。

1553年(嘉靖三十二年)葡萄牙人通过贿赂手段取得在澳门停泊船舶权,1557年进入澳门并长期居留,在此通商居住、贸易。以后又不断扩展地盘,修建教堂、炮台、城墙,直至清代前期澳门成为由葡人经营、管理的中国领土。

明代海上航行较前代更为发展,东南沿海渔民很多去南海一带捕鱼,因此明代计有20多种图籍有千里长沙、千里石塘、万里石塘、万里石堤等记载,这些岛屿大多为珊瑚礁岛,无人居住,具体所指各书不同,大体指今西沙、中沙、南沙群岛。这些记载反映了我国沿海人民在南海地区的频繁活动。

明朝时期中国境内又分裂为明王朝、鞑靼、瓦剌、女真后金、属察合台后裔的亦力把里、吐鲁番、叶尔羌、台湾的郑氏等几个政权,中国又有200多年处于分裂状态。元帝国的出现虽然对结束宋时期各民族分裂局面,各民族地区之间的交融创造条件,也曾对这种交融起过重要的作用,但元帝国成立后政府采取的却是民族分化和民族压迫、歧视的政策,如根据不同的民族和征服的先后,把全国各族人民分为蒙古人、色目人、汉人、南人四等,在官吏任用、法律地位、科举名额和待遇以及其他权利和义务方面都有种种不平等的规定。这种民族分化和歧视政策,引起汉人、

据《中国历史地图集》改绘

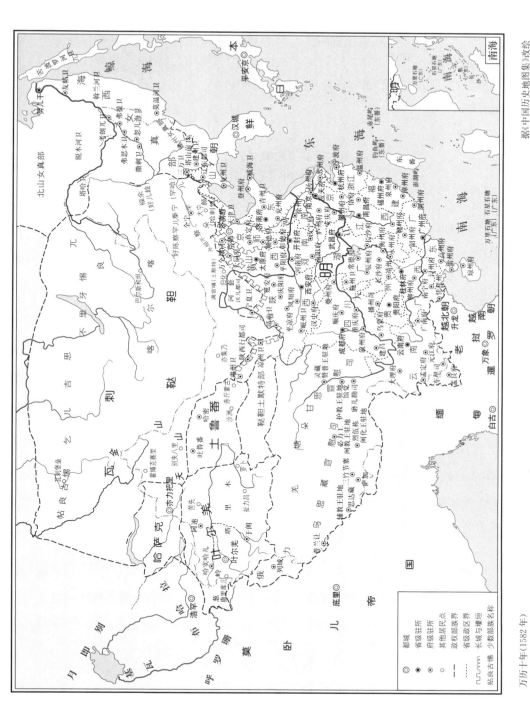

图7－15 明时期形势图

万历十年(1582年)

南人中上层分子的强烈不满。因此当南方汉人夺取政权后,对蒙古民族有一种心理上的憎恨,再加上游牧民族失去了对农业区的统治后,更加深了对农耕区的破坏.使明王朝不得不修长城加以防范。这种心理上、地理上的对立,阻碍了民族的团结和融合,使农耕区和游牧区处于长期分裂的状态。由此可见,民族分裂和民族歧视是统一国家的大敌。

第九节　清帝国疆域的形成——中华帝国最终疆域的形成

18 世纪中叶形成的清代疆域,是秦汉以来中华各民族数千年来长期交往、融合的结果。清代的统一并不仅仅依靠军事力量的强大,主要是各民族地区经济发展到了 18 世纪,相互之间依赖更为紧密,产生了共同建立一个统一政权的愿望。这是历史发展的必然结果。

清代的疆域是由三大部分组成的:以狩猎为主的女真区、以畜牧为主的蒙古区和以农耕为主的明朝区。

清代的统一经历了 100 多年,其间经过了十分复杂、艰难的过程。今分别阐述之。

一、统一大漠南北蒙古诸部

明末蒙古分为漠南、漠北、漠西三大部,各部处于分裂状态。漠南蒙古即《明史》中的鞑靼,为元朝的后裔,其时分居于东起吉林,西至贺兰山,南邻长城,北距瀚海的广大地区。1479 年(明成化十五年)达延汗即汗位,逐渐统一了东蒙古,遂将漠南蒙古分为左右二翼,共 6 万户,分封自己子弟。左翼 3 万户:察哈尔(今锡林郭勒盟)、乌梁海(今即兀良哈,今赤峰)、喀尔喀(今喀尔喀河一带);右翼 3 万户:鄂尔多斯(今鄂尔多斯市)、土默特(今乌兰察布市)、永谢布(今张家口以北一带)。以后喀尔喀人口增多,居于大兴安岭以东为内喀尔喀,居于今蒙古国为外喀尔喀。诸部中以察哈尔部最为强大。另有居于嫩江流域的科尔沁部。建州女真兴起,建立了后金政权。为了解决与明朝战争中的后顾之忧,就是怕蒙、明联合起来腹背受敌,于是开始进行与蒙古的联合。早在明朝中叶蒙古南迁起,就与女真各部产生了密切的贸易关系。1616 年努尔哈赤建立后金政权,随后攻占了明朝辽东地区,最先接触的是漠南蒙古各部,于是双方就产生了矛盾。后金采取政治上威逼、经济上排挤,以及联姻等软硬手段,迫使漠南蒙古就范。从 1629 年(后金天聪三年)开始至 1635年(天聪九年),科尔沁部、内喀尔喀部、察哈尔部先后归附后金。在此期间至稍后崇德年间右翼三部也先后归附清廷。1636 年漠南蒙古 16 个部 49 个封建领主,承认皇太极为可汗。同年皇太极在盛京(今沈阳市)即帝位,改国号为清,并逐渐与漠北、漠西蒙古建立联系。总之,清廷在入关以前已经将漠南蒙古诸部收入版图。

漠北蒙古即喀尔喀蒙古,为居于喀尔喀河(今内蒙古流入贝尔湖的哈尔哈河)两岸蒙古各部的总称。元、明时居于河东为内喀尔喀,河西为外喀尔喀。明嘉靖末年内喀尔喀南迁至辽河流域,后附清实行札萨克制。居原地的外喀尔喀仍称喀尔喀。其地东临呼伦贝尔,西至阿尔泰山,南至大漠与漠南蒙古相连,北与俄罗斯为邻。外喀尔喀蒙古分为三大部:土谢图汗、札萨克图汗、车臣汗。1635 年(后金天聪九年)就致书与后金通好。1638 年(崇德三年)开始,每年遣使向清朝朝贡。1655年(清顺治十二年)清朝在喀尔喀设立札萨克,从而使喀尔喀蒙古与清朝中央在政治上有密切联系。此后喀尔喀内部发生纷争,1688 年(康熙二十七年)准噶尔首领噶尔丹乘机向喀尔喀大举进攻,喀尔喀蒙古举旗投清。1691 年(康熙三十年)康熙帝与内外蒙古各部首领在多伦诺尔会盟,规定喀尔喀蒙古遵行清朝法令,宣布保留喀尔喀三部首领的汗号,并赐以与满洲贵族同样的各爵位封号,行政体制也与内蒙古同样实行札萨克制,加强和巩固了清廷对喀尔喀蒙古的管辖。1732 年(雍正十年)喀尔喀亲王额驸策棱击败准噶尔部有功,清廷从土谢图汗部分出 21 旗隶属额驸策棱所在赛音诺颜部,为大札萨克,喀尔喀由此分为四部。外蒙古自康熙以来即为中国直属领土的一部分。至 17 世纪末,内外蒙古全属清朝直属版图。

当内外蒙古归属中国时,俄国的势力已进入西伯利亚。于是出现了中俄在蒙古高原与西伯利亚之间界线的问题,但未经划定。1689 年《尼布楚条约》后,中俄东部边界划定,中方多次向俄方表示为西段界线谈判,俄方为扩大侵占蒙古高原土地,一直拒绝中方建议。直至 1727 年(雍正五年)中俄订立《布连斯奇条约》,条约规定:以恰克图和鄂尔怀图之间第一鄂博为起点,向东至额尔古纳河,向西经萨彦岭至沙宾纳依岭(即沙宾达巴哈),北部归俄国,南部归中国。遂为有清一代稳定的北界。同年又订《恰克图条约》,规定中俄双方有关两国政治、经济、宗教方面的事项,取得了中俄边界的长期安定。

二、统一天山南北

漠西蒙古即明代瓦剌,清时称厄鲁特、额鲁特或卫特拉,是西蒙古诸部的总称。

明末清初,经过长期的发展变化、迁移和融合,吸收了周围突厥语族和东蒙古诸族成分,最后归并为准噶尔、都尔伯特、和硕特、土尔扈特四部以及附牧于都尔伯特的辉特部。其牧地,西北至额尔齐斯河中游、鄂毕河以及哈萨克草原,西南至伊犁河流域,东南至青海地区。诸部分牧而居,各不相属。有一松散议事机构——丘尔干(蒙语"会盟"之意),起协调各部关系的作用。17世纪20年代后,准噶尔部强大,成为实际盟主。30年代土尔扈特与准噶尔部不合,西迁至额济勒河(今伏尔加河)下游,自成独立游牧部落。不久,和硕特部也向东南迁移到青海,后又进入西藏。至17世纪中叶,逐渐形成以准噶尔部为核心,联合厄鲁特各部及其他一些蒙古、突厥部落的强大政权。17世纪70年代开始,准噶尔部噶尔丹称汗,先后并吞了新疆天山南路的叶尔羌汗国,其时除统治天山南北外,北面起自鄂木河,沿额尔齐斯河两岸溯流而上,抵阿尔泰山,往西至巴尔喀什湖以南哈萨克广大牧地,东至鄂毕河,均为其势力所及,还远及塔什干、费尔干纳、撒马尔罕等地。噶尔丹将政治中心移到伊犁河谷,成为各部朝宗之地。准噶尔雄踞西北后,仍与清廷保持朝贡关系。当时清廷正忙于征讨"三藩",无暇顾及西北。1688年(康熙二十七年)噶尔丹勾结沙俄大举进攻喀尔喀蒙古,迫使喀尔喀举部内迁附清。接着噶尔丹又进军内蒙古,清政府了解噶尔丹与沙俄的勾结,避免两线作战的不利地位,对沙俄作出让步,于1689年9月7日与俄国订立了《尼布楚条约》。1690年(康熙二十九年)康熙亲率大军,大败噶尔丹军于乌兰布通峰下(在今内蒙古克什克腾旗南萨岭河上源)。噶尔丹北遁科布多。次年,清廷正式接受喀尔喀蒙古归其统辖,重新统一了漠北地区。1695年(康熙三十四年)噶尔丹又点燃战火,进军巴颜乌兰地区(今蒙古国克鲁伦河上源)。次年,清廷遣大军反击,在昭莫多(今蒙古国乌兰巴托南宗莫德)全歼噶尔丹基本力量。1697年噶尔丹死。其后策妄阿拉布坦与其子噶尔丹策零统治准噶尔,1698年、1699年相继进兵哈萨克,夺取额尔齐斯河西岸的哈萨克草原,势力伸长至锡尔河下游。准噶尔进入全盛时期。1716年进军西藏,次年控制拉萨。1720年(康熙五十九年)清军击退在西藏的准噶尔军,控制了西藏政局。1727年(雍正五年)策妄阿拉布坦死,长子噶尔丹策零继位。1731年准噶尔又进攻喀尔喀蒙古,大败清军于和通淖尔(今新疆与俄罗斯交界阿尔泰山北麓),准部意气更甚。1732年(雍正十年)清军又大败准噶尔于额尔德尼召(今蒙古国鄂尔浑河上游杭爱山东侧),准噶尔求和,1739年与清廷划定了与喀尔喀的游牧分界。1745年准噶尔部首领噶尔丹策零死,内部为继承领导权发生内讧。1752年达瓦齐登上准噶尔大台吉位,内部又发生分裂,部分势力附清。1755年(乾隆二十年)清军远征准噶尔,大军向伊犁挺进,生擒达瓦齐。此后原已归附清廷的阿睦尔撒纳等又作乱,并投靠沙俄,后死于沙俄。1757 年(乾隆二十二年)参与阿睦尔撒纳的新疆回部大小和卓叛乱,妄图建立伊斯兰汗国。1759 年(乾隆二十四年)征服了在天山南路叛乱的大小和卓,天山南北全部完全平定。至此,清廷统一天山南北路的事业终于完成。1771 年(乾隆三十六年)土尔扈特因不愿受沙俄的压迫和奴役,从伏尔加河万里返归祖国。清廷在厄鲁特蒙古族聚居地区先后施行盟旗制度,其地遂完全在清廷统治之下。

17 世纪中期我国西北部出现了以准噶尔部为核心的强大政治势力,其控制范围地跨葱岭东西、天山南北,东抵哈密,西及中亚,疆土之广,不下于清朝;军事上具有游牧民族特性,骁勇善战,并向外勾结沙俄势力,雄踞西北,觊觎中华,对清朝政权具有生死存亡的威胁。清廷康、雍、乾三朝前后,经过多次大小战役,历时一百余年,先后消灭了准噶尔、大小和卓的割据势力,统一西北边疆,有力抵制了沙俄势力的扩张,奠定了近代中国的西北疆域,具有十分重大的历史功绩。

三、青藏地区统治的巩固

青海地区在 16 世纪初为东蒙古所占,史称西海蒙古。1636 年厄鲁特蒙古和硕特部首领顾实汗率部移牧来此,史称青海蒙古。不久,又进入西藏。与清廷通好,并受敕封。1720 年(清康熙五十九年)清廷护送达赖喇嘛噶桑嘉措入藏至拉萨布达拉宫举行坐床典礼。1723 年(清雍正元年)和硕特部首领罗卜藏丹津叛乱。不久,清廷平定叛乱。清廷即对青海地区行政建置作重大改革,在西宁设府,领两县一卫,对蒙古部落设旗,将青海地区完全置于清王朝直接统治之下。

明末和硕特部顾实汗进入西藏。西藏通过蒙古与清朝发生联系。顺治、康熙时先后敕封达赖喇嘛、班禅额尔德尼,赐以册印。1716 年(康熙五十五年)准噶尔进军西藏,次年围攻拉萨,大肆杀掠。1720 年清军击退准噶尔入藏军队,控制了西藏局面,并迎达赖入藏坐床,确立了达赖的地位。1727 年(雍正五年)清廷派遣驻藏大臣入驻西藏,办理前后藏事务,成为定制。1788 年(乾隆五十三年)居于尼泊尔的廓尔喀族侵入后藏,次年被清军击退。1791 年(乾隆五十六年)再次大举入侵,次年被清军逐出后藏。事后清廷对西藏事务进行了改革,巩固了对西藏的统治。

四、东北边疆的变迁

1583 年(明万历十一年)努尔哈赤起兵,至 1594 年(万历二十二年)完成了统一建州女真各部的事业，但对明朝仍十分恭顺，接受明朝封赏。以后至1619年（万历四十七年），先后统一了海西女真和东海女真，"自东海至辽边，北自蒙古、嫩江，南至朝鲜、鸭绿江，同一语音者，俱征服，是年诸部始合为一"。① 成为辽东地区一大政治势力。1619年萨尔浒一战，大败明军，并筑萨尔浒城，自赫图阿拉迁都于此。此后，后金由防御转入进攻，而明朝由进攻转入防御。接着后金即进攻沈辽地区，辽左望风瓦解。1621年（后金天命六年）迁都辽阳（今辽阳市太子河东新城村），名曰东京。以后，1636年漠南蒙古归附清朝，1638年漠北蒙古向清廷朝贡。从而消除了清军后顾之忧。1642年（清崇德七年），自贝加尔湖以东，外兴安岭以南的整个黑龙江流域东至库页岛全部改入清朝版图。

沙俄在15世纪末，越过乌拉尔山，进入远东，17世纪中叶起，沙俄更向东挺进，势力侵入黑龙江流域。1650年强占了索伦部达斡尔人建立的雅克萨村（今漠河东、黑龙江北岸），后又建立城堡。1658年在石勒喀河（今黑龙江上游）、涅尔查河口建立了尼布楚城（今俄罗斯涅尔琴斯克），作为侵略和贸易的据点。当时清廷正在对付国内问题，无暇顾及边地。康熙平定"三藩"乱后，采取了加强东北边防的措施。1685年（康熙二十四年）清军在围攻雅克萨城中打败俄军后，中俄双方于1689年签订了《尼布楚条约》，规定中俄两国以流入黑龙江之额尔古纳河、格尔必齐河为界，再由格尔必齐河发源处沿外兴安岭直达于海，为两国之界。拆毁雅克萨城。唯乌第河与外兴安岭之间存放待议。这个条约规定了黑龙江流域和乌苏里江流域为中国的领土，事实上沙俄也承认他们进入黑龙江地区是非法的。但同时俄国也获得了贝加尔湖以东至尼布楚城一带地区，并将乌第河、外兴安岭之间划为待议地区，这对他们有利。总之，《尼布楚条约》是在双方平等谈判、中国作了让步的条件下缔结的，使中国东北边境取得了较长期的稳定。此后至19世纪中叶是为中俄的边界。

五、西南边疆的变迁

1646年（顺治三年）清军进驻四川，1658年进驻贵州，次年春才进入云南省，消灭了南明的残余势力，完成西南三省的统治。这三省中濒临边界的只有云南省。所以清代西南疆即指云南东南、南、西南边疆。云南边境自东向西沿边共置广南、开化、临安、普洱、顺宁、永昌、腾越、丽江八府（厅），在19世纪中叶以前各府境内的

---

① 《满洲实录》卷六。

中国与越南、缅甸、老挝边界上土司归附时有反复,故边界细微变化很大,不能详述,现概而言之。今富宁县南边的中越边界与今基本相同。开化府(治今文山)南界,清初仍袭明旧以大赌咒河为界,康熙年间,大赌咒河北岸的四十余村寨为黎氏王朝暗中所占,并谎称以大赌咒河上源某一小支流小赌咒河为界。1725 年(雍正三年)勘界时不得不承认现实,1728 年改订以小赌咒河为界,实际是将今麻栗坡县南部的南温河以西南和马关县境的小赌咒河(包括下游响水河)以东北的土地划归越南。① 临安府南界仍同明时以莱州和黑河为界,但越南方面不断想夺取这块土地。至咸丰、同治年间因滇乱,越人才乘机占去。普洱府车里司(今西双版纳)南端与缅甸、南掌(今老挝)接界,中缅界同今,中老边界清时占有孟乌(今老挝孟乌怒)、乌得(今老挝孟乌再)地。顺庆府孟连司南部中缅边界与今基本相同,西部萨尔温江以东、南卡江以西南部阿南瓦山区,在乾隆以后脱离孟连司,自成独立部落。而今沧源县南境外一小块称为"葫芦地"的土地,则属耿马司管辖。永昌府南界以查里江(今萨尔温江)、南滚江为中缅边界,今界外至萨尔温江间麻栗坝地属中国,其西边界同今,唯潞西县南猛板尚属缅甸。腾越厅与缅甸边界在清前期大致以恩梅开江和缅甸密支那、八莫和中国盈江、瑞丽间的中间地带为界,南端中国有今境外铁壁、虎踞、汉龙、天马等关的土地。丽江府西境大致以高黎贡山为界,其西恩梅开江和迈立开江上游为怒族木王地,既不属中国也不属缅甸,19 世纪后期为英人所占。广西和越南的边界基本因袭明朝,即十万大山以南、分茅岭间地仍属越南,其余同今。这条绵长的西南边界至 19 世纪中叶英法侵占缅甸、越南后开始发生变化。

六、东南和南部的海疆

1680 年(清康熙十九年)平定了"三藩"之乱后,清廷转手致力于进取台湾。1683 年(康熙二十二年)清军与台湾郑氏在澎湖一战大败郑军,接着攻克台湾。从此台湾遂与大陆在一个政权统治之下。次年清廷在台湾置府,属福建省管辖,府下设台湾、诸罗、凤山三县,其东北钓鱼列岛均属中国领土。清代有关南海诸岛的文献记载和地图很多,如顾祖禹《读史方舆纪要》、屈大均《广东新语》、严如煜《海防辑要》、陈伦炯《海国闻见录》、魏源《海国图志》等等,均有千里石塘、万里石塘、万里长沙等记载,均指今南海东沙、中沙、西沙、南沙诸珊瑚岛屿。可知当时南海诸岛当在清廷势力控制之下。

---

① 尤中:《中国西南边疆变迁史》,云南教育出版社 1987 年版,第 182 页。

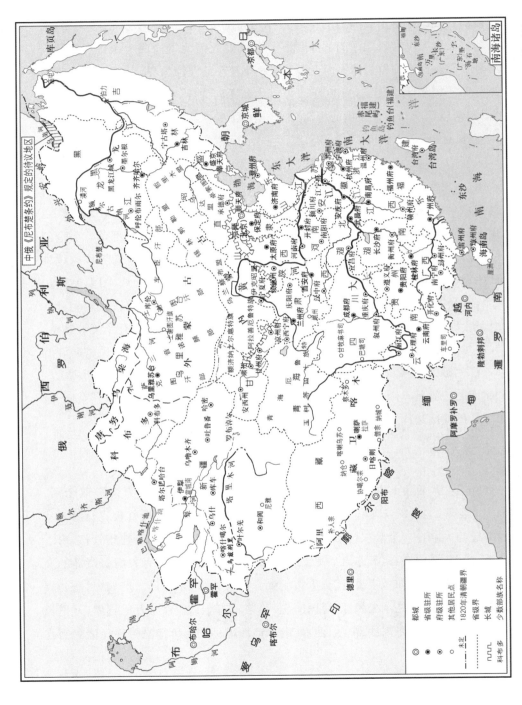

图 7-16　清时期形势图

据《中国历史地图集》改绘

自 1616 年努尔哈赤建立后金,即有图谋天下的雄心。此后统一大漠南北蒙古,进山海关与朱明争天下,平南明,削"三藩",收复台湾,平准噶尔、回部,最终统一全国,前后经历了 140 余年,大小战役数十百次,艰苦卓绝,付出了极大的代价,为今天中国的疆域奠定了格局。其功当彪炳史册,永不可没。然深思之,此实为秦汉以来 2000 多年中华各族长期交往融合的结果。试观历史,中华 2000 年来,分裂最大之缘由,即为农耕、游牧和渔猎三大区的对立。清廷以其渔猎区势力为代表,先笼络内外蒙古,然后再统一农耕地区,使三大区统一于一个政权之下,并以不同的统治方式统治之,使疆土有 300 年之稳定,其中确有不少历史经验可以研究。其一,西北民族因有外来势力的干扰以及宗教势力的影响,分裂意念较强。然该地自西汉以来即受汉族王朝的统治,当地人民与内地农耕区有千丝万缕的联系,其欲分裂,民心不从。且西部历来为中国军事镇守要地,故清廷不惜用将近 100 年的时间,竭尽人力、物力、财力,最终将西部纳入中国的版图,巩固了中国西部疆土,对中国社会稳定发展,起了极为重要的作用。当时准噶尔势力不可一世,其统治地域不下于清朝。试想如无强有力的手段,东南江山可能为准噶尔所有,则中国政治、经济、文化必将出现大倒退,人民将沦入黑暗残暴的统治之下,其命运当可想而知。其二,台湾自古为中华民族之一高山族的居地,明清以来大批大陆沿海居民迁入该地,对传播中华经济文化起着重要作用。然其地远悬海外,与大陆联系不强。明末郑氏驱逐荷人、葡人,据有台湾,然其势孤力单,地位终究不稳。清廷一举攻下台湾,设立府县,与内地同制,使中国第一大岛与内地融入同一大家庭中,成为国际共识,不可谓不是清廷一大功绩。其三,清廷统一农耕、游牧、渔猎三大区,并非以同一模式进行统治,而是根据不同民族、地域特点,分别施以不同的统治政策和制度,取得较好效果,其中经验值得研究。19 世纪中叶以后,西方帝国主义势力入侵,加上清廷政治腐败,经济衰退,国力颓弱,割地赔款,成为国耻。然此前其对中国疆域缔造的功绩是不可埋没的。

第十节　近代帝国主义侵华和中国国土的沦丧

18 世纪中叶至 19 世纪中叶,即清朝乾隆中叶至道光初是中国疆域极盛时期。19 世纪中叶开始,帝国主义列强先后入侵中国,强迫清政府签订了一系列不平等条约,割去了中国大片领土,遂使中国国势日衰,疆土日蹙。这是近代中国疆域变迁的一大特点。

一、东北疆界的变迁

19世纪中叶以前，沙俄势力已经潜入黑龙江下游、乌苏里江以东地区，进行调查和考察，对那里的金矿发生浓厚的兴趣，早已蓄谋侵略的计划。1849年又潜入黑龙江口和库页岛，更为坚定了侵略的野心。1854年、1856年间，沙俄多次派遣大批侵略军进入黑龙江、乌苏里江地区，建立村屯，设置堡垒。1856年（清咸丰六年）英法侵略者发动了第二次鸦片战争，沙俄认为时机已到，加速了侵略进程。1858年沙俄在加强了黑龙江流域侵略力量的同时，气势汹汹地要求与清廷开始边界谈判，提出以黑龙江、乌苏里江为中俄国界，妄图强迫清廷承认其已占领土。中方代表黑龙江将军奕山初予拒绝，后在俄方武力威胁下，被迫在不平等的《瑷珲条约》上签了字。该条约第一条规定："黑龙江、松花江左岸，由额尔古纳河至松花江海口，作为俄罗斯国所属之地。"同时还规定黑龙江东岸、精奇里河以南原满族人所居64屯，任其永久居住，由中国管理（其地西自黑龙江，北起精奇里江，南抵豁尔莫勒津地对岸，长约90千米。1900年俄军悍然侵占江东64屯全区，劫掠烧杀，将屯民7 000余人赶入江中，强占其地）。条约同时规定乌苏里江以东至海的土地，由中俄两国共

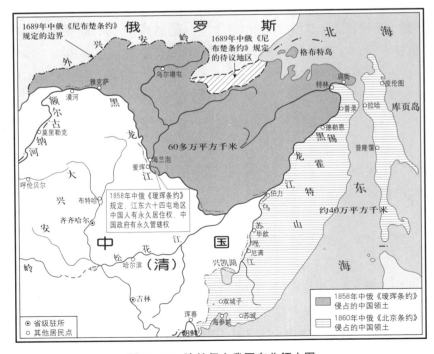

图7－17　沙俄侵占我国东北领土图

管。从此黑龙江以北、外兴安岭以南的 60 多万平方千米的中国领土,归属了俄国,黑龙江由原来中国的一条内河,变成了中俄两国的界河。同年英法侵略军占领大沽口,进逼天津。清廷在英、法、俄、美四国威逼下,签订了中法、中英、中俄《天津条约》。中俄《天津条约》规定:中俄将从前未经定明的边界,由两国派大员秉公查勘,务将边界清理补入此次条约之内。这就为沙俄进一步割占中国领土埋下了伏笔。此后,沙俄军队进入乌苏里江东西两岸,并在兴凯湖、绥芬河一带察看地形、绘制地图,并请求清廷派员前往会勘。清廷认为该地不与俄国接壤,严正予以拒绝。1860 年(咸丰十年)清廷在武力威逼下,被迫签订了中俄《北京条约》。1861 年中俄又签订了《勘分东界约记》,两条约不仅将《瑷珲条约》中规定乌苏里江以东中俄共管的土地割归沙俄;还规定乌苏里江上源松阿察河(由兴凯湖流入乌苏里江)、瑚布图河(今绥芬河支流)至图们江口以东的兴凯湖西南濒海大片中国领土(包括兴凯湖大部)也归沙俄所有。于是又有 40 多万平方千米的中国领土被沙俄所攫取。沙俄侵略者在 1858—1860 年的不到三年的时间内,利用英法发动第二次鸦片战争之机,强迫清廷接受了三个不平等条约,割占了中国 100 多万平方千米的领土。

二、北部疆界的变迁

清前期喀尔喀蒙古札萨克图汗领地唐努乌梁海,在喀尔喀蒙古西北部萨彦岭以南,唐努山以北,叶尼塞河上游流域。分为 5 旗 46 佐领,由清乌里雅苏台定边左副将军统辖。1727 年中俄《布连斯奇条约》和《恰克图界约》规定萨彦岭为中俄分界。以后 1864 年(同治三年)中俄《勘分西北界约记》、1869 年(同治八年)《乌里雅苏台界约》都一再明确萨彦岭为中俄分界。直至 1911 年(宣统三年)沙俄大举入侵该地区之前,唐努乌梁海一直由乌里雅苏台将军的科布多参赞大臣管辖。但自1862 年(同治元年)开始,沙俄便觊觎唐努乌梁海土地。1864 年签订中俄《勘分西北界约记》即割去西北部 10 佐领,相当于今俄罗斯哈卡斯自治州和克麦罗沃州的南部地区。1911 年中部 27 佐领为沙俄强占,东部 9 佐领为当时宣布"独立"的喀尔喀封建主所占领。俄国十月革命后,中东部 36 佐领一度为中国政府所收复,并派员驻扎其地。但不久被迫撤退东部 9 佐领地,今属蒙古国库苏西勒省。中部俄占27 佐领于 1924 年宣布成立"乌梁海共和国",1926 年改称"唐努图瓦人民共和国"。1944 年并入苏联,称"图瓦自治共和国",1948 年又宣布改称图瓦自治州。中国政府对此迄今未予承认。

1911 年(宣统三年)外蒙古上层分子在沙俄策动下宣布"独立",建立"大蒙古国政府",驱逐清廷驻库伦办事大臣,私自与俄国签订非法的《俄蒙协约》(即《库伦条约》)。1915 年中蒙俄签订《恰克图协约》第二条规定:"外蒙古承认中国宗主权。中国、俄国承认外蒙古自治,为中国领土的一部分。"1919 年夏外蒙古上层分子与中国北洋政府开始关于取消"自治"的谈判。同年 11 月,外蒙古自治政府正式取消,外蒙古地区由西北筹边使管辖,保留汗的称号。1921 年蒙古人民革命成功,7 月宣布独立,建立"君主立宪政储"。1924 年第一届大人民呼拉尔在库伦召开,宣布废除君主立宪制,成立蒙古人民共和国。1945 年 2 月美、苏、英三国首脑签订涉及外蒙古主权的《雅尔塔协定》。1946 年中国国民政府承认外蒙古独立。

1727 年中俄订立《布连斯奇条约》和《恰克图条约》规定了有清一代的中俄边界,因此中段、东段至今成为俄蒙边界,西段为俄罗斯图瓦自治州北界。

三、西北疆界的变迁

18 世纪中叶清廷平定准部、回部时,俄国势力还未到中亚。当时葱岭(今帕米尔)以西诸游牧部族和一些封建小国相继降清,成为清朝的藩属国。清廷设伊犁将军统辖天山南北准部、回部旧地,以巴尔喀什湖北岸、楚河中游、塔拉斯河下游与藩部左右哈萨克为界,西南以葱岭、喀喇昆仑山与藩部布鲁特、藩属浩罕、拔达克山、博格尔相接。19 世纪沙俄进入中亚,清朝的藩部先后被沙俄所占,遂发生了中俄西北边界问题。1831 年(清道光十一年)沙俄在巴尔喀什湖与斋桑泊之间的中国领土上建立了塞尔格奥堡(今阿雅古兹附近),扼制了塔城对外的交通要点。1846 年(道光二十六年)又在巴尔喀什湖与伊犁之间建立了阔帕勒堡(今塔尔达库尔干附近)。1853 年(咸丰三年)在伊犁河中游建立维尔尼堡(1921 年改名阿拉木图),截断了伊犁通向中亚的道路。同时还在这些城堡之间建立了 20 多个驿站,构成了一条由北而南深入巴尔喀什湖以东、以南直达伊塞克湖盆地长达 700 多千米的武装堡垒线,并利用此线进行武装移民,建立哥萨克村庄。这些都为进一步侵占中国西北领土做好了准备。同时在 1851 年(咸丰元年)强迫中国订立了《伊犁、塔尔巴哈台通商章程》,沙俄获得向中国免税倾销商品和在伊犁、塔尔巴哈台设立居住地、市场、货栈等特权,为沙俄对中国新疆地区的经济侵略铺平了道路。[①] 1860 年沙俄在《北京

---

① 复旦大学历史系编:《沙俄侵华史》,上海人民出版社 1986 年版,第 146—147 页。

图 7-18 沙俄侵占我国西北领土图

条约》中攫取了中国乌苏里江以东 40 多万平方千米的领土外,还为侵占中国西部疆土埋下了钉子。该条约第二条规定:"西界尚在未定之交界,此后应顺山岭、大河之流及现在中国常驻卡伦等处,及 1728 年(即雍正六年)所立沙宾达巴哈之界碑末处起,往西直至斋桑淖尔湖,自此往西南顺天山之特穆尔图淖尔,南至浩罕边界为界。"其中"常驻卡伦"中"常驻"两字是条约原俄文本所无,是俄译中文本时加上去的。按清制,边界卡伦分常设、移设、添撤三种,历年不变。设有定地的称常设卡伦;驻兵轮流替代,或秋冬两季迁移的,称移设卡伦;按需要时添时撤的,称添撤卡伦。故边界的依据应以最外的卡伦为准。当 1862 年(同治元年)俄方与中方谈判时,中方不同意以常设卡伦为界,并示以伊犁库藏地图为证,结果谈判中断。以后俄方又派遣军队进入中国领土,遭到中国军队的反击。1864 年新疆少数民族起兵反清,俄方认为此机可乘,派兵威胁清廷。清廷被迫接受沙俄提出的条件,中俄签订了《勘分西北界约记》。通过这个条约,原属于清朝乌里雅苏台将军辖区的西北部,包括唐努乌梁海 10 佐领牧地,科布多所属阿勒坦淖尔乌梁海二旗全部和科布多所属阿勒坦乌梁海 7 旗所属的大片中国哈萨克、布鲁特(今柯尔克孜)族的牧地,均被沙俄所占。中国丧失领土总数达 44 万多平方千米。

1864 年新疆少数民族起兵反清,占领了乌鲁木齐(汉城、满城)、叶尔羌、英吉沙尔、喀什噶尔四城。1865 年又占领了伊犁、塔尔巴哈台。清廷对新疆大部分地区失去了控制。后因浩罕封建统治者阿古柏的加入,情况更为复杂。1871 年(同治十年)沙俄假借俄国边界被侵为名,悍然出兵伊犁地区。以后又有英国支持阿古柏政权,引起沙俄加紧对新疆的侵略计划。1876—1877 年清甘陕总督左宗棠平定了天山南北的叛乱,沙俄侵吞中国新疆领土的阴谋终于破产。当清廷平定天山北路,收复乌鲁木齐、玛纳斯后,就向俄国提出归还伊犁的要求,遭到俄方种种阻挠。1881 年中俄订立《伊犁条约》,将霍尔果斯河以西地区划归沙俄。次年俄国才从伊犁撤军。以后中俄又签订了一系列条约,如《喀什喀尔界约》(1882 年)、《中俄科塔条约》(1883 年)、《续勘喀什喀尔界约》(1884 年),沙俄在中国新疆共攫取 7 万多平方千米的领土,中俄西北边界才划定如今界。

1876 年沙俄吞并了浩罕汗国后,与中国帕米尔地区发生接壤,于是又将侵吞帕米尔提至日程上来了。帕米尔高原分为八帕:塔克敦巴什帕米尔、小帕米尔、大帕米尔、叶什勒库里帕米尔、让库里帕米尔、萨雷慈帕米尔、瓦罕帕米尔、哈尔果什帕米尔。帕米尔古称葱岭,唐时又称播米罗川、播密川。自古以来即为中国领土。1759 年(乾隆二十四年)清朝平定大小和卓,立纪功碑《平定西部勒铭伊西洱库里淖尔碑文》于叶什勒库里的苏满塔什,其地为中国领土帕米尔与拔克达山领地接壤处,这足以证明帕米尔在清代为中国领土。此碑于 1892 年被沙俄哥萨克偷去,迁至塔什干博物馆。1915 年斯坦因还看到过碑石的基座。1876 年左宗棠平定天山南北后,次年便环绕整个帕米尔建立 7 个卡伦。1892 年新疆巡抚魏光焘重竖乾隆御制勒铭伊西洱库尔碑于苏满卡。与此同时,沙俄也频繁向帕米尔窥探。1891 年沙俄军队进入帕米尔,竖立标杆。为此清廷向俄国提出强烈抗议。次年俄军又深入帕米尔地区。清廷在沙俄军事威逼下撤出驻于苏满卡伦的守军,俄方乘机大举进屯,占领了塔克敦巴什以南的中国整个帕米尔地区。同时英国也从阿富汗向北侵入帕米尔地区。俄英由此也引起矛盾。沙俄企图强迫清廷订立条约承认既成事实,于 1892—1894 年与清廷进行长期谈判。然即于 1884 年订立《续勘喀什喀尔界约》,也规定:在帕米尔地区,自乌孜别里山口起,"俄国界线转往西南,中国界线一直往南"。可见即按此不平等条约,属于俄国的也只限于自乌孜别里山口转往西南一线以北的地段;自乌孜别里山口向南一线以东的土地,无可置疑当属中国;至于"往西南""往南"之间的土地,也不可能属于俄国。故谈判陷于僵局。1895 年英俄在伦敦订约私分帕米尔,大部分属俄,小部分属阿富汗。沙俄非法占领了中国萨雷阔勒岭以西 2 万多平方千米的领土。中国只剩下塔克敦巴什帕米尔和让库里帕米一部分，即今塔什库尔干地。中国政府对此始终未予承认。

总之，自 19 世纪中叶以来，沙俄通过各种手段攫取了中国西部 50 多万平方千米的领土。

四、西南疆界的变迁

这一段与中国边界接壤的国家较多，可分为中印、中缅、中老、中越各段。

中印边界：重大变迁有东西两段。西段为喜马拉雅山以北和喀喇昆仑山以南的拉达克地区，首府在今列城，原为西藏的一部分。1842 年西藏地方政府与克什米尔订约，将拉达克地区让给克什米尔，清廷未予承认。19 世纪 70 年代英国取得克什米尔，拉达克地区也随之被占。东段自 19 世纪中叶以来，英国势力侵入廓尔喀（尼泊尔）、布鲁克巴（不丹）、哲孟雄（锡金），形成对中国西藏的包围，并不断武装侵略西藏边界地区，侵犯中国在西藏的主权。原以喜马拉雅山南麓为中尼分界。门隅、洛瑜（洛域）、察隅三区都在西藏境内，终清一代不变。1913—1914 年英国和西藏地方政府在印度西姆拉会议上搞了一个以英方代表麦克马洪为名，基本上以喜马拉雅山脊为界的麦克马洪线，未敢公开。1940 年英国乘中国抗日之际，占领了传统边界以北的部分地区。当时中国政府曾提出抗议。1951 年印度政府乘中国人民解放军进入西藏之际，出兵占有了麦克马洪线以南的土地，包括长期以来西藏地方政府设官征税、以达旺为首府的门隅地区。

中缅边界：19 世纪后期英、法并吞了缅甸、老挝、越南后，图谋继续扩张，遂使传统的边界发生了变化。1885 年英国并吞了缅甸后不久，即吞并了一些本来并不属于缅甸，介于滇、缅之间的木邦、孟养等土司。以后进一步又占领了中国腾越厅、永昌府、顺宁府的一些边境地。经 1894 年《中英伦敦条约》、1897 年《中英续议滇缅条约附款》两次订约，将萨尔温江以东麻栗坡地划给了缅甸，形成今日镇康、耿马以西的中缅边界。条约同时将今瑞丽市以外、天马关以北的孟卯三角地"永租"给英国。1898 年、1899 年两次勘界，又强行将腾越厅境内的虎踞、铁壁等关强行划给缅甸，并占领了厅外茶山地区。以后划定北段自尖高山向南至南定河，南段自南卡江至澜沧江的两段边界。自尖高山以北为北段无约未定界，自南定河以南为南段有约未定界。但 1900 年（光绪二十六年），英国武装占领中国片马（今云南泸水县西）附近的茨竹、派赖等地，遭到了当地人民的反击。1910—1927 年英国又武装侵占片马、古浪、岗房等地，虽不断受到中国人民反抗，英国仍强行霸占。1941 年抗战期间强迫中国政府接受一条"一九四一年线"，将阿瓦山区分属中缅两边。南段的大部分即依孟连土司与莽冷间的南卡江界。但今西盟县西部境外的南锡河上游以东的一片地方，本在南卡江界内，为孟连土司的辖境，而按照"一九四一年线"，这一片地划给了缅甸。又将阿瓦山区、原葫芦酋长大部分地划给了缅甸，包括乾隆年间开采的茂隆银厂和今国境线内的班老等地都划在界外。丽江府外原怒族木王地，于清末为英人所占，遂以高黎贡山为界。"一九四一年线"并未正式树立界碑，故仍称未定界。1948年缅甸独立。1950年与中国建交。1960年中缅签订友好条约，缅方归还了中国片马、古浪、岗房三地，中方对1897年约定由中国保留主权而由缅方"永租"的孟卯三角地放弃主权，移交缅甸。

中老、中越边界：在19世纪后期法国并吞老挝、越南以前，边界有过一些变化。因地形复杂、村落交错，还有许多插花地，其中变化难以备述。1884年法国并吞越南，1893年并吞老挝后，就发生了中法、中老边界问题。咸丰、同治时云南各族人民起义反清。临安府界外勐赖、勐梭等地在中国和越南之间反复无常。1895年（光绪二十一年）与中国签订《续议界务专条附章》划界，将原属云南的临安府南境的勐蚌、勐赖、勐梭和衙门坡、普方、里方划给法属安南，普洱府属车里宣慰司的勐乌、乌得等地划给法属老挝，形成今日云南金平县至绿春县间的中越边界。

1884年（光绪十年）中法越南战争爆发，清兵自马关出兵。次年中法议和，清兵撤回时，顺路收回了开化府外大赌咒河以北的土地。中国军队在越南打了胜仗，清廷却向法国屈从求和，并命军队撤回界内，然而事实上滇军一直驻在大赌咒河北岸的黄树皮一带征收赋税，尽管法国仍不承认。1886年（光绪十二年）中法签订了《滇越边界勘界节略》，1887年签订了《续议界务专条》，1895年（光绪二十一年）又签订了《续议界务专条附章》，最终划定了中越国界，即在大赌咒河和小赌咒河间划一条妥协界线，麻栗坡、都龙、勐峒地归中国，而黄树皮归越南，形成今日云南马关县南中越边界。原越南所有的大万大山以南、分茅岭以北地，1887年（光绪十三年）中法续议界约时归还中国。

五、海 疆 变 迁

1840年鸦片战争以后，西方帝国主义纷纷强占中国沿海各地。英国觊觎香港已久。1828年即占领了得港附近的峙山，1836年占领金星门，1837年秘密在香港建立"居留地"。1839年以香港为基地发动侵华战争。1842年英国通过《南京条约》强行割占香港。1860年通过《北京条约》强迫清政府将九龙割让给英国。1898

年《展拓香港界址专条》中清廷又被迫将新界租借给英国,为期 99 年。1887 年在英国支持下,清廷被迫与葡萄牙政府订立《中葡和好通商条约》,将澳门永租给葡萄牙。1895 年日本通过《马关条约》割占台湾及其附属岛屿(包括钓鱼列岛)和澎湖列岛。1898 年德国强租山东胶州湾,俄国强租奉天旅顺、大连,法国强租广东广州湾,英国强租新界外,又强租山东威海卫。1905 年日俄战后旅大、1914 年第一次世界大战后胶州湾相继为日本所占。胶州湾于 1922 年收回,威海卫于 1930 年收回。台湾、澎湖、旅大及广州湾皆于 1945 年抗战胜利后收回。1900 年日本政府把中国袭用数百年的钓鱼岛、黄尾屿等岛屿的名称改为"尖阁列岛"(不包括赤尾屿)。按《波茨坦公告》,钓鱼列岛应与台湾、澎湖一并归还中国,但一直被日本非法管辖。2012 年我国对钓鱼岛及其附属岛屿开展常态化监视、监测。

根据 1984 年中英议定,香港、九龙已于 1997 年 7 月 1 日回归祖国。根据 1987 年中葡议定,澳门已于 1999 年 12 月 20 日回归祖国。

南海诸岛历来为中国东沿海渔民捕捞栖息之所。清季以后日、法等国企图侵占,未能遂愿。第二次世界大战中为日本海军所占。1945 年日本投降后,由当时中国政府派舰巡逻,测绘、定名,并重申主权。

19 世纪以来,由于以清廷为代表的中国政府在政治上的黑暗,经济上的贫困,科技上的落后,文化上的愚昧,整个国力远远不能与西方资本主义世界相匹敌。1840 年以后,以英国为代表的西方列强用武力打开了中国的大门,于是似乎形成一股潮流,纷纷将中国视为俎上之肴,欲分而食之;具体而言,即从政治、经济、文化各方面侵入中国的肌体。最为露骨的即从东南西北四周分割中国的领土,据为己有。清朝政府在武力威逼之下,为保持自身的统治,不惜出卖祖国和人民的利益,割土赔款,委曲求全,成为历史的罪人。从 19 世纪中叶至 20 世纪初的半个世纪内,一个国家竟有近 200 万平方千米的领土被割去,在世界历史上也是罕见的。一部中国近代史,从某种角度而言,也是一部中国国土沦丧史。其中沉痛的教训,是值得好好总结的。

第八章　历代行政区划的变迁

　　行政区划是国家对所辖领土进行分级管理的区域结构,是中央集权出现后的产物。我国商、周时代实行封建制,即采取"封邦建国"的办法进行统治。商王和周天子除了王畿附近的土地由自己直接统治外,其他土地和人民分封给诸侯、卿大夫等各级大小领主,作为他们的采邑。各级领主除了对天子有少量象征性的纳贡和服役外,在自己的封地内有绝对的主权。天子和各级诸侯、卿大夫在自己辖区内各自为政,所谓"分土而治"。因此,在商、周疆域内无所谓行政区划。春秋中期以后,在不断的征战中,有些诸侯国君逐渐强大,开始发展中央集权,对新开拓的疆土和私家剥夺来的土地,不再进行分封,而是由国君直接统治,采取分层划区进行管理,地方行政区划由此出现。

　　我国历史上行政区划制度从萌芽、出现到完全确立和全面推行,即从春秋初期至秦始皇统一全面实行郡县制,大约经过5个世纪的漫长历程。其过程与中央集权制度的萌芽、出现和全面确立几乎是同步的。行政区划制度全面确立以后,中央政府要将一部分权力下放给地方政府,就必然出现中央与地方在集权上的矛盾,当矛盾爆发时,就会出现一次中央和地方在权力上的调整。一部中国行政区划变迁史,也就是中央和地方权力的调整史。

　　行政区划既然是为统治和管理土地和人民设置的,因此区划的划分和管理决定因素是政治,包括政权更迭、疆域伸缩、民族分布、中央与地方的关系等因素。但为了更有效地进行统治和管理,包括捍卫边疆、发展生产、增加赋税、便利交通等,自然条件和经济因素也是十分重要的条件。因此,历史上政区划分以政治为首要因素,同时顾及自然、经济,在中央集权稳定的情况下,最理想的是三者兼顾。如果中央集权遭到威胁,则往往只考虑政治因素,而不顾及其他,这就是行政区划的政治主导原则,是由中央集权体制所决定的。

　　从政区地理角度考察,行政区划基本上有四个要素:一是层次,即中央到地方分几个层次进行管理,是行政区划的最基本要素。一般而言,层次少便于中央管理,上情容易下达;层次多,上下阻隔,政令不易通达。中国幅员广大,层次不能任意减少,但层次过多又会使地方权力增大,削弱中央的权力。因此中国政区沿革核心就是政区层次的调整变化,集中体现了中央和地方权力消长演变过程。二是幅员,即政区面积范围。《礼记·王制》:"凡居民,量地以制邑,度地以居民。"中国历史上有所谓"百里之县""千里之郡""万里之州"的说法,即不同层次有不同的管理幅员,以便更有效地进行统治。三是边界,这里说的是国家内部政区之间的界线。政区既然是中央集权国家为管理地方而设置的一种区划,其边界的划分当然以有利于中央集权统治为原则,同时考虑到经济的发展,尽可能与地理环境相一致,这也是巩固中央统治的基础。因此历史上曾经出现"山川形便"与"犬牙相错"两条相矛盾的原则。中国历史上政区边界的变化很大程度上是这两个原则的并存和交替的过程。四是行政中心。一个政区必定有一个(有时有两个)管理的行政中心。这个行政中心位置的确定,主要是由地理环境决定的。但当政治形势、政区幅员大小或自然环境发生变化时,政治中心也会发生变化。

两三千年来,随着国家疆域的变迁,中央政府权力的兴衰,地方势力的消长,自然、经济、人口情况的变化,行政区划的层次、范围、边界和行政中心都有过十分繁复的变迁。这种变迁很大程度综合反映了我国人文地理面貌的变化。

第一节　秦统一前地方行政区划的出现

最早出现的地方行政区划是县。据现有的《春秋》《左传》《国语》《史记》等文献资料看来,作为行政区划意义的县的出现和形成,有一个相当长的演化过程。据研究,文献上记载最早的县,并非后来作为基层政区的县,而是指国都以外的郊野乡聚之地,与"鄙"同义,如《左传·昭公十九年》,子产说:"晋大夫而专其位,是晋之县鄙也,何国之为?"还没有行政区划的意义。到了春秋中后期县的含义发生了变化,出现了与邑同义的县,例如楚武王时(前 740—前 690 年)灭权(今湖北荆门市东南),楚文王时(前 689—前 677 年)灭申(今河南南阳市)、息(今河南息县西南)二国为县,并置尹以治。以后楚庄王十六年(前 598 年)、楚灵王七年(前 534 年)两度灭陈,十年又灭蔡,先后置陈公、蔡公,称为县公,也就是县的长官。秦武公时(前697—前 678 年)灭邽戎、冀戎地,置邽县(今甘肃天水市)、冀县(今甘谷县东)。可见最早设立含有行政划意义的县是南方的大国楚和西方的大国秦。这可能是由于这两个国家处于中原地区的边缘,容易开疆拓土,对新得的土地,不再进行分封,而由国君设县直接统治。北边的晋国也有此类情况,晋景公六年(前 594 年)灭赤狄潞氏,置瓜衍县(今山西孝义市北)。晋平公十九年(前 539 年)将州县赐给郑臣伯石。以后晋国所置之县很多,仅晋平公二十一年(前 537 年)一次见于记载的县就有 49 个。[①] 其中平阳和杨在战国成为重要商业都会。此外,齐、吴等国都有县的设置。那时不仅设在边区,也有将新吞并的处于经济发达、交通要冲的小国也置为县。如吴国在今江苏镇江市所置朱方县,也是交通要冲之地。公元前 545 年吴国将朱方县封给从齐国逃出来的齐相庆封,使之"富于在齐"。[②] 春秋后期各国县数骤增,如齐国有县三百。应该指出,当时的县与后来郡县制的县有相同处也有不同处。其不同处:一是有的县作为食邑赐给大夫,有的县大夫可以世袭,食邑可以互换;二是县的大小悬殊,大如楚灭陈、蔡那样的中等国家,以一国为一县,小的如齐国的县等于一个乡;三是先在边境地区设置,具有军事重镇性质。其相同处:一是作为国君的直属领土,即便赐给大夫的采邑,也有予夺之权;二是县的长官由国君委派,称尹、公或大夫,不是世袭。因此县邑之县,已开始从采邑制向正式地方行政区划的郡县制的县过渡。到了春秋后期,作为地方行政区划的郡县制的县开始确立,如晋顷公十二年(前 514 年)韩、赵、魏、知、范、中行氏六大夫联合灭了在汾水流域的祁氏、羊舌氏,将两家的土地分置了十县,任十人为大夫,此十人或"有力于王室",或"能守业者","以贤举也"。任职者均以"忠、义"见著;地方上有狱不能断,转报国君定夺。[③] 这显然与分封时代以宗族为主的采邑制不同,而与后代以才德选拔官吏、地方官吏受制于中央无异。中央直属,置官分守,各有分地,县长官食禄不食邑,临民不临土,流动不世袭,这些作为地方行政制度特点的县至春秋后期均已具备,可见至此地方行政区划的县的雏形已经形成。[④]

战国晚期县已经成为较为普遍的地方行政区划,但各国设县的背景不同,县的大小各异,各国县制尚不统一,限于记载,具体县数已无法考证了。

郡的出现也在春秋而较晚于县。初期皆设于边远荒僻之地,具有军事防守性质,而经济开发程度相对低于县,两者不相统隶。故春秋末年赵简子誓师,有"克敌者,上大夫受县,下大夫受郡"的说法,[⑤]这是因为县比郡富庶的原因。战国时韩、赵、魏、燕、楚、秦各国都置有郡,且所置之郡亦多在国境边区,如魏国的西河、上、河

① 《左传》昭公五年。
② 《史记》卷三一《吴太伯世家》。
③ 《左传》昭公二十八年。
④ 周振鹤:《县制起源三阶段说》,载《中国历史地理论丛》1997 年第 3 期。
⑤ 《左传》哀公二年。

东、方与、大宋、陶等郡,赵国的代、雁门、云中、上党等郡,韩国的三川、上蔡、上党等郡,燕国的上谷、渔阳、右北平、辽西、辽东等郡,楚国的宛、汉中、新城、江东、黔中、巫等郡,秦国的北地、陇西等郡。唯齐国不设郡,置有五都。至于究竟哪五都,学界有多种说法:一说认为在首都临淄之外,另有高唐(今山东禹城市西南)、博(泰安市东南旧县)、平陆(今汶上县北)、邯殿(今昌邑市西)四个别都。[①] 一说认为应是临淄、平陆、高唐、即墨、莒。[②] 李晓杰考订,认为应是临淄、即墨、平陆、阿、高唐。[③]

一郡之长称守,由将军充任,可征发一郡兵力,进行征伐;一县之长称尹、公、大夫,后又称令。以后以边郡地域大,遂分置数县;内地事多,遂在数县之上置郡以统之。于是才逐渐形成以郡统县的制度,郡县大小也渐趋一致。这种制度可能始于三晋,如魏上郡领 15 县,赵上党郡领 24 县,韩上党郡领 17 县。以后秦、楚、燕相继效法,实行郡统县制。不过整个战国时代,郡县制和采邑制始终同时存在。至秦统一后,郡县制才正式成为全国划一的地方行政区划。

据谭其骧考证,秦国扩张后继续推行郡县制,或以旧国国土或国都置郡,如巴郡、蜀郡、临淄、南郡、邯郸,或沿袭原东方各国的郡重建,如上郡、河东、汉中、上党、三川、雁门、云中、代郡、黔中、上谷、渔阳、右北平、辽东、辽西,或以新有领土置郡,如南阳、太原、东郡、颍川、巨鹿、广阳、薛郡、砀郡、陈郡、泗水、九江、长沙、会稽、琅邪。加上原有的陇西、北地二郡和秦王政二十五年平越君所置闽中郡,共为 36 郡。[④] 近人考订,秦统一前已承赵有九原郡,而闽中郡则为统一六国后平百越后所置。[⑤]

第二节　郡县制的确立

公元前 221 年,秦始皇废除封建制,在全国推行郡县制。初为 36 郡。以后陆续增置新郡。近人据出土秦封泥结合传世文献,认为公元前 214 年平百越地,置闽中、桂林、南海、象四郡,北斥匈奴置新秦中郡;公元前 212 年分薛郡置东海郡;其余无明确设置年代,然确为秦郡的有分邯郸置恒山郡,分钜鹿置河间郡、清河郡,分临淄置济北郡,分琅邪置即墨(胶东)郡、城阳郡,分河东置河内郡,分九江

---

①　钱林书:《战国齐五都考》,《历史地理》第五辑,上海人民出版社,1987 年。
②　杨宽:《战国史》(增订本),上海人民出版社 1998 年版。
③　李晓杰:《中国行政区划通史·先秦卷》,复旦大学出版社 2009 年版,第 420 页。
④　谭其骧:《秦郡新考》,载《长水集》上册,人民出版社 1987 年版。36 郡具体郡名,历家说法不一。此处以谭其骧说为准。
⑤　后晓荣:《秦代政区地理》,社会科学文献出版社 2009 年版,第 84—90 页。

置衡山郡。或曰又分琅邪置胶西郡，分临淄为博阳郡。[①] 然无确证。又，近年在湖南里耶出土秦简有洞庭、苍梧二郡，则当在秦郡数之内。以上是秦一代有可靠记载的 54 郡。其余有见于楚汉之际记载的郓、庐江二郡，可能是秦末所置，加上都城周围地区直属内史，秦一代总共出现过 57 个郡级政区。

秦末楚汉之际，项羽以梁楚地九郡自立西楚国，并将其余秦郡划地分封给灭秦有功将领、旧六国贵族以及秦降将等 18 人为诸侯王。项羽和各诸侯王在战争时期并未置新郡，唯公元前 206 年（汉高祖元年）开始才有郡名更改和新郡的设置。公元前 202 年（汉高祖五年）汉王朝正式建立后，刘邦开始分封异姓诸侯 7 人，将东部疆土 22 郡分封为 7 异姓诸侯王国，即燕（臧荼）、韩（韩王信）、赵（张耳）、楚（韩信）、淮南（英布）、梁（彭越）、长沙（吴芮）。刘邦自领 24 郡之地。但这种举措是与中央集权相矛盾的，于是从汉高祖六年开始又逐个翦除异姓诸侯，与此同时又大建同姓诸侯以为中央朝廷的屏藩。至公元前 195 年（汉高祖十二年）基本完成，共建同姓诸侯 9 王国，即楚（交）、吴（濞）、齐（肥）、赵（如意）、代（恒）、梁（恢）、淮阳（友）、淮南（长）、燕（建），另外还存下一个异姓诸侯长沙王吴芮。这 10 个诸侯王国共占 40 郡，包括了原秦王朝东半部的大部分土地。这些诸侯王国"大者或五六郡，连城数十，置百官宫观，僭于天子"。[②] 如楚王刘交有 3 郡 36 县，吴王刘濞有 3 郡 53 县，齐王肥有 6 郡 73 县。以上同姓、异姓诸侯又称内诸侯，仍属汉中央节制，其封域属于西汉版图。此外，刘邦时还封故越王亡诸为闽越王，王闽中地；封秦南海尉赵佗为南越王，王南海、桂林、象三郡；十二年封"越之世"南武侯织为南海王，其地当在闽越、南越、淮南三国间。这三王国称外诸侯，他们对汉王朝只是称臣纳贡，不受汉王朝控制，其领土在汉王朝之外。而汉高祖刘邦直属领土仅 15 郡，即内史、上郡、北地、陇西、汉中、巴郡、蜀郡、广汉、云中、上党、河东、河内、河南、南阳、南郡，比高帝五年时还小。[③] 汉高祖刘邦死后，吕氏当政，打击刘氏诸侯王，增封外戚诸侯王，诸侯王国增至 14 个。吕氏一死，文帝即位，清除诸吕，恢复同姓诸侯王国。但同姓诸侯王国地域大，人口众，实力雄厚，对中央政权是莫大的威胁。因此文帝接受贾谊"以亲制疏、众建诸侯少其力"的建议，分齐为七，分淮南为三，用分地的办法削弱诸侯王的势力。其时诸侯王国增至 17 个，而汉中央政府直接控制的郡达 24 个。景帝即

① 后晓荣：《秦代政区地理》，社会科学文献出版社 2009 年版，第 108 页。
② 《史记》卷一七《汉兴以来诸侯王年表》。
③ 周振鹤：《西汉政区地理》，人民出版社 1987 年版，第 11 页。

位,采纳晁错的削藩政策,"请诸侯之罪过,削其支郡",①支郡即王国四边的郡,就是用直接削地的办法来缩小王国的版图。这就直接触犯了诸侯王的利益,于是引起了景帝三年(前 154 年)以吴、楚为首联合赵、济南、淄川、胶西、胶东的七国之乱,未几即告失败。平乱后,景帝乘机尽收诸侯支郡,同时又以部分汉郡和所削支郡置国,致使王国达 25 个,为汉一代最高数。这时王国权力空前削弱,一是版图大为缩小,除江都国外,其他王国一国仅领一郡之地,二是政治上、经济上的一些特权被剥夺,诸侯仅食租税而已,王国的地位与郡相同。经过削藩以后,中央控制的汉郡到达了 43 个。但有的王国地域还是很大,有的还连城数十。武帝即位,采取主父偃的建议,颁布"推恩令",其办法是诸侯王位由嫡子继任,余子皆须列土分一县或一乡之地封侯,汉廷定以名号,该侯国须别属旁郡所有。所以推恩令实际上是一种削地政策,使王国不断缩小,汉郡不断扩大。同时,武帝时代,一方面开疆拓土,初郡与边郡大量增加。如灭古朝鲜,设真番、临屯、玄菟、乐浪四郡;北逐匈奴,取河南地,置朔方、五原二郡;从匈奴手中收河西地,置武威、酒泉、张掖、敦煌四郡,在湟水流域置金城郡;灭南越,置南海、郁林、象郡、苍梧、合浦、儋耳、珠崖、交趾、九真、日南十郡;平西南夷,置犍为、牂柯、武都、益州、汶山、沈黎、越巂七郡。一方面将内地的郡分小,如秦时关中地区京师附近由中央官内史管理,其辖区也称内史,汉时京师地区人口众多,政事纷繁,遂将内史一地,分为京兆尹、左冯翊、右扶风三辖区,其他地区又分置出西河、广平、涿郡、临淮、天水、安定、弘农、零陵诸郡,共有 18 王国 91 郡,达到了西汉一代郡、国的最高数。《史记·汉兴以来诸侯王表》云:"诸侯稍微,大国不过十余城,小侯不过数十里……而汉郡八九十,形错诸侯间,犬牙相临,秉其阨塞地利,强本干,弱枝叶之势。"这就是汉武帝末年的形势。武帝以后,边疆内缩,内地省并,王国与郡数变化不小,但趋势是王国地位逐渐降低,"员职皆朝廷为署,不得自置",成帝时省内史,令相治民,而王国的相地位低于郡守,辖地也小于郡。西汉末年大郡领县 30～50 个,诸侯王国大者不过十数城,小的只有三四县之地。至此郡与国并无二致,同属一个政区级,往往郡、国并称,实际上郡大于国。至平帝元始二年(公元 2 年)共有郡国 103 个,辖县 1 587 个,即《汉书·地理志》的制度。西汉时代除了正式的郡国之外,还有一个特殊的行政区划,即汉武帝以来对西域经营的结果而设的西域都护府,控制天山南北 50 多个"行国"和"居国",都护俸禄比二千石,级别与郡太守相同。都护驻地在乌垒城(今新疆轮台东),都护府下不领县,而是对这些小国以军事监护

---

①　《汉书》卷四九《晁错传》。

方式实行管理，只要求效忠于汉王朝，并不干涉其内部事务，唯不定期朝贡而已。

秦始皇废封建，在全国建立统一的郡县两级制。汉高祖刘邦先后实行异姓和同姓诸侯分封制，这种分封制虽不同于西周分封，但从中央集权而言，总是一种倒退。地方行政区形成郡、县两级和王国、郡、县三级制并存的局面，造成社会的不安定。经过文、景、武三代的削藩，至武帝末年起才正式实现了郡县两级制。

东汉初年，"因官多役烦，乃命并合"，①对全国的郡国进行了省并，至光武末年为 93 个郡国。以后又曾增设和削除一些王国，中叶时期变化尤大，最多时为东汉末建安年间达 136 个郡国。但比较稳定的是以顺帝永和五年（140 年）前后为断的 105 个郡国。至东汉末建安年间增至 137 郡国。② 东汉时郡级政区除郡、王国外，还有属国都尉。秦代一郡置守（主民政）、尉（主军事）、监（主监察）三员。西汉省监，监察事务由中央派员直接主持。每郡仅守（后称太守）、尉（后称都尉）二员，边郡因军事需要有两个以上都尉，分别以东、西、南、北称之。此外还有专职的关都尉（如玉门关都尉、阳关都尉）、农都尉等。管理少数民族的又称属国都尉，如上郡的龟兹有属国都尉。东汉时内地郡皆省都尉，军事由郡太守兼管。边区仍保留都尉，并将属国都尉的权力扩大，"稍有分县，治民比郡"。③ 就是属国都尉也分领一部分县，分理民政，地位同郡，如分犍为郡南部为属国都尉，分蜀郡西部为属国都尉，分广汉郡北部为属国都尉，辖境均小于郡，而与郡同级。故东汉时郡级政区有郡、王国、属国都尉三类。东汉时西域叛服不常，曾两度置西域都护府，治龟兹它乾城（今新疆新和县西南）。其性质与地位和西汉相同。

秦县约近 1 000 个。据《汉书·地理志》记载，西汉末年为 1 587 个县。近年来在汉简中发现不少不见于今存文献中的汉县，可知实际汉县不止此数。东汉初年省并 400 余县，至《续汉书·郡国志》所载公元 140 年时制度为 1 180 县。东汉疆域小于西汉，加上东汉初年的省并，故县减少 1/4。西汉县级政区分县、侯国、邑、道四类，列侯所封食邑为侯国，皇太后、公主所封食邑称邑，境内有少数民族称道。侯国的长官称相，县、邑、道长官均称令（万户以上）、长（万户以下）。东汉时县一级还有公国，其余同西汉。

秦汉时代郡的地域分布，以秦岭、淮河一线分南北，疏密悬殊。如上述秦末加

---

① 《续汉书》志第 19《郡国志一》。
② 李晓杰：《东汉政区地理》，山东教育出版社 1999 年版，第 14 页。
③ 《续汉书》志第 28《百官志五》。

上内史共 57 个郡级政区,主要分布在北方的黄河中下游地区,秦岭、淮河以北占 39 郡,秦岭淮河以南为 16 郡,仅占全国郡数的 1/4 弱。西汉时期开疆拓土,南、北、东、西都比秦代有明显扩展,郡国增至 103 个。但秦岭、淮河一线以南也只有 29 郡(海南岛上珠崖、儋耳因为时较短而不计),还不到全国郡数的 1/3,关东地区却占了 50 余郡,为全国郡数之半。东汉时,秦岭、淮河一线以南荆、扬、益、交四州领郡级政区 32 个,关东地区有郡近 50 个,与西汉的情况大致相同。以上分布的格局,可以说明秦汉时代黄河中下游地区自商周以来已经发展成为中国政治、经济中心,而秦岭、淮河以南地区相对而言,尚处在发展的初级阶段。

郡县的幅员没有明确的规定,原则上"县大率方百里,其民稠则减,稀则旷"。就是以人口多少为划分标准,其目的是"牧民",管理好人民的生产,征收赋税,是中央政府统治的基层政区,其幅员大小以有利于管理农业生产、征收赋税、行颁政令为原则。自秦汉至明清,专制主义中央集权的政体没有改变,生产、交通水平没有质的变化,因此县的幅员没有很大的变化。秦时约 1 000 个县,至清代疆土成倍扩大,但县数也仅 1 500 余个。郡的情况有些不同,郡是统县政区,是中央分出一部分权力由郡级长官掌握,往往会产生中央集权和地方分权之间的矛盾,因此历史上郡级政区范围大小与中央集权强弱有关,郡级政区过大过小,对统治管理都不便。秦代郡的范围比较适中,近 50 个郡,辖近 1 000 个县,大致每郡统县 20 个左右,比较合适。各郡间大小比较一致,如临淄、济北、琅邪、薛郡、胶东五郡相当于今山东省;河东、上党、太原、代郡、雁门五郡相当于今山西省,其东、西、南三边,正好以黄河、太行山为界;邯郸、巨鹿、恒山、广阳、上谷、渔阳、右北平七郡相当于今河北、北京、天津三省市。秦岭、淮河以南诸郡因开发较晚,郡的范围较大,但大都与今天的省界相合,如长沙郡相当于今大半个湖南省,闽中郡包括了今福建全省和半个浙江省。秦郡的边界也比较符合自然条件,如秦岭、淮河、黄河、长江都是郡的天然分界线,秦朝以首都咸阳为中心的内史地区,基本上就是今天关中平原,南阳郡就是南阳盆地,三川郡就是洛阳盆地,今山西省境内的太原等五郡,也完全适合山西省的自然分区。唯长沙郡南端越五岭有今连县地,显然是初平南越时为了控制南越地方而设。秦郡的治所大多是春秋战国时旧国国都或商业贸易中心,前者如临淄郡的临淄,邯郸郡的邯郸,广阳郡的蓟,三川郡的洛阳,陈郡的陈,颍川郡的阳翟,薛郡的鲁,南郡的江陵,会稽郡的吴,东郡的濮阳,砀郡的睢阳等;后者如蜀郡的成都,九江郡的寿春,南海郡的番禺,南阳郡的宛等。总之,秦郡的幅员、边界、治所都与地理环境较为一致,这是郡县制初定时期,尚未受到其他因素的干扰之故。

　　《汉书·地理志》所反映的西汉末年郡国的地理特征产生了新的变化。首先，郡国幅员缩小。《汉书·地理志》说"汉兴以其（指秦代）郡大，稍复开置"。就是将秦代一郡分成二、三或数郡，如分内史为京兆尹、右扶风、左冯翊3个相当于郡的政区，分沛郡、广陵置临淮郡，分东海郡南部置泗水国，分衡山、南郡置江夏郡等，使郡级政区范围缩小；同时郡、国范围大小悬殊。大郡如东海郡领县57个，琅邪郡领县51个，汝南郡领县37个，沛郡领县37个，南阳郡领县36个，而小的王国如河间、广阳、城阳三国各领县4个，泗水国、甾川国各领县3个。这是文、景、武、昭、宣历朝不断推行削弱诸侯王国政策的结果。但郡与王国毕竟是同级政区，幅员如此悬殊，总不相宜。其次，郡国的边界无序化。上文提到边界的划定在历史上有"山川形便"与"犬牙相错"两原则，秦代基本上符合山川形便的原则。西汉初年尚算合理，末年时由于削藩的结果，郡的边界出现了与山川不合的奇特现象，如西河郡无视山陕间黄河天险，跨有黄河东西土地；临淮郡跨淮河南北、里运河东西，在跨里运河东西却又存在一个广陵国，而临淮郡则靠今淮安市一条狭长走廊联系里运河东西的郡土；山阳郡主要据有古泗水以西今鲁西南部分地是比较合理的，但它却又领有泗水中游的瑕丘（今山东兖州市）和南平阳（今邹城市）两县，其郡界如同一条有柄长勺伸向北部；齐郡境内有巨淀泊，而注入巨淀泊的短短的女水、洋水、浊水三条河流却跨流经齐郡、甾川、北海三郡国；秦时河北地区大清河北为广阳郡，南为巨鹿郡，两郡以大清河为界颇为相宜，而汉时则上游为涿郡，下游为渤海郡，两郡南北都跨大清河，显然违背山川分界原则。同时为了加强中央集权，防止地方权力过重，有意将郡界划成犬牙相错。《汉书·文帝纪》载，中尉宋昌进曰："高帝王子弟，地犬牙相制，所谓盘石之宗也。"《索隐》："师古曰：犬牙，言地形如犬牙交相入也。"典型的如上述北方诸郡国，南方有桂阳郡越南岭有地即今广东英德，零陵郡南边领有南岭以南的今桂林、阳朔地。五岭应该是政区的天然分界线，汉代如此划界无非是为了便于对岭南地方的控制。这种犬牙交错的郡界，在行政管理方面肯定有许多不便之处，但统治者权衡利弊，还是将中央集权因素列为首位。东汉时期经过省并，少数郡界有所调整，与山川形势相合，如渤海郡经调整，西、北、南三边均以今海河、南运河、马颊河为界，河间国与涿郡以今大清河为界，大茅山以东、钱塘江以北自为吴郡地，但大多数郡国仍沿袭西汉犬牙相错的局面。东汉的郡国治所大部分沿袭西汉，但少数郡因经济开发，出现了新的经济中心，成为郡的治所，如会稽郡分吴、会稽二郡，山阴（今绍兴）成为新会稽郡的治所。

　　秦汉时期是郡县二级制的定型和完成时期，由于西汉初年分封诸侯王和文帝以后削除王国势力的曲折过程,使统县的郡级政区经过复杂的变化,郡级政区的地理要素出现多变性,而县级政区除因开疆拓土和经济发展数量有所增加外,其地理特征并无特殊变化。可见县级政区是封建中央集权政府统治国家的基层组织,其任务是劝课农桑,收租征赋,对象是人民,故其无需常变动,以免造成统治不利。统县的郡级政区则是中央权力的分散,中央集权和地方势力加强的矛盾,往往会造成郡级政区的多变。县级政区的稳定性和统县政区的多变性,是整个封建社会政区变化的基本特征。

第三节　州郡县三级制的确立与解体

春秋战国时代人们借用大禹治水的传说,把他们所知的天下地域范围划分成九个区域,即人们常说的大禹九州。后代将其误传为先秦时代的地方行政区划是没有根据的。九州的名称记载不一,下列为几种有代表性的说法:

《尚书·禹贡》	雍	梁	冀	豫	青	徐	荆	扬	兖			
《周礼·职方》	雍		冀	豫	青		荆	扬	兖	幽	并	
《尔雅·释地》	雍		冀	豫		徐	荆	扬	兖	幽		营
《吕氏春秋·有始览》	雍		冀	豫	青	徐	荆	扬	兖	幽		

汉后经学家认为《禹贡》九州是夏代大禹时制度,《周礼》是周制,《尔雅》是殷制。《吕氏春秋》是杂家,不是经典,就不加理会。其实夏商周三代根本不可能有这种地方行政制度,完全是后代经学家的附会。

然而州作为一种地方行政制度,从西汉开始萌芽到完全形成,则已至东汉末年,经过了整个两汉时期。上文提到西汉初年中央直辖仅 15 郡,故而去秦制郡监,吏治由丞相派员视察,无常设官员。到汉武帝时代郡国增至 109 个,丞相无法兼管,于是在公元前 106 年(元封五年)将长安京畿附近 7 郡以外的全国郡国分成 13 个区域,此区域称部,每部派一刺史(刺即监察之意),巡视吏治和豪右强宗,称为行部。刺史所监察的区域称刺史部。为了给每个刺史部取个名称,就借用了《禹贡》的九州的名称(改雍为凉,改梁为益)加上《职方》的两个州名(幽、并),共为冀、兖、豫、青、徐、幽、并、凉、荆、扬、益 11 州,另有两个不在《禹贡》范围内的刺史部,即最北的朔方(河套)和最南的交趾(岭南),共为 13 个刺史部,俗称十三州。公元前 89 年(征和四年)又于京畿附近 7 郡(京兆尹、右扶风、左冯翊、河东郡、河内郡、河南郡、弘农郡)置司隶校尉,察举京师百官和近畿 7 郡吏治和豪右强宗,称司隶校尉部,于是在汉武帝时出现了 14 个监察区。西汉的刺史"位卑权重",秩六百石,与县令相同,但有权省察秩二千石的郡太守、都尉。刺史每年 8 月巡行所部,岁终至京师向丞相奏事,由丞相处置,故无固定驻地。东汉初年,匈奴南侵,省朔方入并州,改交趾为交州,加上首都洛阳附近的司隶校尉部,共 13 个监察区,俗称十三州。同时加重刺史的职权,如岁终刺史本人不必诣京师奏事,而由属下替代,于是有了固定驻地;职权不限于监察,还有黜陟之权,成为郡国守相的上司,但毕竟治官不治民,不干预地方行政,仍不得算地方一级行政机构。据《续汉书·郡国志》记载,东汉刺史治所如下:

刺史部	治所	今　　地	刺史部	治所	今　　地
司隶	雒阳	今洛阳市东汉魏故城	并州	晋阳	今山西太原市晋源镇
冀州	高邑	今河北柏乡北	凉州	陇县	今甘肃张家川自治县
徐州	郯县	今山东郯城北	荆州	汉寿	今湖南常德市东北
青州	临淄	今山东淄博市临淄故城	扬州	历阳	今安徽和县
兖州	昌邑	今山东金乡西北	益州	雒县	今四川广汉北
豫州	谯县	今安徽亳州市	交州	龙编	今越南河内东
幽州	蓟县	今北京城西南隅			

184 年(东汉灵帝中平元年)黄巾起义,四方多事。188 年(中平五年)朝廷选重臣出任刺史,称州牧,掌一州军民,称刺史,职权相同。"州任之重,自此而始",[1]从此州由监察区逐渐变成为行政区,地方行政制度由秦汉四百年的郡县二级制开始进入此后四百年经魏晋南北朝至隋初的州郡县三级制。

194 年(东汉献帝兴平元年)分凉州、河西四郡为雍州,则东汉末为 14 州。三国鼎立时期荆、扬各分为二。魏据黄河流域有司、豫、冀、兖、徐、青、雍、凉、并、幽、荆(汉荆州北部)、扬(汉扬州北部)12 州;孙吴据有长江中下游和珠江流域,有荆、扬、交 3 州;蜀汉据有今四川和陕西汉中盆地,置益州一州,另置分理益州南部今川西和云南、贵州地区的所谓"南中七郡"的庲降都督,主要用于镇抚南中少数民族豪强,是介于州郡之间的军事辖区。故三国时总共还是算为 16 州。263 年曹魏灭蜀,始分益州为梁州(今四川东部和重庆一带)。264 年(孙吴永安七年)分交州为广州

---

① 《后汉书》卷七五《刘焉传》。

（今两广）。265 年司马氏代魏时为 14 州，吴有 4 州，南北共 18 州。269 年（西晋泰始五年）分雍、凉、梁三州部分地置秦州，270 年分益州西南部地置宁州，274 年分幽州东部地置平州，共 17 州。280 年（太康元年）晋平吴统一，将南北荆、扬州合一，全国共 19 州。291 年从荆、扬二州分出今福建、江西地置江州，307 年从荆、广二州分出今湖南东部和广东北部地置湘州。至西晋末年共 21 州。

西汉州部的幅员很大，北方的州略当今半省、大半省或一省之地。如兖、豫、青、徐四州之地，相当于今山东全省、河南大部、安徽淮河以北、江苏长江以北地；冀州相当于今北京市、天津市、河北大部和辽宁省地；南方的州更大，相当于今二三省或三四省地，如荆州相当于今湖南、湖北二省和河南省南阳盆地以及广东的韶关地区；扬州相当于今浙江、福建全省和安徽淮河以南以及江苏长江以南地；益州包有今四川大部、贵州全省、云南大部和陕西汉中地区；交州相当于今两广和越南北部地。东汉时除朔方并入并州成为跨黄河东西据有今山西大部、陕北和内蒙古河套地区的大州外，其余州幅员都继承下来了。由于州制初为监察区演变而来，为巡视方便，州的边界基本上符合山川形便。刺史驻地选择主要着眼于交通方便，如与传统的政治中心吻合，当然是首选，如司隶部驻洛阳，青州驻临淄，冀州驻刘秀登基的高邑，幽州治蓟，交州治龙编等，而扬州不驻战国以来一大都会的合肥而治长江边上的历阳，豫州驻涡水沿岸的谯，徐州驻沂、沭河沿岸的郯县，兖州驻泗水（又称菏水）南岸的昌邑，显然是这些城市地处东西、南北交通要冲之故；益州治雒而不治成都，当与地处汉中盆地进入成都平原首站有关，凉州治陇县也是因为地处关中平原进入河西的门户；至于荆州治沅水旁的汉寿，显然是与东汉一代经营武陵蛮有关。三国西晋时期，州正式成为一级政区，除周边几个州因分置新州幅员有所缩小外，大体上无明显变化，唯不少州刺史的驻地发生了变化，如冀州从偏西的高邑迁至地位适中的信都（今河北冀州市），徐州迁至彭城（今徐州市），当然较郯更为合适；豫州从谯迁至陈（今河南淮阳），是东汉以来蔡河水运较涡水更为发达之故；兖州从昌邑迁至廪丘（今山东郓城县西北），可能是廪丘近东汉以后的黄河和濮水，交通更为便利；凉州迁至地位适中的姑臧（今甘肃武威），此后一直是河西地区的政治中心，益州迁至成都无疑是最合适的，荆州迁至江陵是两湖地区传统中心，扬州治建业（今南京市）是从政治上考虑的选择，从交州分出今两广地区置广州，番禺（今广州市）当然是首选；其他新置州治，都是选择地位适中的城市，如平州治襄平（辽宁辽阳市），秦州治冀县（今甘肃甘谷县东），在东汉末年一度为凉州治；梁州治南郑（今陕西汉中市），从地理位置考虑，都是最佳选择。总之，自东汉末、三国开始，州作为一级政区,其中心的选择较初置时更为全面了。

三国时期开始稳定的州郡县三级制。州辖郡、国,郡、国辖县、道、邑、侯国,制度同东汉。吴、蜀无王国,只有郡。孙吴还有一种以屯田为主兼管该地人民的农政合一的地方行政区划,即典农校尉和典农都尉,前者同郡,后者同县。如毗陵典农校尉,领毗陵(校尉驻地,今江苏常州市)、云阳(今丹阳)、武进(今镇江市京口区内)三县;如属丹阳郡的江乘典农都尉(今江苏句容北)、湖熟典农都尉(今南京市湖熟街道)、溧阳屯田都尉(今溧阳市)等。这是因为东汉末年中原地区大批人口迁往东南地区,而东南荒地尚多,屯田客即为当地居民,故出现农政合一制度。西晋初都改为郡县。

曹魏有郡国约 90,吴有郡 43,蜀有郡 22,共有 155 郡国。对两汉而言,南北郡国数均有增加。由于疆土没有明显扩大,郡国幅员显然是缩小了。南方郡数增加比较明显,如两汉时今江西省仅豫章一郡,孙吴时分为豫章、临川、鄱阳、庐陵四郡,东汉时今浙江省钱塘江以南部分和福建省合置会稽一郡,孙吴时一分为三,今浙江省钱塘江以南分置会稽、临海二郡,福建自为建安一郡。此外,南北郡数比重发生了变化,三国大体上是北方占 60%,南方占 40%。西晋时总共 162 郡,秦岭、淮河以北有 86 郡,以南 76 郡,北方占 53%,南方占 47%。与此同时,南方的地区政治中心也随着郡级政区的增多而增多。县的情况南北也不同。魏有县 700 余,吴有县 313,蜀有县 100 余,共有县 1 200 左右。与两汉比较,黄河流域的县不仅没有增加,反而减少;而南方明显增加,如吴、蜀境内因经济开发,人口繁衍,县数明显增多。两汉时今福建省境内仅一县,孙吴时增至 8 县;今江西省东汉时置 21 县,孙吴时增至 54 县;今湖南省东汉时置 38 县,孙吴时增至 56 县。南方郡县的明显增多,反映了东汉末年以来南方地区逐渐开发的结果。

晋武帝司马炎认为曹魏未分封同姓诸侯以为屏藩,故司马氏有篡位之机,遂于265 年(泰始元年),封宗室 27 人为王,王有领地,但不过一郡而已。又以诸王出镇重地,造成统治集团内部争权夺利,最终引起“八王之乱”。黄河南北陷入长达 16 年之久的混战。在内战中利用少数民族的贵族参加内战,使匈奴、鲜卑等少数民族长驱直入中原,西晋政权内部力量消耗殆尽,民族矛盾和阶级矛盾加剧,最终爆发永嘉之乱。

西晋末年永嘉之乱,北方先后在游牧民族所建立的十六国统治之下。各国为“务广虚名”,往往在各自统治的较小区域内随意分置许多州,州制开始发生混乱。“如石氏建扬州之号,仅得一城;前燕标荆土之名,惟余数县。”①又如汉刘渊在平阳

---

① 〔清〕洪亮吉:《十六国疆域志》序。

(今山西临汾西南)置雍州,在离石(今吕梁市离石区)又置幽州。前赵刘聪以洛阳为荆州,在隔河北岸的怀县(今武陟县西南)置殷州。北燕仅西晋平州一半和幽州小部分地,却置了并、幽、青、平、冀5州。北凉仅今甘肃张掖、民乐、山丹数市县之地,先后设置了沙、秦、凉3州。南燕疆土稍大,也只有山东半岛地,置了青、并、幽、徐、兖5州。郡的数目则更多,不胜详述。南方东晋有10余州。南朝宋、齐各有20余州。梁天监十年(511年)有23州,以后开疆拓土,析置新州,至大同中(535—545年)仅隔20～30年,竟增至107州。陈朝疆土狭小,仅长江中下游南岸和珠江流域,却有42州(一说44州)。5世纪中北魏统一北方后,经过一番省并,初年有10余州。至孝文帝太和(477—499年)中有38州。以后"开拓土宇。明帝熙平元年,凡州四十六,镇十二,郡国二百八十九矣"。① 当时北中国处于一片战乱之中,人口大量死亡,所谓"孝昌(北魏孝明帝年号,525—527年)之际,乱离尤甚。恒代以北,尽为丘墟;崤潼以西,烟火断绝;齐方全赵,死如乱麻。于是生民耗减,且将大半"。② 在这样背景下,东、西魏分裂时,相合仍有110余州。以后北齐据有北中国东半部地,经过省并,至末年,竟有97州。正如《北齐书·文宣帝纪》所言:"百室之邑,便立州名;三户之民,空张郡目。"北周大象二年(580年)有州211个。南北朝前期共有州50～60个,末年达300余州。州制之滥,至此已极。州既如此,郡亦相同。郡置之滥,北朝胜于南朝。南朝刘宋大明八年(464年)有郡270余个,南齐时有郡370余个,梁天监十年有郡350余个;其中还有在开发南方蛮、俚、僚地区设置的宁蛮府、左郡左县和俚郡僚郡60余个,不少是"或因荒徼之民所居村落置州及郡县,刺史、守、令皆用彼人为之",故《通鉴》胡注说萧齐时"有寄治者,有新置者,有俚郡、僚郡、荒郡、左郡,无属县者,有或荒无民户者,郡县之建置虽多,而名存实亡"。北朝更滥,北齐天保(550—559年)间有郡160个,北周末竟有500余个郡,而县不过1 124个。③ 州郡之滥,其原因或为战争繁多,有功之将别无可奖,唯以州刺史、郡太守为赏;或为新拓少数民族地区,为安抚笼络其首领而赐以刺史之职。于是不得不将州郡领域越分越小,以便安置,州郡数量达到了恶性膨胀的地步。同时当时政局混乱,兵燹连年,政权更迭无常,各国疆场伸缩不时,人口流动靡定,州郡废置不常,

---

① 《初学记》卷八《总叙州郡第一》。
② 《魏书》卷一〇六上《地形志》。
③ 《隋书》卷二九《地理志序》、胡阿祥:《六朝疆域与政区研究史料评说》,载《历史地理》第12辑,1995年。

"版籍之混淆，职方所不能记"。① 各正史地理志已不可能反映当时的实际情况。

东汉末年初行州郡县三级制时，一州往往辖有十几或七八个郡，每郡领有十余县或二十余县不等。可是到了南北朝后期，有些州只辖一两个郡，一郡只领两三个或一两个县。有的州、郡竟无县可领，有的仅存名目。南朝齐在汉中地区的梁州统 65 郡，其中 45 郡"荒或无民户"。② 有的两州、郡合治一地，一人兼任两刺史或太守，称为"双头州郡"。故实际上只是州直接领县，郡形同虚设。中央对地方已失去控制，地方权力也近乎解体。至此，实行了 400 多年的州郡县三级制已经完全处于崩溃境地了。

东晋南朝时期还有一种特殊的地方行政制度，即侨州郡县的设置。但侨州郡县的设置，并非始于东晋，至迟至东汉安帝永初前，就有侨州郡县的设置。不过侨

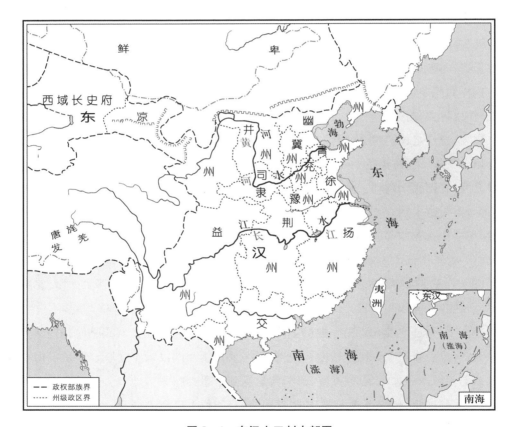

图 8-1　东汉十三刺史部图

（据谭其骧主编《中国历史地图集》第二册绘制）

---

① 《宋书》卷一一《志序》。
② 《南齐书》卷一四《州郡志》。

州郡县的广泛设置乃至成为一种制度,实始于东晋南朝。① 晋末永嘉之乱,中原人民纷纷流徙,大部分渡淮南迁,也有一小部分迁往辽东和河西的。因此侨州郡县不限于东晋南朝,北方也有,如前燕慕容氏将中原地区迁居辽河流域的流人设置侨郡,以冀州人置冀阳郡,以豫州人置成周郡,以青州人置营丘郡,以并州人置唐国郡。河西的割据政权也有会稽郡、建康郡之设。以后北朝也有侨州,六镇起义后,北魏东魏曾侨置恒、云、朔、燕、蔚、显六州于并、肆、汾州界内。西魏、北周亦曾侨置此六州于秦陇地区。② 然而移民规模最大的是南迁。《隋书·食货志》:"晋自中原丧乱,元帝寓居江左,百姓之自拔南奔者,并谓之侨人。皆取旧壤之名,侨立郡县,往往散居,无有土著。"而迁往南方的移民往往是以原中原世家大族为核心形成的流民集团,当地政府为了招抚流民,安置世族大姓,保持其原有显赫的郡望,即就地按原来籍贯的州郡县名设置政区,给予不税不役的待遇。所以侨州郡县作为一种地方制度,并广泛实行,对后代地方行政制度影响较大的则为东晋南朝的侨州郡县。据今人研究,东晋南朝时先后共置过侨州 78 个,侨郡 258 个,其情况十分复杂,也极不稳定。有沦没一州一郡一县,而侨置数州数郡数县者,侨名加"南""北""东""西"字加以区别;有实土恢复而侨置不废,以至于侨实并存者;有实土恢复不再建置,而出现侨州领有原实郡县者;有侨置改名不沿袭旧称而改新名者;有原为王国侨置改为郡者,等等。③ 正如《宋书·诸志总序》所言:"魏晋以来,迁徙百计,一郡分为四五,一县割成两三,或昨属荆、豫,今隶司、兖,朝为零、桂之士,夕为庐、九之民,去来纷扰,无暂止息,版籍为之浑淆,职方所不能记。自戎狄内侮,有晋东迁,中土遗氓,播徙江外,幽、并、冀、雍、兖、豫、青、徐之境,幽沦寇逆。……百郡千城,流寓比室。……莫不各树邦邑,思复旧井。……故魏邦而有韩邑,齐县而有赵民。且省置交加,日回月徙,寄寓迁流,迄无定托,邦名邑号,难或详书。"

　　侨州郡县的地理分布,基本上呈分散状态,如江南、江淮、河淮、江汉、梁益各区均有设置,但仍有相对集中的地带,其原因是多样的。如由于侨流的迁移路线,因此比较集中在南北交通道路上,如渡淮而南经邗沟至江南运河的淮阴、广陵、京口、江乘一线侨置甚为密集,淮南则集中在交通要道钟离、马头、寿春、合肥、历阳、芜湖一线。南阳盆地为关中诸地侨民流迁所经,亦为侨置集密地。汉中、巴、蜀诸地侨

　　① 胡阿祥:《六朝疆域与政区研究》,学苑出版社 2005 年版,第 243—244 页。
　　② 王仲荦:《北周地理志》,中华书局 1980 年版。
　　③ 胡阿祥:《东晋南朝侨州郡县的设置及其地理分布》(上)(下),载《历史地理》第 8 辑,1990 年 7 月;第 9 辑,1990 年 10 月。

置多集中在川陕交通道上。又如建康为东晋都城所在,南渡晋王室大臣多侨居于此,当可理解。过江侨民最集中的是当时地广人稀的旧晋陵郡即今镇江、丹阳、常州、无锡一带,备有徐、兖、幽、冀、青、并、司、豫、扬九州郡邑,而不再南进至经济发达、江东豪强集中的三吴地区,其原因是避免与当地土著发生经济上的冲突。又如襄阳、汉中一带,民户流荒,当地又无强悍的土著大族,故关中、河南大姓侨民多集中于襄阳、汉中一带,甚至出现侨流压倒土著的局面。当时流往岭南、八闽地区的侨民也有,为何不见侨置? 其原因当是流人中无豪姓大族,人口又比较分散,而流入之地地广人稀,又距中原遥远,失去恢复中原之意,故无侨置必要。总之,侨置的地理分布有多种因素综合影响的结果。

东晋以来地方行政制度上出现"吴邦而有徐邑,扬境而宅兖民,上淆辰纪,下乱畿甸"①的局面,侨民大量增加,而国家赋税无得,在管理上、经济上均十分不便。于是从东晋咸和(326—334 年)开始施行"以土断定"政策,具体而言,即通过省并、割实(无实土给予实土)、改属(土断前侨置郡县名义上仍属原州,事务由当地州兼理,土断后侨置郡县改属当地实州或有实土的侨州)、借侨名新立郡县(调整侨民隶属)等措施,调整了地方行政机构,完善了侨民户籍制度,协调了侨州郡县与当地州郡县之间的关系,缓和了因侨置引起的郡县制度与行政区划间的混乱局面。从东晋咸和至陈天嘉(560—565 年)年间,共有 10 次土断,经土断"正其封疆,以土断人户,明考课之科,修闾伍之法"②,使大批侨籍人户与当地户籍一样承担国家税役,增加了政府的财政收入。但土断的政策由于土著豪族阻碍,事难畅行,并不彻底,不少侨置集中之处,仍未土断。因此行政区划上的混乱局面并未彻底改变,直至隋朝统一才最终解决。

州郡县三级制出现原是为了加强地方权力,以维护地方治安,孰料由此引起军阀混战、地方割据,最终出现三国鼎立的局面。其时制度运行尚属正常。司马晋代魏,为巩固司马集团的统治,大封宗室为王,并令诸王出镇,都督诸州军事,复综民事。不料事与愿违,最终酿成诸王争权的"八王之乱",同时引起民族矛盾,诱发了规模更大的永嘉之乱,西晋政权在战争烽火中覆灭。东晋十六国南北朝时期,中国长期处于一片混乱之下,州郡制度的置、废、改、并,已非出于地方管理的需要,完全由战争局面变化和人民迁徙所决定。至南北朝末年州郡之滥无以复加,已到非改不可的地步了。

---

① 《宋书》卷八二《周朗传》。
② 《晋书》卷七五《王国宝传》。

第四节 道路制度的出现与演变

上文已述,州郡县三级制至南北朝后期已经混乱到了极点,郡一级形同虚设,地方行政制度已经到了非改不可的地步了。隋朝建立后,于 583 年(开皇三年)罢天下郡,以州领县。589 年平陈,统一南北,将州县二级制推行到全境。607 年(大业三年)又改州为郡,变成郡县二级制。从此,州即是郡,郡即是州。《隋书·地理志》是大业五年的制度,故以郡领县。当时有郡 190 个,县 1 255 个,与南北朝后期相比,县的数量基本未变,而县以上政区则大大精简了。隋朝实行州县制共 24 年(583—606 年),而实行郡县制仅 12 年(607—618 年)。然而大家都以为隋朝实行郡县制,这是受了《隋书·地理志》的影响。

618 年(唐武德元年)又改郡为州,恢复了州县二级制。然唐武德年间,天下初定,中原尚有群雄竞逐,李氏政权为了扩展自己势力,对归附者和有军功者,均赐予刺史名号,一时间"权置州郡"大量出现,州竟膨胀至五六百之数,"倍于开皇、大业之间"。然这是一种权宜之计,当天下大定后,于 627 年(贞观元年),悉令省并。① 以后在 742—758 年(天宝元年至乾元元年)间又曾一度改州为郡,实行郡县二级制。但唐一代近 300 年,实行郡县制仅 16 年,所以基本上是州县制。

唐代州一级行政区划中府的建制,是唐代的创制。先是开元元年(713 年)升首都雍州为京兆府,升陪都洛州为河南府。以后陆续升新建的陪都和皇帝驻跸过的州为府,如升并州为太原府(732 年),升岐州为凤翔府(757 年),升益州为成都府(757 年),升蒲州为河中府(760 年),升荆州为江陵府(760 年),升梁州为兴元府(784 年),升华州为兴德府(897 年),升陕州为兴唐府(909 年)。五代十国时期各国的首都、陪都都升为府,在黄河流域的有开封府、大名府、太原府、河南府、京兆府、凤翔府等,在长江流域及其以南地区的有江都府、江宁府、长沙府、成都府、兴元府、兴王府(今广州)等。宋代升州为府的情况更多了,除了首都、陪都建府以外,凡皇帝诞生、居住、巡游过的地方,以及其他地位重要的州均建为府。北宋宣和末全境有府 37 个,南宋时全境有府 34 个。② 当时黄河、长江流域一些重要城市所在地几乎都建置了府。府虽与州同级,然其地位略高于州,但到了明清时代大部分领县政区都建为府了。

---

① 《旧唐书》卷三八《地理志》。
② 《宋史》卷八五《地理志》。

　　五代两宋时期地方行政区中还出现军和监的建制。军在唐时是军镇，"唐初，兵之戍边者，大曰军，小曰守捉，曰城，曰镇，而总之者曰道"。① 道就是军区。所以军属军事系统，只管军队，将领称使，多设在边区。五代时军事行动频繁，军不仅管兵马，也辖土地民政。宋代沿袭五代制度，演变成地方行政单位，多设在今山西、河北、陕西沿边地区，统领县、镇、堡、寨；在内地也有在交通要冲或其他重要地点，但还够不上置州条件的地方置军，如为保护漕运和输纳赋税在定陶县置广济军，在夔州云安县置云安军，因为户繁地要，在福建建州邵武县置邵武军等，均领县兼民政。与府州同级的军，其地位与下州相等，属府州的军，地位与县相等。监是由国家经营的矿冶、铸钱、牧马、制盐等专业管理机构，始于隋代。五代北宋时期工矿业得到了空前的发展，对国家财政关系甚大，地方官无法兼营，故划出一定地域由监官管辖，如属于荆湖南路的桂阳监（银冶，今湖南桂阳）和属于成都府路的仙井监（制盐，今四川仁寿）各领二县，成为地方行政机构。军、监有领县与不领县两种，领县的军、监与府州同级，其地位同下州，不领县的军、监属府州，与县同级。总之，宋代领县政区有府、州、军、监四种。县级政区除县外，还有城、镇、堡、砦（寨）等军事建置，大多设在西北边防地区。此外还有许多设置在湘、黔、川所谓"西南溪洞蛮夷"地区沿袭唐制的羁縻州县。

　　北齐时州已分九等，隋朝因之，州郡县各分九等。唐时府不分等，州则根据地位轻重、辖境大小、人口多寡、经济开发程度，分为辅、雄、望、紧、上、中、下七等，县也有赤、畿、望、紧、上、中、中下、下八等。宋代府的地位较尊，"州郡之名，莫重于府"。② 府有京府、次府之分。首都东京开封府、陪都西京河南府、南京应天府、北京大名府，为四京府，其余为次府。州县分等基本同唐。唐代府、州、县长官称尹、刺史、令。宋代为加强中央集权，府、州、军、监均直属中央，长官由京官出守列郡，是为差遣，故其长官名称都是京官带原衔知某府、州、军、监事，如"权知某府事""知某州军事""知某军事""知某县事"，简称"知府""知州""知县"。重臣出任一府之事，称"判某府"。明清时知府、知州、知县才成为正式官名。

　　唐一代有 350 余州，1 500 余县，州县制趋于正常。宋代疆域远较唐代为小，但府州军监也有 300 余个，辖 1 200 多个县级政区。唐代疆土与汉代大体相近，但唐代州的幅员仅汉郡的 1/3，宋代疆土小于唐代，却仍有 300 余州，可见州的幅员更小了。据《宋史·地理志》记载，有将近 1/10 的领县政区只领一县。同时唐前期和宋

　　① 《新唐书》卷五〇《兵志》。
　　② 〔北宋〕洪迈：《容斋四笔》卷一二。

代,按制府州直属中央管辖,刺史无兵权,州县属均由中央吏部铨选。这是唐人洞察了魏晋以来地方分裂的弊端,宋人接受了唐代藩镇割据的教训,有意强化中央集权,削弱地方势力,使其无法割据一方。然而面对这样庞大的府州,中央实际上是无法直接统治的,但又不愿意在府州上再加一级行政机构,怕地方扩大权限与中央抗衡。于是就设计了一种监司机构,每一机构专司一样事务,直属中央,务司其职,互相牵制,于是就产生了道路制度。

公元 627 年(唐贞观元年)根据自然山川形势分全国为 10 个自然区域:关内(潼关以西、秦岭以北,包括河套地区)、河南(当时黄河以南、淮河以北)、河北(当时黄河以北、太行山以东)、河东(黄河以东、太行山以西)、陇右(陇山以西,远及新疆

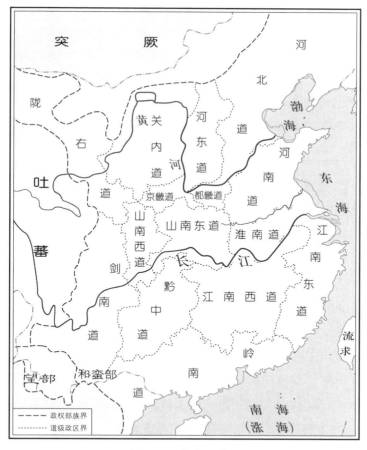

图 8－2　唐十五道图

(据谭其骧主编《简明中国历史地图集》41—42 幅绘制)

地区)、山南(秦岭以南、长江以北)、淮南(江淮之间)、江南(长江以南)、剑南(剑阁以南)、岭南(五岭以南),称为十道。706年(神龙二年)开始曾设过"十道巡察使""十道存抚使""十道按察使",负有监察任务,皆由中央临时派遣,不常置。733年(开元二十一年)分为15道,即将关内道分出首都长安附近地区为京畿道,河南道分出陪都洛阳附近地区为都畿道,又分山南为东西两道,江南为东西两道,另分设黔中道(今贵州大部,川、渝、湘、鄂、桂各一小部)。每道置采访处置使,有固定治所,专检察非法,如汉刺史,正式成为15个监察区。

道　名	治　　　所	道　名	治　　　所
京　畿	治京师长安城内	都　畿	治陪都洛阳城内
关　内	治长安城内	河　南	治汴州,今开封市
河　东	治蒲州,今山西永济市蒲州镇	河　北	治魏州,今河北大名县东北
陇　右	治鄯州,今青海乐都县	山南东	治襄州,今湖北襄阳市
山南西	治梁州,今陕西汉中市	剑　南	治益州,今四川成都市
淮　南	治扬州,今江苏扬州市	江南东	治苏州,今江苏苏州市
江南西	治洪州,今江西南昌市	黔　中	治黔州,今重庆彭水县东
岭　南	治广州,今广东广州市		

中唐以后又出现节度使制度。唐初沿袭北朝以来制度,在军事重地置总管,后改为都督,管辖几个州的军事。永徽(650—655年)以后为加强防务,给边境诸州都督带使持节(节是权力的凭证),以增其权力,称节度使。711年(景云二年)正式命凉州刺都督贺拔延嗣为河西节度使,遂成定制。开元时有沿边八节度,天宝时有沿边九节度使(范阳、平卢、朔方、河东、河西、陇右、剑南、安西、北庭)和一经略使(岭南)。开元末节度使权渐重,除军事外,兼支度使、营田使、采访处置使,已兼及民政、财政和监察。至天宝年间,节度使几乎囊括了边州所有军、政、财、监大权,最终造成尾大不掉之势,爆发安史之乱。至德以后,内地也遍设节度使,大者领州十余个,小者也有三四个,节度使权也愈来愈大,位尊权重,俨然一方大员。节度使兼辖区内所驻地的本州刺史,该州称都府,他州称支郡。其辖区称镇、方镇、藩镇或道,比较不重要的地方则置观察使或防御使、经略使统辖一道,与节度使名异实同,唯地位略低。从而形成了道(方镇)、州(府)、县三级地方行政区划。唐朝后期全国有四五十个镇,除首都京兆府和附近几个州、陪都河南府外,其余府州均属方镇。五

代十国就是唐末藩镇割据的延续。

唐代前期国势强盛，先后灭了东突厥、高昌、薛延陀、西突厥、高丽等，甘肃、四川、云南和贵州地区边疆少数民族也纷纷归附。为了加强这些地区的统治，唐朝政府仿效汉代西域都护的建制，采取了都护府和羁縻府州县的制度，即由唐政府任命当地少数民族原部落首领为羁縻府州都督、刺史、县令，颁发印信，可以世袭，且户籍不上中央户部，绝大部分承担贡赋，这种府州与普通府州即所谓的"正州"不同，称为"羁縻府州"。唐时在沿边各地设置了850余个羁縻府州，分别由边州都督府和军事监护性质的都护府统辖。自太宗贞观年间开始设置，后经省并改徙，至开元天宝年间有六都护府分布四边：安东都护府管辖东北地区，安北都护府管辖漠北，单于都护府管辖漠南，安西都护府管辖天山以南的西域地区，北庭都护府管辖天山以北的西域地区，安南都护府管辖广西西部、云南东南和越南北部地。由于政治形势的变化，上述各都护府的治所和辖区都有过变化（详见疆域一章）。①

唐一代前后期地方行政区划变化，与西汉武帝至东汉末年行政区划的变化十分相似，反映了中国封建社会前期中央和地方权力分配上矛盾的循环。唐初实行州县两级制，削弱刺史权力，原想保持内重外轻、中央权力集中的局面。但州数太多，中央无法控制，早在贞观年间就分天下为10道即10个监察区，推行不定期的监察吏治制度。以后到开元年间设置了15个作为固定监察区的采访使道，主观上就是不愿意推行三级制，希望保持州县两级制，以维护中央的绝对权威，不致引起地方割据。但是像中国这样一个地域广大，人口众多，而又要实行专制主义中央集权体制的国家，地方官权力太小，容易削弱地方上绥靖御侮和发展经济的能力。例如刺史无兵权，而边防地区又不能无军事防御，所以在武德初就在缘边及襟要地区的一些州治置总管府，以本州刺史兼总管，总揽附近数州军事，不久改称都督府；后因四边多事，对边区的都督加使持节，增其权力，称节度使，为一方军事大员。以后为了让节度使有更大的绥靖地方权力，政府被迫将军、政、财、监大权全集中在节度使一人身上，又因边区联防需要，常使一人兼摄数镇。于是边区因军事上需要实行三级制，而内地还是二级制，内重外轻的局面岌岌可危，最终于天宝末年爆发了安史之乱，安禄山即以身为范阳、平卢、河东三镇节度使起兵反唐的。安史之乱后，为了镇抚叛乱，内地也遍设方镇，至德以后，安史之乱虽然平定，但藩镇割据形势已定，俨然一独立王国，地方行政区划形成了实际上的三级制，中央权力大为削弱，唐

①　谭其骧：《唐代羁縻州述论》，载《长水集续编》，人民出版社1994年版。

王朝在藩镇纷争中覆灭,接着就是半个多世纪的五代十国分裂局面。

宋初汲取了唐代藩镇割据的教训,革除了藩镇的实权,尽罢节度使所辖支郡,节度使只是空衔,不理州事,诸州直属中央;并将全国府州军监划分为若干区域,每一区域设转运使负责征收和转输各地的财赋,既然要转输,则必与交通路线有关,故称此区域为路。以后转运使职权逐渐扩大,兼及"边防、盗贼、刑讼、金谷、按廉之任",控制了地方一切行政事务,形成分路而治的局面。真宗时(998—1022 年)考虑到转运使权力太重,于是增设了提点刑狱使,总揽一路司法和监察,安抚使主持一路军事,提举常平使主管一路储备粮食平抑物价,而转运使专理一路财赋和民政。所以宋代一路有四个长官:转运使(简称漕司)、提点刑狱使(简称宪司)、安抚使(简称帅司)、提举常平使(简称仓司),总称监司。

北宋路以转运使为主,初分时极不稳定,省并频繁。997 年(至道三年)始定为15 路:京东、京西、河北、河东、陕西、淮南、江南、荆湖北、荆湖南、两浙、福建、西川、峡、广南东、广南西路。1001 年(咸平四年)分西川为益州、利州二路,分峡路为夔州、梓州二路,合称川峡四路(四川名称由此),共 17 路。1020 年(天禧四年)分江南路为江南东、西二路,是为 18 路。以后屡有省并增改。1072 年(熙宁五年)分京西为南北二路,分淮南为东西二路(一说分于皇祐三年,1051 年),分陕西为永兴军、秦凤二路;1073 年分河北为东西二路;1074 年(熙宁七年)分京东为京东东、京东西二路;至 1085 年(元丰八年)定为 23 路。这是宋代具有代表性的路制。1105 年(崇宁四年)将首都一府置为京畿路。1122 年(宣和四年)宋金盟约,约定联合灭辽后,金归还燕云十六州之地,于是北宋预置了燕山府路和云中府路。不料金灭辽后未能践约,仅还 6 州,未几金人又南侵。所以北宋末年号称 26 路,实际上只 24 路。以北宋一代而言,18 路、23 路的时间最长,为分路的代表。以下为 24 路的治所和辖区:

路　名	治　　所	辖　　　区
京畿路	陈留(今开封市祥符区陈留镇)	今河南开封市为中心,北至延津、长垣,南至扶沟、太康,东至民权、睢县,西至中牟、尉氏
京西南路	襄州(今襄阳市)	今河南唐白河流域、湖北宜城以上和陕南的汉江流域
京西北路	河南府(今洛阳市)	河南伊洛河流域和汝颍河流域
京东东路	青州(今青州市)	今山东泰山山脉以北以东地和江苏宿迁地区
京东西路	应天府(今商丘市南)	今山东泰山山脉以西以南地和江苏徐州地区

(续　表)

路　名	治　所	辖　区
河北东路	大名府(今大名县)	今河北省拒马河、大清河以南容城、肃宁、滏阳河以东、天津市南部和山东省聊城、滨州地区
河北西路	真定府(今正定县)	今河北省拒马河以南高阳、饶阳、滏阳河以西和河南省黄河以北地
河东路	太原府(今太原市)	恒山以南、除涑水河流域以外的今山西全省和陕西府谷、神木、佳县地
永兴军路	京兆府(今西安市)	今陕西白于山、横山以南,蒲河、麟游以东,甘肃环江、马莲河流域地
秦凤路	秦州(今天水市)	今陕西秦岭以北、蒲河、麟游以西,宁夏同心以南,甘肃黄河以南,青海湟源以东地
淮南东路	扬州(今扬州市)	今安徽淮河以北和淮南嘉山、全椒以东至海的江淮间地
淮南西路	寿州(今凤台县)	今河南光山、湖北武汉市黄陂区以东,安徽池河、滁河以西的江淮之间地
两浙路	杭州(今杭州市)	今浙江省和大茅山以东的苏南地区
江南东路	江宁府(今南京市)	今江苏大茅山以西和皖南地以及江西鄱阳湖以东昌江、乐安江、信江流域
江南西路	洪州(今南昌市)	除鄱阳湖以东地区外的今江西全省
荆湖南路	潭州(今长沙市)	今湖南省
荆湖北路	江陵府(今荆州市)	今湖北省宜城、钟祥、京山以南,始建、鹤峰以东的大部分地
成都府路	成都府(今成都市)	今四川省江油、绵阳、简阳、仁寿、犍为以西地
梓州路	梓州(今三台县)	今四川盐亭、仪陇以南,平昌、邻水、重庆大足以西,中江、资阳、屏山以东和贵州西部地
利州路	兴元府(今汉中市)	今陕西秦岭以南、佛坪、石泉以西和四川平昌、营山、南部、梓潼以北地
夔州路	夔州(今奉节县)	今重庆市达州市、垫江、壁山以东和贵州省东部地
福建路	福州(今福州市)	今福建省
广南东路	广州(今广州市)	除雷州半岛以外的今广东省
广南西路	桂州(今桂林市)	今广西壮族自治区、海南省和雷州半岛

北宋所谓18路、23路,均指转运使分路而言,宪司、帅司分路则不同。如河北地区转运使分为东西二路,帅司因防御契丹需要分为大名府、高阳关、真定府、定州四路,宪司则合为河北一路。陕西地区转运使分为永兴、秦凤军二路,但为对付西

夏,安抚使分为永兴军、鄜延、环庆、秦凤、泾原、熙河六路。全国各路普设漕、宪二司,帅司则不一定每路均设。

1127年(南宋建炎元年)诸路遍设安抚司,此后南宋一代因长期处于战争状态,分路均以安抚使为主,虽有分合,然长期稳定为两浙东、两浙西、江南东、江南西、淮南东、淮南西、荆湖南、荆湖北、京西南、成都府、潼川府、夔州、利州、福建、广南东、广南西等16路。漕司、宪司则不同,如两浙路安抚司分为东西二路,漕司则合为一路。

故宋代地方行政制度的特点:一是不在府州以上设立一级行政机构和单一的长官,而是将各路不同事务,分为军、政、财、储四种监司,各司其职,不集权于一司一人;二是诸司分路不同,治所不一,有时诸司分路相同,但治所也不在一地,互相牵制,形成复式路制;三是府州可不通过监司,直接向中央奏事。因此也不能算是严格意

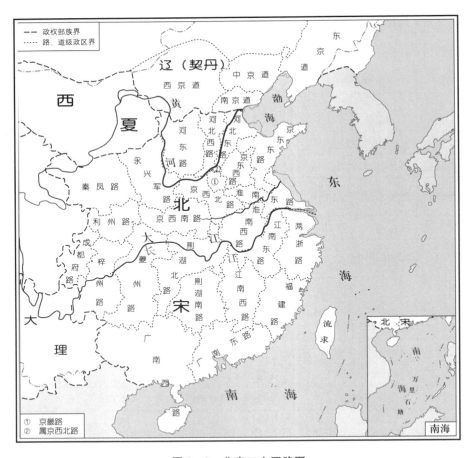

图 8-3　北宋二十四路图

(采自谭其骧主编《简明中国历史地图集》51—52幅)

义上的三级制,但这些监司毕竟统辖一路某一事务,故可视为二级半或虚三级。

由此可见,宋代路制完全是为了不使地方形成割据局面,达到中央高度集权、内重外轻的目的。这种强干弱枝的结果,大大削弱了地方对外防务对内镇抚的能力,故有宋一代内忧外患不止。

唐代疆域与汉代大致相当,唐初 10 道的幅员则比汉 14 州部地域还要广袤,如唐河北道包括了汉幽、冀二州,河南道包括了汉兖、豫、青、徐四州,江南道的幅员超过了荆、扬二州。开元后分为 15 道,与汉州大致相当了。京畿、都畿二道,是因首都、陪都而分,京都地区为王公贵族、豪门权臣聚居之地,最为难治,故幅员最小,不过五六个州。其他除江南、山南两道外,幅员与汉州相近。安史乱后,道(方镇)成为一级行政区划,大约有四五十州,其幅员与秦郡相当,小的方镇不过数州、十余州,大的方镇如福建、江西、岭南相当于今福建省、江西省和未分海南省前的广东省。宋代的路幅员要比唐道小。北宋转运使路可以天禧 18 路和元丰 23 路为代表,18 路幅员除陕西路较今陕西省为大,另有今甘肃东部、宁夏南部和青海一小部分地,其余各路大致与今省幅员相近。如福建路与今福建省完全相同,京东路与今山东省相差很小,广南东路与今广东省相比少了雷州半岛,而广南西路则除今广西壮族自治区外还有雷州半岛和海南省。23 路时经过分置的各路都较今省为小。

唐代 10 道、15 道划分的原则是"山川形便",为了中央大员按察、举刺之便,就必须考虑到交通上的便利,故各道边界大多附合自然地理区划。安史乱后,全国分为四五十方镇(道),这些道的分界,虽然有些是政治、军事原因,有跨江(荆南、鄂岳)、跨淮(武宁)、跨太行(潞州)等不合自然区划的分界,但大多数是继承了 15 道的划区,再行析小而已。而这种析置也考虑到自然区划,并且有不少被继承为今天的省区,如江西、湖南、福建就相当于今天的省区。北方的情况要复杂一些,但也并非完全不考虑自然条件,如今山东省以泰山山脉为界分为平卢(鲁北和胶东)、兖海(鲁南)、义成(鲁西南)三镇。宋代转运使路主要职责是转输一路财赋,理应更按自然区划划分,但宋朝统治者接受了唐代藩镇割据的教训,为了加强中央集权,防止地方割据,开始有意背离了"山川形便"的原则。如河东路基本以今天山西省为境,但西北又跨黄河有今陕西神木、府谷、佳县地,南面却舍弃涑水河流域入永兴军路;如商洛地区唐属山南东道较合理,而宋改属永兴军路;淮南东路名曰淮南,却有今安徽省淮北地;京西北路从洛阳斜东南跨过熊耳山,直抵淮滨,而北又有黄河北岸的孟州。而宪司、帅司分路又不同,这完全可见宋代在分路治理上的政治因素。

唐宋时代政区分布的地理格局已与汉晋时不同,以秦岭淮河为界,汉代 14 州部是北 10 南 4,西晋 19 州是北 12 南 7;而唐 15 道则是北 7 南 8,这说明从唐代开始南方经济已逐渐上升,以至与北方抗衡;宋代 23 路则为北 8 南 15,即便是将辽、西夏的政区也算进去,也是南密北稀,也从一个侧面反映南方人口、经济地位的上升。特别要指出的是,两宋时期加强了对湖南、四川、贵州地区的开发,继承了唐代羁縻州的制度。

辽代统治区分为两大部分,一是北面契丹本部和其他游牧民族区,一是南面汉人农耕区,辽朝政府采取不同的统治体制。《辽史·百官志一》云:"辽国官制,分南北院。北面治宫帐、部族、属国之政,南面治汉人州县、租赋、军马之事。因俗而治,得其宜矣。"辽代对南面原汉人地区采用的地方行政区划是杂糅了唐宋制度,在分区上沿袭唐代制度,将全境分为 5 道。每道有一政治中心称府,建有京号,并以京号为道名,合称五京道。

道　名	治　　　　　所	辖　　　　　区
上京道	上京临潢府(今内蒙古巴林左旗林东东城街道)	今西拉木伦河流域为中心契丹本土
中京道	中京大定府(今内蒙古宁城西大明镇)	今内蒙古老哈河上游和英金河、锡伯河流域,辽宁的大小凌河流域和河北省长城以外的滦河流域
东京道	东京辽阳府(今辽宁辽阳市)	原东丹国地,今辽河、嫩江以东至海,外兴安岭以南地区,包有今朝鲜东北部地
南京道	南京析津府(今北京城西南隅)	原幽蓟十六州东部地,今海河、大清河以北,内长城以南的北京市、天津市、河北省地
西京道	西京大同府(今山西大同市)	原幽蓟十六州西部地,今山西省北部和内蒙古东南部地

但具体统治方法上却采用了宋代的路制,即每道设总管府(师司)、处置使司(宪司)和转运使司(漕司),①也是三权分立。道以下分府、州、军、城四类,府、州下领县;另有隶属府、州的州、军、城,与县同级,这类州也领县。这种制度前所未有,开明清时代直隶州、散州的先声。辽代的府除五京五府外,还有在渤海国故地设置的率宾、定理、铁利、安定、长岭、镇海六府和 1041 年(重熙十年)升霸州置的兴中府(治今辽宁朝阳市),地位次于京府。

---

① 转运使司各道名称不一,如南京道称转运使司,中京道称度支使司,西京道称计使司,东京道称户部使司,上京道盐铁使司。见《辽史》卷四八《百官志四》。

　　辽代还有三种特殊的地方行政制度：一是头下军州，又作投下军州。《辽史·地理志》："头下军州，皆诸王、外戚、大臣及诸部从征俘掠，或置生口，各团集建州县以居之。横帐诸王、国舅、公主许创立州城，自余不得建城郭。""其节度使朝廷命之，刺史以下皆本主部曲充焉。"这是贵族、功臣将战争中掠夺来的人口，作为他们私奴所建立的州县。按人口多少分为头下州、军、县、城、堡等级次。《辽史·地理志》记载头下军州有 16 个，《契丹国志》载有 23 个，大多与《辽史》不同，总数可能有30 余个，因屡有废置，记载不全。二是斡鲁朵制，即宫帷制。斡鲁朵是皇帝皇后的宫殿、行帐所在。辽代共有 12 宫 1 府。① 这种以皇帝或皇太后私奴所建立的州县，属该皇帝的某宫（斡鲁朵）所辖，实际就是皇帝的头下军州。由宫卫统辖的州县大多集中在上、中、东三京道即契丹腹地，有利于保卫契丹统治核心集团。三是边防城。主要设置在西北边防线上的州、军、城，总称边防城。为国防需要所置，不承担赋税，虽也称州，实与传统州不同。

　　辽代对北边原游牧部族地区不采取中原王朝传统的州县制，分为部族、属国两类。部族置节度使，分别属东北路招讨司、东北路统军司、东北路兵马司、东京都署司、西北路招讨司、西南路招讨司、黄龙府都部署司、乌古敌烈统军司等边防官司。属国则"朝贡无常。有事则遣使征兵，或下诏专征。不从者讨之。助军众寡，各从其便，无常额"。② 据《辽史·地理志》记载，辽朝有 5 京，6 府，156 州、军、城，306县，52 部族，60 属国。

　　辽代国土主要部分是契丹本土、蒙古高原和东北黑龙江、松花江流域的女真族地，占有汉族的土地仅山西恒山、大茂山和河北拒马河、大清河以北地。因此所分五京道幅员广大，并且符合民族和自然界线。如中京道即原唐时奚族饶乐都督府的老哈河上游和滦河中上游地区，上京道即本部西拉木伦河流域和蒙古高原，东京道即大兴安岭以东女真族地，而西京、南京两道即今以内长城为界的晋北、冀北和京津地区。其治所也都是隋唐以来传统的政治中心。

　　金代杂糅辽、宋制度，前后有 17、20、19 路之分。每路置一都总管府，掌一路军事兼民政。金灭辽后，沿袭了辽代五京之制，以其发祥地为上京会宁府（治今黑龙

---

　　① 辽代九帝各一宫，另两位摄政最久的应天、承天两皇太后各一宫，皇弟置一宫，丞相耶律隆运置一府。
　　② 《辽史》卷三六《兵卫志下》。

江省哈尔滨市阿城区南白城）。侵宋占领秦岭、淮河以北地后，1153 年（金贞元元年）迁都燕京析津府，改为中都大兴府（今北京城西南隅），改辽中京大定府为北京大定府，以宋故都为南京开封府，东京辽阳府、西京大同府因辽之旧。这一都五京各领一路。此外，改北京路（辽上京道）为临潢府路，分东京路为咸平路。河北东、西路因宋之旧，并分其南部为大名府路，分宋河东路为南北二路，山东东路、山东西路因宋京东东路、京东西路之旧，分宋陕西的秦凤路、永兴军路为京兆府及凤翔、鄜延、庆原、临洮五路。至大定（1161—1189 年）为以上 20 路。1205 年（泰和五年）并临潢府路入北京路，是为 19 路，即为《金史·地理志》制度。另外还置转运使司，掌一路财赋，提刑使司（后改按察使司）掌一路司法，统军司掌一路兵马。这三种监司分路与总管府不同，如凤翔、庆原、临洮三总管府路，合为陕西西河转运使司一路，京兆府、鄜延二总管府路，合为陕西东河转运使司一路。故总管府为 19 路时，转运使司为 13 路，提刑使司为 8 路，统军司为 3 路。此制与宋相仿。金代在东北外兴安岭以南、黑龙江流域设有曷懒路、婆速府路、蒲与路、速频路、胡里改路等，也为地方基层行政单位，不领府州县，只辖猛安、谋克（300 户为一谋克，10 谋克为一猛安，是军政合一的部落联盟组织）。曷懒、速频等 4 路隶属上京路，婆速府路隶属东京路，[①]故不在 20 路、19 路之数。

金代 20 路分为 1 都、5 京府与 14 总管府，下辖府、州、军（后尽升为州）。中都与上、东、南、西、北五京置留守兼摄府尹、总管，诸总管府则由府尹兼总管，各治本路。其作为散府，各置府尹，所辖仅限本府，隶于路。州分节度、防御、刺史三级，分上中下三等，共三级九等。县置令，按户口多少，分赤、京、剧（次赤）、次剧、上、中、下七等。据《金史·地理志》载，金代后期有京府州 179，县 683。《金史·兵志》载，大定末年有猛安 202，谋克 1 878。

金代分路基本上沿袭了辽道、宋路制度，同时根据当时政治、军事形势另有分析。对宋境而言，宋代河北为东西两路，金时在东路南部分置大名府路，宋河东路金分为南、北两路，显然是为了对付宋朝军事上的需要；金分宋时永兴军、秦凤两路为五路也是为了对付西夏。东北边区大体上也是如此，如女真起源于东北，对当地民族控制当较辽代更为严密，故析上京道为上京路、咸平路、东京路三路。金代路制以总管府为主，其军事性十分明显。

---

① 谭其骧：《金代路制考》，载《长水集》下册，人民出版社 1987 年版。

路　名	治　　所	辖　　　区
中都路	大兴府（今北京城西南隅）	今河北长城以南,北京市、天津市海河以北和河北清苑、高阳、文安以北地
河北东路	河间府（今河间市）	今天津市海河以南、河北大城、高阳以南,蠡县、束鹿、新河以东至海,南宫、吴桥以北和山东德州、庆云以北地
河北西路	真定府（今正定县）	今河北长城以南、望都、深泽、威县、肥乡以西地和河南新乡地区
大名府路	大名府（今大名）	北自河北故城,南至河南长垣,东至山东平原、高唐、阳谷、郓城,西至河北清河、魏县和河南内黄间的冀、豫、鲁三省交界地
上京路	会宁府（今哈尔滨阿城区南白城）	今黑龙江中下游,乌苏里江、松花江、嫩江流域和大兴安岭一带
咸平路	咸平府（今开原市北）	今辽宁北部铁岭以北的辽河流域地
东京路	辽阳府（今辽阳市）	今辽宁东部和吉林东南部地
北京路	大定府（今内蒙古宁城县西大明镇）	东至今辽宁锦州市,西至今河北丰宁县,南至河北长城和秦皇岛,北至内蒙古赤峰市
临潢府路	临潢府（今内蒙古巴林左旗林东东城街道）	今内蒙古大兴安岭以南,黑龙江、吉林双辽以西,西拉木伦河南岸以北,达尔泊以东地
西京路	大同府（今大同市）	内蒙古固阳、达尔汗茂明安联合旗以东,达尔泊以西,山西北部和河北内外长城间地
南京路	开封府（今开封市）	今黄河以南、淮河以北的今河南省和安徽淮北地
山东东路	益都府（今青州市）	同宋京东东路
山东西路	东平府（今东平县）	同宋京东西路
河东北路	太原府（今太原市）	今山西省灵石、榆社、左权以北、恒山以南地
河东南路	平阳府（今临汾市）	今山西省灵石、榆社、左权以南地和河南省黄河以北焦作市地
京兆府路	京兆府（今西安市）	今陕西黄龙、宜君以南,镇安、商南、山阳以北,乾县、武功、户县以东地和河南灵宝、卢氏、滦川地
凤翔路	凤翔府（今宝鸡市凤翔区）	今陕西秦岭以北麟游、崇信以西,宁夏同心以南,甘肃会宁、通渭、甘谷以东地
鄜延路	延安府（今延安市）	今陕西无定河以南,黄龙山以北地
庆原路	庆阳府（今庆阳市）	甘肃环江、马莲河流域
临洮路	临洮府（今临洮县）	今甘肃黄河以南,会宁、通渭以西,洮河以北地

　　西夏的地方行政制度也是杂糅了唐宋制度,分为州县二级。《宋史·夏国传》载,西夏后期有22州。《宋史·钟傅传》载,宋崇宁四年（1105年）时,西夏河南之地

有 45 州。今人研究西夏州名可考者有 36 州。① 西夏的州规模很小，人口稀少，也有许多是将原来的城镇堡砦改建为州，以张声势，安置部属。此外还有郡和府的设置。郡兼理军民置于边防要地，如五原郡、灵武郡、蕃和郡、镇夷郡等。府有兴庆府（兴州）、西平府（灵州），为银川平原上两个政治中心，分别为东京、西京。西夏是军事性质很强的政权，在其全境分为 12 个军区，设有 12 个监军司，每一监置都统军、副统军、监军使各一员。其名称和驻地如下：

监军司名	驻　防　地	监军司名	驻　防　地
左厢神勇监军司	夏州弥陀洞（今陕西榆林市北）	石州祥祐监军司	石州（今陕西榆林市横山区东北波罗堡一带）
西寿保泰监军司	柔狼山（今甘肃白银市平川区共和镇郎山村）	右厢朝顺监军司	兴庆府北贺兰山区的克夷门，一说凉州（今武威市）
白马强镇监军司	今内蒙古阿拉善左旗北、贺兰山西北，一说在盐州（今定边）	黑水镇燕监军司	肃州东北，今内蒙古额济纳旗境黑水故城，即汉居延故城
黑山威福监军司	今河套乌加河北，一说今宁夏中卫北黑山嘴	宥州嘉宁监军司	驻宥州（今内蒙古鄂尔多斯市鄂托克前旗东南城川镇）
韦州静塞监军司	韦州（今宁夏同心县东北韦州镇）	卓啰和南监军司	卓啰城（今兰州市永登县城中部永登城址）
甘州甘肃监军司	甘州（今张掖市）	瓜州西平监军司	瓜州（今甘肃瓜州县东南）

据文献考证，此外还有中寨（翔庆）监军司、啰庞岭监军司、弥娥州监军司之设，确址不明。②

7 世纪至 9 世纪建于云南地区的南诏国的地方行政制度吸收了唐朝制度，但也保持了自己的民族特色。其地方行政制度有仿唐制度的节度、都督、府、郡、州、县，还有民族特色的赕和部（地方民族集体，相当于县）。早期首府为太和城（今大理市太和村西），779 年徙都阳苴咩城（今大理古城西三塔附近）。另置善阐府（今昆明市）为别都。南诏的统治中心始终在今大理州一带，先后在今大理州境内设置了十赕，《新唐书·南蛮传》说："夷语赕若州。"赕即相当于唐朝的州，此十赕分别为：云

①　章巽：《夏国诸州考》，载《开封师院学报》1963 年 9 月第 1 期。
②　李昌宪：《中国行政区划通史·宋西夏卷》，复旦大学出版社 2007 年版，第 721—722 页。

南赕(驻今祥云云南驿)、白崖赕亦曰勃弄赕(驻今弥渡县红岩)、品澹赕(驻今祥云)、赵川赕(驻今大理凤仪)、蒙舍赕(驻今巍山)、蒙秦赕(驻今漾濞)、邆川赕(驻今洱源南邓川)、大厘赕亦曰史赕(驻今大理喜洲)、苴咩赕亦曰阳赕(驻今旧大理县)、矣和赕(驻今洱源县东北之三营),都在洱海周围地区,是南诏国王的直辖领地,也是南诏的政治、经济、文化中心。其后南北开疆拓土,设置了六节度和二都督。六节度为:

节度名	驻　　地	辖　　　区
弄栋节度	弄栋城(今姚安县)	今云南姚安、元谋、楚雄、大姚、永仁等地
永昌节度	永昌府(今保山市)	今云南保山、临沧和普洱市的一部分、德宏州大部、怒江州西部和缅甸克钦邦北部地
银生节度	银生府(今景东彝族自治县)	今云南澜沧江以东、哀牢山以西和老挝北部地
拓东节度	拓东城(今昆明市)	今云南金沙江以东、南盘江以北地区
丽水节度	丽水城(今缅甸密支那南伊洛瓦底江东岸达罗基附近)	今缅甸伊洛瓦底江上游两岸地区
剑川节度	剑川城(今剑川县)	今云南华坪、云龙以北的澜沧江、金沙江流域

二都督为:会川都督(治今四川会理),辖今云南金沙江以西、雅砻江以东、大渡河以南地;通海都督(治今云南通海),辖今云南东南部元江两岸个旧市地区。十赕是南诏的核心地区,六节度、二都督是仿效唐制,是边区军政合一的地方行政制度。这些节度、都督下各辖府、郡、州、县、部、赕、城,南诏先后曾置节度11、都督2、府4、郡10、州6、县3、赕25、部42、城30。

公元937年至1253年在云南建立的大理国,以大理(阳苴咩城)为首府,其周围今大理州地为国王直辖王畿之地。其地方行政区划立脚点基本上同南诏,后期略有增改。除首都大理府外,另有称府、郡的14个政区:

府、郡名	驻　　地	辖　　　区
大理府	今大理市	今云南大理为中心的洱海周围地区
善阐府	今昆明市	今云南昆明市滇池周围地区
威楚府	今楚雄市	今云南澜沧江以东、普渡河、绿汁江以西,哀牢山、无量山东西两麓地区
会川府	今会理市	今四川会理、会东、米易等地
建昌府	今西昌市	今四川大渡河以南、云南金沙江以西、雅砻江以东地
永昌府	今保山市	今云南澜沧江以西、怒江以东、保山以南地

府、郡名	驻 地	辖 区
腾冲府	今腾冲市	今云南高黎贡山以西、那加山脉以东的缅甸伊洛瓦底江以北地
谋统府	今鹤庆县	今云南鹤庆、剑川、兰坪、碧江、福贡等地
最宁府	今开远市	今云南南盘江以南、开远、蒙自以东的东南部地
弄栋府	今大姚县	今云南大姚、姚安、永仁等县地
善巨郡	今永胜县	今四川雅砻江以西盐边、盐源和云南金沙江、维西、贡山以北地
秀山郡	今通海县	今云南蒙自以西,华宁、峨山以南,红河、绿春以东和越南莱州地
石城郡	今曲靖市	今贵州盘县、普安、晴隆和云南寻甸、陆良、弥勒以东,南盘江以北地
东川郡	今会泽县	今云南昆明市东川区、会泽、巧家地
景 咙	今景洪市	今云南西双版纳傣族自治州和老挝琅勃拉邦、昌盛等北部地

以上 15 政区领有州和民族自治组织的部、甸(赕)以及属府的郡、县、城、邑,据统计,先后共有郡 5、州 3、甸(赕)33、部 85、城 7、县 1、邑 1。这些说明大理国是以白族为主的多民族国家。

7 世纪末至 10 世纪上半叶,建立在东北松花江、牡丹江、鸭绿江流域的渤海国的地方行政区划仿照唐制,设 5 京、15 府、3 独奏州(直隶州)、57 属府州、114 县。

京 府	治 所	辖 地
上京龙泉府	龙州(今黑龙江宁安市东京城镇)	龙、湖、渤 3 州,长平等 8 县
中京显德府	显州(今吉林敦化市敖东城)	卢、显、铁、汤、荣、兴 6 州,位城等 25 县
东京龙原府	庆州(今吉林珲春市西南八连城)	庆、穆、盐、贺 4 州,龙原等 17 县
南京南海府	沃州(今朝鲜咸兴,一说镜城)	沃、睛、椒 3 州,沃沮等 15 县
西京鸭绿府	神州(今朝鲜慈江道鸭绿江东南岸长城里)	神、正、桓、丰 4 州,神鹿等 10 县
长岭府	今吉林桦甸市苏密城	瑕、河 2 州
扶余府	今吉林四平市	扶、仙 2 州,扶余等 7 县
鄚颉府	今黑龙江哈尔滨市东南阿城区	鄚、高 2 州,奥喜等 2 县
定理府	今俄罗斯苏城	定、潘 2 州
安边府	今俄罗斯奥耳加	安、琼 2 州

（续　表）

京　　府	治　　所	辖　　地
率宾府	今绥芬河流域双城子	华、兴、建 3 州
东平府	今兴凯湖西北岸	伊、蒙、沱、黑、比 5 州，紫蒙等 18 县
铁利府	今黑龙江依兰县	广、汾、蒲、海、义、归 6 州
怀远府	今黑龙江同江市附近	达、越、怀、纪、富、美、福、邪、芝 9 州，怀福等 9 县
安远府	今乌苏里江以东伊曼附近	宁、湄、慕、常 4 州，新安等 3 县
郢州	今黑龙江林口县一带	
铜州	今吉林嘎呀河上游一带	
涑州	今吉林吉林市一带①	

　　隋、唐、两宋是我国封建社会政治、经济、文化高度发展时期，也是继秦、汉以后中央集权进一步发展的时期。在这个时期里，中央与地方的关系经过一个集权—分权—集权的曲折过程，在地方行政区划方面就表现为二级—三级—虚三级的变化，这种地方行政制度也影响了周边民族政权，而周边民族政权在吸收了汉族王朝的制度外，也保留了自己民族的特点。这一时期的地方行政制度又为后来的元明清三代所继承，充分体现了多民族共同缔造国家的特色，本时期的政区制度的特点：（一）隋朝和唐前期接受了魏晋南北朝数百年分裂的历史教训，建国之初，在地方行政制度上即实行中央集权体制，全国 300 多州直属中央领导。但在中国这样一个地域广大、地形复杂的国家里，由中央政府直接管辖这 300 多州，实际上是无法办到的。一个州仅辖几个、十几个县，刺史又无兵权，边区的州如何能起防御守卫的作用？于是在唐初设置的不固定监察区 10 道的基础上，唐中期形成了固定的 15 道监察区，道采访使仅有检察非法之权，不能干涉地方行政，还是坚持州县两级制。而边区则开始实行了都督府制，即数州联合的军区制，以后发展为节度使，集军、政、财、监大权于一人，最后发生了安史之乱。此后又是藩镇割据，形成中央与地方分权的三级制，最后唐亡于藩镇。赵宋代兴，实行高度中央集权体制，废除节度使实权，全国数百州直接向中央奏事，由中央派员知方地事，坚决不采取三级制，而是采取漕、帅、宪、

---

　　①　关于渤海国诸府的地望，金毓黻《渤海国志长编》、津田左右吉《渤海考》、和田清《渤海国地理考》、孙进己《东北历史地理》《东北民族史稿》及有关东北地区地方志等，说法都不一致，今姑从谭其骧主编《中国历史地图集》。

仓四种监司分立的路制,各司其事,互相牵制,达到高度集权中央的目的。结果目的是达到了,但这种强干弱枝、内重外轻绝对集权的做法,使得"一兵之籍,一财之源,一地之守,皆人主自为之也"。地方上对内绥靖、对外侮御的能力极差,宋代终于在积贫积弱、内忧外患不止的情况下亡国。由此可见,像中国这样一个地域广大、地理条件复杂的国家,实行中央集权体制,必然会有中央与地方权力分配上的矛盾,这种矛盾在唐宋时代最终未获妥善的解决。(二)唐宋时期的地方行政制度,对边区少数民族政权具有很大的影响。辽代的五京道、金代的五京和路制,渤海的五京、南诏的节度、大理的府郡、西夏的州,无疑都是受到唐宋制度的影响。这种影响还远及日本和朝鲜。从历史的发展来看,不仅唐宋时代的道、路、府、州(包括羁縻州)制度为以后元、明、清三代(改羁縻州为土司制)所继承,就是明、清的都、布、按三司也是宋代帅、漕、宪三司的发展。由此体现我国地方行政制度的继承性和稳定性。(三)唐宋时期的边区民族政权,除了吸收汉王朝的制度外,还根据本民族统治区的特点,设有府州以外的行政体制,如辽代的头下军州、部族、属国,金代的猛安、谋克,西夏的监军司,南诏、大理的赕等,这些制度同样也影响了后代王朝,元代岭北行省的部,明代行都司、卫所,清代边区的盟、旗、城和将军制等都可以从中找到渊源。

从这一时期地方行政制度也可以看出汉族王朝与周边少数民族王朝在地方行政体制上的双向交流,反映了我国多民族共同缔造的特点。

第五节　行省时代与中央集权的加强

自元代开始,我国实行省(行省)、路(府、州)、县三级地方行政制度,最高一级为行省(省),故称行省时代。

行省制度实起源于魏晋以来的行台制度,原为中央(台、省)的派出机构。凡地方有事,临时代中央执行任务,事毕即罢。东魏、北齐时曾分道设置过行台省。以后金代初年曾置行尚书省于汴京,以治刘豫伪齐旧地,即陕西、河南地,后罢。1194年(金明昌五年)为治理黄河也曾置行尚书省,河工毕即罢。至金朝末年外遭蒙古、西夏、南宋三方面的进攻,境内到处发生农民起义,所设行省渐多,如在北部邻近蒙古边境地区连续设置了临潢、抚州、北京三行省,南面为了备宋,在黄河南北也开始设置行省,如南京行省。末年国势日蹙,置行省更多,稍大的有大名、陕西、河北、河东、辽东、益都等行省;稍小的有关中、徐州、邓州、息州、陈州、陕州等行省,为时都很短。这些行省虽然都是临时中央的派出机构,前期只理民政,不理军事,后期因内忧外患不断,行省兼理民政、军政,实际成了地方一级政区,前期行省职官仿中央尚书省而置,官品比中央低一品,出任者由左右丞相、平章政事领行省事,以后行省较多,则以参知政事领行省事,不过因时代动乱,建置没有固定,事毕即还朝。①

　　蒙古占有金地后,也仿金朝实行行省制度,如燕京行省、山东西路行省等。金代称行尚书省,元世祖时将尚书省并入中书省,故称行中书省。起初也是中央临时派出机构,"有征伐之役,分任军民之事,皆称行省,未有定制"。后因军事征伐时间很长(从伐金到灭宋共70年),逐渐形成定制,其职能也由只管军事变为兼及民政,后因中央宰执行某处省事系衔嫌于外重,其长官由中书省宰执官系衔出领某行省事演变为某处行省某官,不再带中书省宰相职衔,并罢各行省所设丞相,只置平章

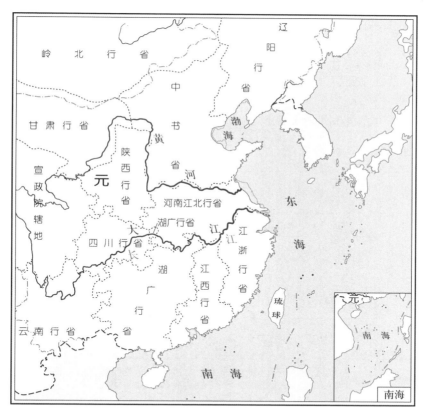

图 8-4　元中书省和 10 行省图

(据谭其骧主编《中国历史地图集》第 7 册绘制)

---

　　① 景爱:《金代行省考》,载《历史地理》第 9 辑,1990 年。

事为最高长官,以别于都省。行省从都省派出机构逐渐演变为地方最高行政机构,"掌国庶务,统郡县、镇边鄙,与都省为表里","凡钱粮、兵甲、屯种、漕运、军国重事,无不领之"。① 这种演变大约完成于平宋以后。

元朝初年全国仅置 7 个行省,幅员十分辽阔,如中书一省竟包括以后的中书、辽阳、岭北三省之地,陕西行省包括后来的陕西、四川、甘肃三行省,以后行省设置和辖区变化很不稳定,到 1290 年(至元二十七年)在全国范围内调整行省建制,除吐蕃地区直属中央宣政院外,分为中书省和 10 行中书省,共 11 个区域:

行 省 名	省 会	辖 区
中书省(中央中书省直辖地区,又称都省、腹里)	大都(今北京城)	今北京、天津二市及山西、山东、河北、河南省黄河以北部分和内蒙古部分地
辽阳行省	辽阳(今辽宁辽阳市)	今辽宁、吉林、黑龙江三省以及黑龙江以北、乌苏里江以东地
陕西行省	奉元(今西安市)	今陕西全省、甘肃东南部和内蒙古部分地区
甘肃行省	甘州(今张掖市)	今甘肃河西走廊、宁夏大部和内蒙古部分地
河南江北行省	汴梁(今开封市)	今河南省黄河以南及湖北、江苏、安徽三省的长江以北地区
江浙行省	杭州(今杭州市)	今上海市、安徽和江苏长江以南部分,浙江、福建二省及江西省部分地
江西行省	龙兴(今南昌市)	今江西省大部及广东全省
湖广行省	武昌(今武汉市武昌区)	今湖南、广西两省区,贵州大部及广东雷州半岛和海南省
四川行省	成都(今成都市)	今重庆市,四川省甘孜、阿坝、雅安以东的大部分及湖南、湖北二省各一部分
云南行省	昆明(今昆明市)	今云南全省、四川部分地区及缅甸、泰国北部一些地区
岭北行省	和林(今蒙古国鄂尔浑河上游哈喇和林)	今蒙古国全境,我国内蒙古、新疆一部分和俄罗斯西伯利亚地区

另于高丽国置征东行省,行省丞相由高丽国王兼任,自辟官属,财赋亦不入都省,是为藩属国,与内地行省性质不同。

---

① 《元史》卷九一《百官志七》。

　　元朝末年,农民起义烽火遍地,为了镇压起义和维持地方治安,又分置许多行省。如于中书省境内济宁(今山东巨野)、彰德(今河南安阳)、冀宁(今山西太原)、保定、真定(今河北正定县)、大同等地置中书分省,又分出山东行省;从河南江北行省分出淮南江北行省,从江浙行省分出福建行省,福建行省后又分出建宁、汀州、泉州分省等。总之,到了元末,行省制度已经十分混乱了。

　　明初一段时间曾沿袭元代行省制度,但元代行省统辖军民,权力太大,不利于中央集权,故不久即进行改革。1376 年(洪武九年)改行省为承宣布政使司,主管一省民政,分颁天下府州县及羁縻诸司,上与中央六部直接联系。1370 年(洪武三年)时于各省置一都卫,1375 年改为都指挥使司,主管一省军户卫所番汉诸军,上听命于兵部和五军都督府。另有主一省监察司法的提刑按察使司,上听命于刑部、都察院。行省取消后,因名称和辖区未变,故习惯上仍然称省。明代将一省之权分为都、布、按三司,这“三司”既是官府名称,又是省一级民政、军事、监察三区划的名称。这就与元代军政合一的行省制度不同。此外元代行省官制和中央中书省官制相同,而明代则改用地方官名称,如“承宣布政使”的职责即“承流宣播”中央的政令,通达一省民情之事。1380 年(洪武十三年)为加强皇权,罢中书省,六部直属皇帝,原属中书省的辖区也直属六部,称为直隶。如洪武初建都南京应天府(今南京市),洪武十年改称京师,即以中央直辖的相当今江苏、安徽两省和上海一市的地区为直隶,也称京师。永乐元年(1403 年)明成祖将做燕王时王都北平府建为北京,改府名为顺天府,改北平布政使司为“行在”。永乐十九年(1421 年)迁都顺天府(今北京市)为京师,即以相当于今北京市、天津市和河北省大部分地区为直隶,仍称京师。原直隶改为南直隶,也称南京。这京师、南京既是中央政府的名称,也是中央直辖政区的名称。永乐十二年(1414 年)置贵州布政使司,永乐五年(1407 年)至宣德二年(1427 年)一度设置交趾布政使司。自 1428 年(宣德三年)以后,全国分为两京十三布政使司,即京师、南京、山西、山东、河南、陕西、四川(含今重庆市)、江西、湖广(今湖南、湖北)、浙江、福建、广东(含今海南省)、广西、贵州、云南,合称十五省,为明一代常制。

　　明代一般省份都是一都指挥使司辖一省卫所军户。但边区军户多民户少,甚至只有军户没有民户,一个都司鞭长莫及,于是增设几个都司或行都司。明代一共有 16 都司、5 行都司、2 留守司。其中 13 个是与布政使司同名同治的都司,还有 3 个是北直隶境内的万全都司(治今宣化)、大宁都司(初治内蒙古宁城西,永乐后移治今保定市)和属于山东省的辽东都司(治今辽阳市)。5 行都司是陕西(治甘州卫,今甘肃张掖市)、四川(治建昌卫,今西昌市)、湖广(治郧阳卫,今湖北郧县)、福建

（治建宁府，今建瓯市）、山西（治大同府，今大同市）。2 留守司是洪武年间置于凤阳府（治今安徽凤阳）的中都留守司和嘉靖年间置于承天府（治今湖北钟祥市）的兴都留守司。此外，还有统辖黑龙江、松花江流域和库页岛的奴儿干都司，在政教合一的青藏地区设置有乌斯藏、朵干二都司及当地宗教首领八大法王分辖各政教中心的寺院，还有各诸侯家属封地，①另有置于今甘肃、青海、西藏交界地区的哈密、罕东、曲先、阿端等卫，以上均属羁縻性质，与内地的都司、行都司卫所性质有所不同。

明代都司行都司卫所的任务是，对外防御侵略，巩固边防，对内镇压人民反抗，维护封建统治。留守司则掌守卫中都、留都之事。明制：大抵 5 600 军士为一卫，每卫设前、后、中、左、右五千户所，每 1 120 军士为一千户所，112 军士为一百户所。百户所设总旗 2（每总旗辖 50 军士），小旗 10（每小旗辖 10 军士）。另有守御千户所比一般千户所地位略高，不属卫，直属都司。军士有军籍，父子相继，世为军户。平时在政府拨给的土地上进行屯田和训练，垦种自给；国家有事，由国家命将充任总兵官，统率卫所军士进行征伐，事毕，将还于朝，军士各还卫所驻地。明代卫所有"实土""无实土"之分，内地 9/10 的土地属府州县民户，卫所杂处其间，土地不能自成一区域，称无实土卫所。如 13 个与布政使司同名同治的都司绝大多数为无实土卫所，仅陕西、四川、湖广、云南、贵州五都司领有少数实土卫所。边区军户多而民户少，或以军户为主，卫所土地自成一区，称实土卫所。如五行都司中陕西、山西、四川行都司系实土卫所。辽东都司只在洪武年间短期设置过府州县，其后只领卫所，不领府州县，全系实土卫所。万全都司大多为实土。大宁都司原系实土，永乐初内迁后，遂无实土。留守司均无实土。有实土的都司卫所，既管军务，又管民事，实际上成为一种地方行政区划。

明一代一省分置三司，所以一省的辖区并非仅指布政使司辖区，也包括都指挥使司、提刑按察使司的辖区。如山东省不仅包括山东布政使司、山东都司辖区，还要包括辽东都司辖区（因辽东都司的监察由山东按察使管辖）。北直隶包括北直隶和万全、大宁都司。陕西省包括陕西布政使司、陕西都司和陕西行都司辖区。

明初实行一省都、布、按三司分立，三司并为封疆大吏，原为避免地方权力过于集中，不久由于阶级矛盾和民族矛盾加剧，内忧外患，三权分立的局面不能应变。于是自宣德以后开始有派部（六部）、院（都察院）大臣以"总督""巡抚"职衔督抚地方的临时措施，宣德初有陕西、南畿、浙西、辽东、宣大等巡抚，正统年间开始置有云

---

① 房建昌：《明代西藏行政区划考》，载《历史地理》第 13 辑，1996 年。

南总督、贵州总督。景泰以后,地方多事,逐渐普遍设立,成为常制。嘉靖以后,内忧外患连年不断,全国普遍设立节制都、布、按三司的总督和巡抚。明末增设渐多,崇祯年间"时各督抚四十有一,开府之滥极矣"。① 总督主要署理军务,实际有两种,一种短暂设置、数年即罢的,一种比较长期固定设置的,有蓟辽保定、宣大山西、陕西三边、两广四总督。巡抚主理民政,兼理军务,每省皆有,辖区大小前后差异很大,有的一巡抚辖两布政使地,如宣德、正统间的山西河南巡抚,有的一省一巡抚,如正统以后的福建巡抚,有的一省有几个巡抚,如北直隶有顺天、保定、宣府三巡抚,陕西有陕西、宁夏、延绥、甘肃四巡抚,有的相邻几个省合一巡抚,如南赣韶汀巡抚,辖江西二府(赣州、南安)、广东二府(南雄、韶州)、福建一府(汀州)、湖广一州(郴州),有的仅辖一州之地,如昌平巡抚、通州巡抚等。总督辖区也有超过一省的,如宣大山西总督即山西省加上宣府镇。总督、巡抚不仅辖区与三司不一致,驻地也不一定在省会。如蓟辽保定总督驻在密云,防秋驻昌平,宣大山西总督先后驻过宣府、怀来、阳和,陕西三边总督驻固原,防秋驻花马池,两广总督先后曾驻梧州、肇庆、惠州、潮州等地。巡抚主民政,故大部分巡抚与布政使司驻省会。但也有例外,如顺天巡抚驻遵化,保定巡抚驻真定,南赣韶汀巡抚驻赣州等。② 总之,明一代总督巡抚始终是中央派出的钦差大臣,均系兵部尚书、侍郎或都察院都(副、佥)御史衔,总督、巡抚某外地方,与三司之间名义仍是中央官与地方官的关系,重大地方事务三司听其节制,地方上日常事务仍由三司管理。

总督、巡抚成为地方官实始于清。清初为使督抚辖区和省区一致起来,进行了一系列调整工作,例如改变兼制邻省州县和跨省的督抚制度。裁减和新置一些督抚,使督抚和省制协调起来。明中叶以后,内地主要以巡抚统治,边地才设总督。清初因军事需要,内地也遍设总督。1661 年(顺治十八年)肃清了南明势力后,确立了一省一督制,15 省共 15 总督。1665 年(康熙四年)因各省以巡抚为主,总督无需每省一个,遂裁并为二省或三省一总督,共 9 总督:直隶山东河南、两江③、山陕、福建、浙江、湖广、四川、两广、云南。此后几经裁并改置,至 1683 年(康熙二十二年)开始定为两江、山陕、福建、湖广、两广、云南 6 总督,至康熙末年不改。雍正年间和乾隆初又有增改,至 1760 年(乾隆二十五年)后,长期固定为直隶、两江、陕甘、四

---

① 〔明〕谈迁:《国榷》卷九九,崇祯十六年十二月戊子。
② 靳润成:《明朝总督巡抚辖区研究》,天津古籍出版社 1996 年版。
③ 即江南、江西。江南明为南直隶,清初改名,康熙初分为江苏、安徽二省。

川、闽浙、湖广（湖北、湖南）、两广、云贵 8 总督，为清一代常制。巡抚的调整也很复杂，关键一年是康熙四年（1665 年）。原在 1662 年（康熙元年）时内地 15 省共 23 巡抚。江南省原有江宁（治苏州）、安徽（治安庆）、凤阳（治泰州）三巡抚，左（治江宁）、右（治苏州）二布政使司。1665 年（康熙四年）裁凤阳巡抚。1667 年（康熙六年）改左布政使司为安徽布政使司，右布政使司为江苏布政使司。1686 年（康熙二十五年）改江宁巡抚为江苏巡抚，①巡抚与布政使司辖区就统一起来了。以后 1760 年（乾隆二十五年）又将安徽布政使司从江宁迁往安庆，两者驻地也一致了。陕西一省原有陕西、甘肃、延绥、宁夏四巡抚。1662 年（康熙元年）9 月裁延绥，1665 年（康熙四年）裁宁夏，留下了陕西、甘肃二巡抚。1664 年时陕西分为左右二布政使司，左司仍驻西安，右司驻巩昌。1668 年（康熙七年）改右司为甘肃布政使司，并移驻兰州，与甘肃、陕西二巡抚辖区驻地一致了（乾隆二十九年陕甘总督由肃州移驻兰州）。湖广原有郧阳、南赣、湖广、偏沅四巡抚。1664 年（康熙三年）裁郧阳，1665 年裁南赣。1664 年时湖广分左、右二布政使司，左司仍治武昌，右司迁驻长沙，分治湖南。1667 年改左司为湖北布政使司，改右司为湖南布政使司。雍正初改湖广巡抚为湖北巡抚，改偏沅巡抚（康熙三年时移治长沙）为湖南巡抚。至此 18 省 18 巡抚驻地辖区已趋统一。1748 年（乾隆十三年）裁四川巡抚，1764 年（乾隆二十九年）裁甘肃巡抚。直隶巡抚早在 1724 年（雍正二年）时已改为总督兼巡抚事。18 世纪中叶（乾隆中叶）以后，全国确定为 8 总督、15 巡抚（江苏、安徽、山东、山西、河南、陕西、福建、浙江、江西、湖北、湖南、广东、广西、云南、贵州）。直隶、四川、甘肃三省无巡抚，由总督兼巡抚事。山东、山西、河南三省无总督，由巡抚兼总督职责，成为定制。至光绪年间始有增减：1884 年（光绪十年）置新疆巡抚；1885 年改福建巡抚为台湾巡抚，移驻台湾，1895 年因中日战后台湾割让日本而裁。1904 年（光绪三十年）裁湖北、云南二巡抚；1905 年裁广东巡抚，1907 年（光绪三十三年）增设奉天、吉林、黑龙江三巡抚和东三省总督。清末为 9 总督 15 巡抚。

明代一省之长为布政使，清代一省之长为巡抚，故分巡抚才算分省。如江苏省在乾隆二十五年分江苏（治苏州府，辖苏、松、镇、常、太四府一州）、江宁（治江宁府，辖江宁及长江以北诸府州）二布政使司，但仍为一省。然以省级长官而言，有督（制台）、抚（抚台）、布（藩台）、按（臬台）四员。总督"掌厘治军民，综制文武，察举官吏，修饬封疆"，侧重于军事，地位略高于巡抚。巡抚"掌宣布德意，抚安齐民，修明政

---

① 《清史稿》卷二七五《赵麟传》、钱实甫：《清代职官年表》之《巡抚年表》。

刑,兴革利弊,考核群吏,会总督以诏废置",重于民政。布政使"掌宣化承流,帅府州县官,廉其录职能否,上下其考,报督抚上达吏部",按察使"掌振扬风纪,澄清吏治",地位皆次于巡抚。①

清代在边疆地区施行与内地不同的行政区划制度,乃由中央委派重臣,授以将军、都统、大臣等官职,推行军政合一的统治制度。如在东北地区设有奉天(又称盛京。驻奉天,今沈阳市)、吉林(驻吉林,今市)、黑龙江(驻齐齐哈尔,今市)三将军,外蒙古设乌里雅苏台(驻今蒙古国扎布汗省省会扎布哈朗特)将军,新疆设伊犁(驻惠远城,今霍城县东南)将军,各有其将军辖区。将军下设副都统、参赞、办事大臣等辖区。设西藏、西宁办事大臣,分别驻拉萨、甘肃西宁府(今青海西宁市),管辖西藏、青海地方。内蒙古盟旗地区由中央理藩院直接管辖。以上 8 个边区加上内地18 省,全国共分 26 个大政区。清末帝国主义入侵,为了加强防务,1884 年(光绪十年)建新疆省,1885 年(光绪十一年)建台湾省(《马关条约》后割让给日本),1907 年(光绪三十三年)改奉天、吉林、黑龙江三将军辖区为省,清末全国为 22 省。

元帝国的版图本较汉、唐为大,而元代所建行省级政区仅 11 个,省的幅员十分广袤。如中书一省竟包有今京、津、冀、晋、鲁、豫(绝大部分)等数省之地,辽阳行省、岭北行省更可谓是辽阔无际。其他内地行省也有今数省之地,下辖 30 余个路、府、州,管理幅度过大。这种划分显然不是从行政管理出发,而是着眼于军事统治。因为蒙古民族完全用武力手段征服了宋代以来的 6 个政权(南宋、金、西夏、西辽、大理、吐蕃),为了防止被征服民族的反抗,不得不将中枢权力分散到各处,建立起镇抚作用的军事区域,而中枢权力又不宜分散太多,因此行省数目不能过多。同时因为元朝统治者为马背上的民族,日驰千里为寻常之事,所以幅员辽阔也不足为奇。但幅员过大,毕竟不利于行政管理,于是又在行省与路、府、州之间设置道一级,作为监察区,以辅助行省管理事务,开创了省以下设置监察区的先例。到了元末地方多事,农民起义烽火遍地,不得不从行省中分出分省、行省,以便对付紧急事件。这与历史上其他朝代不同,以往是在末年将小政区合并成大政区,而元末却是将大政区分小,这说明政区过大也不利于中央集权统治。所以明代除了改行省为承宣布政使司外,还将省的幅员调整得比较均匀,唯南北两京辖区过大,这在下面再说。清代沿袭明制,除了将南京、湖广、陕西三省各一分为二外,其余 12 省基本未动。从 12 省变为 18 省的制度,从康熙年间直至光绪年间长达 200 年而无所更

---

① 《清史稿》卷一一六《职官志三》。

张，也为历史上所罕见。于是"内地十八省"的概念，一直深入人心。从清末至今在这18省范围内的变化也不大，除分置台湾、海南、宁夏三省区和京、津、沪、渝四直辖市外，未有根本性变化。

上文已述，唐代分道边界原则上是依"山川形便"而定，宋代为了加强中央集权，背离了"山川形便"的原则，不少分路开始发展了"犬牙交错"的原则。元代则是将这种原则发展至极端的时期，不论高层政区的行省，还是统州、县的路、府、州边界，都突出表现了犬牙交错的特点。元代统县的路、府、州不仅幅员大小悬殊可谓史无前例，同时边界的极端犬牙交错，出现许多不相连接的飞地。如内长城以南的山西省仅置冀宁、晋宁二路，中书省河间路几乎有今天河北省1/4大，而同为统县的恩、威、冠等州只领1县，河北南部的大名路却领有河北中部的清河县，广平路隔顺德、真定二路而领有河北西北部的井陉县地，河间路隔德州领有临邑县地，延安路几有今陕西省一半的土地，而同属陕西行省的庄浪、西和、成三州各只领1县，这种统县政区大小悬殊，隔有飞地的情况几乎各省都有，不能详列。最突出表现犬牙交错的是行省的边界，元代行省范围广大，行省长官统有军、政、财、监大权，为了防止偌大地方政权出现割据的局面，在规划省区的边界上，采取与汉州、唐道、宋路完全相反的做法，无视大山大河如秦岭、太行、长江、黄河的存在，使每个行省都不成为完整的形胜之地。如陕西行省跨过秦岭而有汉中盆地，湖广行省以湖北、湖南为主而又越过五岭而有广西、海南，江西行省也越过五岭而有广东，河南江北行省则合淮河南北为一，中书省则跨太行山东西两侧，兼有山西高原、华北平原和山东丘陵三个不同的地貌区，江浙行省从江南平原逶迤到福建山地，唯四川稍有四塞之固，然北面失去了秦岭，也难以形成割据。中国的主要山川都是东西走向的，故唐代的道大多东西长、南北狭，而元代为破山川之险，结果自然相反，形成南北长、东西窄的形势。原因固然是为了避免割据，出于政治上的需要，其具体划分则是由于蒙古征服金、南宋，其军事行动是从北而南进行的，初期即以兵至为行省范围，就必然要跨越黄河、秦岭、淮河、长江、五岭等天然分界线。元代这种幅员辽阔、犬牙交错的划分弊端是显而易见的，一是地域过大，不得不增加管理层次，施政必然不便；二是不同自然条件带合在一个政区，对农业生产管理也有影响。所以明朝建立后，即对元代的行政区划进行调整，将南方三省都一分为二，江西行省分为江西、广东二省，湖广行省分为湖广、广西二省，江浙行省分为浙江、福建二省，大体上沿袭宋代路的分界，两广沿袭宋代广南东、西路而有所调整，分元代的中书省为北平、山东和山西，将中部的河南江北行省分属南京、河南、湖广三省。以上划分基本上符合自然区划,唯陕西省仍然沿袭元代,跨秦岭南北。但朱元璋又创造了新的犬牙交错,如在登位之初,即以首都金陵(今南京)和他的老家凤阳为中心,划出一个包括淮北、淮南、江南三大不同地域的大南京,这种划分是史无前例的。淮河、长江都是自然分界线,宋代以前只有跨淮或跨江政区,元代走到极端,也只是跨淮南北,从未见过有跨江越淮的政区。明代南京地位特殊,幅员特别广大,包括 16 府、4 直隶州,这样显得旁邻只有 9 府之地的浙江省过于狭小,于是后来将嘉兴、湖州两府划给了浙江省,这样又违背了山川形便的原则,太湖流域自秦汉以来一直是属于一个高层政区,一千多年来不变,这样的划分使太湖流域分属两个高层政区,不利太湖流域的农业开发和水利兴修。此外,另有违背山川形便原则的还有河南省占有黄河以北地,这是因为朱元璋是从南向北征伐的,由河南的军队占有了河北地,即据以划省,这种状况一直沿袭至今;明代分建广东、广西省时,将元代湖广行省的海北海南道宣慰司地划给广东,使广西完全没有海岸线,而使钦廉地区虽属广东,在地域上仅一线与广东相连,这种现象一直沿袭到 1949 年后,几经改隶,钦廉地区最终才属广西。贵州省是永乐年间分湖广、四川、云南三省所置,其边界完全不顾自然山川,形成中间狭、两翼宽的蝴蝶状,直到清雍正年间才调整至今状。清代基本上沿袭了明代体制,稍有改动的有陕西省分置甘肃省,湖广分为湖南、湖北,都比较符合山川形便,还有即上述贵州省,只有江南省(清初改明南京为江南省)分为江苏、安徽时,不依历史上按自然条件南北分界,而是东西划分,使两省都跨有淮北、江南地,有将经济发达和相对贫困地区搭配的意思,至今尚是。

元代在中书省、行中书省与路、府、州、县之间,还有宣慰使司一级。始于中统三年(1262 年)所立"十路宣慰司",开始为与行省并行的一种临时性的管理军民事务的机构。到了至元十五年(1278 年)经过调整正式成为中书省、行省以下管理路、府、州、县的分治机构,据初步统计,至元十五年以降隶属于十行省宣慰司和宣慰司都元帅府共 38 个。其中长期、固定的有 19 个,短期的为 19 个,各占一半,中书省所属河东山西与山东东西二道宣慰司和宣政府所设吐蕃等三宣慰司,都是长期的。①元代在行省、宣慰司以下有路、府、州、县等级行政单位,大致将宋、金时代重要的府均升为路,其统隶关系比较复杂。路设总管府,其长官为达鲁花赤、总管。不设总管的府称散府,长官为达鲁花赤、知府或府尹,府或隶属于路,称属府,或直属于行省。州有达鲁花赤、州尹或知州,大多数领州县,个别不领州县。州或隶于府,或隶

---

① 李治安、薛磊:《中国行政区划通史·元代卷》,复旦大学出版社 2009 年版,第 4—7 页。

于路,或直属行省,或领县或不领县。县有达鲁花赤、县尹等官,或直属于路,或隶
于府,或隶于州。边远地区还有"军"的设置,品秩和设官同下州。路治所在都市,
设一个或几个录事司(大都、上都设巡警院),管理城市居民。《元史·地理志》载,
元代有路185,府33,州359,县1127。其统隶关系大致如下表:

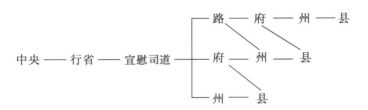

明代省以下行政单位有以下变化:一是改路为府,由省直辖府——州——县;二是
州有属省的直隶州和属府的散州两种,直隶州视府,属州视县,均省去附郭县,本县
事由知州管辖;三是省不仅包括布政使司所辖府、州、县,还包括都指挥使司所辖卫
所。据《明史·地理志》记载,明代有府140,州193,县1138,羁縻府19,州47,县6。
据《明史·兵志二》记载,明代后期,有都司16,行都司5,留守司2,卫493,所359,
其隶属关系如下表:

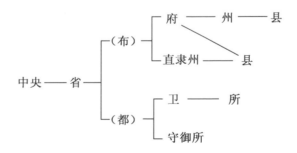

清代省以下行政建置基本沿袭明制,但也有改变:(一)废除以卫所管辖部分
土地和军户的制度。(二)省以下增加厅一级。厅为府的分支机构,由知府委派同
知或通判一员驻扎在本府境内较偏远或新开发地区,其辖区亦即称厅。厅有两种,
属省的称直隶厅,绝大多数不领县,属府的称散厅。(三)明代不论直隶州、散州均
领县,而清代直隶州领县,属府的散州不领县。由于直隶厅的长官同知、通判地位
略高于知州,故清代省以下政区习惯上称为府、厅、州、县。据《光绪会典》卷四记载,全
国共设府185,直隶厅34,直隶州73,散厅87,属州145,县1314(台湾3府、1州、11县未载
入)。其统隶关系如下:

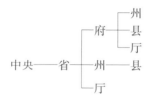

　　清代在边疆地区部分汉人和少数民族聚居的地方,如有从事农业生产的,也仿照内地置府、州、厅、县。如奉天将军辖区内设奉天府、锦州府,吉林、黑龙江省内也有个别厅、州。在内蒙古东部置热河厅,张家口以北、察哈尔地区有口北三厅(张家口、独石口、多伦诺尔),今大黑河流域有归化(治呼和浩特)等七厅。在新疆有过镇西厅(治今巴里坤)、迪化州(治今乌鲁木齐)、吐鲁番厅等。东北地区的府、厅、州、县,归当地驻防的奉天、吉林、黑龙江三将军管辖。而其他地方的府、厅、州、县,则分别属于相邻的省管辖,如热河厅(承德府)属直隶,归化七厅属山西,新疆州县属甘肃省等。此外,在内外蒙古、东北、青海、新疆等地建立盟旗制度。盟相当于府,旗相当于县。新疆地区除八旗制外,还有回庄制度,由各级“伯克”管理各回城。西藏地方则设城、营进行管理。光绪末年奉天、吉林、黑龙江、新疆建省后,设巡抚代替将军进行统治,副都统、参赞、办事大臣也为府、厅、州、县所替代。

　　元明清时期还在西北、西南地区实行由少数民族首领充任世袭的土司制度,设置按等级分为宣慰司、宣抚司、安抚司、招讨司、长官司等和土府、土州、土县的各级土司进行统治,上属省管辖。土司只对中央政府负担规定的贡赋和征伐任务,在其辖区内保持原有的统治机构和权力。明清两代曾在部分地区进行过改土归流,但不彻底。国民政府时代部分地区仍有土司存在。新中国成立后,土司制度才彻底被废除。

　　元明清时期除了上述各种行政区划外,还有介于省和府州县之间的“道”。元代的道有两种:一是宣慰司道,是中书省、行中书省的派出机构,协助中书省、行中书省分理一部分离省会较远的路、府、州、县。元初宣慰司道废置频繁,延祐以后至至正前较稳定的有 11 道,分隶中书省和 5 个行中书省。如中书省境内有山东东西道(分辖今山东境内大部)、河东山西道(分辖今山西和内蒙古一部分),河南江北行省境内有淮东道(分辖今江苏长江以北大部和安徽江北一部分)。二是肃政廉访使道。主刑名监察的区划,属御史台和行御史台。元初也大有增减。大德年间定为 22 道。中书省、辽阳行省、河南江北行省三省共有 8 道,隶御史台,称内 8 道。江浙行省、江西行省、湖广行省三省共有 10 道,隶江南行御史台,称江南 10 道。陕西行省、四川行省、云南行省、甘肃行省4省共有4道,隶陕西行御史台,称陕西4道。明代道也有两种:一由布政使副手参政、参议分管一部分府州县的民政,称分守道。13布政使司共分60道;一由按察使副手副使、金事分管一部分府州县的刑名按劾之事,称分巡道。13布政使司共69道。此外还有兵备道、水利道、盐法道等专有职司,不普遍设置,不视作行政区划。两京也有分守、分巡道,因不设布、按、守、巡诸员无所属,则寄衔于邻省布、按司官。如北直隶的道寄衔于山东、山西,南直隶的道寄衔于山东、浙江、江西、湖广。清代沿袭明制。1753年(乾隆十八年)罢参政、参议、副使、金事等职,统称道员。但仍有分守、分巡之分。

辛亥革命以后撤废了府、厅、州制度,全改为县,实行由省直辖县的二级制。1914年北洋政府期间,曾分一省为数道,取消分守、分巡等名称,设置道尹,实行省、道、县三级制。同时在此期间,改直隶省为河北省(1928年);将内蒙古的部分盟、旗改置特别区,套西蒙古二旗划隶甘肃省,哲里木盟各旗分隶东北三省(1914年);乌里雅苏台清季通称外蒙古,此时正式改称外蒙古,废将军,设都护使(1913年);改奉天省为辽宁省(1929年);以原甘肃省宁夏府及内蒙古套西二旗地置宁夏省(1928年);划甘肃省西宁道置青海省(1928年)。1914年另设6个特别区:(一)京兆地方,1914年改清顺天府置,治北京内城,1928年裁;(二)热河特别区,1914年划直隶省15县、内蒙古16旗置,治承德县,1928年改为省;(三)察哈尔特别区,1914年划内蒙古22旗(牧厂)及直隶、绥远部分地置,治万全县,1928年改为省;(四)绥远特别区,1913年划内蒙古19旗、山西省16县所置,治归化县(今呼和浩特市),1928年改为省;(五)川边特别区,1914年划原清雅安府西境,包括昌都地区所置,治康定县,1925年改为西康屯垦区,1939年改为西康省;(六)东省特别区,1924年收回中东铁路沿线15千米地区所置,治哈尔滨,伪满时以该区中心区域及滨江县置哈尔滨市。

1928年取消道制,恢复省县二级制。十年内战时期,国民党政府为了围剿苏区,曾设置行政督察专员制度,先在江西推行,即将江西划为几个区,置行政督察专员管理,辖区即称专区。以后推行至全国,大致相当于明清的道。另有设治局(性质近似清代的厅)管理少数民族地区。国民党政府时期又增设市一级政区,分院辖市(初称特别市,后改),如南京市、上海市、北平市、天津市、青岛市等;省辖市,如杭州市、南昌市、福州市等。据1947年建制,其统隶关系如下(中华民国内政部编《行政区划简表》,商务印书馆,1947年):

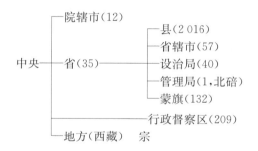

```
                    ┌─院辖市(12)
                    │                ┌─县(2 016)
                    │                ├─省辖市(57)
        中央────────┼─省(35)────────┼─设治局(40)
                    │                ├─管理局(1,北碚)
                    │                └─蒙旗(132)
                    ├─行政督察区(209)
                    └─地方(西藏)　宗
```

其省、省辖市、县政区表如下:

省　别	省　会	县	省辖市	设治局	管理局	蒙　旗
江　苏	镇江	61	2			
浙　江	杭州市	77	1			
安　徽	合肥	63	1			
江　西	南昌市	81	1			
湖　北	武昌市	70	1			
湖　南	长沙市	77	2			
四　川	成都市	139	2	5	1	
西　康	康定	48		4		
福　建	福州市	67	2			
台　湾	台北市	8	9(县辖市 2)			
广　东	广州市	98	2			
广　西	桂林市	99	4			
云　南	昆明市	112	1	16		
贵　州	贵阳市	78	1	1		
河　北	保定	130	2	2		
山　东	济南市	107	3			
河　南	开封	111				
山　西	太原市	105	1			
陕　西	西安市	92		1		
甘　肃	兰州市	69	1	1		

(续　表)

省　别	省　会	县	省辖市	设治局	管理局	蒙　旗
宁　夏	银川市	13	1	2		3
青　海	西宁市	19	1	1		29
绥　远	归绥	20	2			17
察哈尔	张家口市	19	1			19
热　河	承德	20				20
辽　宁	沈阳市	22	4			
安　东	通化市	18	2			
辽　北	辽源	18	1			6
吉　林	吉林市	18	2			1
松　江	牡丹江市	15	2			
合　江	佳木斯市	17	1			
黑龙江	北安市	25	1			1
嫩　江	齐齐哈尔市	18	1			2
兴　安	海拉尔市	7	1			11
新　疆	迪化市	75	1	6		23
总　计		2 016	57	40	1	132

　　元代至元初定路分两等,10万户以上者为上路,10万户以下者为下路,地当要冲,不及10万户者,亦为上路。州定三等,1万5千户以上者为上州,6千户以上者为中州,6千户以下者为下州;县分三等,6千户以上者为上县,2千户以上、不及2千户者分别为中县、下县。平南宋后,定江南州为三等,5万户以上者为上州,3万户以上、不及3万户者分别为中州、下州;县为三等,3万户以上者为上县,1万户以上、不及1万户者分别为中县、下县。南北等第相同的县,户口相差5倍之多,其时江南地区户口之殷实、经济之发达可见一斑。元代还有特殊政策,将州县划为同一升等依据,即县的户口增至州的标准,即可升为下州,但路、府治所所在的县户口再多也不能升州。1283年(至元二十年)就有44县升为州,大多在南方地区。当时北方因户口减少而省县入州,南方则因户口增殖而升县为州,于是就出现大量不领县的州。汉代州为最高行政区划,下辖数郡、十数郡,县至少数

十。唐宋时代州降为统县政区,至少领 1 县至数十县。至元代州的地位更进一步下降至与县同列。

明代改路为府,改以户口多少为以税粮多少为分等标准。粮 20 万石以上为上府,20 万石以下、10 万石以下分别为中府、下府。县粮 10 万石为上县,6 万石以下、3 万石以下,分别为中县、下县。清代府、州、县分等办法又一大变,将地方政权的事务繁简、位置冲要、治理难易、税粮多寡简括为"冲、繁、疲、难"四字,府、州、县等第高低,视其四字多少。"冲、繁、疲、难"四字俱全的县,称为"最要"或"要"缺(职位),一字或无字的县称"简"缺,三字或二字的称"要"缺或"中"缺。地方政区的分等从单一标准到综合标准,说明管理水平的提高和对地方控制的严密。民国时期按面积、人口分县为六等,但实际上有许多县未分等。

元明清三代是中央集权高度发展时期,虽同为行省时代,但在中央和地方分权、集权问题上经过多次反复,其表现为:

(一)元代地方行政区划突出军事统治,初年全国仅置 7 个省、行省,幅员无限辽阔,以后分为中书省和 10 个行中书省,地域还是很大,权力又集中,不能有效管理,于是分为多层次的复式政区,多的竟达五级,层次一多,施政肯定有许多不便,结果地方有事,应变就比较困难。所以末年各地起义,不得不临时分出许多行省、分省,造成地方行政制度上的混乱。明代接受了这个教训,改行省为承宣布政使司,并分置都指挥使司、提刑按察使司,学习宋朝,实行三权分立,避免地方权力过重,形成割据。地方上实行三级管理,比较正常。这种分权确实起过遏制地方权力过大的作用,但结果也与宋代一样,如地方出现紧急事件,无专一的权力,于是又不得不推出总督、巡抚制度,虽在明代始终未成正式地方一级政权,然其性质已见端倪,清代总督、巡抚正式成为省一级最高长官。清代各级地方官均由中央吏部铨选,并有期限和回避等制度,十分严格,故总督、巡抚权力虽大,很难形成割据。布政使、按察使名义上虽为督抚的属员,实际上省内具体事务由布、按两司职掌,所以仍是三级制。但清代疆域十分辽阔,人口众多,其统治强度,远过于汉唐,所以三级制管理幅员还是过大,于是又产生了省与府州之间的道,作为省的派出机构分管一部分府州。辛亥革命以后,废府州,由省直接领县,中间置道以承上下,但道始终未成正式一级地方行政区划。国民政府时代为围剿苏区先曾在江西设置专区,后推行全国,形成省、专区、县虚三级。新中国成立后,这种制度沿袭下来,称为地区或专区,也未曾作为正式一级政区。总之,自元代实行行省制度以来，始终在三四级之间徘徊，在中央和地方分权上始终在集权、分权、集权上循环。

（二）元代为军事统治，划分行省边界时全不考虑山川形便，于是出现了许多跨山越岭，逾河渡江的政区。这种边界虽可遏制地方割据，但对经济发展显然是不利的。明代虽有南京的不合理边界，但总的情况是经过了调整，渐趋合理。清承明制，略有调整，并且对周边的游牧区、渔猎区的划分和建置，都比较符合自然山川形胜。明清时期虽有统制一方军政大权的总督、巡抚出现，但其下各级官员均由中央铨选，再则地方经济联系加强，很难形成唐末割据势力。辛亥革命以后，撤府为县，由省直接辖县，时值新旧政权交替，曾一度出现短期军阀混战局面，中央与地方、集权与分权的矛盾仍然存在。总之，像中国这样一个地域广大，人口众多，民族复杂，地区差异突出的中央集权国家，在行政区划上如何处理好中央和地方的关系问题，是值得研究的重大课题。

第九章 人口的增长、分布和迁移

  人是一切社会经济、政治、文化活动的创造者。历史时期地理环境的变迁,从某种意义上说,就是人类活动和自然界相互作用和相互制约的结果。在古代,自然环境的变化在很大程度上决定人口的数量、分布和迁徙;反之,人口条件又积极影响着自然环境的变化。特别是在以农为本的中国,一定数量的劳动力是发展农业的必要条件,直接关系到地区经济的发展。因此,在我国历史地理变迁中,人口地理的变迁占有十分重要的地位。本章仅择其中有关人口数量、人口空间分布、人口迁移及其社会影响等问题作简要的论述。

  历史时期中国人口数量变化是研究人口地理的首要问题。但是要掌握历史上不同时期总人口的确切数字是比较困难的。首先,虽然我国历史上很早就有人口统计,但历代王朝统计人口的主要目的是便于政府向人民征派赋税和徭役,由于历代赋役制度有所不同,如有时征人头税,有时征户税,有时征丁口税等等,统计的角度也不一样,因此造成不同历史时期人口统计的标准不一,难以反映当时实际情况。其次,历代王朝在其统辖区内统治的强度不一,造成统计的地域不全面,例如只有设置郡县、直接统治地区的户口数(一般称之为著籍户口),那些生活在边疆地区的少数民族人民一般不列入统计范围。甚至生活在中原地区的汉族人民,也往往未能得到全部统计。其数字也难以反映全面的实情。再次,由于社会制度上种种原因,如特权阶层在申报人口上的隐匿、漏报等现象十分严重,一些人为了逃避赋役,有意不登记户口等,也使户口数字不实。但是世界上也只有我们国家保存了基本上延续了 2000 多年的人口数字,如自东汉班固撰写的《汉书》开始,历代有 16 部正史设有《地理志》篇,大多载有全国和各地的户口数字,历代还有不少有关典章制度的专著如《通典》《通志》《文献通考》等,也载有全国和部分地区的户口数字。此外,宋代以后存留的数千种地方志也都有地方户口的记载,这些都给后人留下关于历史人口的丰富数据,是我国宝贵的文化遗产,我们研究历史时期人口变化也只有以此为起点。因此,对近代以前的人口数字只能理解为是个约数,我们根据不同时期的自然和社会因素加以分析和处理,但这并不妨碍对历史上人口变化总趋势研究的科学性。

此外，历代的统治范围有所不同，特定人口数的空间范围也必然有大小区别，讨论人口的变迁还要注意不同的空间范围的变化。本章所说的全国人口，就是指当时特定空间范围内的人口的估计数。历史时期人口的空间分布状况也极其复杂，且往往随着经济、政治乃至地理条件的变化而变化。同时，人口空间分布的变化，势必又对各区域乃至全国的政治、经济、文化发展产生重要影响。

第一节　战国至两汉时期

我国是世界上最早进行人口调查的国家之一。《国语·周语》记载，公元前788年（周宣王四十年），周宣王"乃料民于太原"，"料民"就是人口调查，可知在西周末年就进行过人口调查。

到了战国时期，各国在部分地区建立了郡县制度，土地和人口是国君最关心的事，估计会有人口统计的制度，如秦国就有严密的户籍制度。秦统一六国，全面实行郡县制，建立有效的地方统治系统。秦末刘邦进入关中，萧何首先收集秦朝的户籍地图，从而使刘邦"具知天下厄塞，户口多少"。[①] 说明秦帝国已经有了比较完备的户口统计簿籍了。可惜秦代的户口统计数并没有留存下来，现存最早的全国性户口数据，是《汉书·地理志》记载的西汉平帝元始二年（公元2年）的户口数字。

关于战国时代各国合起来的总人口，由于缺乏直接的记载，许多学者只能根据当时各国兵力或战争规模来推算，估计在战国的范围内生活着约2 000万以上的人口。这只是一个概念上的数字，并无多大学术意义。秦帝国建立后的地域范围较战国扩大，北面增加了阴山以南的河套地区，南面到了云贵高原的东部和岭南地区。但是，由于统一时攻城略地造成的人口减耗以及统一后滥用民力对人口增长的不利影响，人口较战国并无明显的增加，人口总数大致在2 000万或稍多些。

秦统一全国以后，北筑长城，南戍岭南，广建宫殿，导致百姓的死亡和流离失所，并激发大规模农民起义。此后，楚汉战争又持续一二十年，导致西汉初年的人口数量剧减。据载："大城名都民人散亡，户口可得而数裁什二三。"[②]估计西汉初期的全国人口数，大约为1 500万～1 800万。此后，在汉初数十年休养生息的社会背

---

① 《史记》卷五三《萧相国世家》。
② 《汉书》卷一六《高惠高后文功臣表》序。

景下,人口开始较快地增长。汉武帝时代又开疆拓土,统治的领土有很大的扩展,后经过一百多年的孳息,到了西汉末年《汉书·地理志》记载,公元 2 年(平帝元始二年)的户为 1 235.6490 万,口 5 767.1401 万。西汉成为我国历史上第一个人口总数超过 5 000 万的王朝。

西汉初年人口分布状况已难知晓,但秦统一后,几次大规模的移民运动,直接影响了西汉初年人口的布局。秦代的移民政策起自秦孝公商鞅变法时。当时关中人口稀少,为了开辟荒地,发展农业,就招诱邻国人民和强迫占领地人民迁至关中,以增加劳动力。秦始皇统一后,更进行大规模的人口迁徙,主要是充实关中和移民戍边。如秦始皇二十六年(前 221 年)徙天下富豪 12 万户于咸阳,如每户以五口计,就有 60 万人。事实上富豪一户决不会止五口人,如估计总人口有 100 万也不为过。二十八年徙 3 万户于东海之滨的琅琊台下。三十三年西北逐匈奴,取“新秦中”地,置 44 县(一说 34 县),“徙谪,实之初县”。同年平南越,徙大批中原人民于桂林、南海、象郡,“使与百越杂处”。三十五年徙 3 万家于丽邑、5 万家于云阳,均在首都咸阳附近。三十六年又徙北河、榆中 3 万家。① 秦末除了北边“戍边者皆复去”外,其他地区的移民基本上都定居下来,如南海尉赵佗“其有文理,中县人以故不耗减”。②

西汉初年仍沿袭秦代移民政策,目的同样是充实关中和加强边防。汉高祖七年(前 200 年)迁泗水流域的丰县民于关中丽邑建新丰县。九年徙齐、楚大族昭、屈、景、怀、田五姓于关中,同时还迁入的有燕、赵、韩、魏之后及豪杰之家,共有 10 万口。高祖以后关中诸帝陵大多迁关东人口为居民。高帝长陵在西汉末年有户 5 万余,口 17.9 万余,大部分为汉初关东居民之后。惠帝安陵即徙关东倡优乐人 5 000 户以为陵邑。武帝茂陵由徙户 1.6 万所置。武帝开始大规模移民实边,如元朔二年(前 127 年)收复河南地,置朔方、五原郡,募民徙朔方 10 万口。元狩四年(前 119 年)关东连年大水,“乃徙贫民于关以西,及充朔方以南新秦中”,共 72.5 万人,③是西汉一代边区移民人数最多的一次。此外,湟水流域、河西走廊都有汉人移居。东南方面,武帝将归附的东瓯人全部迁至江淮之间,但为数不多。其他内地诸郡都有少量迁徙,不能详备。总之,经过秦代和汉初以来长期的移民过程,形成西汉末年人口分布的格局。

① 《史记》卷六《秦始皇本纪》。
② 《汉书》卷一《高帝纪》。
③ 《汉书》卷六《武帝纪》。

217

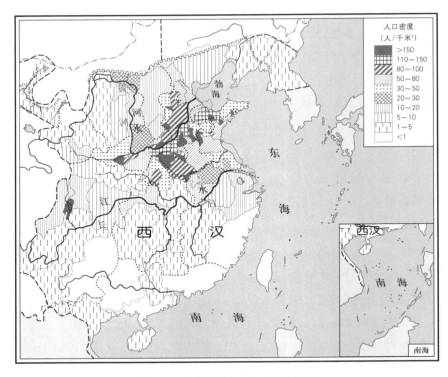

图 9-1　西汉元始二年人口密度图

汉代人口调查皆为户数与口数并列。口赋（算钱）是国家的主要收入，户赋则为列侯、封君的收入。从《汉书·地理志》所载平帝元始二年（公元 2 年）103 郡国的户口分布情况来看，地域之间差异很大。司马迁《史记·货殖列传》就指出，黄河中游的"三河"地区，"土地狭小，民人众"，下游齐鲁之地"地小人众"，而江南"楚越之地，地广人稀"。今以秦岭、淮河一线为南北分界，北方人口占 4/5 弱，南方占 1/5 强。如以汉武帝所置 14 个监察区（司隶校尉部与 13 刺史部）来划分，户数超过 100 万，口数超过 500 万的有司隶和豫、冀、兖、青、徐五州部，都在黄河中下游地区，大致相当于今陕西关中平原和黄河下游的河北、河南、山东和安徽、江苏的淮河以北地区，人口总数约占全国的 55%。关中平原人口最集中的是首都长安城周围，在这 1 000 多平方千米内的人口密度高达每平方千米 1 000 人，为全国之最。^① 但普遍人口密度最高的还是在黄河下游平原地区，如河南郡地处今河南伊洛河盆地，人口

○　葛剑雄：《西汉人口地理》，人民出版社 1986 年版，第 103 页。

密度每平方千米 135 人,颍河上游的颍川郡每平方千米 192 人,人口密度最高的是地处东西部陆路交通枢纽的济阴郡,今鲁西南菏泽、定陶一带,人口密度达每平方千米 261 人。户数在 50 万以下,口数在 200 万以下的有凉、并、朔方、交趾四州部,凉州指今甘肃大部,人口主要分布在河西走廊的绿洲地带。并州主要指今山西省(不包括汾河下游和涑水流域),人口主要集中在汾河中游盆地。朔方指今陕北和内蒙古河套及其以南地区,人口主要集中在河套平原。以上三个州部地域辽阔,原为游牧区,经秦皇、汉武的经营,开始移民屯垦,但毕竟不能与传统农业区相比,人口仍然十分稀少。如河西四郡每平方千米仅 1~3 人,汾河中游的太原郡每平方千米也仅 15 人,河套平原的五原郡,农业开发较好,每平方千米也只有 25 人。[①] 由此可见,就是在人口占全国多数的黄河流域分布也极不均匀。如以郡国范围而言,黄河下游存在着两条人口比较集中的带状地区:东西向的是京兆(长安)—河南(雒阳)—陈留—济阴(定陶)—山阳—东海;南北向的是清河—魏郡—河内、河东—河南—颍川—汝南。这种带状分布的人口密集区显然是与当时东西南北交通路线有关。南方长江流域的扬、荆、益三州部地广大,人口主要集中在成都平原、南阳盆地、太湖流域和宁绍平原。成都县有户 7.6 万余,估计人口约 35 万。南阳盆地的宛县有户 4.7 万,估计人口 25 万。太湖流域人口密度较低,但与扬州境内其他地区相比还是比较集中的。以全国范围而言,会稽郡南部(今浙南和福建)、交趾刺史部(今两广、海南和越南北部)和凉州(今甘肃河西走廊)为人口密度最低区。

西汉末年,王莽篡汉,天下大乱,战争的烽火燃遍华北各地,加之自然灾害的原因,人口数量再次锐减。《续汉书·郡国志五》应劭注引《汉官》载:"世祖中兴,海内人民可得而数,裁十二三。"东汉明帝时,全国人口总数约 3 500 万,仅相当于西汉元始二年的 58%,减少了 42%。此后,东汉人口开始增长,据《续汉书·郡国志》所载永和五年(140 年)版籍,全国有户 969.8630 万,口 4 915.0220 万。大约到 2 世纪中叶,全国人口已接近西汉极盛年度,至 157 年(永寿三年)全国有户 1 067.7960 万,口 5 648.6856 万。大致相当于西汉盛时户口总数。

东汉时期人口分布与西汉已有不同。由于西汉末年的战乱,中原人民开始向长江流域迁徙,更远的还到了珠江流域。《后汉书·循吏传》载,东汉政权之初,"天下新定,道路未通,避乱江南者未还中土,会稽颇称多士"。如以秦岭、淮河为界,北

---

① 以上人口密度数字均取其整数,引自葛剑雄《中国人口发展史》,福建人民出版社 1991 年版,第 327—328 页。

方人口占 3/5,南方占 2/5。户数超过 100 万,口数超过 500 万的有豫、荆、扬、益四州,除豫州外,其余三州即包括了长江流域,其总户数占全国的 42.2%,口数占全国的 37.26%。由此可见,经过将近一个半世纪,南北人口的分布有了显著变化。与西汉末年人口相比,扬州增加了 1/4,荆州和益州都增加了一倍。在长江流域诸郡中人口增加最显著的有:南阳郡(今南阳盆地)从西汉末年的 194 万(尾数不计)增至 244 万,零陵郡(今湖南南部湘、资、潇水流域)从 14 万增至 100 万,长沙郡(今湖南中部湘、资水中下游流域)从 23 万增至 105 万,豫章郡(今江西省)从 35 万增至 166 万,巴郡(今重庆市)从 70 万增至 108 万。虽然南阳、零陵、长沙三郡两汉辖境略有伸缩,但不影响所反映的基本情况。珠江流域在东汉时人口也有显著增加,如南海郡(今广东珠江三角洲及以东潮、梅地区)从 9 万增至 25 万,苍梧郡(今广西梧州地区和广东肇庆地区)从 14 万增至 46 万。东汉南方地区人口成倍地增长,显然不会是单纯的自然孳生的结果,除了北方人口南移因素外,另一个原因是原来中原王朝势力不及的地区得到了进一步的开发,增加了户籍人口。如东汉时新开辟的云南西部的永昌郡,就有人口 189 万。与此同时,北方黄河流域除了少数几个郡国如陈郡(西汉淮阳国)、平原、渤海等郡人口有所增加外,大部分郡国人口减少。

第二节　魏晋南北朝时期

东汉末年开始,中国进入长期分裂和战乱时期。在这样的社会历史背景下,人口的数量和分布与前一个时期相比,发生了重大变化。首先是黄河流域屡遭兵燹,人口严重耗减。如关中地区经董卓之乱,"长安城中尽空,并皆四散,二三年间关中无复行人"。[①] 洛阳附近,"无辜而死者不可胜计"。从洛阳至彭城(今徐州)的黄淮平原上,经曹操、陶谦之战,"墟邑无复行人"。[②] 其次是中原人民为避战乱,开始向相对安定的地区迁徙。三辅、南阳人民多迁往益州,徐州一带人民多避乱江东。江淮之间 10 余万户皆渡江而东,"江西遂虚,合肥以南惟有皖城"。[③] 有的甚至远徙交州。在蜀汉、东吴政权内任职的不少是黄河流域迁去的士大夫。此外,还有不少中

---

① 《后汉书》卷七二《董卓传》。
② 《三国志》卷一○《魏书十·荀彧传》裴注引《曹瞒传》。
③ 《三国志》卷四七《吴书二·吴主传》。

原人士逃往幽州(辽东),甚至鲜卑境内。东汉末刘虞为幽州牧,"青徐士庶,避黄巾之难归虞者,百余万口"。[①] 三国鼎立局面稳定后,迁往辽东的往往归复故土,而迁往南方的则大多定居下来。以后魏、蜀、吴三国为了充实各自统治区内的实力,利用政治手段强迫人民迁居于其统治中心的周围。如建安末年,曹操讨张鲁,进入巴东、巴西郡(今重庆市),劝诱当地人民8万余口迁至邺、洛阳;继而张既平张鲁,迁汉中民数万户以实长安、三辅;而后张既又从武都徙氐5万余落出居扶风、天水界。曹丕即位,建都洛阳,徙冀州5万户士家以实河南。魏灭蜀,将蜀人3万家迁往洛阳和关中。东吴孙权在建安中连续西征盘踞在长江中游的江夏太守黄祖,掳掠男女数万口迁至江东。刘备入蜀时已经带去了大批荆州人士,以后几次北伐南征,多迁民于成都平原。此外,东汉末年,北方乌桓、鲜卑逐渐南下,散居于沿边诸郡,入居汾水流域的匈奴就有3万余落。东吴征服散居于今苏南、皖南与浙、赣两省山区的山越后,将越人从山地迁至平原,总数有10余万人。三国时期没有完整的户口数字,今人研究估计,在吴、蜀、魏三国的范围内人口下限定为大约有3000万,较东汉极盛时期的人口数减少50%左右。[②]

经三国时期连年战争,人口死亡、逃亡、隐匿的数字是相当多的。所以《晋书·地理志》序言说太康元年(280年)全国仅246万户,1616万口。各郡所载只有户数而无口数。这个数字肯定不确,今人研究认为实际人口达到3500万左右。[③] 今以户数分布而言,秦岭、淮河以北诸州户数占全国的56%,淮河以南长江流域的梁、益、荆、扬四州占37%,云南、两广和越南北部的宁、交、广三州只占6%。北方户口仍占大多数,并集中在黄河中下游的司、冀二州,约占全国总数的32.12%。司州相当于今山西西南部汾河下游、河南伊洛河流域和河北西南部以邺城为中心的地区,占全国户数的19.45%,冀州大致相当于今河北中部,占全国户数的12.67%。全国郡级户数第一位的是河南郡即曹魏时首都洛阳所在地,也是西晋的政治中心,有户11万,以下依次为与河南郡接界的河内郡,东吴旧都建业所在地的丹阳郡,今河北南部与山东接界的阳平郡,蜀汉旧都所在地的蜀郡,户数都在5万以上。这种分布无疑是三国时代迁徙的结果。

西晋统一的局面没有维持多少时间,便爆发了统治阶级内部争夺皇位的"八王

---

①　《后汉书》卷七三《刘虞传》。
②　葛剑雄:《中国人口发展史》,福建人民出版社1991年版,第132页。
③　同上书,第134页。

之乱"，随即又发生永嘉之乱，阶级矛盾与民族矛盾交织在一起，北中国再度陷入了长期战乱之中。中原人民为避战乱，纷纷越淮渡江，相率南下，出现了我国历史上的第一次北方人口南迁高潮。以后凡中原较大的政治动乱，如祖逖北伐、淝水之战、刘裕北伐、北魏南侵等等，都会引起一次较大规模的北人南徙。据谭其骧先生研究，从 4 世纪初永嘉之乱到刘宋元嘉年间（307—453 年），南渡的人口约有 90 万，占当时刘宋全境人口共五百几十万的 1/6，西晋时北方诸州，包括淮河以北地区共有 140 万户，每户以 5 口计，则有 700 万余口。南渡的 90 万，占其 1/8 强。换言之，即北方 8 个人中有 1 人南渡，而南方 6 个人中有 1 人为北来侨民。北来侨民大多集中在南北交通要道上，如长江上游的成都平原，江汉流域的南阳、襄阳、江陵、武昌以及长江下游今安徽境内的芜湖、繁昌、当涂和今江苏境内的淮阴、扬州、南京、镇江、常州一带。东晋政权在长江流域设置了大量侨州郡县以安置侨民。南迁的侨民以今江苏境内为最多，约 26 万，以侨置在今镇江的南徐州最集中，有 22 万，南徐州全部人口为 42 万，则侨民多于当地土著人口 2 万余。[1]

《宋书·州郡志》所载刘宋大明八年（464 年）的户口数，为 90.1769 万户，517.4074 万口。这个数字与《晋书·地理志》南方诸郡相比反而大为减少，故今人研究认为当时户口隐匿十分严重，这个数字很不确实，估计刘宋最高峰时期的人口在 1 800 万～2 000 万间。北魏人口 3 000 万左右。6 世纪 20 年代南北人口总数约 5 000 万。

第三节　隋唐五代时期

公元 589 年（隋开皇九年）隋平陈，结束了长达 300 余年的南北分裂局面。据《隋书·地理志》记载，大业五年（609 年）全国户数为 907 万。以每户五口计，约 4 500 万人口。不过，今人根据各种要素推断，认为隋朝人口高峰期总数大约为 5 600 万～5 800 万。经过了 400 多年的反复，基本上恢复到东汉的最高数。[2]

唐初的人口数字，据记载仅二三百万户，虽然实际人口绝不止此，但经过长期战乱，人口耗减严重恐是事实。贞观以后社会安定，人口增长迅速。据《通典》卷七《食货》载，到天宝十三载（754 年）全国人口为 891.4709 万户，5 291.9309 万口。今人研究将隐漏的因素估计在内，则唐代前期人口峰值在 8 000 万～9 000 万之间。

① 谭其骧：《晋末永嘉丧乱之民族迁徙》，载《长水集》上册，人民出版社 1987 年版。
② 葛剑雄：《中国人口发展史》，福建人民出版社 1991 年版，第 147 页。

当时天下分 15 道(监察区),秦岭、淮河以北 7 道,按记载的人口为 3 000 万,占全国人口的 3/5。人口最多的是河南、河北二道,相当于今北京市、天津市、河北省、河南省(除洛阳地区的都畿道外)和安徽、江苏淮河以北地区,有人口 2 000 万,占全国的 2/5。人口密度最高的是以首都长安为中心的京畿道(315 万)和以洛阳为中心的都畿道(145 万),首都京兆府的人口为 196 万,东都河南府有人口 118 万。其次是河北道境内永济渠沿线交通枢纽城市魏州(治今河北大名东),有人口 110 万。可见黄河下游平原是当时人口最稠密的地区,也是全国经济重心所在。其次是河东道(今山西省),有人口 372 万,关内道有人口 150 万,人口最稀少的是陇右道(今甘肃省),人口仅 53 万。秦岭、淮河以南诸道中,以江南东道(今上海市、苏南和浙、闽二省)人口最多,有 661 万,主要集中在太湖流域和宁绍平原。其次是剑南道(409 万),人口密度最高为成都府,有人口 92 万。再次是江南西道(372 万)、淮南道(227 万)、岭南道(116 万),人口最稀少的是黔中道(16 万),居全国之末位。

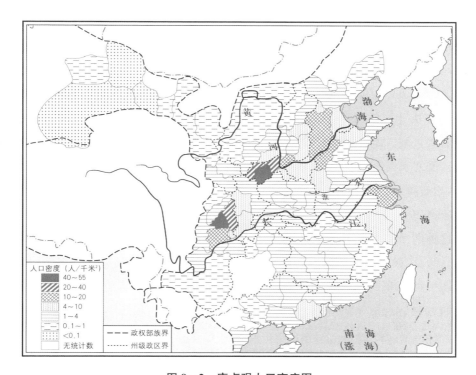

图 9-2 唐贞观人口密度图

这种分布格局维持至安史之乱后发生重大变化。天宝十四载(755 年)冬爆发的安史之乱,至宝应二年(763 年)平定。在此 8 年间,战火燃遍黄河中下游的主要地区。河北为首难之地，"农桑井邑，靡获安居，骨肉室家，不能相保"。① 东都洛阳附近"不满千户"，"东至汴郑，达于徐方，北自覃怀，经于相土，人烟断绝，千里萧条"。② 首都长安所在京畿道，户口"减耗大半"。③ 河北清河郡地处永济渠沿线，天宝元年时有人口 83 万，安史之乱开始后的至德元载（756 年）人口仅 10 万，为黄河流域人口骤减的一个例证。据文献记载，安史之乱平定后不久的建中元年（780 年），定天下两税户仅 380 万户。④ 据《旧唐书·宪宗纪上》，元和二年（807 年）供税之户仅 244 万户。政府控制的纳税户空前减少。其原因：一是黄河流域人口大批南迁，爆发了我国历史上第二次人口南迁的高潮。其时"两京蹂躏于胡骑，士君子多以家渡江东"。⑤ "天下衣冠士庶，避地东吴，永嘉南迁，未盛于此。"⑥李白有诗云："三川北虏乱如麻，四海南奔似永嘉。"⑦二是藩镇割据，中央法令不行，地方上户口隐匿不报。《旧唐书·宪宗纪上》记载，元和初年黄河流域有 71 州不申报户口。所以唐代后期人口资料不全，难作全面的估计和分析。

今以南方几个州在元和年间（806—820 年）的户数与天宝年间户数相比较，可以看出北方人口南移的规模。襄州（治今襄阳，领县 7）增加 120％，鄂州（治今武汉市武昌区，领县 5）增加 100％，苏州（治今苏州，领县 7）增加 30％，洪州（治今南昌，领县 7）增加 65％，泉州（治今泉州，领县 4）增加 50％，广州（治今广州，领县 13）增加 75％。由此可见，安史乱后，南方诸州人口普遍有所增加，而这种增加与北人南迁有直接关系。如豫西汝水流域一带人士，"南投襄汉"，⑧鄂州"户口三倍"于前。⑨苏州接受北来人口为"三编户之一"。⑩澧州（治今湖南澧县）在大历年间"流亡襁负而至，增户数万"。⑪ 浙江越州为北人南迁重点区，"自中原多故，贤士大夫以三江五湖为家，登会稽者，如鳞芥之集渊薮"。⑫

这种南迁的局面，一直延续到唐末。唐僖宗乾符二年（875 年），王仙芝和黄巢

---

① 《旧唐书》卷一四一《田承嗣传》。
② 《旧唐书》卷一二〇《郭子仪传》。
③ 〔北宋〕宋敏求：《唐大诏令集》卷一〇《减京畿官员制》。
④ 〔北宋〕王溥：《唐会要》卷八四。
⑤ 《旧唐书》卷一四八《权德舆传》。
⑥ 《李太白集》卷二六《为宋中丞请都金陵表》。
⑦ 〔唐〕李白：《永王东巡歌十一首》，载《全唐诗》卷一六七。
⑧ 〔唐〕李肇：《唐国史补》。
⑨ 《李太白集》卷二六《武昌宰韩君去思碑》。
⑩ 〔唐〕梁肃：《吴县令厅壁记》，《全唐文》卷五一九。
⑪ 《旧唐书》卷一一五《崔瓘传》。
⑫ 〔唐〕鲍远：《鲍方传》，《全唐文》卷七八三。

分别在今山东西部和河南东部发动起义,中原大震。黄河流域的人民不得不又一次向南方迁徙。唐后期五代的北方移民遍布南方各地。今江苏、安徽、上海、浙江、江西、四川等省市吸收了大量的移民。五代十国时期,割据南方的九国中,只有吴越和吴两国的统治者是南方人,南汉是早期移民的后裔,其他六国的统治者都是唐末五代迁入的北方移民。

第四节　宋辽金元时期

公元 10 世纪中后期开始,我国出现了北宋、辽、西夏长期鼎峙的局面,此外还有在西南边疆地区的大理国和西北边疆的喀喇王朝等地区性政权。虽然这些政权都有部分户籍的记录,但一方面记载不全,另一方面这些记录实际著籍户数相差很大。因此必须经过对当时户籍制度、社会经济发展情况进行研究后,才可推断出一个近似的数字。

北宋初年仅有户 650 万左右。据《元丰九域志》记载,元丰年间(1078—1085年)全国有户 1 600 万。据《宋史·地理志》序文云,崇宁元年(1102 年)有户 2 000万(实际诸路相加为 1 730 万户)。每户以五口计,则 12 世纪初,北宋境内人口已超过 1 亿大关。今人研究,认为北宋大观三年(1109 年)户数达 2 088 万,人口约1.1275 亿。[①] 据《辽史·地理志》《兵卫志》《营卫志》等关于辽代府州县、五京乡丁数和各宫卫所统正户和汉蕃转户的户数,经过今人的考订,认为辽代人口最鼎盛的天祚帝初期(12 世纪初)约有 140 万户,900 万人;[②] 西夏约有 300 万人;[③] 中国全境大致共计 1.4 亿人口。

关于宋辽夏时代的人口分布,我们只能根据有明确记载的资料来分析,仍以秦岭、淮河为界线分为南北两区,元丰时北方有户 530 万(崇宁时为 540 万),南方有户 1 100 万(崇宁时为 1 240 万),这反映了从唐代后期至北宋中后期,由于北方人口的南迁和南方经济的发展带来的人口滋长,使南方人口的绝对数字开始超过了北方,这是我国人口南北分布变化的转折时期。北方诸路中以首都开封府一府所置的京畿路人口最集中,元丰时有户 23 万,崇宁时 26 万。今人研究

---

① 吴松弟:《中国人口史》第 3 卷《宋辽金元时期》,复旦大学出版社 2000 年版,第 349 页。
② 同上书,第 197 页。
③ 同上书,第 201 页。

认为北宋末年开封府人口密度可达每平方千米 21 户左右，为国内人口密度较高的地区。① 但开封府周围地区，人口则显稀少。其次是永兴军路（今陕西大部），元丰时有户 84 万，崇宁时 100 万；以长安为中心的京兆府，元丰时有 22 万，崇宁时 23 万。每平方千米 70 户左右，远远超过其他府州，②这当与其地为北宋对付西夏的前线有关。其他诸路大体都在 50 万户～80 万户，秦凤路（今陕、甘、宁、青四省区交界地区）户数最少，不到 50 万户。

南方人口主要集中在东南地区的两浙、江南东、江南西和福建四路，相当于今上海市、苏南、皖南和闽、浙、赣三省，元丰时有户 521 万，崇宁时 571 万，占南方人口的 1/2。其中两浙路（上海市、苏南太湖流域和浙江省）户数最多，元丰时 177 万，崇宁时 197 万。欧阳修说杭州城内有"十余万家"。③ 如以每户五口计，则有 50 万口，当为一人口密集的城市。其余依次为江南西路（除江、信、饶三州外的江西省），元丰时 128 万，崇宁时 166 万；江南东路（今皖南、大茅山以西的苏南和江西省东北部），元丰时 107 万，崇宁时 101 万；福建路（今福建省）元丰时 99 万，崇宁时 106 万；其他诸路元丰与崇宁时差不多，淮南东、西路（今江淮之间）约 130 万户，京西南路（河南南阳盆地和汉水中上游）40 万户，荆湖南北路（今湖南、湖北）不过 140 万～150 万户，川峡四路（今四川省和重庆市）总共不超过 200 万户，广南东西路（今两广和海南省）仅 80 余万户。

北宋末年（12 世纪 20 年代），女真南侵，战火烧遍整个黄河中下游地区，"东及沂、密，西至曹、濮、兖、郓，南至陈、蔡、汝、颍，北至河朔，皆被其害，杀人如刈麻，臭闻数百里，淮泗之间亦荡然矣"。④ 黄河流域出现了我国历史上又一次大规模的北方人口的南迁。先是 1127 年（北宋靖康二年）汴京陷落，大批衣冠士族渡河而南到淮河流域，这一迁徙至绍兴议和为止。1161 年（绍兴三十一年）金主亮毁约南侵，南宋政府又以优待政策招徕北人，于是大批人口渡淮而南。南渡人口最集中的还是两浙路。因为是南宋政权政治中心所在，"四方之民云集两浙，百倍常时"。"平江、常、润、湖、杭、明、越，号为士大夫渊薮，天下贤俊多避地于此。"⑤两湖、闽赣、四川、两广都接纳众多北来人口。今将北宋崇宁元年和南宋绍兴三十二年（1162 年）户数相比较，⑥

① 吴松弟：《中国人口史》第 3 卷《宋辽金元时期》，复旦大学出版社 2000 年版，第 400 页。
② 同上书，第 420 页。
③ 〔北宋〕欧阳修：《欧阳文忠公文集·居士集》卷四〇《有美堂记》。
④ 〔南宋〕李心传：《建炎以来系年要录》卷四，建炎四年庚申朔。
⑤ 〔南宋〕李心传：《建炎以来系年要录》卷二〇、一五八。
⑥ 《宋史》卷八八《地理志四》、《宋会要辑稿·食货》卷六九。

两浙路增加 26 万户,江南西路增加 42 万户,福建路增加 33 万户,成都府路增加 21 万户,潼川府路增加 24 万户,夔州路(较元丰)增加 14 万户。总之南方诸路人口都有普遍增加,这无疑是北人大量南迁的结果。宋金战争之间双方人口均有减耗。绍兴议和后,有数十年和平时期,人口均有增加。估计 13 世纪初期,南宋和金均进入人口峰值阶段,分别有人口 8 500 万和 5 600 万~5 700 万,如果加上西夏的约 300 万人,共有 1.44 亿~1.45 亿人。

1227 年(成吉思汗二十二年)灭西夏,1234 年灭金,1276 年(至元十三年)灭南宋,长达半个世纪,最后统一了中国。蒙古军在作战地区往往进行残酷和长期的杀掠,与之相伴的瘟疫、饥饿,导致人口的严重损失,北方的损失极为惨重。1234 年蒙古灭金以后,北方地区的人口降至谷底。至 1236 年完成的乙未籍户,共得 110 余万户这一全国户口总数。这一数字,仅是金代鼎盛时期泰和七年(1207 年)户数的 13%,下降幅度之大,在中国人口史上亦属罕见。南宋境内的人口损失主要发生在四川,四川在元统一以后的 1290 年(至元二十七年)的户数大约只及南宋嘉定十六年(1223 年)的 4%,即使加上可能未登记的户口,大约只占南宋同一地域的 15%~19%。至元二十七年(1290 年)全国大约有 1 500 万户、7 500 万人。此时离金亡已有 56 年,离南宋亡也有 14 年,而且元已将大理国纳入自己的版图,但人口数仍只有 13 世纪初宋、金、西夏三国合计数的一半左右。

据《元史·地理志》记载,至顺元年(1330 年)诸省总计有"户部钱粮户数"1 386 万、口 5 951 万。所谓"户部钱粮户"即向政府交纳赋税的人户,而不是户部掌握的全国户口总数。据估计至顺年间钱粮户比实际户口少 15%,则元末在与金、南宋大致相等的户口统计的地域范围内约有 1 700 万户、8 500 万人左右,为元代人口的峰值。[①] 其地域分布上,江浙、江西、湖广三行省(相当于今安徽、江苏、上海、浙江、福建、江西、湖南、广东、广西、海南、湖北小部、贵州大部)竟占全国户口数的 80% 以上。当然《元史·地理志》所载各省户口数来源不一,北方诸路多有脱漏,不甚精确,但作为概貌来看,大致情况是不错的。

第五节　明清民国时期

经过元明之际的长期战争,人口大量死亡,逃亡更为严重。洪武初采取了奖励

---

① 吴松弟:《中国人口史》第 3 卷《宋辽金元时期》,复旦大学出版社 2000 年版,第 390 页。

和安抚政策,人口有所上升。至洪武二十六年(1393 年)全国人口总数大约为 7 270 万。其中民户 6 650 万,军户 620 万。当时分布的格局:一、北五省,北平(今北京、天津、河北)、山西、山东、河南、陕西(含今甘肃、宁夏),人口总数为 1 979 万,占全国人口的 27%,其中山东省人口最多,有 611 万,占全部北方人口的 30%,以下依次为山西(424 万)、河南(316 万)、陕西(296 万)、北平(293 万)。二、中五省,京师(今上海市、江苏、安徽)、浙江、江西、湖广(今两湖)、四川(今四川、重庆市),人口总数为 3 818.8 万,占全国人口的 52%。其中人口密度最高的是京师附近的苏南太湖流域地区,为 706.9 万,占全部长江流域人口的 18%,平均每平方千米 220 人;其次为浙江省,有 1 113.9 万,平均每平方千米 110 人,而以嘉兴府密度最高,每平方千米 506 人。其次是江西(812 万)、湖广(483 万),四川人口最少,仅 147 万。三、南五省,广东、广西、福建、云南、贵州,总人口为 1 158.7 万。占全国人口 16%,密度较稀,一般每平方千米仅二三十人,而广西除桂林府外,每平方千米不足 10 人。云南、贵州更是地广人稀。① 崇祯末年(1644 年)中国人口约有 1.5 亿,分布的格局基本未变。

清代康熙年间全国人口已达 1.6 亿,乾隆四十一年(1776 年)已至 3.115 亿,嘉庆二十五年(1820 年)为 3.831 亿,这是清中期人口鼎盛时期,秦岭、淮河以北所占的比重为 28.6%,南方为 71.4%。一省人口超过 2 000 万的有江苏(2.6)、安徽(3.2)、山东(2.8)、河南(2.3)、浙江(2.7)、江西(2.3)、湖北(2.6)、四川(2.8)、广东(2.1),不到 2 000 万的有直隶(1.9)、湖南(1.8)、福建(1.8)、山西(1.4)、陕西(1.1)、甘肃(1.1),不到 1 000 万的有盛京(0.24)、云南(0.44)、贵州(0.52)。全国人口最密集的为太湖流域、长江沿线和大运河沿线地区。咸丰元年(1851 年)太平军起事前夕,为 4.361 亿。经过长达 15 年的太平军起义战争后,至光绪六年(1880 年)全国人口为 3.645 亿。1910 年(清宣统二年)全国人口达 4.36 亿。② 1912 年内务部统计全国人口为 4.058 亿,1936 年内政部统计为 4.791 亿。这些都不是经过普查的数字,精确度不高。新中国成立后,1953 年全国进行第一次人口普查,最后公布的数字为 583 603 417 人(不含台湾等岛),可以说是我国数千年来第一次最精确的人口统计数字。

明清时期人口迁徙有两种情况。一种是政府行为,强迫人民迁徙。明初大移

---

① 曹树基:《中国人口史》第 4 卷《明时期》,复旦大学出版社 2000 年版,第 240、247 页。

② 曹树基:《中国人口史》第 5 卷《清时期》,复旦大学出版社 2001 年版,第 832 页。

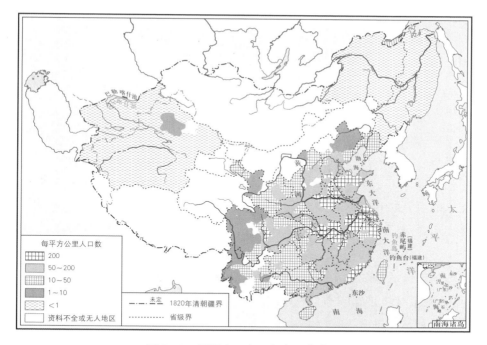

图 9-3　清嘉庆二十五年人口密度图

民是典型的事例。朱元璋夺取政权之初,江淮、华北地区经过长期战争,人口稀少,生产凋敝。为了改变这种状况,洪武初进行了规模空前的大移民。淮河沿岸的凤阳府是朱元璋故乡,洪武初人口稀少,每平方千米不足 5 人。故从吴元年(1364 年)开始,从太湖流域、山西北部及河北真定、广东珠江流域、山东等地迁民移入凤阳地区。今人估计,洪武年间凤阳府接受移民总数约为 50 万,其中民籍移约为 30 万人,占凤阳府民人总数的 70%,如加上军籍人口,移民总数约占总人口的 80%。[1] 苏北扬州、淮安二府在洪武年间接受了来自苏州、徽州和江西的移民约 57 万。[2] 此外,将在南京(今上海市、江苏、安徽三地)的军士迁往云贵戍边约数十万;迁山西人于河北、豫北;迁浙西及山西民于滁、和等州和北平、山东、河南等地;迁江西人口至湖广,迁湖广人入四川,迁北平、山后(河北省太行山北端、军都山迤北地区)民散居北边诸卫以为军籍等等。今人研究认为,明初移民规模宏大,长江流域达 700 万,华北地区有 490 万,东北和西南边疆也有 150 万,合计达 1 340 万。洪武年间估计有

---

① 葛剑雄:《简明中国移民史》,福建人民出版社 1993 年版,第 335 页。
② 同上书,第 346 页。

7 000 万人口,移民占全国人口总数的 19%。① 二是人民自动迁往他乡,其表现为三种情况:一是向海外移民。临海的广东、福建等地因山多地少,人稠地(平原)狭,多出海谋生。以去台湾和东南亚各岛屿为最多。明《瀛涯胜览》记载,印尼爪哇岛上多广东、漳、泉人。《东西洋考》载,吕宋岛上有华人数万。泰国、柬埔寨等地华人流寓也很多。清初郑氏台湾时,已有闽人进入台湾。康熙二十三年(1684 年)统一台湾后,为闽人迁往台湾提供了条件。据连横《台湾通史》估计,从 18 世纪中叶自大陆流入台湾人口不下数十万。至嘉庆十六年(1811 年)在台湾的汉民达 24 万户,人口超过 200 万。1840 年以后,粤、闽二省移居海外更多,据调查,从 1850 年至 19 世纪末的半个世纪里,仅广东台山一县移居海外的就有 20 万人。同时劳工出国也是主要形式,有人统计,1801—1850 年中国迁往东南亚、澳洲及美洲等地的华工约 32 万。② 以后不断有华工出海谋生,有人估计,从 1840 年至 20 世纪 20 年代,中国人口以华工形式迁移出国的可能有 1 000 万左右。③ 二是向山区进发。明代流民问题,在永乐时已见端倪,到宣德年间已成为严重的社会问题。大批失去土地和逃避繁重赋役的农民,背井离乡,流徙他处。自宣德至成化年间,从北直隶、山东、河南、山西、陕西等省流亡的农民迁徙至豫、鄂交界的荆(州府)、襄(阳府)山区的大约有一二百万人,主要从事林、矿、纸、炭、木耳、种植等生业,因"筑棚而居",史称"棚民"。明政府为了控制这些人口,于成化十二年(1476 年)设置郧阳府,治今湖北郧县,辖今湖北省郧县、保康以西地区。以后流民又向秦岭、大巴山区迁徙。清代嘉庆年间川、陕、鄂、豫、甘五省白莲教起义,就是各地迁往这五省交界的流民大起义。此外,东南地区的无田农民多向闽、浙和皖南山区进发,湖南流民的目标是湘西山区,乾隆以后资沅澧等水中上游深山穷谷,多为流民垦辟。闽、粤流民甚至迁往荒岭僻壤的赣南山区。由于明代后期美洲作物玉米、甘薯的传入,使大批流民进入山区长期居留成为可能。所以自明中期后直至清代,失去土地的农民迁往山区成为当时人口迁徙的一大特点。三是向边区迁徙。明代除了政府通过行政手段强迫人民迁往边区屯戍外,人民自动迁往边区的不多。清代幅员辽阔,边疆地区人口稀少,为内地流民的迁徙提供了条件。清代东北长白山区为满族"龙兴之地",定为封禁区,任何人不得入内定居、垦田、采伐和掘捕人参、貂。顺治年间曾一度招民开垦

① 葛剑雄:《简明中国移民史》,福建人民出版社 1993 年版,第 391 页。
② 陈泽宪:《十九世纪盛行的契约华工制》,载《历史研究》1963 年第 1 期。
③ 朱国宏:《中国人口的国际迁移之历史考察》,载《历史研究》1989 年第 6 期。

辽东闲田,康熙初年即停止招垦,不论旗人汉民出山海关均须至兵部领票。但不断有人或从长城口,或从天津、登州泛海潜入辽东半岛以至松花江流域,晋、鲁、豫、冀四省均有,尤以冀、鲁为多,俗称"闯关东"。再则清代政治犯多流放至宁古塔(今黑龙江宁安市),后来发展至船厂(今吉林市)、黑龙江城(今旧瑷珲)、伯都讷(今吉林扶余)等地,也吸引了一批晋、鲁商贾前往。如康熙十五年(1676年)时,船厂为宁古塔将军驻地,"中土流人千余家。西关百货凑集,旗亭戏馆,无一不有,亦边外一都会"。[①] 1878年(光绪四年)清政府取消移民东北禁令后,向东北移民形成高潮。辛亥革命后,人口流入东北地区的势头未减。1911—1931年九一八事变前,仍有大批冀、鲁人民进入东北地区。据统计,1912—1931年间定居于东北的关内移民为555万,1932—1941年为198万,1942—1945年又有388万华北劳工及其家属被掳至东北,其中有一部分返回原籍。1912—1945年从关内流向东北的移民总计为991万。[②] 此外,冀、晋人多由古北口、张家口、独石口、喜峰口等处进入草原,称为"跑口外";晋、陕垦荒者则去归化(今呼和浩特)一带或河套地区进行耕种。陇东农民则多入银川平原。陕甘人进入新疆不少。光绪年间平定阿古柏政权时进入新疆的湘军,就在哈密、巴里坤等地进行屯田,屯丁中凡是娶有妻室愿留新疆者,均借给牛具籽种,指拨土地令其承垦,故有一部分湖南人由此留在新疆。

---

① 〔清〕杨宾:《柳边纪略》卷一。
② 侯杨方:《中国人口史》第6卷《1910—1953年》,复旦大学出版社2001年版,第489页。

第十章 中国古代农业的地区开发与地域差异

第一节 我国北部农牧界线的历史变迁

农业有广、狭两种含义。就广义的农业而言，不仅包括植物的生产（种植业），同时也包括动物的生产（畜牧业）以及林、渔业。在我国传统社会里，林、渔业多附于种植业，而种植业是我国五千余年来的主要产业。

我国是一个历史悠久的农业大国，从一万年前的新石器时代开始，中华民族的大部分就进入了以种植业和畜牧业为主要产业的社会，小部分尚处于原始的狩猎、采集经济状态。不同族别由于自身所处的不同自然环境和传统的影响，在经济发展中各有不同的侧重。之后，随着社会经济的发展和自然环境的影响，逐渐形成了长期存在于我国传统社会中农牧关系的一个特点，就是从事种植业的民族和从事畜牧业的民族在地域上的分离，农耕区和畜牧区之间有明显的分工。这种地域上的分界，在历史时期由于民族活动和自然环境的变化，有过较大的变化。这种变迁又为中国地理形势（东、南临海，西部为青藏高原，东北为高寒地区）所决定，主要发生在北部地区。

历史上中国北部农牧界线的变迁，大体上应从战国时代说起。战国以前，从春秋上溯至三代，在黄河流域各诸侯国之间，杂居着许多被称为戎、狄、夷等的民族，有的从事狩猎采集，有的从事畜牧，与中原"诸夏"各国经营的农耕区错杂而处；同时列国间还有不少瓯脱地带，既非农田，也不是牧地，所以很难说当时已存在分工明确的农耕区和畜牧区，当然更谈不上其间的界线了。

一、战国时期北部农牧分界线的形成

战国时期开始，金属农具的普遍推广，使种植业发生了巨大的变化。恩格斯说："铁促使更大面积的农田耕作，开垦广阔的森林地区，成为可能。"[①]战国中期开

---

① 《家庭、私有制和国家的起源》，《马恩全集》第 21 卷，人民出版社 1965 年版，第 186 页。

始各国竞相变法,主要是大力发展农耕生产,扩大耕地面积。秦孝公时商鞅"废井田,开阡陌","辟草莱",奖励垦荒,农作耕地成片扩展;齐国在春秋时因地近海,"少五谷而人民寡",以后齐桓公用管仲为相,大力发展农耕,"实圹虚,垦田畴,修墙屋,则国家富"①。"春以奉耕,夏以奉耘,耒耜器械,种馕粮食,必取赡于君。"②到了战国中期,齐国农田大辟,"鸡鸣狗吠相闻而达乎四境"。其他诸夏诸国也都先后大力发展农耕业,原称杂居在中原地区的戎、狄、夷也被华夏族同化进入农业社会。黄河流域以农耕业为主要生产形式已基本确立,而北方草原地区民族仍然继续从事传统的畜牧业,于是出现了农耕区和畜牧区之间的分界线。

司马迁《史记·货殖列传》对全国区域地理的划分,大致上反映战国至汉初的情况,它将全国划分为山东、山西、江南和龙门碣石以北四个地理区域。山东即关东,泛指崤山、函谷关以东的黄河中下游平原,战国以来已成为农耕区了。山西本泛指崤山、函谷关以西,关中盆地和泾渭北洛河上游,西至黄河均在其范围内。但关中盆地自周秦经营以来,已是"沃野千里","好稼穑,殖五谷"的农耕区,只是其北面的泾渭北洛河上游及其迤西一带,即西汉时代的天水、陇西、安定、北地、上郡地区,春秋以来为戎狄所居,至汉初仍是一片以"畜牧为天下饶"著称的畜牧区。秦始皇时著名的乌氏倮即在泾水上游一带从事畜牧业致富,并以此封君。西汉时代"六郡良家子"娴于骑术,即因西河、上郡、安定、北地、天水、陇西六郡多产良马之故。所以从山西全体而言,可以说是农牧交错区。江南泛指长江中下游地区,地广人稀,饭稻羹鱼,火耕水耨,是比较落后的种植兼渔猎经济区。龙门、碣石以北是"多马、牛、羊、旃裘、筋角"的畜牧区。龙门即今山陕间的禹门口所在的龙门山,其北为黄河山陕峡谷流域,河西为陕北高原,河东为山西高原。"晋北有林胡、楼烦之戎",战国时赵武灵王虽破林胡、楼烦,筑长城,与匈奴为界,而林胡、楼烦故地,仍以畜牧为主。晋西北地区"不事农商","屈(今吉县西北)产之乘",为春秋以来的名马。汾河中游的杨县(今山西洪洞县东南)和平阳(今临汾市西南)介于农耕区和畜牧区之间,故能"陈掾其间,得所欲"。《索隐》云:"陈掾犹经营驰逐也。"碣石指河北昌黎碣石山,为燕国之地。燕昭王时击破东胡,筑长城,自造阳(今河北独石口附近)至襄平(今辽宁辽阳市)以拒东胡。燕国基本上以农耕为主,而东胡系的夫余、乌桓则以畜牧狩猎经济为主。今天在燕秦长城遗址沿线的古城堡中出土了一批与中原形制相同的铁制农具,可见当时东北农牧分界,大致在燕秦长城以北一线。黄河上游青

①　《管子》第 10 章《五辅》。
②　《管子》第 73 章《国蓄》。

海潮以东的河湟地区,战国以来即为以射猎为主要产业的羌人所居;河西走廊在西汉武帝以前是匈奴浑邪王、休屠王的牧地,都不是农耕区。

综上所述,可知从战国至西汉初年,自今青海东部河湟地区向东北经陕北、陇东泾、渭、北洛河上游,晋西北山陕峡谷流域南缘龙门山,又东北沿着吕梁山、恒山,接燕秦长城至今辽宁境内,存在着一条农牧的分界线。此线以北并非绝无种植业,如匈奴、羌人均有少量旱作农业;此线以南也不是绝无牧业,汉代中原地区的富豪之家,也有"多其牛羊"的,然在整个经济生活中不占主要地位。至于新疆地区,在天山南北绿洲中很早有了种植业,而在沙漠草原地带则以牧业为主,但在其本区内部以及东部地区均为荒漠所隔,所以可以姑置不论。

二、秦汉时期农牧界线的北移和内缩

上述农牧界线到了秦汉时代发生了变化。这是由于中原王朝势力的扩展和汉民族大量迁入边区而引起的。秦始皇三十三年(前 214 年)派蒙恬逐匈奴,取今河套包括鄂尔多斯高原的"河南地",在这块自春秋战国以来一直是游牧民族活动的"草木茂盛,多禽兽"的森林草原地带,设置了 44 县,并修筑长城,"徙谪戍以充之"。三十六年又迁三万家于北河(今河套乌加河)榆中地区。这两次大规模移民戍边的结果,将农耕区的北界推进至阴山以南一带。不久,始皇死,蒙恬被杀,接着爆发了农民大起义,秦王朝随之覆灭,戍边者乘机逃回,匈奴渡河而南,与中原王朝以战国以来的故塞为界。

汉代初年与匈奴以朝那(今宁夏固原东南)、肤施(今陕西榆林南)为界,大致即战国时代的农牧分界线。到了汉武帝时代,北伐匈奴,复取河南地后,从内地迁去近百万从事农耕的汉族人民安置在北部沿边诸地,设置了大批郡县。据《汉书·地理志》记载,西汉末年山陕峡谷流域、泾渭北洛河上游、晋北高原以至河套地区,人口竟达 310 余万。这就必须开辟大量耕地,才能维持这些人口的生存。于是武帝元封年间,农垦区向北推进,"北益广田,至眩雷为塞"。[①] 眩雷塞在今内蒙古伊克昭盟杭锦旗东部。至元帝初元五年(前 44 年)北假(今河套以北、阴山以南)地区仍置有日官。20 世纪 60 年代在今套西乌兰布和沙区内就发现过汉代垦区的遗迹。在河西走廊消灭了匈奴休屠王、浑邪王以后,设置了武威、酒泉、张掖、敦煌四郡 35 县,从今河南、山东、河北、陕西等地迁去大批农业人口,兴修水利,开辟农田。在居延出土的汉简中有关河西地区屯田水利的资料十分丰富。西面拓疆至陇西,羌人

---

① 《汉书》卷九四《匈奴传》。

被迫迁至青海湖周围及其以西地区，令汉人进入河湟地区，大规模开设屯田。总之，自汉武帝以后，北部农牧界线大大地向北推进，除了中间有一块伊克昭盟部分草原外，农耕区西面已达套西乌兰布和沙区、贺兰山、河西走廊和湟水流域，北面已抵河套以北的阴山山脉，东面仍沿着长城一线。

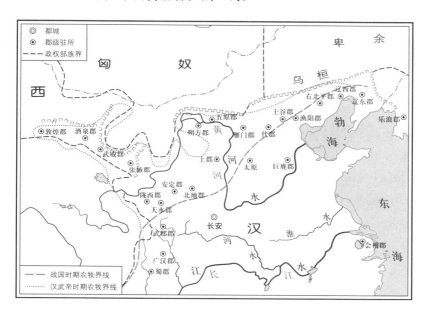

图 10-1　战国秦汉时期农牧界线变迁图

东汉初年因匈奴南进，一度放弃了从河套至晋北的沿边诸郡，迁人民于内地。公元 50 年南匈奴内附，才恢复了沿边八郡。其后南匈奴大批内迁，散居于西河、北地、朔方、五原、云中、定襄、雁门、代郡一带。其中还杂有羌、胡、乌桓等族。西部羌人自东汉初年以来就不断叛乱，向内地侵犯。安帝以后，金城、陇西、安定、北地、上郡等郡的郡治和汉民都从今陇右、陕北一带东迁至渭河流域，大批以匈奴、羌族为主包括乌桓、鲜卑等杂胡入居泾渭北洛河上游和山陕峡谷流域的沿边八郡。汉人内迁和游牧民族大批入居农耕区，必然造成农牧界线形势的变化。据谭其骧教授的估计，入居缘边诸郡的从事畜牧业的民族总数在百万左右，而从事农耕生产的汉族人口却大量下降。[1]　其必然引起农牧界线的内缩，具体情况虽不甚明了，但沿边八郡大部分土地已成为半农半牧区或农牧交错区，当属无疑。

---

①　谭其骧：《何以黄河在东汉以后会出现一个长期安流的局面》，载《长水集》下册，人民出版社 1987 年版。

东汉末年黄巾起义,使东汉政权已无力维持对边区的统治,终于放弃了朔方、五原、云中、定襄、西河、上郡、北地七郡的全部土地和安定郡的一部分,同时也放弃了桑干河上游代郡、雁门二郡各一部分,"百姓南奔","塞下皆空"。这些地区全为羌胡所居。三国时南匈奴三万余落入居于汾河流域,西晋武帝泰始年间继续有大批匈奴入居汾河流域。太康年间又有匈奴十余万人入居关中的雍州,当时关中地区人口有百万余,而"戎狄居半"。① 大量北方游牧民族入居中原,阶级矛盾和民族矛盾不断加剧,最后导致长达百余年的十六国的混战时期,农业人口大批死亡和流徙,耕地大批荒芜,为畜牧业的发展创造了条件。当时北方各游牧部落居黄河中下游地区,其中一部分已逐渐汉化而从事农耕。如上党羯人石勒即为人耕奴。《周书·异域传上》记载:"自离石(今山西吕梁市离石区)以西,安定(今甘肃镇原东南)以东,方七八百里,居山谷间,种落繁炽,亦知种田。"但对于大多数匈奴、鲜卑、氐、羌等族,畜牧业仍占相当重要地位。晋末洛阳匮乏,前凉以"马五百匹,毯布三万匹"为献。② 前赵兵锋逼临境下,前凉遣使称藩,献马1500匹,牛3000头,羊10万头。《西河旧事》:"河西牛羊肥,酪过精好。"其他各民族政权之间的战争,多以俘牛羊为数。可见当时黄河流域北部地区,畜牧业已占相当的比重,农耕地和牧地错居杂处,农耕区的北界大约已内缩至渭河平原北缘、汾河中游和河北中北部一线了。

三、北魏至隋唐时期北部农牧交错区的出现

北魏拓跋氏虽然具有游牧民族的传统,但受农耕文化的影响,自迁居盛乐(今内蒙古和林格尔西北)以后,就在五原(今包头市西北)至稒阳(今固阳)一带进行屯田。4世纪末迁都平城(今山西大同市),又在平城周围"劝课农耕","为畿内之田"。③ 于薄骨律镇所在银川平原上引黄灌溉,兴办农业,大获其利,并有余粮支援河套以北的沃野等镇。④ 以后西魏、北周都曾在河套地区设置郡县。隋代也设置了丰、胜等州。据《隋书·地理志》记载,大业五年(609年)设置在黄河中游和河套地区有18个郡,总户数为55万,以每户五口计,约有275万口。这说明当时必须开垦大量农田才能提供这些人口的粮食。但这时期农牧转化的特点与西汉时期不同:(一)不是将少数民族赶走,迁入大量汉民,而主要是原居此地的少数民族逐渐汉

① 《晋书》卷五六《江统传》。
② 《晋书》卷八六《张轨传》。
③ 《魏书》卷一一一《食货志》。
④ 《魏书》卷三八《刁雍传》。

化，当然也还有少量汉民迁入，因此这种转化是缓慢的，在地域上也是逐渐扩展的。
（二）鄂尔多斯高原经秦汉时代过度开垦后，造成植被的严重破坏，在干旱气候、悬殊温差和强大的风力作用下，已出现了沙漠化的迹象，已经破坏的生态环境再也无法逆转。如 5 世纪时，高原西部"道多深沙"，南部出现了"沙丘""沙陵"和"沙溪"。①这些地区当然已无法从事农耕，当有畜牧业传统的民族占据该地后，仍然维持原有生产方式，但已非理想的牧场了。（三）黄河流域经过数百年农耕民族和游牧民族的大融合，不论北方民族统治的政权还是汉民族统治的政权都兼重视农耕业和畜牧业。北魏平定了赫连夏，占有了秦陇之地后，"以河西水草善，乃以为牧地"。②隋朝在河套地区进行屯田，而在其南的郿县、合川、泾川以南一带，成为"勤于稼穑，多畜牧"的农牧兼营区。唐代在安史之乱以前，在陇右、陕北地区设置了许多牧监，发展畜牧业。麟德时（664—665 年）有马 70.6 万匹，开元时（713—741 年）有马 44 万匹。以原州（今宁夏固原）为中心包括秦、渭、会、兰四州（今甘肃东部）监牧地范围至广，东西约 300 千米，南北约 200 千米。在晋北岚州（今山西岚县北）置内外厩都使管楼烦等三监，其中楼烦监最为著名。唐时今鄂尔多斯高原先后为突厥、党项所居。以内附突厥部落所置六胡州（后改置宥州，治今内蒙古乌审旗南城川故城）地，以产马著称。在党项族所居的夏州（治今今陕西榆林市北）境内，人烟稀少，"所业无农桑，事畜马牛羊橐驼"。③

　　这时鄂尔多斯地区北部今库布齐沙漠区内已出现"库结沙""普纳沙"等沙地。④其南部今毛乌素沙地的夏、宥州一带，更有"广长几千里"的流沙。⑤夏州城外积沙"高及城堞"。⑥上述已经沙化的自然环境当然不可能再发展种植业，况且居住在这里的原就是从事游牧的民族，必然继续进行传统的畜牧业。而夏、宥二州相邻的胜州（治今内蒙古准格尔旗十二连城）、麟州（治今陕西神木北）一带却是明显的农耕区，"地甚良沃"，"人至殷繁"。⑦此两州正相当于今窟野河一线，夏、宥二州南界包有今横山、白于山地区，则当时的农牧分界线大致在今窟野河和横山、白于山以南一线。此线以北至黄河河套、阴山一带，为当时农牧交错区；沙地、草原相间之处，为放牧之地；而水土肥沃之地，则用以农耕。如唐中宗景龙时（707—709 年）张仁愿

---

①　〔北魏〕郦道元：《水经》卷三《河水注三》。
②　《魏书》卷一一一《食货志》。
③⑤　〔唐〕沈亚之：《夏平》，《全唐文》卷七三七。
④　《新唐书》卷四〇《地理志四》引贾耽《四夷道里记》。
⑥　《新唐书》卷三五《五行志二》。
⑦　〔唐〕李德裕：《会昌一品集》卷一四《要条疏边上事宜状》。

筑受降城,在河套地行过屯田,首尾数百里,开田数千顷。其与内地农耕区未能连成一片。

四、辽金元时期北部农牧交错区北延

《辽史·营卫志》称:"长城以南,多雨多暑,其人耕稼以食,桑麻以衣,宫室以居,城郭以治。大漠之间,多寒多风,畜牧畋渔以食,皮毛以衣,转徙随时,车马为家。"这是当时一条基本的农牧分界线。但由于北方游牧民族与农耕民族的密切交往,农牧交错地带呈现了向北延伸的迹象。7世纪末移居夏州一带的党项族,至10世纪建立了西夏政权。11世纪拓地东有鄂尔多斯高原,西有河西走廊,北抵大漠,南以横山与北宋接界。党项族原是"衣皮毛,事畜牧"①的牧业民族。以其统治地区的自然条件而言,畜牧业仍占统治地位。但其境汉人则多从事农耕,在今陕西米脂、佳县一带,"良田不啻一二万顷",是西夏国的粮仓。② 在银川平原利用汉唐旧渠,在河西走廊甘、凉等州利用祁连山雪水进行灌溉,开辟农田,都有一定的规模。元代治理黄河时曾请原西夏的水工参加,可见水利技术的高明。

契丹原从事畜牧和狩猎,《辽史·食货志》:"契丹旧俗,其富以马,其强以兵。……马逐水草,人仰湩酪,挽强射生,以给日用,糗粮刍茭,道在是矣。"以后在汉文化影响下,在汉唐以来传统的塞外地区,从事粗放的农耕业。比较有代表性的是在辽本土今内蒙古东部的西拉木伦河和老哈河流域。10世纪开始契丹就将战争中俘掠来的汉人和灭渤海国迫迁来的渤海人,安置在西拉木伦河和老哈河流域进行农耕,使这块草原地带初次有了种植业。据研究,大致上开辟了90万~100万亩农田。③ 其他如在医巫闾山北端今辽宁阜新市一带,也有了农田开发。不过由于自然条件的限制,都是草原上的插花地,不像中原地区那样有大片农田连在一起。以后又向北推进至今克鲁伦河、海拉尔河和呼伦贝尔草原,④形成传统农耕区外的半农半牧区。女真族建立的金朝继承了这种局面,并将种植业发展到了洮儿河、第二松花江和拉林河流域。上京路出土的金代农具种类齐备,主要集中在上京会宁府及其周围地区,说明这里是金源地内农业生产发展程度最高的地区。与辽代相比,金代农耕区向北推进至嫩江支流乌裕尔河流域,

---

① 《宋史》卷四八五《外国传一·夏国上》。
② 〔南宋〕李焘:《续资治通鉴长编》卷三四四,元丰七年。
③ 韩茂莉:《辽金农业地理》,社会科学文献出版社1999年版,第44页。
④ 《辽史》卷四《太宗纪下》。

形成金代农耕垦殖的北界。① 大兴安岭则开始成为蒙古高原和松辽平原之间的天然农牧分界线。

元代蒙古族入居中原,由于传统生产方式的影响和蒙古军队马匹的需要,曾将所占不少农田返耕还牧,辟为牧马地。不过元代在北边曾发展过种植业,如在陕北、河西、陇右开辟屯田,在新疆地区吉木萨尔、且末、巴里坤、和田、喀什等地也有新辟的屯田。② 最北的还将屯田推行至今蒙古国的鄂尔浑河上游的和林一带和阿尔泰山东侧的称海(今哈腊湖)地区,规模不小,是岭北地区的重要农垦区,但农田均属零星分布,与牧地交错相处,是在一片广漠草原上的零星插花地。

总之,在辽金元三代北方游牧民族入居中原后,虽然在传统的中原农耕区内开辟了不少牧地,但同时由于受汉化的影响和生活上的需要,在原来的传统畜牧区内也开辟了零星农耕地,形成了塞外辽阔的农牧交错区,这是北方民族入居中原后出现的一种特殊景观。

五、明清时期北方农牧界线的变迁

明初将蒙元驱逐出中原,开疆拓土,在蒙古高原的南缘阴山、大青山以南的东胜(今内蒙古托克托)、开平(今内蒙古正蓝旗东闪电河北岸)、全宁(翁牛特旗)一线等地开置屯田,设立一批卫所,形成明初北边的农牧分界线。以后由于 14 世纪以来气候转寒,蒙古高原多次遭受寒流侵袭,北部气候环境恶劣,寒冷的气温和频繁的风沙,严重影响农耕业,于是几乎在同一年里,即永乐元年(1403 年)北部沿边卫所全部迁入长城一线,原先开辟的屯田全部弃耕。宣德以后,鞑靼、瓦剌、兀良哈部逐渐占领了长城以北地区,明朝卫所或废或撤,随即修建了边墙。这道称为边墙的长城在黄河以西沿着黄土高原的边缘,黄河以东大体沿着山脉走向,阻隔了农耕民族和游牧民族之间的交往。边墙以外、河套以南的鄂尔多斯高原地区的库布齐沙漠和毛乌素沙地均已十分发育,无法进行耕种。明代沿边卫所官员招引边民于边墙外开垦营利,农耕线逐步北推至界外,但远者不过七八十里,近者二三十里。③ 明代边墙有"烧荒"制度,即每年冬天出塞烧野草,以便哨瞭,故农耕地不可能离边墙

① 韩茂莉:《辽金农业地理》,社会科学文献出版社 1999 年版,第 176—180 页。
② 吴宏岐:《元代农业地理》,西安地图出版社 1997 年版,第 30 页。
③ 〔明〕余子俊:《地方事》,载《明经世文编》卷六一。

太远,所以明代边墙实际是当时的农牧分界线。

清代统一长城内外,初年规定边墙外五十里为禁留地,是汉蒙两族的分界线。康熙年间准许蒙古王公和内地汉民合伙种地,蒙古境内开始发展种植业。后来去长城口外垦地的汉民日众,引起清政府的忧虑,遂限制人数,规定每年由户部发放准垦凭证,以便控制汉民进入蒙古草原。雍正年间募民边外垦种,规定春往冬归,不许移家占籍,但耕地范围有限,不出边外王十里地。乾隆《口北三厅志》记载,张家口、独石口、多伦诺尔(治今内蒙古正蓝旗东北闪电河北岸)三厅以南为农田,以北为清代直隶中央的牧厂。乾隆以后内地贫民出边墙垦种的越来越多,难以控制。山东贫民往往出山海关或渡海趋辽东,然后奔向更远的松花江、嫩江流域。河北人从长城要隘奔向口外东蒙古地区,山西人出杀虎口走河套归化(今呼和浩特市)一带,陇右农民往往去银川平原。河套平原和银川平原因为有平坦肥沃的土壤和优越的水利条件,秦汉以来即为农耕区,汉民也熟悉这一带水利。清代前期已有不少晋陕贫民去前套一带租种蒙地,春去冬归,谓之"跑青""雁行"。道光以后清政府正式准许汉民去后套一带耕种蒙地。但蒙古王公们怕耕地扩大影响他们的放牧,故将农耕地限制在小块范围内。总之,清代中叶以来,由于汉人进入蒙古草原,农耕地有所扩展,但毕竟还是插花地,尚未改变整个草原的景观。

东北地区在清顺治年间修筑的柳条边(老边)和康熙年间修筑的新边,除了保护长白山区"龙兴之地"外,老边的西段和新边,还是盛京、宁古塔和蒙古的分界线,实际也是东北地区的农牧分界线。此线以西为蒙古放牧区,受蒙古王公管辖;此线以东为盛京、宁古塔将军管辖的农耕区。

清末光绪年间开始,晋、冀、察、绥及陕北的饥民进入后套地区日益增多。清政府也在河套一带推行"开放蒙荒""移民实边"政策,兴办垦务。光绪二十八年(1902年)设督办蒙旗垦务大臣,在绥远设立垦务总局,在包头设分局,对伊盟地区进行大规模开垦,将仅有的草地尽为辟垦,后套一带可耕地也全被垦辟。

总的说来,清一代北部农牧分界线可以说有两条:一条是陕西省北界和山西、河北长城的辽西努鲁儿虎山一线,此线以南为农耕区;一条是沿贺兰山、阴山山脉,东至乌兰察布盟的乌拉山迄大兴安岭南端,此线以南有部分地是半农半牧区及分块的农耕区(如河套平原和银川平原)。内蒙古东四盟中昭乌达、哲里木二盟和1950年划给热河、辽宁、内蒙古三省的原卓索图盟都有不少耕地,但大多比较分散,仍属农牧交错区。

第二节 我国古代主要农业区的历史变迁

　　农业是古代文明的标志,"是整个古代世界决定性的生产部门"。中国是世界上最早出现农业的国家之一。近几十年全国范围内新石器时代遗址的发现,说明除了部分草原、沙漠和高寒地带外,在北起松辽平原,南至珠江流域的广大土地上,自原始社会晚期就开始有了农业。在以后的历史过程中,由于自然环境和人类活动条件的不同,各地农业发展经过了不同的道路,形成了不同的农业区域,各区域之间存在很大差异。有的地区发展缓慢,而有的地区则迅速发展成为某一历史时期的主要农业区,其后又因自然和社会因素的变化有过兴衰演变。这种变化对认识当今中国农业地理与区域经济面貌有着重要的意义。现选择黄河、长江、珠江三大流域在历史时期农业区域变迁的情况作一概貌的介绍。

一、黄河中下游农耕区的形成、发展和兴衰变迁

　　黄河流域的农耕业最初主要发生于中下游地区,这里地势平坦,气候温和,雨量适中,加之疏松易耕的黄土冲积层,自然条件适宜经营农业,故从仰韶文化、龙山文化等史前社会开始就出现了原始农业。但这时人口稀少,生产工具原始落后,农业仅作为渔猎、采集的附属部分而存在,被开垦出来的土地只是聚落周围狭小的一块。从黄河流域的景观面貌来看,这时的农田只是散布在莽原中的小片点状区域。

　　夏、商、周时代的农业虽然摆脱了原始阶段,但由于人口稀少、工具原始,土地开发能力仍很弱。以后随着人口的增多、农业工具金属化和耕种技术的提高,因自然条件的影响,逐渐形成关东和关西两大农业区。

　　(一)关东农业区。古代中国以黄河中下游崤山、函谷关为界分为关东(或称山东)、关西(或称关中、山西)两大区。关东区的主体部分是黄河下游的华北平原,其西端为伊、洛、河、济四水交会的相当于今洛阳为中心的大河南北地区,亦即历史上所谓"三河"(河南、河东、河内)地区,是中国黄河流域农业文明的发祥地。因为它东连华北平原,西接关中盆地,故司马迁在《史记·货殖列传》中称:"昔唐人都河东,殷人都河内,周人都河南,夫三河在天下之中。"

　　20世纪70年代在今河北武安市磁山和河南裴李岗发现的新石器时代早期遗址中,已有了农业的痕迹。磁山遗址还发现了粟的遗存,从出土的农具和加工工具

来看,当时农业已从原始的火耕刀种阶段进入了耜耕农业阶段。裴李岗类型遗址还在密县、登封、鄢陵、新郑、郏县一带发现。裴李岗文化的经济以农业为主,作物有粟。据 C¹⁴ 测定,磁山—裴李岗文化遗存年代在公元前 5500 年左右。这说明距今七八千年前,中国黄河下游巨大冲积扇的顶端,也即华北平原西缘与太行山脉、豫西山地的交接处,已进入了农业社会。时代稍后的仰韶文化期的洛阳王湾、郑州大河村遗址都有村落、房屋和粮食遗存的发现,反映当时已过着定居农业生活。陕县庙底沟二期文化(公元前 2700 年左右)具有仰韶文化向龙山文化过渡阶段的特征。这时期遗存发现较多的有以潼关为中心和以洛阳、郑州为中心的两个地区,农业已成为主要生产部门,农业工具已较仰韶期有了改进。在以洛阳为中心的伊洛河流域发现的王湾类型和安阳后冈类型的河南龙山文化的遗存,农业工具有明显改进,农业生产水平显然比前一阶段有所提高。偃师二里头类型文化的年代与夏朝纪年大体一致,因而有不少学者认为就是夏文化。如是,则中国最早的国家,就在农业发展最早的地区之一的豫西、冀南山麓地带兴起。

关东地区的农业是从山麓地带向东部平原地区发展的。二里冈遗址和郑州商城、安阳殷墟以及河北邢台、邯郸、磁县、藁城、曲阳、涿州、永年、灵寿、石家庄等地发现的商代遗址,正分布在豫西山地、太行山东麓一线的山前冲积扇上。安阳殷墟位于豫北、冀南的河(古黄河)、漳冲积扇上,地势较高,排水良好,土壤肥沃,是理想的农业地带,商人在此已有相当规模的农业,殷墟出土的甲骨中已出现黍、麦、禾(粟)等农作物和不少农田垦殖的记载,这里无疑已是当时黄河流域的一个农业中心。王充《论衡·率性》说,战国时代魏国西门豹、史起先后引漳水灌田,使河北临漳县西南邺城一带的土地,"成为膏腴,则亩收一钟"。由于农业发达,西汉时漳河上游的魏郡是人口最密集的地区之一。这种农业发展势头保持到公元 3 世纪不衰。东汉末年曹操定都于邺,在战国水利工程基础上进一步加以扩建,发挥了更大的作用。晋左思《魏都赋》描述邺都附近的农业是"水澍粳稌(稻),陆莳稷黍,黝黝桑柘,油油麻纻。均田画畴,藩庐错列",一片富庶农业的景象。以后十六国后赵、前燕,北朝的东魏、北齐因相沿袭建都于此,均与当地农业发达有关。尽管隋文帝杨坚灭北齐毁了邺都,但其所在相州(治安阳)境内农业在唐前期曾修了六条人工渠道引漳河、安阳河进行灌溉,可见农业还是相当发达的。

平原北部永定河和潮白河冲积扇农业起源也很早,但早期发展缓慢,可能与当地气候条件有关。司马迁《史记·货殖列传》只说燕国"有鱼盐枣栗之饶",没有强调粮食生产。不过从燕国境内出土的大量铁制农具看来,战国时燕国农业水平不低。另外,在今河北新城、涿州一带有个督亢陂,在战国时为燕国境内富饶的农业水利灌区。荆轲刺秦王,献的就是督亢地图。东汉建武年间,渔阳太守张堪在今北京市顺义县境引白河开稻田 8 000 余顷,这是北京地区种植水稻的最早记载。以后三国魏嘉平二年(250 年)驻守在蓟城(今北京城西南隅)的征北将军刘靖在石景山南灊水(今永定河)上,筑戾陵堨,引灊水开车厢渠东入高梁水,又东注入灊水,灌田 2 000 顷。不久又自车厢渠引流注入鲍丘水(今白河),灌田万余顷。这是永定河、潮白河冲积扇上大规模开发水田的先声。以后北魏、北齐、唐代都曾在此基础上整修过督亢陂、戾陵堨、车厢渠等水利工程,发展水田,成效显著。

河北平原中部地区,由于古代黄河在未筑堤防前的自由泛滥,造成平原内部到处是沼泽洼地,人们很难在此定居进行农业生产。所以从新石器时代开始,经商、周以至春秋时代,平原中部长期存在一片极为空旷的人迹稀少的地区。战国中期以后,黄河下游修筑了堤防,湖泊沼泽逐渐排干或缩小,人们开始在宽阔的平原上进行耕种。秦汉时农耕业已相当发达,东汉以后人口逐渐增加,农业迅速发展,成为黄河流域经济最发达的地区。东汉末年,董卓举刘馥为冀州牧,时“冀州民人殷盛,兵粮优足”。[1] 三国时“冀州户口最多,田多垦辟”。[2]《齐民要术》中反映北魏时河北平原的农业技术已相当发达,农作物品种繁多,有黍、粱、大豆、小豆、麻、大麦、小麦、水稻、旱稻、胡麻、瓜、瓠、芋、韭、葱、苜蓿等 20 余种。直至唐安史之乱前,平原中部水利建设十分兴旺。河北地区人口众多,唐代瀛州(今河间地区)每县平均人口在 13 万以上,是河北诸州中人口最密集的一州。

总之,自新石器时代开始,河北平原上的农业是从太行山东麓向东部平原地区逐渐推进的。到了 8 世纪中叶唐安史之乱前,河北平原已是全国最发达的农业地区。隋、唐前期运往长安、洛阳的漕粮主要产于本区。但是从安史乱后,河北平原经过长期的战火兵燹,再加上太行山区森林的破坏引起的环境恶化,因战争而造成引漳灌溉系统的破坏,漳水泛滥频繁,土壤严重碱化。《宋史·王沿传》说:“河北为天下根本,其民俭啬勤苦,地方千里,古号丰实。今其地,三为契丹所有,余出征赋者,七分而已。魏史起凿十二渠,引漳水溉斥卤之田,而河内饶足。唐至德后,渠废,而相、魏、磁、洺之地并漳水者,累遭决溢,今皆斥卤不可耕。”尤其是战国以来冀南地区的农业中心邺城一带,变化最为明显,北宋中期熙宁年间邺县被废为镇,当

① 《三国志》卷一《魏书一·武帝纪》裴注引《英雄记》。
② 《三国志》卷一六《魏书十六·杜恕传》。

与该地的农业凋敝有关。永定河、潮白河流域在辽代是该国境内主要农耕区,"膏腴蔬茈、果实、稻粱之类,靡不毕出"。① 近年在北京地区出土的辽代铁制农具充分体现了当时农业精耕细作的特点。金人占据河北平原后,迁入大批猛安、谋克,而这些猛安、谋克部民基本不事耕耘之事,如山东、大名等路的猛安、谋克,"骄纵奢侈,不事耕稼"。② "春则借农以种,夏则借人以耘,冬则借人以收。"③不仅自己不从事耕种,还"伐桑枣为薪鬻之",④虽然在太行山麓部分地区,还呈现"桑枣相望"的现象,⑤但总的说来,原先农业发达的河北平原在农业生产进程中仍有退化的表现。⑥元代据有河北、山东,因腹里之地驻守大批蒙古军、探马赤军,需要大量马匹,不少农耕地被辟为牧场。⑦ 宋亡以后,"百司庶府之繁,卫士编民之众,无不仰给于江南"。⑧ 元朝的虞集、脱脱先后提出在京畿地区招募南人种植水田,解决南粮北调问题,曾取得短期效益。明朝徐贞明、徐光启也曾在京津地区开发过水田,取得一定成效。但结果均因水资源缺乏和权贵们的阻挠,效益并不理想。宋代为阻挠辽骑南下,曾在宋辽界河以南从保定至渤海的几百里狭长低洼的塘泊地带,浚沟洫,置堤堰,开辟稻田,以冀达到既生产军粮,又做军事防线的双重目的。虽曾收到短期效果,但以后辽骑不断南下,战争不止,再加上黄河屡次北决,堤堰被毁,积水难排,水利变成水害。元明以后,平原东部卫河淤高成为悬河,平原中部积水惟天津一处入海,下泄不畅,致使土壤盐碱严重。清代雍正三年至七年,在怡亲王允祥的主持下,曾在海河平原上大力开发水利,设立京东、京南、京西、天津四局,开辟公私水稻田38万余公顷,取得一定成效。但好景不长,雍正八年允祥逝世,人去政息,"司局者无所承禀,令不行于令牧,又各以私意为举废"。⑨ 河北水田之事,自告罢废。

黄淮平原介于豫西山地和鲁中山地之间,在古代又可称为兖豫平原。这里的农业发展也是首先从东西两侧山麓地带向相对方向发展的。夏文化中心大致在今河南颍河上游,农业生产起源很早。故早期人口众多,西汉时在这里设置的颍川郡

---

① 〔南宋〕叶隆礼:《契丹国志》卷二二。
② 《金史》卷八《世宗本纪》。
③ 〔南宋〕徐梦莘:《三朝北盟会编》卷二三〇炎兴下帙一三〇《朝奉郎崔陟孙淮夫梁曳上两府札子》。
④ 《金史》卷四七《食货志二》。
⑤ 〔南宋〕楼钥:《北行日录》。
⑥ 韩茂莉:《辽金农业地理》,社会科学文献出版社1999年版,第219页。
⑦ 吴宏岐:《元代农业地理》,西安地图出版社1997年版,第12页。
⑧ 〔元〕危素:《元海运志》。
⑨ 〔清〕吴邦庆:《水利营田图说》,刊《畿辅河道水利丛书》。

是全国人口最密集的地区之一。颍川郡辖境相当于今河南许昌、平顶山、登封、禹县、鄢陵等 10 多个市县地。西汉时置有 20 个县,有 43 万余户,211 万余人口。其中阳翟县近 5 万户,口数竟达 26 万。而 1982 年鄢陵县人口也只有 48 万。由此可见 2 000 年前人口密度之高,如果没有相当发达的农业水平是不能维持如此众多的人口的。东面的汶泗水流域在大汶口文化时期(前 4300—前 2400 年)已进入农业社会,农作物以粟为主。以后发展成典型的龙山文化。这些原始文化的遗址多分布在傍山近水的山谷平地和河流两岸。先秦时代汶泗流域就有很多良田,如"汶阳之田""龟阴之田"等。当时鲁国是"颇有桑麻之利"的农业发达区,粮食作物"有稷有黍,有稻有秬"。① 豫东、淮北平原气温、降水优于河北平原,《管子·治国篇》说:"嵩山以东,河汝之间,早生而晚杀,五谷之所有蓄熟也。四种而五获。"《史记·货殖列传》说:"秦、夏、梁、鲁好农而重民,三河、宛、陈亦然。"自汉武帝时代开始在豫东、淮北平原上大兴水利,农业明显改观。到了汉昭帝时(前 86—前 74 年),宋、卫、韩、梁等地,即今河南濮阳、开封、商丘一带,已是"编户齐民,无不家衍人给"。② 西汉末年至东汉初年,兖豫平原因黄河泛滥达 70 余年之久,农业曾一度衰落。不过经明帝时王景治河以后,黄河有了固定的新道,河济之间包括兖豫平原,"渐就壤坟"。③ 再有政府招抚流民,奖励开荒,经营水利,黄淮平原农业再度恢复。其中最著名的水利工程是汝南郡的鸿郤陂,灌水田数千顷,"汝土以殷,鱼稻之饶,流衍它郡"。④ 东汉一代十分重视黄淮平原上的水利设施,大力推广水稻种植。到桓帝时"青徐兖冀,人稠土狭,不足相供"。⑤ 黄淮平原成为人口密集的地区。魏晋时期,黄淮平原长期成为战场,遂使土地荒芜,农业凋敝。但当南北战争稍有停息时,只要政府予以关注,农业即可恢复。如曹操在许下的屯田,邓艾在淮颍南北的屯田,都曾取得显著效果。进入十六国北朝时期,则黄淮平原农业明显衰落。一方面是由于战争的破坏和水利设施的失当,⑥另一方面则是入居民族的习性,曾将原先农耕地辟为牧场,如北魏时曾将大河南北千里之地辟为牧地。⑦ 直至唐代黄淮平原再度成为粮食生产基地。唐玄宗《谕河南河北租米折留本州诏》:"大河南北,人户殷繁,衣食之

---

① 《诗经·鲁颂·閟宫》。
② 《盐铁论·通有》。
③ 《后汉书》卷二《明帝纪》。
④ 《后汉书》卷一五《邓晨传》。
⑤ 〔东汉〕崔寔:《政论》。
⑥ 任重:《魏晋南北朝两淮农业兴衰原因初探》,载《中国农史》1998 年第 1 期。
⑦ 《魏书》卷四四《宇文福传》。

源,租赋尤广"。北宋时期黄淮平原农业已趋衰落,当时地处黄淮平原的"汝、颍、陈、蔡、许、洛之间,平田万里,农夫逃散,不生五谷,荆棘布野,而地至肥壤,泉源陈泽之迹,迤逦犹在。……自五代以来,天下丧乱,驱民为兵,而唐、邓、蔡、汝之间故陂旧堤,遂以堙废而不治"。① 张方平说:"淮阳、许昌、汝南之域,人稀土旷,地力不尽。"②熙宁年间朝廷采取了一些措施,如兴修水利,引黄灌淤,招徕户口,开辟农田,但未见显著成效。原因是北宋在开封京畿附近驻扎重兵,又抽不出大量劳动力来修复水利,总的是劳动力不足,致使黄淮平原的农业未能恢复旧时的繁荣。金代以后,黄河长期南泛夺淮入海,黄淮平原上水利系统全遭破坏,河流淤浅,陂塘填平,农田灌溉受到严重影响。又由于连年战乱,人口逃亡,"陈、蔡、汝、颍之间,土广人稀"。③ "陈、颍去京不及四百里,民居稀阔,农事半废,蔡息之间,十去八九。"④直至金亡,黄淮平原农业始终处于不景气状态。元代在发展黄淮平原农业生产上曾有所作为。一是兴屯田。据记载,在黄淮平原上曾开屯田450万亩。⑤ 二是兴水利。不过为时不久,中原再度陷入战乱之中,至正年间,"两淮以北,大河之南,所在萧条"。⑥ 明清时期黄淮平原因黄河的长期泛溢,土壤沙化严重,再兼水旱不时,灾情频发,农业生产日趋衰落,成为全国贫困地区之一。

综观黄河下游平原农业发展经历的曲折过程,说明宋代以前由于整个黄河流域环境尚未破坏,故虽然战争纷纭年代农业一度衰落,但当政治稳定,政府注意发展农业,不久即可恢复至战前盛况。宋代以后,整个平原环境遭到破坏,虽当权者曾致力于招徕户口,开设屯田,兴修水利,无奈环境日趋恶化,在科学技术没有质的突破条件下,已无回天之力,农业衰落已成必然之势。

(二)关西农业区。本区主要指渭河平原或关中平原。据大量考古资料表明,在仰韶文化时期,这里气候温暖湿润,植被丰茂,土壤肥沃,自然条件优越,适宜于早期人类的居住。仰韶文化型半坡遗址的先民已过着定居生活,生产以农业为主,出土的农具有700多件,还有粟米和菜籽的遗存。他们还饲养了家畜,兼营渔猎。当时的农业已脱离了初期原始阶段。关中平原农业初具规模是在周人古公亶父从陕西彬县、郇邑一带迁至周原以后开始的。周原位于关中平原西部,西起汧河左

① 〔北宋〕苏辙:《栾城应诏集》卷一○《进策五道·民政下》。
② 〔北宋〕张方平:《乐全集》卷四《屯田》。
③ 《金史》卷九二《曹望之传》。
④ 《金史》卷一○八《把胡鲁传》。
⑤ 邹逸麟主编:《黄淮海平原历史地理》,安徽教育出版社1997年版,第280页。
⑥ 《元史》卷一八六《张桢传》。

岸,东濒漆水河,北倚岐山,南临渭河,沣河贯其中,为农田灌溉提供了十分有利的条件。周人原为从事农耕的民族,至此更勤于开发,芟除杂草,开辟新田,使当地农业迅速发展起来。据《诗经》《史记》等记载,西周时关中平原的农业生产技术和农田管理已达到相当的水平。农作物中有适宜于北方水地的黍、稷、粟、麦、豆,此外,还种植了水稻。西周之所以能灭商,有雄厚农业生产基础的关中平原为后方根据地,也是一个重要的原因。春秋时期,关中平原的农业继续保持向上发展的势头。公元前647年,秦国拿出大批粮食解救晋国的饥荒,说明关中平原已经有了充足的储粮可以向外输送。进入战国时期,铁制农具的普遍使用和秦国商鞅变法推行的奖励农垦的政策,提高了农业生产效益,扩大了耕地面积。例如当时规定"秦四境之内,陵、阪、丘、隰,不起十年征",①使不少荒地被辟为农田,增加了粮食生产,关中平原由此最早获得"天府"的誉称。秦统一全国前,关中平原出现规模最大的灌溉工程郑国渠,"溉泽卤之地四万顷,收皆亩一钟"。于是关中为沃野,无凶年,"秦以富强,卒并诸侯"。② 汉武帝时又在关中平原兴修了六辅渠、白渠、漕渠、成国渠、龙首渠等,使渭河两岸的土地都得到良好的灌溉。长安附近被称为"天下陆海","丰、镐之间,号为土膏,其贾亩一金"。③ 近几十年考古工作者发现了不少西汉中期的铁犁铧,出土最集中的是关中平原;赵过代田法首先在关中推行;《氾胜之书》所反映的是西汉后期关中地区相当高的农业生产技术。这些都反映了这样一个事实:西汉中期以后关中平原的农业生产工具、生产技术、管理水平在全国是第一流的。从主要粮食作物品种来看,西周时代关中粮食作物以黍、稷为主,战国时以菽、粟为主。汉武帝时董仲舒还说"今关中俗不好种麦",可是成帝时《氾胜之书》中谈到种麦的地方很多,这正是关中地区农业水平提高的反映。

西汉以后,关中地区的农业生产遭到两次严重破坏。一次西汉末年的王莽之乱,"长安为墟,城中无行人",④关中地区人口锐减,土地荒芜。一次是东汉末年的董卓之乱,长安地区成为战场,农业生产无法正常进行,以致"谷一斛五十万,豆麦二十万,人相食啖"。⑤ 原来京师附近三辅地区有民居数十万户,"自此长安城中尽空,并皆四散,二三年间关中无复行人"。⑥ 魏晋十六国北朝时,对关中地区农田水

---

① 〔战国〕商鞅:《商君书·徕民》。
② 《史记》卷二九《河渠书》。
③ 《汉书》卷六五《东方朔传》。
④ 《汉书》卷九九《王莽传》。
⑤ 《后汉书》卷七二《董卓传》。
⑥ 《晋书》卷二六《食货志》。

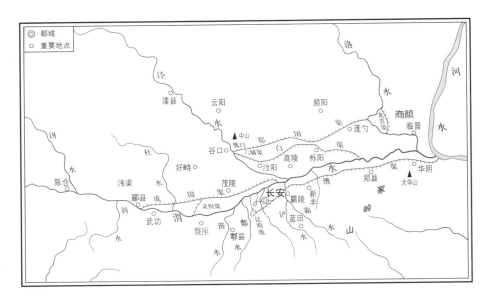

图 10 - 2　汉代关中水利工程图

利有所建树,对农业生产的复苏起过一定的积极作用,但已远不如秦汉时。

　　隋唐时期关中再度成为全国政治中心,农业生产受到朝廷的格外重视。唐朝前期在渭河南北修复和扩建的汉魏以来的旧渠和新开凿的灌溉渠道为数不少,但效益却不理想。如修复的郑国渠和扩建后的三白渠,在唐前期所灌溉的农田面积仅秦汉时代的 1/4 弱,而后期仅及 1/7。所以当时关中虽仍称沃野,但"所出不足以供京师"。① 而东部黄河下游平原农业生产十分发达,成为全国的经济重心所在。从东部地区转运粮食以供京师成为当时中央政府的头等大事。隋炀帝时事实上的首都在洛阳,唐高宗以后很多帝王趋食洛阳,就是为了迎就漕运之便。隋唐时期关中地区农业未能再度振兴的原因有三:一是人口骤增。如天宝初年京畿道人口达300 余万,而可耕地均已开辟,扩大耕地面积比较困难,所谓"地狭人稠,耕植不博"。② 二是环境开始恶化。秦汉以来对泾渭北洛河上游的过度开发,使水土流失严重,泾渭北洛河含沙量渐高,引以为源的人工灌溉渠道易遭淤浅,灌溉作用减弱。如唐时郑国渠在石川河以西河段已经淤废。宋代郑国渠渠口淤高,泾水难以进入,水源缺乏影响灌溉作用。这种情况在唐代后期可能已经发生。三是关中地区为王侯权贵之家集中地,他们利用权势在渠道旁竞造私家碾硙,耗费水源,使渠流梗涩,

---

① 《新唐书》卷五三《食货志三》。
② 《旧唐书》卷七八《高季辅传》。

水利效能减低。永徽六年(655年)雍州刺史长孙祥奏:"往日郑白渠溉田四万余顷。今为富商大贾竞造碾硙,堰遏费水,渠流梗涩,止溉一万顷。"[1]虽经多次下令拆毁,但未几即修复,收效甚微,直至唐末依然如故。

宋代建都开封,开始时对关中地区水利建设的重视不如唐代,以后也曾修复郑白等渠,盛时灌溉面积达三万余顷,[2]庶几可及西汉盛时。但当时关中地区位近宋夏边境,驻扎大量军队,粮食需要量很大,给关中农业增加很大的负担。虽有研究者认为,宋代关中的农业水平在陕西乃至整个北方黄河流域仍居领先地位,[3]但与唐代相比,无疑是逐渐衰落了。

金元时期对关中地区的郑白渠都有过修复的举措,对关中的农业复苏和发展都起过一定的作用。但总的说来,灌溉的作用已远不如前。《元史·河渠志二》:关中地区"渠堰缺坏,土地荒芜,陕西之人虽欲种莳,不获水利"。关中地区气候干燥,无水利不能发展农业,灌溉系统破坏后,农业发展必然大受影响。明代关中地区水利工程大多残破,"堤堰摧决,沟洫壅潴,民弗蒙利"。[4]清代对关中农田水利较为注意,特点是小型灌溉工程普遍开展,成为西北地区重要小麦产区,但其在全国的地位已不能与汉唐时相比。晚近以来关中地区仍为西北重要农业区,以生产小麦为主。但旱灾频仍,与水资源缺乏有关。

二、长江流域的农业开发与经济重心南移

长江流域的农业文明起源也很早,大致从新石器时代开始,已进入原始农业的阶段。在长江中游发现的湖南澧县彭头山文化遗址,距今约9000年,其时已有稻作农业,时间上还早于华北的磁山、裴李岗文化。重庆巫山县的大溪文化遗址,约为公元前4400—前3300年,社会经济生活已以稻作为主,渔猎、采集处于辅助地位。湖北京山屈家岭文化,距今约5000年,稻作农业在生产中占主要地位。至于长江下游河姆渡文化遗址发现了世界上最古老的人工栽培稻,其他如马家浜文化、崧泽文化、良渚文化的遗址都表明当时均以稻作农业为主。但是在以后长江流域农业发展的进程上落后于黄河流域,这与长江流域的自然环境和劳动力不足有关。现根据不同的发展历程,选择具有代表性的上游成都平原、中游两湖平原、下游太

---

① 《通典》卷二《食货二》。
② 〔南宋〕李焘:《续资治通鉴长编》卷二四〇熙宁五年十一月。
③ 韩茂莉:《宋代农业地理》,山西古籍出版社1993年版,第58页。
④ 《明史》卷八八《河渠志六》。

湖平原和东南丘陵三部分进行叙述。

（一）成都平原的农业发展的历程。成都平原是我国古代主要农业区之一。根据传说和文献记载，最早进入农耕时代的是蜀人。蜀人是氐羌的一支，早期居于岷江上游，以后南下进入成都平原。大约到了西周至春秋中期，蜀王杜宇"教民务农"，"以汶山为畜牧"。① 成都平原开始进入旱地农业阶段。战国时期蜀王开明又在成都平原发展了水田。通过杜宇、开明两代的经营，成都平原这一小块旱地、水田、池泽斑驳交错的小块农区，终于建立起来了。② 由于自然条件优越，"土地肥美，有江水沃野，山林竹木疏食果实之饶"。③ 战国后期的成都平原已是富饶之地，为秦国所垂涎。公元前316年秦惠王灭蜀，后置蜀郡。公元前308年秦司马错率巴蜀众10万，大船万艘，米600万斛，顺江而下伐楚。可见当时成都平原农业基础的雄厚。秦惠王时还向蜀移民，迁入临邛的赵国卓氏和山东程氏，发展了蜀地的冶铁业，将中原先进的铁制农具带入蜀地，从而提高了农业生产力。更为重要的是都江堰水利工程的兴修，奠定了成都平原旱涝保收的基础。"于是蜀沃野千里，号为陆海。旱则引水浸润，雨则杜塞水门，故记曰：水旱从人，不知饥馑。时无荒年，天下谓之天府。"④汉文帝时蜀守文翁又扩大了都江堰灌溉系统，使成都平原成为全国农业最发达的地区之一。西汉末年成都一县有户7.6万，仅次于首都长安县（8万），在《汉书·地理志》中有户口记载的10个县中占第2位。近年来在成都平原出土的汉代水田陂塘的陶制模型和汉画像石，都反映当地农田水利和农业生产技术已达到相当高的水平。自汉以降，山东、江南有灾，往往下巴蜀之粟赈饥。中原有乱，就有大批人口徙避入蜀，但从未闻有人满粮缺之患。《华阳国志·蜀志》记载，东汉末年成都以北的绵竹、雒县（今广汉北）一带，水田亩收30～50斛（汉一斛合今28.8公斤）。此数字与实际情况比可能偏高，然当地农作产量较高是可以肯定的。东晋南朝时，时人仍称"民物殷卓，蜀土安说"。⑤ 粮食生产发达带动其他手工业的发展，商业繁荣，"远方商人多至蜀土，资货或有值数百万者"。⑥ 时"梁、益二州土境丰富，前后刺史莫不聚蓄，多者致万金"。⑦ 北周时，蜀土饶沃殷富，已成为"军国所资"，武帝

---

① ④ 《华阳国志》卷三《蜀志》。
② 郭声波：《四川历史农业地理》，四川人民出版社1993年版，第9页。
③ 《汉书》卷二八下《地理志下》。
⑤ 《宋书》卷九二《陆徽传》。
⑥ 《宋书》卷四五《刘道济传》。
⑦ 《宋书》卷八一《刘秀之传》。

之所以灭北齐,大约亦受惠于此。① 唐代前期在川西平原上大兴水利,"于故渠外,别更疏决,蜀中大获其利"。② 于是蜀地"人富粟多","土腴谷羡"。唐时自陇右及河西诸州军国所资、邮驿所给,莫不取于蜀。③ 安史之乱,中原衣冠士庶大批入蜀,"道路相望,村坊市肆与蜀人杂居,其升合斗储皆求蜀人"。④ 这无疑是给成都平原的粮食供应增加了很大压力。于是只有扩大耕地面积和提高产量才是唯一出路。畲田的大规模出现正在这个时候。⑤ 五代时期割据四川的前后蜀政权府库充实,粮食价格下降至"斗米三钱"。⑥ 后唐平蜀时,得储粮 253 万石。⑦ 小小蜀国竟有如此多的储备粮正是农业经济十分发达的反映。宋代在四川地区(此处主要指成都平原)大修水利,唐代以来旧设水利工程基本修复。同时由于人口增加,荒闲地均已垦辟,耕地不足的矛盾开始出现,唯有精耕细作,提高单位面积产量,复种指数当在130%～150%左右。⑧《宋史·地理志》说成都平原的农业是"地狭而腴,民勤耕作,无寸土之旷,岁三四收"。自 13 世纪开始的宋蒙战争,使成都平原的农业受到严重摧残。蒙古兵的屠戮,使"西川之人,十丧七八。……昔之通都大邑,今为瓦砾之场;昔之沃壤奥区,今为膏血之地。青烟弥路,白骨成丘,哀恫贯心,疮痍满目"。⑨ 农业人口损失殆尽,田土荒芜,五谷难收。元末明初"湖广填四川",农业人口增加,再加上水利设施的修复,农业渐有恢复。到明末四川又遭一次严重兵灾,人口大量死亡。清初康熙年间,蜀土"类皆一目荒凉,萧条百里,惟见万岭云连,不闻鸡鸣犬吠,伤心蒿目,无过此者"。⑩ 于是出现第二次"湖广填四川",又大兴水利,大致到了乾隆年间,川西盆地的农业再度兴盛,成为全国粮价最贱的产米之乡。⑪

综观成都平原农业发展历程,自然条件起着十分重要的作用。虽然也与全国其他地区一样,在历史时期历经战火的创伤以及人口减少、土地荒芜的过程,但只要有一定的政治稳定时期,由于其水利条件优越,特别是经元明清三代反复修建的都江堰工程,水利效益不断提高,使成都平原成为中国 2000 多年来唯一长期保持

① 郭声波:《四川历史农业地理》,四川人民出版社 1993 年版,第 36 页。
② 《旧唐书》卷六五《高士廉传》。
③ 〔唐〕陈子昂:《上蜀川军事》,《全唐文》卷二一一。
④ 〔唐〕高适:《请罢东川节度使疏》,《全唐文》卷三五七。
⑤ 郭声波:《四川历史农业地理》,四川人民出版社 1993 年版,第 49—52 页。
⑥ 〔北宋〕张唐英:《蜀梼杌》。
⑦ 〔南宋〕郭居仁:《蜀鉴》卷七。
⑧ 郭声波:《四川历史农业地理》,四川人民出版社 1993 年版,第 418 页。
⑨ 〔南宋〕吴昌裔:《论救蜀四事疏》,见《宋代蜀文辑存》卷八七。
⑩ 清康熙《四川总志》卷一〇《贡赋》。
⑪ 郭声波:《四川历史农业地理》,四川人民出版社 1993 年版,第 112 页。

稳高产的主要农业区。

（二）荆湖平原农业发展的历程。荆湖平原指今江汉平原和洞庭湖区，这里农业发展较晚。在古代位于长江中游的江汉平原还布满了湖泊、沼泽，为古云梦泽的一部分；洞庭湖区尚处于河网切割的低洼平原。由于地势低洼，河湖密布而饱受水患之扰。暖湿的气候，茂密的亚热带植被，密布的河湖水系，这些在今天看来十分优越的自然条件，都成为当时人们开发利用的障碍。秦汉时期所谓的"江南"，两湖平原为其主体部分。《史记·货殖列传》说："楚越之地，地广人希，饭稻羹鱼，或火耕而水耨，果隋蠃蛤，不待贾而足，地势饶食，无饥馑之患，以故呰窳偷生，无积聚而多贫。是故江淮以南，无冻饿之人，亦无千金之家。"《汉书·地理志》亦说："江南地广，或火耕水耨。民食鱼稻，以渔猎山伐为业，果蓏蠃蛤，食物常足。故呰窳偷生，而无积聚，饮食还给，不忧冻饿，亦无千金之家。"总之，当时两湖地区人口稀少，农业开发不足，生产落后，人民生活处于贫困状态。

宋以前荆湖区的粮食生产主要依靠洞庭湖平原南缘以及衡阳、永州所在的山间盆地，这时江汉平原大部分还处于湖泊、沼泽状态，由于劳动力缺乏，失于整治开发。宋代荆湖地区人口仍然稀少，而劳动力缺乏是造成整个地区农业水平较低的重要原因。洞庭湖平原上的岳州，也存在"土广人稀，开垦未辟"。鄂州一带平原旷土则"虽有陆地，不桑不蚕，不麻不渍"。土地利用率很低。荆湖地区一般"陆田只种麦豆麻粟，或莳蔬菜，不复种禾，水田仍种禾"，水旱复种之制并不普遍。[1] 每亩田产量远较太湖地区为低。直到南宋淳熙年间范成大由四川顺江东下，经江汉平原时，仍见这里"皆湖泺荻芦，不复人迹"，俗称"百里荒"。[2] 平原边缘地势稍高的地方虽已开垦，也因"耕种灭裂"而收成微薄，即使丰年也"仅足赡其境内"而已。[3] 宋代朝廷为各路规定的和籴粮米数额中，以江汉平原为主的荆湖北路仅35万石，在两江、两浙、两湖六路中最低。为了提高土地利用率，改变荆湖北路旷土弥望的局面，从北宋开始，朝廷就实行鼓励狭乡之民到荆湖垦荒的政策，于是由吴越、巴蜀等地流入荆楚的人户，成为当时人口移动的主要方向之一。进入荆楚的人户主要从事农业垦殖，苏辙在《襄阳乐》诗中生动地描写了由两浙移至江汉平原北端襄阳一带的越人，为当地人耕种水田的情景，"里人种麦满高原，长使越人耕大泽，泽中多水

---

① 韩茂莉：《宋代农业地理》，山西古籍出版社1993年版，第144页。
② 〔南宋〕范成大：《吴船录》。
③ 〔南宋〕彭龟年：《止堂集》卷六《乞权住湖北和籴疏》。

原上干,越人为种楚人食"。

南宋时期大量北方人口南迁到两湖地区,对两湖地区的农业发展起了一定的作用。如潭州一带农民开始多种早晚两季稻,潭州城内居民达十余万户,其附近地区的农业必然有一定的规模。原称人口稀少的龙阳县,"乡村民户无虑万家,比屋连檐,桑麻蔽野,稼穑连云,丁黄数十万"。① 吴宏岐《元代农业地理》中指出,到了元代两湖地区的人口有明显增加,天临(治长沙)、常德(治常德)、澧州(治澧县)等路生齿日繁,人口皆在百万以上。元代初年从湖广海运粮不过十数万石,后增至数十万石。海运粮主要出自行省北部的两湖地区,尤以湖南为多。天临路人口密集,农业发达,成为漕粮重要来源地。

荆湖的开发与垸田的兴起是同步进行的,据考证,垸田的兴起大约在南宋端平、嘉熙年间,即 13 世纪 30 年代前后②。这时已属南宋后期,从这一时期经元代,垸田缓慢地发展着,直至明清才进入一个全新的发展阶段。

明至清前期是垸田全面发展的时期,江汉平原、洞庭湖平原都得到开发,在垸田基础上发展起来的粮食生产自明中后期开始显示其作用。大约万历初年由汉口出发,输送到各地的粮食多了起来,湖广成为全国重要的粮食输出省。清康熙、乾隆年间汉口成为长江沿岸四大米市中最大的一个,湖南、湖北以及位于长江上游四川的余粮都汇集到这里,再从这里顺江而下,输送到各地,张国雄在《明清时期的两湖移民》一书中指出,接受两湖余粮的有江苏、安徽、福建、广东、广西、贵州、甘肃、山西、直隶等省,范围遍及南北,湖广成为当时粮食输出大省,故有"湖广熟,天下足"之谚。

其实所谓"湖广熟,天下足",粮食生产主要在湖南。乾隆年间就有人说:"湖北一省,宜昌、施南、郧阳多处万山之中;荆州尚须由武汉拨济兵米;德安、襄阳、安陆其地多种豆、麦,稻田亦少;武昌所属,半在山中;惟汉黄两郡,尚属产米。"③从文献记载看,湖北产米的地方并不多,有时还需湖南接济,故清人云"自湖北以至江南一带,俱仰赖湖南之米"。④ 在湖广外运的巨额稻谷中,湖南起决定作用,故乾隆干脆将"湖广熟,天下足"的民谣改为"湖南熟,天下足"。⑤ 湖南、湖北粮食作物种植结构

① 参阅吴松弟:《北方移民与南宋社会变迁》,台湾文津出版社 1993 年版,第 88 页。
② 石泉、张国雄:《江汉平原的垸田兴起于何时》,载《中国历史地理论丛》1988 年第 1 期。
③ 〔清〕朱伦瀚:《截留漕粮以充积贮札子》,《清经世文编》卷三九。
④ 《朱批谕旨》,雍正元年十一月二十五日,魏廷珍奏稿。
⑤ 〔清〕王先谦辑:《东华续录》乾隆二年十一月癸未。

有些不同,若以水田和旱地的比例来看,湖南水田约占全省耕地的 93%,湖北仅占 56%,造成这样比例特征的原因可以归结出许多方面,其中洞庭湖区水田相对比例低却是一个极具地方特点的原因。洞庭湖区地势低洼,易受水涝,夏秋间水涨,对水稻生产危害极大,但冬小麦的生长期却避过了夏秋,因此这里因水不能种稻的地方,却能种麦,自然增加了以小麦为主的旱地粮食作物的比例。[①] 有的学者指出,入清以来,两湖地区人口与耕地的变化趋势直接影响了稻米的输出,从乾隆二十六年至道光三十年,90 多年中湖北人口增长了 3.2 倍,而湖南仅增 1.3 倍;从康熙二十四年至乾隆三十一年,湖北耕地面积只增长 8.3%,湖南却增长了 147.6%,这样的人地增长比例,必然影响到余粮数额,造成稻米输出量的差异。[②]

荆湖区内以江汉平原、洞庭湖平原以及湘江流域的河谷盆地为主的稻米输出,至康熙、乾隆年间达到高峰,乾隆年间以后随着堤垸管理不善、人口不断增加,再加上森林砍伐、围湖造田引起水灾加剧等因素的影响,以垸田为基础的粮食生产受到了很大的制约,输出稻米数额开始减少,人们逐渐淡于提及"湖广熟,天下足"的民谣。

（三）东南平原地区的农业发展。本文所谓的东南平原地区主要指太湖流域和宁绍平原。据多年考古证明,本区发现的河姆渡文化、马家浜文化、崧泽文化和良渚文化都已是以种稻为主的农业经济文化。余姚河姆渡遗址有丰富的稻作遗存,经鉴定,属于栽培稻的籼亚种晚稻型水稻。这是迄今为止中国发现的最早的人工栽培稻之一,也是亚洲最古老的稻米实物遗存之一。据有关研究表明,新石器时代的太湖流域和宁绍平原的气候条件温润,雨量充沛,地表保留着大片原始森林,湖沼洼地密布,野草荆棘遍地丛生,野生动物出没无常。在这样的自然环境下,在铁器农具尚未使用之前,农业生产的大规模开展是不可能的,因而渔猎、采集经济还占有相当重要的地位,农业经济发展进程缓慢。早期越族还处于"随陵陆而耕种"的迁徙农业阶段。直至春秋时代,东南农业才有了明显发展,据《吴越春秋》《越绝书》记载,太湖地区农业无论在组织、规模、经营方式和生产技术方面都有明显的提高。农作物有稌、黍、赤豆、稻、粟、麦、大豆等粮食以及桑、麻和各种蔬菜,农家还饲养家畜,具有一定的规模。但是由于人口稀少,整个东南地区还处于司马迁所说的"楚越之地,地广人希,饭稻羹鱼,或火耕而水耨"的情况。

---

① 参见龚胜生《清代两湖农业地理》,华中师范大学出版社 1996 年版,第 60—69 页。
② 蒋建平:《清代前期米谷贸易研究》,北京大学出版社 1992 年版,第 56 页。

两汉之际,东南地区农业人口大幅度的增加,铁器工具的使用,促进了农业经济的发展。东汉永和五年(140 年)在宁绍平原修建的鉴湖是当时东南地区最大的灌溉工程,溉田九千余顷,就是农业发展的典型例子。建安以来,中原人民"避地江南甚众",①为东南地区提供了劳动力和生产技术。三国吴建国东南,非常重视农业生产,"废郡县之吏,置典农、督农之官",利用北来人口和将山越人移至平原列为编户等增加劳动力的办法,在太湖流域大兴屯田。土地得到较大的开发,农业和手工业都有长足发展,正如左思《吴都赋》所谓的"四野畛畷无数,膏腴兼倍,原隰殊品,窊隆异等,象耕鸟耘,此之自与。……国税再熟之稻,乡贡八蚕之绵"。以后东晋南朝北方人口大量南移而引起大规模兴办水利,开辟农田,使东南地区由原来的"地广人稀"变为"土地褊狭,民多田少"的农业发达区。随着粮食产量的增加,田价上涨,东南地区的"膏腴上地,亩直一金"。② 刘宋时东南有大批粮食作为商品投入市场,所谓"自淮以北,万匹为货;从江而南,千斛为货"。③ 梁天监四年(505 年)"米斛三十"。④ 南朝末年东南地区"良畴美柘,畦畎相望",呈现了一片富庶景象。⑤

隋唐统一后,黄河流域农业一度得到复苏,而东南地区农业的发展势头未减。安史乱后,中原人口又一次大规模南迁东南,加上水利设施的普遍兴建,大大提高了当地农业生产的能力,使之成为全国的经济中心所在。时中原王朝依赖的漕粮主要来自东南地区。韩愈说:"当今赋出天下,江南十居九。"⑥权德舆说:"江淮田一善熟,则旁资数道,故天下大计,仰于东南。"⑦东南尤以常、苏、湖三州为最。唐末苏州人陆龟蒙著《耒耜经》,专讲农具制作,说明当时东南地区的农业生产技术已达到相当水平。五代吴越钱镠时对太湖流域水系作全面的整治,形成了五里一纵浦,七里一横塘的灌排系统,又结合太湖流域的环境特点,大力修筑圩田;在纵横交错的渠道之间,各自为圩,圩圩相接,形成一片圩田群列,"旱涝不及,为农美利"。⑧ 于是"百年间,岁岁丰稔",⑨"民间钱五十,可籴白米一石"。⑩

① 《三国志》卷六五《吴书二十·华敷传》。
② 《宋书》卷五四《孔季恭传》。
③ 《宋书》卷八二《周朗传》。
④ 《梁书》卷二《武帝纪中》。
⑤ 《陈书》卷五《宣帝纪》。
⑥ 〔唐〕韩愈:《送陆歙州诗序》,载《全唐文》卷五五五。
⑦ 〔北宋〕欧阳修等:《新唐书》卷一六五《权德舆传》。
⑧ 〔北宋〕范仲淹:《答手诏条陈十事》,载《范文正公文集政府奏议》卷上。
⑨ 〔北宋〕郑侨:《水利书》。
⑩ 〔北宋〕范仲淹:《答手诏条陈十事》,载《范文正公文集政府奏议》卷上。

两宋时期东南人口高度密集，两浙地区人口"百倍常时"。由此造成耕地不足，正如苏轼所说："吴蜀有可耕之人，而无其地。"①于是围湖造田、垦殖海涂成为一时风气。丹阳的练湖、绍兴的鉴湖、上虞的夏盖湖、余姚的汝仇湖、鄞县的广德湖都是在这时被围湖成田的。时吴中一带"四郊无旷土，随高下悉为田"。② 另外，北宋时占城稻首先传入东南地区，又为进一步扩大耕地提供了条件。南宋时北人南来，习食小麦，南方政府为鼓励农民种植小麦，"佃户输租，只有秋课。而种麦之利，独归客户。于是竞相春稼，极目不减淮北"。③ 苏州地区一般农家均推行稻麦复种制，"刈麦种禾，一岁再熟"，④亩产大为提高。当时苏、常、湖、秀（今嘉兴地区）四州是"国之仓庾"。⑤ 北宋时运送京师开封，南宋时近输行在临安的粮食均取于此。除了输往京师的漕粮，太湖平原还是东南地区的主要粮食供给地，其中杭州城、宁绍平原、温台沿海平原、福建、淮南都需要从太湖平原输运粮食，故当时谚云："苏湖熟，天下足。"元代太湖地区圩田仍十分发达，税粮为全国之首。平江地区（今苏州地区）南宋时岁办粮仅 28 万余石，而元代则高达 88 万余石。⑥ 元时"转输京师，多资东南，居天下十六七"。⑦ 明清时期江南地区稻麦复种制进一步普及，粮食产量明显提高。明成化年间各地运粮至京师 400 万石，南粮占 80%，而苏、松、常三府又占南粮中的大部分。所以明人谢肇淛说："三吴赋税之重甲于天下，一县可敌江北一大郡。"⑧清康熙年间在苏州地区推广双季稻，亩产增加，成为政府最关注的农业区。不过明清时期太湖平原一带的农业生产结构发生了转变，棉花和蚕桑经济作物在广大农村产业中占很大比例，粮食作物反而退居次要地位。由于粮食种植面积减少，太湖平原所需粮食当地往往不能自给，这时太湖平原已由原来的粮食输出地变为粮食输入地。在明末清初长江沿岸的四大米市中，设在太湖平原的苏州米市就以接纳来自中上游的稻米为主，成为这一地区的粮食供给中心，故康熙皇帝明确指出："江浙百姓，全赖湖广米粟。"⑨随着太湖平原农业生产结构的转变，代之而起的是江汉平原。然而东南地区农业生产水平在全国仍处领先地位。

---

① 《苏东坡后集策》卷三《御试制科策》。
② 〔南宋〕范成大：《吴郡志》卷二。
③ 〔南宋〕庄季裕：《鸡肋编》卷上。
④ 〔北宋〕朱长文：《吴郡图经续记》卷上。
⑤ 《宋史》卷一七三《食货志上一》。
⑥ 〔明〕洪武《苏州府志》卷一〇《税粮》。
⑦ 《国朝名臣事略》卷四。
⑧ 〔明〕谢肇淛：《五杂组》卷三《地部一》，上海书店出版社 2009 年版，第 50 页。
⑨ 《清圣祖实录》卷一九三康熙三十八年六月戊戌上谕。

三、珠江三角洲的农业开发

珠江三角洲的珠江原指流经广州的一段河道。今天则成为西江、北江、东江三条大河及其支流组成水系的总称。著名的珠江三角洲就是在一个岩岛罗列的浅海湾上,由西江、北江、东江三大河流挟带的泥沙,借助南海海潮的顶托,使泥沙迅速沉积而成的三角洲平原,为我国华南地区最大的平原。据地质、地理工作者研究,珠江三角洲原是一个浅海湾,在地质时期有几次海平面的升降,珠江三角洲有几次海退、海进的桑田沧海的变迁。进入历史时期以后,海面基本稳定,以后海岸线向外延伸,很多古海岸沙堤被埋在地下。

早在三四千年前的新石器时代,珠江三角洲及其附近地区已有人类居住,从海滩上遗留的大量蚝、蚌、螺、蛤等水生动物的遗壳、残骸看来,当时以渔猎、采集经济为主,这是地理环境使然。这种遗壳大量堆积的遗址,称为贝丘遗址。新石器时代的贝丘遗址在珠江三角洲及其附近地区至今共发现七十余处,主要分布在珠江三角洲的上部地区,集中在高要羚羊峡口、三水芦苞、西樵山至佛山、顺德、新会、广州和东江三角洲等地带。这些遗址大多在今村落附近,在河流沿岸的高亢而平坦的丘陵或台地上。在这些原始村落中出土大量石片、石核、石砺、石砵、石斧及陶片。有人推测早期已有锄耕农业,可同时出土的多为贝壳遗骸和兽骨,可见农业在当时并不占主要地位。珠江三角洲在秦汉时代还是一个大海湾,番禺(今广州)城南的珠江又称为珠海。海湾中岩岛丛立,水网交错,海潮入侵,给早期农业的发展带来很大障碍。

近代在当地战国汉代古墓中出土有铁制的农具,说明当时农业已有一定水平。《史记·货殖列传》说"九嶷、苍梧以南至儋耳者,与江南大同俗","番禺亦其一都会也,珠玑、犀、玳瑁、果、布之凑"。但在战国秦汉时代珠江三角洲的农业并不在经济中占主要地位。《水经·浪水注》:"建安中,吴遣步骘为交州(刺史),骘到南海,见土地形势,观尉佗旧治处,负山带海,博敞渺目,高则桑土,下则沃衍,林麓鸟兽,于何不有?……骘登高远望,睹巨海之浩茫,观原薮之殷阜,乃曰:斯诚海岛膏腴之地,宜为都邑。"这反映了公元二三世纪时,在珠江三角洲一些浅丘上已经有了较发达的农业,人烟渐趋稠密。我们从佛山周围阔石等地发现的东汉古墓随葬品中有井、船、水田等模型,水田为"田"字形方格,有牛耕,田外有小河,小船泊在河旁。伴随出土的还有水稻谷粒一罐。1969年曾在顺德发现西汉墓中有陶器内藏有炭化稻谷,说明西汉时珠江三角洲已种植水稻。六朝时期,珠江三角洲的农业有较大发展,因为这时黄河流域长期战乱,中原人口大批南迁,进入岭南地区也不在少数。在相对稳定的政治环境,加上岭南的自然条件,经济发展是必然的。在两广地区现已发现的两晋晚期墓中砌墓的纪年铭砖中,常见"永嘉世,九州空,余吴土,盛且丰""永嘉世,天下荒,余广州,皆平康"等吉语铭文,也从一个侧面反映这一地区农业经济的发展。[1] 隋唐时期,牛耕技术开始在珠江三角洲地区推广,粮食作物除水稻外,也种小麦,经济作物更为发展。唐代刘恂《岭表录异》卷中说:"广州地热,种麦则苗而不实。"经济作物较多。

宋代珠江三角洲农业有显著发展。原因是:一是由于泥沙沉积,出现大片沙坦地。二是北方人口大量迁入珠江三角洲,特别是南宋时代。宋代在九江(今佛山市西南、西江北岸)、桂州(今顺德南)、沙湾(今属广州)一线以北的南海、顺德、番禺一带地区,居民村落栉比,四周阡陌纵横。但由于珠江三角洲径流弱,潮汐强,河网交错,农业开发首先要围堤,否则无法开垦。所以珠江三角洲农业开发形式主要是围堤。有的沿着河流两岸,顺着河道水流的趋向修建单向较大堤防。有的圈筑成封闭的小围。当地人把堤、围混用,以堤作围。珠江三角洲的围堤农业究竟起于何时,尚无可靠资料,不过起源很早当是可以肯定。因为无围堤无法进行农耕。据有关研究,宋代 300 年间,沿西、北、东三江干流两岸陆续修筑堤围,共 28 条,堤共长66 024 丈,捍卫农田面积 24 322 顷。[2] 宋代修筑的围堤多沿着东、西、北三江两岸,以筑堤为多,顺着水势,极少成围,不与水争地。这种堤围捍水护田,"潮田无恶岁",对珠江三角洲农业发展十分有利。宋代广南东西两路粮食多集中于广州,由海路运输浙、闽等地,故宋时广州成为一大米集散地,号称"广米"。元代在宋代基础上继续加以巩固和扩大,一方面进行修缮旧堤,另一方面集中在西江沿岸修筑新堤,自上而下分布,主要为了保卫珠江三角洲西北部的农田。元代修筑堤围捍田面积一般在 100 顷以下,最大的有 500 顷,最小的仅 7 顷。当时的堤围已有石窦、石坝,解决了排灌问题,较宋代有所进步。

明代筑堤范围迅速向三角洲口门发展,海滨沙坦浮露极盛。以中山、新会两县最多。新生沙坦地,称为"沙田",土地肥沃,产粮高。据屈大均《广东新语》记载,当地富豪以低价争购沙田,有以"沙田致富"者。因而初生沙坦地一出,即行"圈筑围堤"。明代最大的围是高要县境内的丰乐围,面积达 700 顷,其他为三四百顷、数十

---

① 中国社会科学院考古研究所编:《新中国的考古发现和研究》,文物出版社 1984 年版,第 536 页。
② 佛山地区编:《珠江三角洲农业志(二)》,载《珠江三角洲堤围和围垦发展史》,1976 年内部本。

顷。明时西江、北江干流及其支流沿岸基本上都已修筑捍水堤围。另外还向海坦围垦,由"已成之沙",发展"新成之沙"。在围垦技术方面也有提高,如采用石料修筑堤围,并采用载石沉船截流的办法,堵塞海水倒流。但由于堤围大小不等,又缺乏统一规划,堤围系统混乱,影响出海水流畅通,增加潦水退消的困难,致使水患日益严重。从明代至清乾隆年间(1368—1795 年)428 年中,发生水灾 216 次,平均不到两年一次。从 1796 年(嘉庆元年)至 1949 年前的 153 年中,水灾 137 次,平均每 1.12 年一次。清代珠江三角洲面积迅速扩大,人口骤增,围垦也进入极盛期。主要分布地集中在顺德、新会、中山等县地。清乾隆时发展最快,围垦主要在磨刀门、鸡啼门、横门、蕉门与虎门等大小口门的出海水道及滨海地带。例如东海十六沙,即容桂水道以南,横门水道以北,小榄水道以东地带,围垦已由母沙发展于子沙上,村落林立,沙田一望无际。故清代珠江三角洲农业不仅耕地扩大,产量也有明显提高。据研究,清代珠江三角洲地区双季稻年均亩产最高可达 300 公斤左右,最低则只有 155 公斤,一般为 210 公斤。[1] 这在当时产量是很高了。但是由于珠江三角洲人口过于集中,非农业人口有增无已,而经济作物几占耕地面积的一半,引起七区粮食总产量下降,成了广东地区的缺粮区。

　　总之,珠江三角洲农业发展起步较晚,主要原因是劳动力不足和海滩地、岛屿林立,海潮侵袭,影响了三角洲早期的开发。以后主要通过堤围海涂的过程,有了一定的土地辟为农田,又有充足的劳动力,农业的发展就不成问题。这是因为珠江三角洲自然条件对发展农业来说是得天独厚。宋人周去非《岭外代答》中指出:"(岭南)地暖,故无月不种,无月不收。"清人屈大均《广东新语》说:"南方地气暑热,一岁田三熟,冬种春熟,春种夏熟,秋种冬熟。""南海有九熟之禾。"如广州番禺区一带,早晚两获之余,还种蔬菜和其他经济作物,如甘蔗、棉、麻、水果、蔬菜、烟叶等等,农民收入较为富裕。

第三节　主要粮食作物的分布及其变迁

　　我国是世界上著名的产粮大国。从新石器时代开始,先民们已以种植粮食为其食物的主要来源。但粮食作物有不同的生长习性,并表现出各自对环境的适应特征。有的生理适应能力较强,分布地域也较广泛,如粟、粱、稷、黍、菽、荞麦等;有

---

　　① 周宏伟:《清代两广农业地理》,湖南教育出版社 1998 年版,第 145 页。

的仅能生长在特定的自然条件下，如各类热带作物，具有强烈的地域性；有的虽然对于生存环境有一定的要求，但当人们采取一定措施后，改进了环境条件，也能够在新的环境中生存下来，如水稻本为适宜南方自然条件的农作物，但历史上北方许多地方通过改进灌溉条件，也可以引种水稻。同时，粮食作物还有传播的机制，不仅国内地区之间有传播，世界各国之间也有传播。在我国数千年农耕发展史中，各个历史时期不仅南北有粮食作物互相传播，还有从域外传播入境的农作物品种，其中包括粮食作物。如汉代传播入境的苜蓿、葡萄，宋代传入的占城稻，宋、元传入的棉花，明代传入的玉米、甘薯、马铃薯、烟草、花生、甜菜、辣椒等，对促进农业发展与社会进步起了重大的作用。

一、史前时期的主要粮食作物

历史时期的粮食作物是在史前农业的基础上继承与发展起来的，通过考古发现的大量谷物中，粟、黍、稻最具代表性。它们的地理分布大致以秦岭、淮河为界，秦岭、淮河以北为粟、黍主要分布区；秦岭、淮河以南主要种植水稻。

粟是史前时期黄河流域分布最广的粮食作物，裴李岗文化、磁山文化、仰韶文化、大汶口文化、龙山文化、马家窑文化、齐家文化遗址都发现过粟，黄河流域之外，东北、西藏、台湾一带的较干燥的高地上也发现有粟，这表明粟是一种种植范围非常广的作物。至少六七千年前华北地区已大量种植。黍的地理分布与粟相当，是华北地区与粟共存的一种农作物。

稻在秦岭、淮河以南种植范围很广，史前水稻主要分为粳稻、籼稻两种。我国的野生稻分布很广，长江中下游又较早出现了农耕文化，因此这一地区很可能是栽培稻起源的中心。黄河流域发现的稻作遗存尚未得到肯定的证实，安志敏先生认为由于自然条件的原因，这里水稻的种植量是十分有限的。[①] 新石器时代的遗址中绝少发现小麦，西周以后的遗址中才开始有了碳化小麦。学术界一般认为小麦原产西亚，商周时传入中国。粟、黍、稻等农作物构成了历史时期农业发展的基础，见于甲骨文记载，至商周时期除了麦类作物的地位明显提高，其他主要作物构成基本与史前时期相类。

二、商周至春秋时期的主要粮食作物

我国古代通称粮食作物为"五谷"，不同历史时期"五谷"的含义有所区别。商

---

① 安志敏：《中国的史前农业》，载《考古学报》1988 年第 4 期。

代黄河流域粮食作物有黍、稷、稻、麦、麻等。黍字在甲骨文中多见,"受黍年"有上百条。黍在商代粮食中占重要地位与商人盛饮酒之风有关。稷与黍相比,在粮食作物中占第二位。卜辞中"受稷年"也有二十余条,《尚书·盘庚》:"不服田亩,越其罔有黍稷",《酒诰》:"纯其艺黍稷"。麦字在甲骨文中也多见,卜辞中有"登麦""告麦""食麦"等记载。西周春秋开始有来(來)、牟二字,来(來)指小麦,牟指大麦。麦的生长需要一定的灌溉条件,在当时生产力条件下,还不可能在粮食中占主要地位。稻在甲骨文中已出现,郑州白家庄商代早期遗址和安阳都发现过稻壳的遗存,在当时粮食中仅次于黍、稷占第三位。[1] 甲骨文中有"受畬年",畬当是一种作物。彭邦炯认为此处借为"苴",苴是一种麻类作物,籽可以食用,茎皮可织衣。西周时期粮食作物与商代基本相同,不过记载更为明确。《诗经》里记载粮食作物已有黍、稷、稻、麦、粱、麻等多种。其中以黍、稷出现次数最多。麦的种植比商代要广,《史记·宋微子世家》有箕子"麦秀之诗",1955年在安徽亳县钓鱼台发现西周时代的炭化麦粒,[2]说明淮北地区小麦也为主粮之一,但地位不如黍、稷重要。水稻种植在黄河流域已较普遍,西至渭水中游,北至关中盆地北缘、汾河中游,东至泗水流域的范围内都有水稻种植。当时关中平原水资源比较丰沛,成为重要水稻产地。《诗·豳风·七月》"十月获稻,为此春酒",《小雅·甫田之什·甫田》"黍稷稻粱,农夫之庆",《小雅·鱼藻之什·白华》"滮池北流,浸彼稻田",滮池在西安市西丰、镐间。以上记载,都说明关中平原在西周是水稻种植重要产地。关中平原东面的三河地区,在安阳殷墟有水稻遗存,战国西门豹、史起引漳灌邺,"终古舄卤兮生稻粱"。[3]可见这里有种水稻的传统。《诗·唐风·鸨羽》:"王事靡盬,不能艺稻粱。"今山西翼城县附近的唐国也种水稻。鲁南的沂、泗水流域为水稻产地之一。《左传》昭公十八年六月"郮人藉稻",郮为妘姓小国,在今山东临沂北的沂水流域,水利条件较好,故可种稻。小麦没有灌溉是不能种植的,水稻更需要丰富的水源。因此这两种作物在商周春秋时期的黄河流域已有种植,但尚不普遍,在粮食中地位不如黍、稷。江淮以南粮食作物以水稻为主。

三、战国秦汉时期的主要粮食作物及其分布地区

战国时期农业生产工具从木、石向铁制的演变,大大推动了生产力的发展,特

---

①　彭邦炯:《商代农业新探》,载《农业考古》1988年第2期。
②　杨建芬:《安徽钓鱼台出土小麦年代商榷》,载《考古》1963年第11期。
③　《汉书》卷二九《沟洫志》。

别是有了较大规模的水利工程以后，大田的作物无论在种类和产量方面都发生了很大变化。《吕氏春秋》中列举了：禾（稷）、黍、稻、麻、菽、麦以及大麦。这七种粮食作物代表战国时期的主要粮食作物，秦汉时期基本相同。但其种植地域分布与以往有所不同，表现为：一是稷仍是大田中主要粮食作物，汉代经学家将"稷"训为"粟"，许慎在《说文解字》称："粟，嘉谷实也。"贾思勰《齐民要术》更明确地指出："谷，稷也，名粟。"在两汉文献中多以"粟"为名代表北方种植量最大的粮食作物。二是小麦种植面积的扩大。小麦之称最早见于《氾胜之书》，冬小麦古书上称为宿麦，春小麦称为旋麦。战国末年洛阳地区种春小麦，洛阳北面的温县一带种冬小麦。① 汉武帝前关中地区不种小麦，董仲舒建议关中扩种宿麦（冬小麦），"令毋后时"。② 元狩三年（前 120 年）"劝有水灾郡种宿麦"，③以供翌年夏秋青黄不接之需。这是因为战国秦汉时代全国大兴水利，特别是武帝时"用事者争言水利，朔方西河、河西、酒泉皆引河及川谷以溉田，而关中灵轵、成国、沣渠引诸川，当汝南、九江引淮，东海引钜淀，泰山下引汶水，皆穿渠为溉田，各万余顷。它小渠及陂山通道者，不可胜言也"。④ 农田水利事业的发展，为小麦大面积种植创造了首要条件。二是石盘的普遍使用，对小麦的推广也有重要作用。石盘大致出现于战国，普及使用则在汉代。⑤ 河北满城中山靖王刘胜墓、河南洛阳城东区汉代粮仓遗址和淇县县城土产公司院内，都出土过汉代石磨，反映汉代已将小麦从粒食改粉食，这必然对推广小麦有促进作用。东汉开始，黄河流域大田粮食种物中，小麦已占很重要地位。尤其是黄淮平原徐、兖二州一带大田已以产小麦为主。⑥ 三是水稻种植较春秋时大为发展。秦汉时期北方特别关中地区修建了一系列水利灌渠，如郑国渠、白渠、龙首渠、灵轵渠、成国渠、沣渠等，灌溉条件大为改善，水稻种植更为发展。汉武帝下令"今内史稻田租挈重，不与郡同，其议减"。⑦《氾胜之书》中单设篇目介绍水稻的种植方法，说明当时关中地区很重视水稻生产。南方是水稻的主要产区，但这时大多数地区还处于"火耕水耨"的粗放经营阶段，植稻区主要限于太湖平原与成都平原等地。秦汉时期在文献中记载的水稻种类有增加，《氾胜之书》中明确提到了秔稻和秫稻，也就是粳稻和糯稻。东汉建武年间，渔阳太守张堪在今北京市顺义区一带

① 邹逸麟主编：《黄淮海平原历史地理》，安徽教育出版社 1997 年版，第 296 页。
② 《汉书》卷二四上《食货志上》。
③ 《汉书》卷六《武帝纪》。
④⑦ 《汉书》卷二九《沟洫志》。
⑤ 卫斯：《我国圆形石磨起源历史初探》，载《中国农史》1987 年第 1 期。
⑥ 邹逸麟主编：《黄淮海平原历史地理》，安徽教育出版社 1997 年版，第 297 页。

的狐奴开稻田八千余顷,劝民耕种,以致殷富。① 这是今北京地区种植水稻之始。直至北魏、唐代北京地区仍有种植水稻的传统。又如黄河以南淮、汝、颖、涡、睢、汴之间为黄河流域最大的水稻种植区。② 总之,战国秦汉时黄河流域稷(粟)仍是大田中的主要粮食作物,但小麦种植已渐发展至仅次于稷的地位,水稻在水利条件优越的地区已大量种植,较春秋时有明显的改变。秦汉时期北方旱地作物中,除粟类作物品种不断增加,豆类作物也出现了大豆、小豆的记载,东汉时期的《四民月令》中还提到豌豆、胡豆等。江淮以南当以水稻为主。

四、魏晋南北朝至宋元时期的主要粮食作物

在此千余年内,中国的政治局面经过几次大分裂、大动荡,最后走向全国多民族统一的时期。中国历史上三次大规模人口迁徙,就发生在这个时期;匈奴、鲜卑、羯、氐、羌、柔然、突厥、契丹、女真、蒙古等游牧民族之间及其与汉民族之间的大交流、大融合,也发生在这个时期。这是中国历史上自然和人文景观发生翻天覆地变化的时期。人们赖以生存的粮食作物的种类和分布上也有很大的变化。

(一)传统粮食作物分布的变化。主要表现为:一是小麦种植面积的扩大。东汉末年徐、兖一带大田以产小麦为主。唐代河北、河南道除山东丘陵地带外,小麦产地几乎连成一片。唐代宗永泰元年(765年)第五琦奏请税京兆之麦,是中国农业史上第一次麦税。这充分说明小麦在粮食作物中的地位了。所以说从魏晋至宋元时期,是黄河流域小麦种植的发展期,到了明清小麦才替代了黍、稷成为黄河中下游的主要粮食。此外,江淮以南地区小麦种植也在扩大。晋末北人南迁,南方人口的增加和北人的习俗,促使南方种植小麦。刘宋元嘉二十一年(444年)下诏令:"南徐、兖、豫及扬州浙江西属郡,自今悉督种麦,以助阙乏。"③以后小麦种植南延到云南地区,樊绰《蛮书》记"曲靖州已南、滇池已西","小麦即于冈陵种之"。北宋末靖康之乱后,南方种麦骤盛。庄季裕《鸡肋编》云:"建炎以后,江、浙、湖、湘、闽、广,西北流寓之人偏满。绍兴初,麦一斛至万二千钱,农获其利,倍于种稻,而佃户输租,只有秋课,而种麦之利,独归客户。于是竞种春稼,极目不减淮北。"南宋以后,南方一年稻麦两熟制基本确立。二是水稻种植的扩大。魏晋时期,黄河流域水稻种植

---

① 《后汉书》卷二七《张湛传》。
② 邹逸麟:《历史时期黄河流域水稻生产的地域分布和环境制约》,载《复旦学报》社科版1985年第3期。
③ 《宋书》卷五《文帝纪》。

地域明显较前扩大。曹魏都城洛阳附近的新城县（今伊川县西南）以盛产上好稻米著称。魏文帝《与朝臣书》："江表唯长沙名有好米，何时此新成粳稻邪？上风炊之，五里闻香。"①桓彦林《七设》云："新城之稻，既滑且香。"②河南北部的清淇水流域泉流丰富，陂塘众多，是理想的水稻种植区。东汉顺帝时崔瑗为汲县令，"为人开稻田数百顷"。③ 共城县（今辉县市）西有百门陂，"百姓引以溉稻田，此米明白香洁，异于他稻"。自北魏、北齐以至唐代，常以此为贡品。④ 北宋在宋辽边界的白沟沿线有一条西起保定东至大海的淀泊带，广袤数百里，大兴屯田，种稻以足食。从北魏开始历唐至辽金时代，北京地区仍有种植水稻的传统。⑤

（二）新粮食品种的传入。（1）高粱的另一名为"蜀黍"，在现存文献中，最早见于西晋张华所撰《博物志》："地三年种蜀黍。"一般认为高粱不属于我国原产作物，约在汉代传入我国，最初传入地可能在川蜀一带，故有"蜀黍"之称。高粱传入我国后，由南向北传播较慢，至北魏时期贾思勰仍没有在《齐民要术》中提到，可见这时还没有传入黄河流域。唐代高粱逐渐进入北方各地，至辽金时期各地都有种植，在辽上京的文化堆积层和一些墓葬中都发现了这种作物，⑥成为北方重要的粮食作物。到了元代文献中记载高粱增多，并因由阿拉伯蒸馏酿酒技术的传入，元代开始用高粱通过蒸馏法制白酒，于是高粱种植范围扩大，至明清高粱已在北方普遍种植。（2）荞麦也是一种域外引进的农作物，传入中国的时间不详，《齐民要术》中虽有荞麦的记载，但这些记载很可能是后人伪托。唐代有关荞麦的记载开始多起来，如孙思邈在《备急千金要方》中称："荞麦味酸微寒无毒，食之难消。"宋代荞麦已在南北各地广泛种植。在宋人方志中，都将荞麦放在麦类作物中，与小麦、大麦视作同类。事实上它们在植物分类学中属于完全不同科属，小麦、大麦均属于禾本科植物，荞麦则属于蓼科。荞麦喜温暖，但又能抗秋寒低温，适应各种土壤和粗放栽培，生长期很短，一般两个月即可成熟，是一种很好的救荒植物。凶年民饥，早熟作物失于农时，官府往往督劝农家"及早耕犁，布种荞麦、二麦之属"。⑦ 有时人们为了救

---

① 《艺文类聚》卷八五秔条引。
② 《北堂书钞》卷一四二《酒食部一》。
③ 《后汉书》卷五二《崔瑗传》。
④ 《元和郡县志》卷二〇《河北道一·卫州共城县》。
⑤ 邹逸麟：《历史时期黄河流域水稻生产的地域分布和环境制约》，载《复旦学报》社科版 1985 年第 3 期。
⑥ 《辽上京遗址勘查报告》，《内蒙古文物考古文集》，中国大百科出版社 1994 年版，第 516 页。《内蒙古商都县前海子村辽墓》，载《北方文物》1990 年第 2 期。
⑦ 〔南宋〕朱熹：《晦庵集》卷一七《奏巡历沿路灾伤事理状》。

急,甚至于"麦垄间杂下荞子,麦苗未长,而荞已刈"。①正由于荞麦有上述适应性强、发育快的特点,种植范围非常广。(3)占城稻是北宋时期从海外引进的水稻品种,这一品种的引进对于粮食作物以及农业生产的发展都起了很大的推动作用。占城稻"相传其种自占城国来",②大概在北宋初已传入福建,大中祥符五年(1012年)真宗皇帝遣使至福建取三万斛,分给江、淮、两浙路为种。③占城稻是籼类旱稻的一种,最大的优点是不择地而生。占城稻引进之前,旱稻虽在各地已有种植,但占城稻不择地而生的特点,却为大范围推广与普及种植提供了条件。占城稻的出现,使许多往日不种稻或少种稻的地区,都扩展为植稻区。

五、明清时期的主要粮食作物

明清时期我国主要粮食作物仍沿袭宋元以来的格局。明人王士性在《广志绎》中说:"江南泥土,江北沙土。南土湿,北土燥。南宜稻,北宜黍、粟、麦、菽,天造地设,开辟已然,不可强也。"北方由于水环境的变化,即水资源的减少,水稻种植面积明显缩小,而小麦的种植因灌溉技术的提高,在北方粮食作物中占主要地位。但这时期粮食作物种植最明显的变化,则是以玉米、甘薯为代表的农作物的引进,全面改变了原来的农作物种植结构与组合形式。

明清时期引进的农作物种类很多,其中对于社会经济与人民生活影响最大的有如下作物:

(一)玉米原产南美洲,明朝中叶辗转传入中国,至清代晚期已普遍推广到全国大部分地区,成为我国民间的重要主食。玉米传入我国的过程很复杂,学术界一般认为有三条传播路径。其中一条由阿拉伯商人经西亚至中亚,然后进入我国西北,再传入内地;另一条则由欧洲经西亚、中亚、印度、缅甸至我国西南;第三条为西亚商人经菲律宾至我国东南沿海,也有的学者认为玉米的传播实际只有前述第一条路径。由于玉米的传播路径很复杂,在传播的过程中各地都形成了自己的名称,如玉蜀黍、玉高粱、西番麦、玉米、玉蜀秫、戎菽、御米、包谷、陆谷、西天麦、玉麦、印度粟、珍珠米、苞米、棒子等,这些不同的名称既反映了玉米的形状特征,也表达了它的使用价值。

明中期玉米初从西亚传入,种植者很少。李时珍《本草纲目》卷二十三:"玉蜀

---

① 《嘉泰会稽志》卷一七。
② 《淳熙三山志》卷四一。
③ 〔南宋〕李焘:《续资治通鉴长编》卷七七,大中祥符五年五月。

黍种西土，种者亦罕。"17世纪后期即清初，各地零星种植玉米的农户逐渐增多，至19世纪中后期，南起海南岛，①北至辽宁、吉林，②几乎全国各地都有种植。玉米能够迅速取代传统粮食作物在全国推广，与这种作物的生长习性直接相关。与传统粮食作物相比，玉米具有高产、耐瘠、耐旱涝的特点，对环境的适应性较强，不适宜种植稻、麦等作物的山区、沙地，却可以种植玉米。玉米推广以后不但迅速推动了山区的开发进程，丘陵冈阜以及沿海、沿江的边滩沙地也相继得到开发。因为玉米"最宜新垦之地"，③"生地瓦砾山皆可植"，④由于适应性较强，加之"山内秋收以粟谷为大庄，粟利不及包谷"，⑤"民食皆以包谷杂粮为正庄稼"，⑥"深山老林，尽行开垦，栽种包谷"。⑦明清时期全国人口大幅度增加，平原地区的土地已被开垦殆尽，丘陵山区自然成为人们寻觅土地的去处，玉米的传入为山区开发创造了条件，大量人口以各种形式相继涌向福建、江西、两广、云贵以及陕南等地的山区，恃玉米为生，将山区的开发推向一个又一个高潮。

山区的开发带动了玉米在各地的全面传播，继山区之后，各地平原地带也相继种植起玉米，原来以粟等旱地作物为主的地区，逐渐被玉米取代，至20世纪初期，玉米在各类旱地作物中占有绝对优势，广泛种植在各地。玉米的广泛传播不但解决了急剧增加的人口饥饱问题，而且改变了传统农作物的组合形式与农业地理布局，玉米取代传统粮食作物成为粮食生产中的大宗。

（二）甘薯在我国农业发展史上具有与玉米同等的地位，特别在南方山区意义尤其重大。甘薯传入我国时间与玉米相近，约在明朝中期。甘薯传入之前，我国即存野生山薯，与外来的甘薯比较，"番薯为甘，山薯为劣"，土生甘薯品质上的不足，为外来品种的传入创造了条件。

对于甘薯的传播过程学术界也存有不同观点，明人何乔远在《闽书》中记道："番薯，万历中闽人得之于外国，瘠土砂砾之地，皆可以种。"何乔远文中所记即指福建长乐人陈振龙引进甘薯之事，此时为万历二十一年。陈振龙并不是最早将甘薯引进中国之人，实际上在此之前，甘薯已经传入广东，《东莞凤岗陈氏族谱》与道光

---

① 清光绪《临高县志》卷四《物产》。
② 清乾隆《盛京通志》卷二七《物产》，光绪《吉林通志》卷三三《食货志》。
③ 〔清〕黄皖子：《致富纪实》。
④ 〔清〕包世臣：《齐民四术》卷一。
⑤ 〔清〕严如熤：《三省边防备览》卷一一《策略》。
⑤ 〔清〕严如熤：《三省边防备览》卷八《民食》。
⑦ 〔清〕林则徐：《林文忠公政书》乙集《湖广奏稿》卷二《筹防襄河堤工折》。

《电白县志》分别记载东莞人陈益、医生林怀兰将甘薯引进中国的过程。据研究陈益引进甘薯应在万历十年，[1]在时间上早于陈振龙十余年。总的来看广东与福建都应是甘薯在我国的最早登陆地，并以此为基地循东南沿海一线向内地传播；除东南沿海一路外，甘薯传播路径还由缅甸、云南一线形成西南陆路，据研究通过这条路径传入甘薯也在万历年间。[2]

甘薯的传播进程与玉米相似，自明中后期传入中国，首先在东南沿海等地种植，然后逐渐进入内地，清朝初年康乾时期，各地种植量开始增大，成为重要的粮食作物。甘薯在传播中也形成了不同的名称，甘薯之外还有番薯、朱薯、红山药、红苕、地瓜、红芋、红蓣等，这些名称可见于各地的有关记载中。

甘薯与玉米并行，取代传统粮食作物的原因，仍是甘薯对环境的适应性较强，"不与五谷争地，凡瘠卤沙冈皆可以长"，[3]"地之不宜耕稼者唯种甘薯"，[4]田间管理也比较简单，"按时播种、收获"，就能"供一岁之需"。[5]老幼皆可以食，饥焉得充，多焉而不伤，茎叶还能充作鸡犬之食。由于这样的原因甘薯迅速在全国各地传播，明代甘薯主要在闽粤种植，17世纪后期向长江流域与东南沿海发展，18世纪向黄河流域发展，19世纪初已遍及全国，特别在山区种植量尤其大，与玉米并列成为山区开发的主要动力。

（三）马铃薯原产地在美洲，是明清时期传入我国的又一种重要农作物。马铃薯最初传入中国的时间和地点都没有确切记载，据万国鼎先生研究，马铃薯最早见于康熙三十九年刊行的福建《松溪县志》，但也有学者提出康熙二十年《畿辅通志·物产志》中就有"土芋，一名土豆，蒸食之味如番薯"的记载，若此，则河北也应是马铃薯最早种植的地方之一。[6]

马铃薯也称土豆、山药、山药蛋、阳芋、洋芋等，一般认为传播中也形成两条路线，南路从南亚一带传入两广，再进入贵州、云南，循此路向东发展，又至闽浙地区，江浙一带将马铃薯通称洋山芋，以别于被称为山芋的甘薯，两种作物虽然都是海外传入，只因先后不同，先传入的已成为"土著"，后传入的自然冠之以"洋"。北路从欧洲循陆路传入山陕一带，由于马铃薯适于在高纬寒冷地区生长，由北路向北方各

① 杨宝霖：《我国引进番薯的最早之人和引种番薯的最早之地》，载《农业考古》1982年第2期。
② 陈树平：《玉米和番薯在中国传播情况研究》，载《中国社会科学》1980年第3期。
③ 〔明〕何乔远：《闽书》卷一五○《南产志》。
④ 清光绪《玉环厅志》卷一《舆地志》。
⑤ 清同治《长乐县志》卷一九《艺文录》引戴永朴：《三溪天龙井祷雨记》。
⑥ 李辅斌：《清代河北山西农业地理研究》，油印未刊本。

地传播速度较快,在陕西、山西、河北以及口外逐渐成为通行的农作物。①

马铃薯食用范围比玉米、甘薯都广,可以作为主食,也可以当作蔬菜,由于这种特点,山西境内一般在河川平谷地带种植,当作蔬菜;山区则作为主食,因其耐瘠抗寒,在苦寒的边地亩产也可达两千斤上下,以致晋北人"赖此为养命之源"。②

明清时期农作物种植结构与农业地理面貌都发生了新的变化,稻麦的地位继续提高,明代人宋应星在《天工开物》中指出:"今天下育民人者,稻居什七,而来、牟、黍、稷居什三。"文中的"来"为小麦,"牟"指大麦。宋应星为南方人,熟知南方的农情,对北方的了解却不是太多,在他的这一个估测中,水稻种植比重虽然有些偏大,但也并非完全没有道理。水稻是南方农作物的第一大宗,只要灌溉条件允许几乎首种的作物就是水稻;北方水稻的种植面积虽比南方要少得多,但也星星点点地到处均有分布,南北一起考虑自然成为全国粮食作物中种植量偏大的作物。北方各地仍然以小麦等旱地作物为主,《天工开物》中说北方燕、秦、晋、豫、齐、鲁等地"小麦居半,而黍稷稻粱仅居半"。南方各地仍以种植水稻为主,依宋应星所言,若水稻在南方种植比例占 60%～70%,那么各类旱地作物约占 30%,其中"西极川、云,东至闽、浙、吴、楚腹焉,方长六千里中,种小麦,二十分而一。……种余麦者,五十分而一"。所谓余麦指大麦、燕麦、荞麦。若宋应星的记载不误,小麦应是北方种植量最大的作物。小麦之外,各类旱地作物在北方各地也保持着不同的种植比例,对此清人吴其濬在《植物名实图考》中也有一个估计:"大凡北地之谷,种粱者什七,种黍者什二,种稷者什或不得一子。"

以上仅是玉米等外来作物尚未普及时传统农作物的种植大势。玉米等作物传入后,农业地理面貌又发生了新的变化。玉米的广泛种植,逐渐取代了粟、黍等旱地作物的地位;甘薯在各地尤其山区显现出越来越多的优势;棉花与麻、桑并列成为重要的纤维类作物,并有逐步取代麻类作物的趋势,这一切都导致传统农业地理面貌发生全新的改变。

---

① 唐启宇:《中国作物栽培史稿》,农业出版社 1986 年版,第 277—278 页。
② 民国《马邑县志》卷一《舆地》。

第十一章　历代工矿业的分布和兴衰变迁

我国早在新石器时代就开始有了原始的手工业和矿冶业,不过那时仅为个人或家庭生活所需,别无商品意义。商周以后,精细的冶炼业和手工业产品主要为王室服务,少量作为商品流通,大多比较粗糙的手工业品还是服务于家庭和个人。春秋战国以后,商品经济有了较大发展,矿冶和手工业的部门、质量、品种增多,专业化程度渐趋明显,促进了整个封建社会经济的发展。秦汉以后成为国民经济的重要部门,至明清矿冶和手工业在某些地区已成为主要经济部门,对促进当地经济起过重要的作用。在漫长的中国传统社会里,冶炼业和手工业的发展,推动了整个社会的生产力,改变了我国社会经济结构,增加了商业的流通,改变了城市和交通的布局,促进了区域之间的联系;同时对人们的政治、经济、文化观念的改变都有过重大影响。我国传统社会里的矿冶业、手工业部门繁多,不能备述。本章仅就对国民经济生产和人们生活以及对人文地理布局有比较重大影响的矿冶和手工业部门作一概括的论述。

第一节　丝棉织业的地理分布及其变迁

我国在原始社会阶段已经出现了纺织业,在以后很长的历史时期里,人们衣着的原料主要是麻和葛。早期称为布者,不外是用纤维植物麻或葛织成的。而丝织品由于原料珍贵,仍是贵族、富人的衣着原料,到了棉织品的出现,大大改变了人们衣着的条件,对我国社会经济发展关系很大,故本节主要论述与国计民生关系最大的丝、棉织业的变迁。

一、丝　织　业

中国是世界上最早发明蚕桑和丝织业的国家。据考古资料,我国人民在新石器时代已经开始种桑育蚕,抽丝织衣了。黄河流域丝织事业起于何时,目前尚无强有力证据,不过在齐家文化甘肃永靖大河庄遗址出土了加捻、牵伸的陶纺轮和为数较多的薄片条形骨匕，被认为是大河庄已有育蚕织绸的佐证。① 此外，辽宁锦西地区红山文化遗址中发现了玉蚕，说明东北红山文化时期也有了育蚕业。南方的丝织业起源比较明确。浙江钱山漾新石器时代遗址中出土的绢片和丝线、丝带，经鉴定，原料用的是家蚕丝，绢片是平纹组织，经纬密度每平方厘米 48 根，是我国至今发现的年代最早的丝织品实物。② 由此可见，早在新石器时代我国南北各地普遍开始了育蚕丝织事业。

殷墟安阳武官村所发现戈援上残留着绢纹和绢帛。甲骨文里已有了蚕、桑、丝、帛等文字的记录，说明商代黄河流域已经有了一定规模的丝织业。根据对殷商遗址出土的丝织实物的研究，那时已有了简单提花装置的织机。③ 西周春秋时期，据《诗经》《左传》《史记》等文献，在今天黄河流域的陕西、山西、河北、河南、山东等地都已经有了相当发达的丝织业，当时的丝织品有丝带、丝质的纽扣、丝绸衣服、彩色的织锦、丝织的马缰绳以至丝做的钓鱼绳等等，用途十分广泛，工艺也十分考究，丝织技术已很成熟。长江流域丝织业水平整体而言不及黄河流域，但蜀国、楚国和吴、越的丝织业也开始兴起。据《禹贡》记载，黄河下游和长江中下游的兖、青、徐、扬、荆、豫六州都有丝和丝织品作为贡品，可见在春秋战国时代蚕桑和丝织业在中国东部地区已十分普遍。

战国秦汉时代，黄河中下游和长江流域各地的丝织业已发展到一定规模，其中有几个主要产地：（一）西汉首都长安所在关中地区，自西周以来丝织业就比较发达。京师长安城内设有东、西织室，俱属少府，即皇室私库，专织高档丝织品。《三辅黄图》："织室，在未央宫。又有东西织室，织作文绣郊庙之服，有令史。"东汉迁都洛阳，仍有织室。《后汉书·和熹邓皇后纪》："织室锦绣、冰纨、绮縠。"织室是专门为皇室服务的丝织工场。（二）齐鲁产地。齐鲁原有发达的蚕桑业，《禹贡》青州贡檿丝。春秋时太公"乃劝以女工之业"，《史记·货殖列传》："齐带山海，膏腴千里，宜桑麻，人民多文采布帛鱼盐。""邹、鲁滨洙、泗，……颇有桑麻之利。"秦汉时齐地丝织品举世闻名，"织作冰纨绮绣纯丽之物，号为冠带衣履天下"。④《史记·李斯列传》载李斯《谏逐客书》中提到各地输入秦国的贵重物品中有"阿缟之衣，锦绣之饰"。集解引徐广曰："齐之东阿县，缯帛所出。"所谓"齐（济）陶之缣"⑤"亢父之缣"⑥均为名产。《汉

---

① 唐云明：《我国育蚕织绸起源时代初探》，载《农业考古》1985 年第 2 期。
② 浙江省文物管理委员会：《吴兴钱山漾遗址第一二次发掘报告》，载《考古学报》1960 年第 2 期。
③ 胡厚宣：《殷代的蚕桑和丝织》，载《文物》1972 年第 11 期。
④ 《汉书》卷二八下《地理志下》。
⑤ 〔东汉〕桓宽：《盐铁论·本议》。
⑥ 罗振玉、王国维：《流沙坠简考释》卷二器物类。

书·地理志》记载西汉在全国设服官的地点仅二处,一处即齐国都城临淄,名齐三服(春冬夏)官,"作工各数千人,一岁费巨万"。① 产品以刺绣为主。东汉时仍为宫廷织造"冰纨、方孔穀、吹纶絮"。② 王充《论衡·程材》:"齐部世刺绣,恒女无不能。"(三)兖豫产地。大致为古代河济之域。《禹贡》兖州"厥贡漆丝,厥篚织文";豫州"厥贡漆枲絺纻,厥篚纤纩"。当时丝织品产地中心在襄邑(今杞县)至睢阳(今商丘)一带。襄邑即西汉另一处服官,以织锦为主,所谓"襄邑俗织锦,钝妇无不巧"。③ 襄邑东南"睢(水)涣(水)之间出文章,天子郊庙御服出焉"。④ 东汉明帝率公卿大臣祭天地,所服各色绣衣,均为襄邑所贡。可知其产品专供宫廷皇室享用。另一产地为今濮阳县一带的卫国旧地。《诗·卫风·氓》"抱布贸丝",《禹贡》兖州"厥贡漆丝,厥篚织文",说明位于河济之间的兖州,也正是卫国旧地,较早开始丝织品的贸易。《左传》哀公二十五年载,春秋时卫国曾爆发三匠起义,有人认为即织、染、缝三匠。战国时称"富比陶、卫"⑤。卫(濮阳)、陶(定陶)为中原地区重要商业都会,可能与丝织品贸易有关。(四)楚国旧地。《管子·小匡》载:楚国"贡丝于周室"。20世纪50年代以来,在河南信阳、湖北江陵、湖南长沙楚墓中出土了不少质地良好的丝织品。1952年在长沙五里牌406号战国墓出土绸、绢等残片。1957年在长沙左家塘战国楚墓中发现一批丝织品中有各种颜色的绢和纹样繁缛的纹锦。1972年在长沙马王堆汉墓中出土一件素纱襌衣,薄如蝉翼,衣长128厘米,袖长190厘米,总重49克,以今日工艺水平衡量之,也堪称奇迹。同时出土的还有绣袍和彩帛。1982年江陵马山砖瓦厂一号楚墓出土的一大批丝织品,有衣物35件,按其织造方法和织组结构,可分为绢、绨、纱、罗、绮、锦、刺绣、组八类,其品种之繁多,工艺之精湛,保存之完整,均前所未见⑥。由此可见,战国以来楚国旧地的丝织工艺水平已经达到惊人的程度。(五)吴越产地。东南三吴地区自春秋以来即为蚕桑之乡。吴楚争夺边界上的桑树说明对蚕桑业的重视。(六)成都平原产地。著名的产品是蜀锦。扬雄《蜀都赋》云:"尔乃其人,自造奇锦。"《西京杂记》载汉成帝曾下令益州留下三年税输,为宫廷织造七成锦帐,以沉水香饰之。东汉时成都城内有锦官城以贮锦。城外锦江即以濯锦得名。

① 《汉书》卷七二《贡禹传》。
② 《后汉书》卷三《章帝纪》。
③ 〔东汉〕王充:《论衡》卷一二《程材篇》。
④ 〔北魏〕郦道元:《水经》卷三〇《淮水注》引《陈留风俗记》。
⑤ 〔西汉〕刘向:《战国策》卷一三《齐策六》。
⑥ 陈跃钧等:《江陵马砖一号墓出土的战国丝织品》,载《文物》1982年第10期。

魏晋南北朝时期，全国按户抽调，所谓户调，即以绢、绵为对象。《三国志·魏书·武帝纪》裴注：建安九年下令，"其收田租亩四升，户出绢二匹，绵二斤而已"。《晋书·食货志》载西晋户调"丁男之户，岁输绢三匹，绵三斤"。北魏太和年间规定户调各随其土所出，黄河中下游十九州贡绵绢及丝，其他州皆以麻布充税。[①] 太和十一年（487 年），"出宫人不执机杼者"，"诏罢尚方锦绣绫罗之工，四民欲造，任之无禁"。[②] 可见北魏时公私丝织业颇为发达。其时黄河流域丝织业最发达的是河北地区。西汉时期河北已有私营丝织业作坊，《西京杂记》载，河北巨鹿陈宝光家出产的绫产高质精。魏晋时清河（今河北清河）的缣、总（绢的一种），房子（今高邑）的绵、纩（丝绵），朝歌（今淇县）的罗绮均为上品。[③] 其他如巨鹿、赵郡、中山、常山等郡出产的缣都为人们所称道。十六国后赵都城邺（今河北临漳县西南）丝织业十分发达，设有织锦署，巧工织锦，织工数百人，所产邺锦与蜀锦齐名，花色名目极多，"工巧百数，不可尽名"。[④] 北魏统一北中国后，太和年间规定黄河流域 19 个州贡绵、绢和丝，说明当时黄河流域丝织业十分普遍。《颜氏家训·治家篇》："河北妇人织纴组纱之事，黼黻锦绣罗绮之工，大优于江东也。"总的说来，当时长江流域虽然也有发达的丝织业，但丝织技术不及黄河流域，但蜀锦却负有盛名，为黄河流域所不及。山谦之《山阳记》说：当时江东尚未有锦，河北所产又不及蜀锦，故魏、吴两国都从蜀输入蜀锦。魏文帝诏群臣云："前后每得蜀锦，殊不相似。"环氏《吴记》："蜀遣使吴，赍重锦千端。"诸葛亮说，蜀汉"民贫国虚，决敌之资，唯仰锦耳"。[⑤] 刘禅降魏时国库中尚有锦绮采绢 20 万匹。左思《蜀都赋》说，成都城中，"阛阓之里，伎巧之家，百室离房，机杼相和，贝锦斐成，濯色江波"。可见无论在产量或质量上蜀锦在全国堪称首屈一指。

唐代官私营丝织业已相当发达，官府丝织业主要是少府监下属织染署分管，下有十作，其中八作（绢、绝、纱、绫、罗、锦、绮、绸）都是丝织品。民间主要产区在黄河下游、长江上游和长江下游三大产区，即当时河北、河南、江南、剑南四道。以今地言之，一是河北、河南、山东三省及江苏、安徽二省淮河以北地；二是今四川省和鄂、湘、陕三省部分地，三是今长江三角洲、钱塘江流域和皖南部分地。当时国家征收的赋税主要为绢、绵，天宝年间，岁收绢 74 万匹，绵 18.5 万屯（唐制绵六两为屯），都

---

① 《魏书》卷一一〇《食货志》。
② 《魏书》卷七下《高祖纪》。
③ 〔东晋〕左思：《魏都赋》。
④ 〔东晋〕陆翙：《邺中记》。
⑤ 上引均见《初学记》《艺文类聚》《太平御览》等。

来自民间家庭妇女所织,所谓"丝枲纺织,妇人之务"。① 孟郊《织妇辞》:"妾是田中女,……不息窗下机,如何织纨素,自著褴褛衣。"唐诗中此类反映家庭织妇的诗句极多,不必多举,故绢、绵的生产在农村家庭中较为普遍。绢、绵、𰷟等初级丝织品,主要产地在黄河下游地区和四川盆地,如亳州(今安徽亳州市)在盛唐时产绢号称全国第一,直至南宋世代不绝。陆游《老学庵笔记》卷六:"亳州出轻纱,举之若无,裁以为衣,真若烟雾,一州唯两家能织,相与世世为婚姻,惧他人家得其法也。云自唐以来名家,今三百余年矣。"长江三角洲基本不产绢或在丝织中占很小比例,主要产品为丝织品中较高档的绫、锦、罗,有广陵的锦,京口的绫衫,晋陵的绫绣,会稽的罗、吴绫、绛纱等。② 吴绫为极高档的丝织品,专供宫廷之用。白居易《缭绫》诗:"缭绫缭绫何所似? 不似罗绡与纨绮;应似天台山上明月前,四十五尺瀑布泉。中有文章又奇绝,地铺白烟花簇雪。"即指此。据《元和郡县志》《新唐书·地理志》记载,绫最著名的产地有:定州(今河北定州)、蔡州(今河南汝南)、兖州(今山东兖州)、江陵(湖北荆州市)、扬州(今江苏扬州)、润州(今江苏镇江)、杭州(今浙江杭州)、越州(今浙江绍兴)八处,其中三处分别在河南、河北、山东,一处在长江中游湖北,四处均在长江三角洲及钱塘江流域。产锦地极少,主要有扬州产锦袍、锦被,主要作为贡品。还有成都和蜀州(今四川崇州)的蜀锦。成都的蜀锦仍闻名于世,其染色技术已超过了吴罗、湖绫。产罗的地方较多,较著名的有恒州(今河北定州)、成都府、蜀州、润州、越州等地。越州尤以产绫、纱等织丽之物著称。但南北相较,当时的丝织技术仍以北方为强。《唐国史补》载,大历年间,江东节度使薛兼训因越人不善机杼,乃访求军中未婚者,厚给资财,令其去北方娶织妇为妻以归,岁得数百人,由是越俗大化。"竞添花样,绫纱妙称江左。"唐朝后期南方丝织业迅速兴起,这与安史乱后北方人口大量南移将北方丝织技术南传有关。而关中地区的丝织业在唐后开始衰落。《元和志》越州:"自贞元以后,凡贡之外,别进异文吴绫及花鼓歇单丝吴纱、吴朱纱等纤丽之物,凡数十品。"宣州(今安徽宣城):"自贞元以后,常贡之外,别进五色线毯及绫绮等珍物,与淮南两浙相比。"可以认为自大历以后,北方丝织技术传入南方后,经过当地人的改进和提高,大约在贞元以后,南方丝织水平已高于北方,时为 8 世纪中叶。唐时云南的南诏也是丝织业发达的地区,据《蛮书》记载,所产精者为纺丝绫,亦织为锦和绢,俗不解织绫罗。太和三年(829 年)南诏侵入西川,

---

① 《隋书》卷八〇《列女·郑善果母传》。
② 《旧唐书》卷一〇五《韦坚传》。

掳掠去不少女工,于是开始能织绫罗。

两宋以后长江流域丝织业有明显发展,北方河北、山东仍保持一定发展势头。但整个黄河流域的丝织业盛况已远不如前。其原因大致有:一是契丹、女真的南进,对桑园的破坏,影响了蚕桑业的发展;史载契丹人行军时,"沿途民园囿桑柘,必夷伐焚荡"。金人进入华北也伐取桑柘以作薪柴。二是宋元以后棉织业的兴起,丝织品为棉织品所替代。三是西北丝绸之路的阻隔和东南海上丝绸之路的兴起,刺激了南方丝绸事业的发展。四是北方人口的南移,加强了南方的丝织业技术力量,促进了南方丝织业向商品化和专业化的发展。① 据《宋会要辑稿》食货 64 之 1~9 记载,宋代各路缴纳租税的丝织品有罗、绫、绢、紬(绸)、绝(粗绸)、丝绵六种,从地域分布情况而言,与唐代并无二致,仍然是河北、河南、山东的黄河下游平原和四川盆地、太湖流域、钱塘江流域。但从缴纳的数量上可看出与唐代有变化:(1)所缴纳缣数在 10 万匹以上的有京东东路、京东西路、京西北路、河北西路、两浙路、江南东路、江南西路、荆湖北路、梓州路、利州路十路。20 万匹以上有京东东路、京东西路、河北西路、两浙路、江南东路、梓州路六路,其中两浙路、江南东路最多,前者 67 万匹,后者 38 万匹。(2)紬一项也是两浙路、江南东路二路缴纳最多。前者 10 万余匹,后者 6 万余匹,其余均在 5 万匹以下。(3)丝绵一项以两计,两浙路 200 万两,江南东路 110 万两,其余均在 100 万两以下,较多为河北西路 95 万两,成都府路 83 万两。此外各路上供丝织品数量情况与租税相同,两浙路、江南东路均占首次两位。(4)黄河下游河北、河南、山东蚕桑丝织业生产仍然有相当规模。宋庄季裕《鸡肋编》卷上:"河朔山东养蚕之利,逾于稼穑。"河北东路因"民富蚕桑,契丹谓之'绫绢州'"。② 秦观《蚕书》序言中说:"今予所书,有与吴中蚕家不同者,皆得之充人也。"又云:"九州蚕事,充为最乎?"河北、山东的丝织品也有较著名的,苏籀《双溪集》卷九《务农扎子》说:河北"缣绮之美,不下齐鲁"。其中较著名的仍是定州。但整体说来已不及南方。当时南方的建康(今南京)织造的云锦,苏州织造的宋锦(或称织锦),杭州织造的绒背锦,越州的赵罗,成都的蜀锦,都是闻名全国的织品,由此也都成为南方丝织业中心。南宋时长江三角洲和钱塘江流域,丝织业又有高度发展,南宋临安城中出售南方各地的绮、绫、缎、罗、锦,名目繁多,花色齐全。太湖流域开始

---

① 详见邹逸麟:《有关我国历史上蚕桑业的几个历史地理问题》,载《选堂文史论苑》,上海古籍出版社 1994 年版。

② 《宋史》卷二九九《张洞传》。

出现了大批专营丝织业的市镇。此时,长江流域的丝织业无疑超过了黄河流域。

元灭南宋以前,赋税中科差丝料大都以丝计量,少见丝织品。灭南宋以后,对江南地区仍旧制夏税折输绵、绢等织物。可见黄河流域缫丝业和织造业已分化,农家以育蚕、缫丝为限。从《农桑辑要》《农书》记载来看,元代南方育蚕、栽桑的饲养、培植技术和工具都比北方先进,所产丝的质量也高。《马可·波罗游记》记载,当时苏州、杭州城内居民大多穿上丝绸的衣服。明洪武年间规定黄河流域数省的夏税绢数共 7.4 万余匹,比长江流域及其以南地区的 21.4 万余匹少了 2/3,正是反映了元末南北丝织业的情况。

明清时期长江三角洲地区丝织业有了空前的发展。以往研究成果甚多,不必详述。此处概括言之。(1)明清长江三角洲地区蚕桑缫丝业极为普遍,成为常见的家庭手工业。育蚕缫丝业与丝织业已基本分离。蚕桑缫丝业以湖州最为著名。明王士性《广志绎》:"浙十一郡,惟湖最富。盖嘉湖泽国,商贾舟航易通各省,而湖多一蚕,是每年两有秋也。""故丝绵之多之精甲天下。"徐献忠《吴兴掌故集》卷二:"蚕桑之利,莫盛于湖。"朱国桢《涌幢小品》卷二:"湖地宜丝,新丝妙天下,……湖丝惟七里者尤佳,较常价每两必多一分,苏人入手即识,用织帽缎,紫光可鉴。"宋应星《天工开物·乃服》:"屯、漳等绢,豫、蜀等绸,皆易朽烂,若嘉、湖产丝成衣,即入水浣濯百余度,其质尚存。"湖丝既闻名天下,其境内南浔、双林、菱湖、练市以及相邻交界的乌青等镇均成为湖丝的集散地,商业繁盛超过一般县治。(2)明清丝织业以南京应天府和苏、杭、嘉、湖为最。南京应天府织造主要为皇室、内府织造各种高档丝织品服饰,为皇室服用和朝廷赏赐所用,民间织造业也很发达。东南三吴地区的丝织业,则为当地的商品经济的发展起了重大作用。明张瀚《松窗梦语》卷四:"大都东南之利,莫大于罗、绮、绢、纻,而三吴为最。即余先世亦以机杼起,而今三吴以机杼致富者尤众。"三吴地区由此而产生一批以丝织业为主的市镇,如吴江震泽镇,乾隆《震泽县志》卷二五风俗生业:"绫绸之业,宋元以前,惟郡人为之。至明(洪)熙、宣(德)间,邑民始渐事机丝,犹往往雇郡人织挽;成(化)、弘(治)以后,土人亦有精其业者,相沿成俗。于是震泽镇及近镇各村居民,乃尽逐绫绸之利,有力者雇人织挽,贫者皆自织。"又如吴江县盛泽镇"居民以绸绫为业,……迄今日民齿日繁,绸绫之聚百倍于昔,四方大贾,辇金至者无虚日"。[1] 其时"吴人以织作为业,即士大夫

---

[1] 沈云:《盛湖杂录》,引自谢国桢《明代社会经济史料选编》(中),福建人民出版社 1980 年版,第 69 页。

家,多以纺绩求利"。① 这些城镇乡村居民均以蚕桑、丝织业为主要生计,俱"不产米,仰食四方,夏麦方熟,秋禾既登,商人载米而来者,舳舻相衔也"。② 清代东南市镇都各有专业,而丝织业为其大宗。嘉兴之濮院所产之濮绸名驰海内,"濮绸光滑胜吴锦,花似嘉绫巧并传"。③ 吴江盛泽镇为丝织品集散中心,"凡邑中所产,皆聚于盛泽镇,天下衣被多赖之。富商大贾数千里辇万金来买者,摩肩连袂,如一都会矣"。④ 其他如嘉兴新塍镇、王江泾、青镇、王店镇等都是以丝绸业而繁盛。湖州府之双林、菱湖、南浔、乌青、新市、塘栖等镇以及苏州府领诸县如吴江震泽、盛泽、光福等镇所产锦、罗、绫、绢、绸,都是锦团繁花、巧夺天工之作。当时江南所产之丝织品,除上供朝廷外,不仅销售于北方燕、齐、秦、晋各地,还远销海外,近则日本,远至欧美各国。⑤于是苏、杭、嘉、湖农村产业以蚕桑丝织为主,稻作成为副业,粮食由两湖、安徽输入。对繁荣当地商品经济,增加地方财富方面,起了重大作用。(3) 长江上游的蜀锦的地位已为三吴所替代。明末兵燹,成都的"锦坊尽毁,花样无存",趋于衰落。四川唯保宁府(治今阆中)所产丝"精细光润,不减湖丝",世称"阆茧"。其丝织品则有"丝绫文锦之饶"。⑥ 福建沿海漳、泉所织倭缎,丝质来自川北保宁。⑦ 广东的粤缎色彩鲜华,光辉滑泽,"粤纱,金陵、苏、杭皆不及","故广纱甲于天下,缎次之"。⑧ (4) 黄河流域丝织业总体而言已不如三吴地区,但尚有一些著名的产地。如山西潞安府(治今长治)所产潞绸,名闻宇内。《农政全书》卷三一蚕桑:"西北之机,潞最工,取给予阆茧。"明代潞安府城内"其登机鸣杼者奚啻数千家","其机则九千余张"⑨。万历年间长治、高平、潞州卫三处有机一万三千余张,⑩乃有"潞绸遍宇内"之说。河北饶阳的饶绸,山东的鲁绸,关中的秦缎、秦绫、秦缣,河南汴绸、汴绫,也都曾名噪一时。

二、棉 织 业

宋代以前我国黄河、长江流域地区无棉花种植业,故无"棉"字。但棉布汉魏时

---

① 〔明〕于慎行:《谷山笔麈》卷四。
② 〔清〕顾炎武:《天下郡国利病书》第 2 册《苏松备录·嘉定县志·兵防考》,《顾炎武全集》第 13 册,上海古籍出版社 2011 年版,第 589 页。
③ 〔清〕金淮:《濮川所闻记》卷三。
④ 清乾隆《吴江县志》卷五物产。
⑤ 范金民、金文:《江南丝绸史研究》,农业出版社 1993 年版,第 262—300 页。
⑥ 〔明〕张瀚:《松窗梦语》卷四。
⑦ 〔明〕宋应星:《天工开物》卷二《乃服》。
⑧ 清乾隆《广州府志》引《嘉靖府志》。
⑨ 清乾隆《潞安府志》卷八《物产》,《中国地方志集成》山西府县志辑第 30 册,凤凰出版社 2005 年版,第 95 页。
⑩ 清乾隆《潞安府志》卷九《田赋》,第 100 页。

已传内地,为了区别于蚕丝的绵,遂加"木"称"木绵"。宋以前中原人没有见过草棉和树棉的原物,以为就是南方的乔木攀枝花纤维织成,所以对草棉、树棉不能区别,统名之曰"木绵树"。古文献中还有梧桐木、桐木、橦花、古终藤、娑罗木等名称,或指草棉或指树棉不一。另外有吉贝、织贝、劫贝、白叠等名称,都是梵语栽培棉或棉布的音译。宋代以后,棉种传入内地,人们开始对草棉、树棉和攀枝花的区别有所认识,"棉"字才正式出现。①

棉种大约在公元前由印度分南北两道传入中国:北路是从克什米尔以北经西域传入新疆及西北诸地;南路则自阿萨姆经缅甸传入西南滇、桂、川、广、闽、海南等边远地带。《后汉书·南蛮传、西南夷传》载,汉武帝末年,"珠崖太守会稽孙幸调广幅布献之。蛮不堪役"。东汉云南哀牢夷内附,"有梧桐木华,绩经为布,幅广五尺,絜白不受污垢"。据《初学记》卷二七《绢第九》云:"旧制,人间所织绢布等,皆幅广二尺二寸,长四十尺为一端。"此广五尺或广幅布当即棉布而非丝布。《太平御览》卷八二〇引魏文帝诏曰:"夫珍玩所出,皆中国与西域,他方物皆不如也。代郡黄布为细,乐浪练为精,江东太末布为白,故皆不如白叠故鲜皮也。"又云:"《南史》曰高昌国有草如茧,茧中有丝如细纑,名为白叠子,国人取织以为布,布甚软白,交市用焉。"卷九五六引《广志》:"梧桐有白者,剽国有白桐木,其叶有白毳,取其毳淹渍,缉绩织以为布。"由此可见,汉魏时期西北、西南边区已有植棉业和棉织业。1960 年在吐鲁番阿斯塔那 309 号高昌时期墓葬中出土纯棉纤维织成的白布,还发现了和平元年(西魏大统十七年,551 年)借贷棉布(叠)和锦的契约,一次借贷叠布多达 60匹,②显然这些布是当地生产的。其他在于阗也出土过棉织品。《新唐书·地理志》西州(治高昌)贡物中有叠布,吐鲁番出土唐代西州残存文书,得知西州农户种植小块棉田作为副业,市场上也有棉布作为商品流通。据《蛮书》载,唐时云南西部南诏境内,"唯收娑罗树子破其壳,其中白如柳絮。纫为丝,织为方幅,裁之为笼段。男子妇女通服之"。此当是棉布无疑。

南北朝时,西北、西南的棉织品不断地传入黄河和长江流域。《梁书·武帝纪》说是梁武帝很节俭,"(帝)衣布衣(麻衣),木绵皂帐"。《陈书·姚察传》说:"察自居显要,甚励清洁",其门生送"南布一端","察谓之曰:吾所衣著,止是麻布蒲练,此物于吾无用"。陈在南朝,此既曰"南布",则必来自海南诸国之地。又据姚察言,南布

---

① 〔宋〕袁文:《甕牖闲评》卷四。
② 吴震:《介绍八件高昌契约》,载《文物》1962 年 Z2 期。

决非麻布,当为棉布。隋唐时棉布继续在中原流传,但棉种传播仍十分缓慢,直至唐时迟迟还未进入黄河、长江流域。两宋人文集、笔记大多只记闽、广有木棉。南宋诗人谢枋得(1226—1289年)有《谢刘纯文惠赠木绵布》诗云:"嘉树种木绵,天何厚八闽","江东易此种,可以致富殷","所以木绵利,不畀江东人"。方勺《泊宅编》也说:"闽广多种木绵,树高七八尺。叶如柞,结实如大菱而色青,秋深即开,露白绵茸然。土人摘取去壳,以铁杖杆尽黑子,徐以小弓弹令纷起,然后纺绩为布,名曰吉贝。"明丘浚《大学衍义补》:"汉唐之世,远夷虽以木绵入贡,中国未有其种,官未以为调,宋元之间,始传其种入中国,关、陕、闽、广首得其利。"清赵翼《陔余丛考》也说:"宋末棉花之利,尚在闽中,江东无此种也。"

宋元之际是中国植棉业和棉织业发展史上一个转折期,无论在地域的推广、发展和应用、普及方面都有显著的变化。元至元二十六年(1289年)置浙东、江东、江西、湖广、福建木棉提举司,责民岁输木棉布10万匹,反映了13世纪中叶南方植棉业和棉织业已经向北传到了长江中下游地区。新疆的植棉和棉织业已传到了陕西,修于至元十年(1273年)的《农桑辑要》:"苎麻本南方之物,木绵亦西域所产。近岁以来,苎麻艺于河南,木绵种于陕右,滋茂繁盛,与本土无异。二方之民,深荷其利。"到了元贞二年(1296年)元政府索性正式改成向人民征收棉花棉布的租税制度。每年征收定额提高到50万匹。[①] 王祯《农书》(作于1313年)也指出:"夫木绵产自海南,诸种艺制作之法,骎骎北来,江淮川蜀,既获其利;至南北混一之后,商贩于北,服被渐广。名曰吉布,又曰棉布。"又木绵条云:"其种本南海诸国所产,后福建诸县皆有,近江东、陕右亦多种,滋茂繁盛,与本土无异。"并强调比之蚕桑,"无采养之劳,有必收之效"。书中对木绵加工工序和工具都有详细的记述,反映了14世纪中国棉纺织业的技术已达到了相当的水平。

元代以后传入内地的棉种,由于气候和栽培条件的不同而引起品种的变异,多年生树棉逐渐被淘汰,而一年生的草棉的种植地域逐渐扩大。明以后所谓木棉大多专指草棉。元时棉织品产地除传统的闽、广外,还有太湖流域、江西、两淮、陕西、河南、山东、四川等地。不过其时植棉和棉花加工、织布还处于初级阶段,两者还未分离,织布业还未成为专门手工业。元朝后期,松江乌泥泾镇(今上海华泾镇)有位黄道婆,年轻时曾流落海南岛,从当地黎族人民那里学到纺织技术,大约在元贞年间(1295—1297年)遇顺道海船返回故乡,将崖州的制棉工具和织花技术带到了松

---

① 《元史》卷九三《食货志·税粮》。

江,向当地人民传授"造捍、弹、纺、织之具",以及织造各种彩色鲜艳、花纹斑斓的棉织品技术,"人既受教,竞相作为,转货他郡"。① 不久乌泥泾镇的产品名闻天下,以后太湖流域的松江府成为长江下游地区棉纺织业中心。估计自 14 世纪开始,棉织业才形成为独立手工业部门。元代植棉和棉织业发展迅速的原因可能有:(1)我国最早植棉地新疆气候干燥、光照充足,日夜温差大,又有冰山雪水灌溉,是理想的产棉区。但唐中叶以后,长期不与中原王朝属于同一政权,无疑是影响棉花传入内地的一个重要因素。元统一后,植棉和棉织技术从新疆传入黄河流域,而黄河流域的降水、光热条件十分有利于棉植业,故很快被推广。(2)南方闽、广、川、滇等地虽然很早就有了植棉和棉织业,但这里雨量过多,光照不足,土壤酸性大,病虫杂草危害严重,故产量一直不高,影响了人们将其传入内地的积极性。南宋以后,南方人口骤增,特别是富有阶级人口的增加,而蚕丝生产有限,不能满足日益增长的需要。社会上正需要一种新的衣着原料,由此使闽、广、川、滇的植棉业很快向北传播。(3)种植棉花虽较育蚕为易,所谓"无采养之劳,有必收之效"。但棉花加工工序和织造技术却比较复杂。14 世纪以前工具比较落后,生产效率低,故难推广。元初黄道婆从海南传入先进纺织技术,改进了捍(搅车)、弹(弹弓)、纺(纺车)、织(织机)等工具,主要是弹弓的改良,大大提高了生产力,也促进了棉织业的推广。(4)棉织品的优点是质地柔和,穿着舒服,价格又比丝织品低廉,"人无贫富皆赖之"。② 所以当技术问题解决后,很快地发展起来。

明清时期棉织业有空前规模的发展,洪武初下令推广棉花种植,凡民田五亩至十亩者,桑木棉(即草棉)各半亩,十亩以上加倍,并规定棉花为农业税征收对象。于是在洪武、永乐年间,棉花种植"遂遍于天下,其利殆百倍于丝、枲(麻)。自此而天下之务蚕者,日渐以少"。③ 棉花在广大农村普遍成为主要经济作物。丘浚说:"(棉花)至我国朝,其种乃遍布于天下,地无南北皆宜之,人无贫富皆服之,其利视丝、枲盖百倍矣。"《天工开物·乃服》亦云:"凡棉布御寒,贵贱同之。"所以到了明朝中叶,则有 13 省征课棉花及棉布,其中以南直隶数量最大。清乾隆时李拔《种棉说》:"予尝北至幽、燕,南抵楚、粤,东游江、淮,西极秦、陇,足迹所经,无不衣棉之人,无不宜棉之土。"④随着植棉业的普及,纺纱织布成为农村普遍的家庭手工业。

---

① 〔元〕陶宗仪:《辍耕录》卷二四。
② 〔明〕丘浚:《大学衍义补》。
③ 清乾隆《湖州府志》卷四一。
④ 《皇朝经世文编》卷三七。

　　明清植棉业主要分布在三大区域：（一）长城以南、淮河以北的北方区。包括北直隶、山东、河南、山西、陕西五省。明代山东、河南二省产棉量最高，冠于全国。北直隶次之，山西、陕西再次之。清代北直隶有较大发展，"冀、赵、深、定诸州属，农之艺棉者十八九"，其产"富于东南"。① （二）秦岭、淮河以南，长江中下游地区。包括南直隶、浙江湖广、江西数省，其中以南直隶松江府产棉最富。湖广、浙江稍次，江西又次之。长江三角洲南岸的松、苏、常三府和北岸的泰州、海门、如皋都是重要产棉地，如松江、太仓、通州、嘉定、上海等县种稻不过十之二三，种棉者达十之七八，"小民终岁勤动，生计全赖于棉"。② （三）华南、西南包括两广、闽、川、滇等为最早的植棉区，但在明清时棉田面积不多，产量不高。如广东棉花多仰给于外地。

　　明清时期棉织业的分布地域广大，包括十个省区：北直隶、南直隶、山东、山西、河南、陕西、浙江、江西、湖广、四川（以明制为准）。其中太湖流域的苏、松、常三府为全国棉织业中心。尤其是松江府所产最为精良，不仅销行全国，还远销日本，号称"衣被天下。"上海棉织业特盛，"所出布匹，日以万计"。③ 青浦县农村家庭副业以棉织为主，"织者率日一成端，入市易钱以佐薪水"。④ 苏州府七县均产棉布，嘉定、常熟最盛。嘉定布远销蓟、辽、山、陕，常熟所产售于齐鲁地区。常州府五县以无锡所产为他邑所不及。境内机杼之声，遍及村落。所产"贸于淮扬、高邮等处"。故清时无锡有"布码头"之称。⑤ 浙江湖州、嘉兴的棉织业也相当可观。北方诸省中河北的保定、王定、冀、赵、深、定诸府州的棉织业，产品精良，远销晋、鲁以至内外蒙古等地。徐光启说：明代肃宁（今属河北）之布在产量上相当松江的十分之一，质量上"几与松之中品埒矣；其值仅当十之六七"。⑥ 清代河北棉织品之精美已能与全国棉织中心松江匹敌，"产既富于东南，而其织纴之精亦遂与松、娄匹"。⑦ 陕西中部的葭川、宜君、鄜州、耀州等地农村棉织业也很可观，然产量、质量都不高，无竞争能力，只能在附近地区销售。其他如福建建宁府，广东的广、惠、琼、廉、雷等府州虽也产棉布，但不发达。

　　明清时黄河流域植棉业比较发达，这是与当地雨量适中，光照充足有关，然而棉织业不如长江流域。明王象晋《群芳谱》说："北方广树艺而昧于织。"徐光启《农

---

① 〔清〕方观承：《棉花图》跋。
② 〔清〕林则徐：《江苏奏稿》二，见《林文忠公政书》。
③ 清乾隆《上海县志》卷一。
④ 清光绪《青浦县志》卷二。
⑤ 〔清〕黄卬：《锡金识小录》卷一。
⑥ 〔明〕徐光启：《农政全书》卷三五。
⑦ 〔清〕方观承：《进棉花图跋》，《燕香二集》卷下。

政全书》说:"今北土之吉贝贱而布贵,南方反是。吉贝则泛舟而鬻诸南,布则泛舟而鬻诸北。"这是因为北方气候适宜于棉花的成长,同时因为气候干燥,湿度不够,给纺纱织布带来一定的困难,故而所织棉布质量上无法与江南所产竞争。此外,早期棉织品产地川、闽、广一带,在明清已趋衰落。广东的棉布多来自吴、楚,主要为松江的梭布,咸宁之大布。① 明嘉靖《泉州府志》说,泉州的丝缕棉絮,皆仰吴、楚。四川人民甚至不谙纺织,由江楚成布运川销售。② 总之,由于东南地区棉织品质量深受各地的欢迎,其他产地包括有悠久历史的棉织业区因无力竞争纷纷衰落。

江南地区由于棉织大盛,形成一批以棉织业发达著称的县份,如无锡、嘉兴、吴县、常熟、上海、华亭、青浦、嘉定等等,同时出现了一批以棉织业为专业的市镇,如嘉兴的新丰塘镇,青浦的朱家角,松江的枫泾镇、朱泾镇等等,吸收了大量农村多余劳动力,对江南地区经济的发展起过很大作用。

宋元以后丝、棉纺织业的发展,在全国出现了一批以丝、棉织业为主的市镇。特别是明清时期,在江南地区这类市镇星罗棋布,改变了过去传统的城市布局。在这些市镇里有许多专门的手工业工场,大批的雇用工人,形成新兴的生产关系。又由于原料产地与成品产地的分离,加强了两者之间的商品流通,促进了内地的水陆交通,出现了一批商品经济十分发达的商业城镇。这些商业城镇的经济地位甚至超过了所属的府州县城,以手工业、商业为主要产业的士绅阶层也应运而生。与此同时,江南农村的种植业也由粮食为主转为经济作物为主,从粮食输出地变为输入地,促进了长江下游地区与中上游地区粮食的流通。总之,宋元以后,丝、棉织业的发展,大大改变了江南地区的人文景观。

第二节 雕版印刷业的地理分布及其变迁

雕版印刷术是我国古代四大发明之一,已为世界所公认。但我国雕版印刷术起源于何时,诸说不一。归纳起来有汉朝说、东晋说、六朝说、隋朝说、唐朝说、五代说、北宋说七种。汉朝至隋朝说都失之过早,且无实物为佐证。目前比较权威的著作,一部是张秀民《中国印刷史》(上海人民出版社,1989 年),一部是曹之《中国印刷术的起源》(武汉大学出版社,1994 年)。两书均认为我国印刷术起源于初唐(前者

① 〔清〕屈大均:《广东新语》卷一五《货语》。
② 《清高宗实录》卷七四七,乾隆三十年十月二十五日。

说贞观,后者说武则天时)。现存最早的印刷品是 1966 年在朝鲜半岛东南部庆州佛国寺释迦石塔内发现的一卷武则天长安四年(704 年)至唐玄宗天宝十载(751年)间刻印的《无垢净光大陀罗尼经》和吐鲁番出土的《妙法莲华经》两件。我们即采月初唐说。

唐代是我国中古时期经济、文化最繁荣时期,雕版印刷业的产生,正符合当时社会政治、经济、文化发展的需要。唐代雕版印刷业有地点可考者有:长安、洛阳、越州、扬州、苏州、江西以及益州等地。长安和洛阳是首都和陪都,全国文化中心,都刻过佛经,如玄奘法师从印度取经回国,印施普贤像,当是在长安印刷的。扬州和苏州都是唐代东南商业都会,市面上有当地所刻的历本出售。江西即今南昌一带,唐时曾刻过道家炼丹的书《刘宏传》数千本。益州(成都)是西南一大都会,唐时"扬一益二",经济繁荣仅次于扬州,刻过佛经、术数、字书、小学之类的书籍。1944年在成都发现的唐代墓葬中,出土了卞家印刷的《陀罗尼经咒》,时期大约在晚唐。此亦为一实物证据。① 总之,初唐开始我国几个主要城市已经出现了印刷品,但当时所印主要还是些佛经、历书之类,对整个社会的文化推进作用不大。

五代十国虽然是南北分裂时期,但相对安定的南方各国经济、文化比较繁荣,雕版印刷业无论在数量和质量上都较唐代有明显发展,因此在印刷史上五代占有重要地位。当时重要的刻书地点,在北方主要在梁、晋、汉、周四朝的都城开封和后唐都城洛阳。后唐时由宰相冯道主持刻印《九经》,从后唐历经后晋、后汉、后周四朝 22 年始成。是我国第一部大部头的经书,也是监本的滥觞。后晋石敬瑭刻过道、德二经。② 宰相和凝"有集百卷,自篆于版,模印数百帙,分惠于人焉"。③ 这是我国历史上第一部文人自刻的文集。南方各国刻书业则更发达,如南唐江宁府刻过刘知几的《史通》、徐陵的《玉台新咏》和《韩昌黎集》。福建的闽国也刻印过书籍。前后蜀政权十分重视文化,在成都先后刻过杜光庭的《道德经文圣义》30 卷、《唐本草》《文选》《初学记》《白氏六帖》《九经》,于是蜀中文学大兴。吴越国钱氏信佛,20世纪以来在杭州、湖州、绍兴等地发现了一些吴越时所刻经卷。总之,五代时南方诸国重视文化,尤其是成都和杭州,刻书业最为发达,在我国雕版印刷史上有承前启后的地位。宋代蜀、杭本最上,就是继承五代而来的。

① 冯汉骥:《唐印本陀罗尼经咒的发现》,《文物参考资料》1957 年第 5 期。
② 《旧五代史》卷七九《晋高祖纪四》。
③ 《旧五代史》卷一二七《列传七·和凝》。

宋代是我国历史上文化十分发达的时代,也是雕版印刷的黄金时代。宋朝重视教育,从中央到地方有各级学校,需要大量的教本和参考书,同时也十分热心国家图书的收藏和儒家经典、史子医书以及佛、道经典的刻颁,并在政策上鼓励私家刻书,故私家刻书大盛。宋初建国时,经版不及四千,到景德年间,已达十余万,"经、传、正义皆具,……士庶家皆有之"。[①] 南渡以后,政治中心南移,衣冠文物南迁,地方官都是文化人,刻书成一时风气。如陆游、范成大、杨万里、朱熹、张栻等百余人在各处做官,无不刻书。或刊行自己著作,或刊行先人著作,或刊行乡贤名宦著述,或刻师友著述,或将家藏本善本付梓以便流通,不胜枚举。宋代地方各监司、府县学宫、书院等都以刻书为任。同时由于刻书印卖可以获利,各大城市都有书坊,更刺激了私坊刻书,世家、私塾、寺院莫不刻版印书。因此宋代官私刻书最盛,为雕版印刷史上黄金时代。[②]

张秀民先生指出,北宋初年刻书不多,真宗中叶以后雕印渐多,神宗熙宁以后解除擅刻书籍之禁,出版自由,各种印本增多。魏了翁《鹤山先生大全集》(卷四):"自唐末五季以来始为印书,极于近世,而闽、浙、庸蜀之镂梓遍天下。"宋代刻书印刷业的普及,大大推动了学术、文化和科技的发展。[③] 北宋刻书印刷地点可考者,除汴京(今开封)、杭州、成都、福州等出版中心外,还有应天府(今河南商丘),河北东路沧州,京西南路的信阳州,河东路的太原府、解州、绛州,两浙路的越州、明州、章安、钱塘、余杭、秀州、盐官、苏州、吴江、江阴,江南东路的江宁府、歙州,江南西路洪州、吉州、临川、虔州,淮南东路高邮军,淮南西路龙舒,荆湖南路,四川利州路,永兴军路,广南东路,广南西路等地,都有所刻的书流传下来。其中最有影响的当然是几个印刷中心:(一)开封府。自五代以来都是北中国的都城,政治、经济和文化中心。中央政府机构国子监、崇文院、秘书省、国史院等都刻印经史群书,以备朝廷宣索赐予之用。最重要的是国子监,以国家财力主刻大量儒家经典,如孔颖达的《五经正义》百八十卷,淳化五年(994年)全部版成。国子监所刻称监本,北宋监本有百十余种。此外,刑部、大理院、进奏院等都刊行过不少法律书。太史局设有印历所,掌雕印历书。开宝年间在成都雕成的《大藏经》十三万版,后运至汴京印造。所以这部《开宝藏》,虽称益州版,实在汴京印造。后蜀在成都雕印成《文选》《初学记》

---

① 《宋史》卷四三一《儒林传一·邢昺》。
② 张秀民:《中国印刷史》,上海人民出版社1989年版,第53页。
③ 同上书,第58页。

《九经》等书,后蜀降宋后,雕版被运至汴京,加以利用再印,成为最早的宋本。总之,北宋时首都开封在刻书印刷业,无论其种类还是数量方面,都是全国雕版印刷的中心。然经女真、蒙古的入侵,图书文物化为灰烬,而开封的刻书印刷业也全遭破坏。(二)杭州。自吴越以来,杭州的经济文化已很发达。北宋时杭州的雕版印刷技术已受政府的青睐。如《史记》《汉书》《后汉书》淳化五年(994年)校毕,即命杭州镂版,以后又有《七经正义》《新唐书》《宋书》《齐书》《梁书》《陈书》《魏书》《北齐书》《北周书》《资治通鉴》等都曾送杭州雕版印刷,所以北宋监本除汴京开雕外,有很多是在杭州开雕的。此外,还有私人文集和寺院佛经的刻印,数量繁多。靖康之乱,宋廷南渡,杭州建为临安府,定为都城。四方之民云集二浙,百倍常时。书籍需要量大为增加,雕版印刷业大为兴旺。南宋绍兴年间国子监将北宋监本有残缺者重新镂版,未刊者镂版补全,传统的经典复全。同时南宋又刊行了不少医药、本草类图书。南宋监本四部均备,与北宋监本数几同。临安城内各寺院也多刊佛教经典。北宋杭州城内有许多书坊,南渡后私人书铺更多,大大促进了雕版印刷业的发展。杭州刊本精良,名闻国内外。北宋时高丽国委托商人在杭州代刻佛经版。宋藏书家叶梦得《石林燕语》卷八云:"今天下印书,以杭州为上,蜀本次之,福建最下。京师比岁印版,殆不减杭州,但纸不佳。"(三)绍兴府。北宋时绍兴文化已十分繁荣,南渡后绍兴更是文物荟萃之地。刻过《通鉴外纪》《旧唐书》《汉书》《后汉书》等大部头史书,以及《尚书》《周礼》《礼记》《毛诗正义》等经典。所刻称"越本""越州本",颇为著名。(四)庆元府(今宁波)。原为明州,宋时为对高丽、日本的贸易港口。北宋时已为刻书重地,南渡后,刻书更多,称"四明本""明州本",较著名的有明州本《文选》。据宝庆《四明志》卷二载,州学书版有二十八种,每种注明版数,共三千余版。(五)婺州(今金华)。南宋时婺州官私刻书甚盛,尤善各种翻版,经史子集均有。婺本经书与监本、建本、蜀本齐名。婺本朱熹《论语集注》十卷,传至日本,为日本人所翻刻。(六)衢州。南宋时也是著名刻书地,州学刻过《三国志》、朱熹《四书集注》等等,称为衢本。(七)严州。南宋陆游父子均任严州,故刻书甚多,《剑南诗前集》《剑南续稿》《老学庵笔记》等都是他们在任时所刻。严州本还有《六经正义》《仪礼注》《通鉴纪事本末》等,严州几部地方志均刻于此。(八)湖州。宋代湖州经济繁荣,地方富裕。绍兴年间湖州归安县王永从兄弟捐家财刻《大藏经》版,五百五十函,印造流通。有余版又刊《唐书》《五代史》。嘉熙三年(1239年)安吉州思溪法宝资福禅寺刊佛经五千七百四十卷。一地刻两部佛经,亦属罕见。(九)平江府(苏州)。南宋时亦为繁富之地。经济发达,刻书较多。所刻称"姑苏本""苏州本"

"吴本"。有《杜工部集》,"每部值千钱,土人争买之"。地志方面有《吴郡图经》《吴郡图经续记》《吴郡志》等。苏州一带善男信女很多,平江府碛砂延圣院设立经坊,刻《大藏经》,自南宋末至元中叶,历时九十年(1231—1322 年),称"碛砂藏",共五百九十一函,一千五百三十二种,六千三百六十二卷,可见刻书规模之大。(十)建康府(今南京)。南唐时建康已经刊书,北宋时开刊《建康实录》《花间集》等。南宋时叶梦得曾捐军赋使刊《六经》,其他有关建康的乾道、庆元、景定数志和《六朝事迹》等均在此雕印。(十一)成都府。成都在唐末书铺出卖各种印本,五代后蜀又大力刻书,与杭州一样,有较好的基础。北宋初开宝时开始雕《大藏经》版,费时十二年,共十三万块版,五千四十八卷。这是我国第一次刻成的佛教大丛书,是出版史上空前的大事。北宋曾将这部印本《大藏经》赠送高丽、日本、安南、西夏、东女真、龟兹等国,对亚洲的印刷事业发生过极大影响。因始刻于开宝年,通称"开宝版",又刻在成都,故又称"益州版""蜀版"。成都附近之广都(今双流)以产楮皮纸、竹纸著称,蜀中经史子集都用广都纸传印。广都费氏进修堂刊大字本《资治通鉴》,俗称龙爪本。成都府路眉山县为苏轼家乡,刻书特多,有眉山本《册府元龟》,最重要的为七史(宋、齐、梁、陈、魏、北齐、北周书),称蜀大字本。因字、刻均精良,经历代刷印,印版模糊,后人称为"邋遢本"。其版至清嘉庆时,始被焚毁于南京。四川刻通称"川本""蜀本",可与杭州本比美。(十二)福州。宋代福州佛教盛行,北宋元丰至崇宁(1080—1103 年)在福州城外白马山东禅等觉院开雕《大藏经》版一副,计 500 余函,约 6 434 卷,俗称"崇宁藏"。福州开元寺又于政和至绍兴(1112—1151 年)雕造《毗卢大藏经》版一副,500 余函。简称"毗卢藏"。福州一地在宋代竟开雕两部《佛藏》、一部《道藏》,其版片约近 30 万块,为我国宗教出版物史上一大盛举,亦见福州雕版印刷业人力物力之盛。(十三)建宁府。附郭建安县和所属建阳县都是南宋雕版印刷业的中心。建阳县西七十里的麻沙、水南、崇化及长平等地,书坊林立。尤其是麻沙、崇化两坊,产书,号称"图书之府"。所刻之书,远销高丽、日本。《方舆胜览》建宁府土产"书籍行四方",朱熹《嘉禾县学藏书记》:"建阳版本……无远不至。"现有可考的书坊就有 37 家。自宋至明,建宁书坊之盛,为全国之冠。福建所刻称"闽本""建本"或"建安本",建阳麻沙镇所出称"麻沙本"。麻沙本因木质柔软,纸质脆薄,色泽黄黑,且为速售,粗制滥造,错误较多,当时被视为劣本。叶梦得《石林燕语》卷八云:"蜀与福建多以柔木刻之,取其易成而速售,故不能工;福建本几遍天下,正以其易成故也。"然因其品种繁多,成本低廉,流传至今的宋版,以建本为较多。故建本颇为著名,其中当然也不乏刻工精良、内容上乘的佳作。

张秀民先生《中国印刷史》(第93—94页)列一南宋刻书地域表,表中反映共183处,以两浙路为最多,共48处,次为江南东西路37处,荆湖南北路28处,福建路22处,淮南东西路19处,四川路17处,广南东西路12处。由此可见,南宋时雕版印刷业几遍全境,对当时文化的发展作出过重大贡献,同时对活跃南方经济也起过重要作用。

张秀民先生指出,宋代刻书的特点有三:一为政府的重视和地方官的提倡。二是刻书地点的普及,南宋十五路几乎没有一路不刻书,而浙、闽、蜀三地所刻尤多。三是刻本内容丰富,经史子集和类书、丛书、佛道藏俱全,品类繁多,印造精美,为后世所不及;更有贡献者为毕昇活字版的发明,周必大还用活字刊印过自著的《玉堂杂记》。张秀民估计宋代刻本当有数万部,如明权相严嵩抄家时,就有宋版书6 853部。①

辽代初年是从北宋输入书籍,以后也发展自己的刻书印刷业。辽代出版业中心在南京析津府(今北京市),刻过著名的《辽藏》《契丹藏》,还有些其他佛经。此外如中京大定府也有雕版印刷业。辽代所刻书籍经史子集均有,但最大的工程则为两部《大藏经》刊印,一部为大字卷轴本,一部为细字雕刻的小字本,全为汉文。1974年在今山西应县木塔内发现大字本《契丹藏》12卷,全部为卷轴装,让我们看到了《契丹藏》的真面目。1991年在宁夏贺兰县发现一部约10万字的西夏文佛经《吉祥遍至口和本续》,是现知我国也是世界上最早的木活字印刷品,说明西夏已有相当发达的雕版印刷事业。② 金代从熙宗(1135—1148年在位)开始即重视儒学,大定、明昌间儒风大盛,刻书业亦随之兴起。北中国境内各地,包括今北京市、河北、山东、河南、山西各省的九路三十处,都有雕版印刷事业。其中比较中心的地点:一是中都大兴府(今北京市)。由国子监印行书籍,将汴京宋国子监镂版运至燕京刷印,成为金朝的监本,有儒家经典和十七史等。二是南京开封府。金末女真为蒙古军所逼,迁都南京,将大量雕版图书迁至南京,曾镂版《贞观政要》等。三是平阳府(今山西临汾市)。金代平阳府出纸,书坊很多,出版业发达。书籍成为平阳特产。平水(临汾的别称,因临汾城西南汾水支流平水而得名)版书籍,天下著名。四是河北宁晋。有荆氏私家刻书,有《五经》《泰和律义篇》《广韵》等。金代雕版印刷

---

① 张秀民:《中国印刷史》,上海人民出版社1989年版,第58页。
② 牛达生:《西夏文佛经"吉祥遍至口和本续"的学术价值》,载《文物》1994年第9期。

业虽不如宋代,但超过辽代,有书名可考者一百余种,经、子、集、宗教典籍、科技医药著作都有,其中最大工程则为《释藏》《道藏》的刊印,《道藏》且有数部。

元代中央政府对文化控制很严。明陆容《菽园杂记》卷十云:"尝爱元人刻书,必经中书省看过,下所司,乃许刻印。"私人著作要经过官方审阅方可刊行,因此阻碍了元代雕版印刷的发展,故元代内地刻书业远不及宋代之盛。其刻书的重要地点:一为大都(今北京),全国政治文化中心。至元年间创立兴文署,掌雕印文书,召集良工刻经史子版本,流传天下,以《资治通鉴》为起端,共 294 卷。其他也有文集和经卷。二是平阳(时为晋宁路治临汾县),继承金代平阳刻书业,平水私家出版业很发达,有的是金元两代百余年的老铺。三是杭州,两宋以来为全国雕版印刷业之冠。元朝往往将官司送往杭州刻印,因杭州刻工技术高,好纸佳墨易得。元代将亡宋的国子监改建为西湖书院,刻书规模最大,刊行了许多残缺不全的宋监本以及元人文集、戏曲等,又曾两次刊印《文献通考》348 卷。四是建宁。建宁路建安、建阳两县南宋以来即为出版印刷中心,建本以数量取胜,质量较差。建宁在宋代私家书坊很多,元代更有所发展,可考者有 42 家。五为吐鲁番。该处为内地与中亚交通孔道,东西方各种宗教在此会合,佛教、摩尼教、基督教教堂并立相处,出土过汉文、回纥文、蒙文、藏文、西夏文、梵文等六种文字的雕版印刷的佛经,都是当地雕版印刷的经典。此外,浙江、江西、江东、湖广、福建、山东、广东各儒学、书院、郡庠、寺庙都刻有儒家经典和佛经。种类是四部齐全,还有医药和科技书籍,工程最大的则为宗教经典,有汉文、蒙文、藏文和西夏文的《大藏经》,又重刊了《道藏》。

明代刻书印刷很盛,政府对出版业十分重视。内府、经厂、南北两京国子监和各部院都刻书,十三布政使司、按察使司和各府无不刻书,各级官吏也出俸钱刊书。袁栋《书隐丛说》:"官书之风至明极盛,内而南北两京,外而道学两署,无不盛行雕造。官司至任,数卷新书与土仪,并充馈品,称为书帕本。"此外明代各藩王府刻书约 430 种,比南北国子监还多,宦官中也有好名而出资刻书者,还有寺庙、书院、书坊、天主堂都刻书,江南地主、富商私家宅塾都刻过不少精品。由于明代书可以私刻,无元代层层审批制度,且刻资低廉,纸墨易得,所以嘉靖、万历以后,凡做过官的无不照例刻集子,成为一时风气。

明代刻书地点实普及全国,不过比较重要的刻书地点为:(一)南京国子监,所刻称南监本。补刻宋元以来国子监残缺本,从各地收集宋元旧刊,修补、重刻了《二十一史》《通鉴》《三通》等,为保存我国传世史籍作出了重要贡献。另外,南京各部院、应天府都刻书。南京城内还有很多书坊,刻印了大量戏曲、小说,适应了当时社会的需要。（二）北京。永乐后政府出版事业由司礼监掌握，所刻称"经厂本"，主要刻官方文书。国子监本主要刻经、史，如集经学大成的《十三经注疏》和《二十一史》。部院、顺天府和各私家书坊都刻书。（三）杭州。明洪武初将杭州宋元旧版均运往南京国子监，于是宋元以来一直居刻书印刷事业领导地位的杭州为南京所取代。但明代杭州官私刻书印刷仍十分繁荣。杭州官方刻书多为国防、经济方面的条例和律令。杭州私家刻书业十分发达，最著名的是胡文焕文会堂，编刻过不少丛书，杭州天主堂也刻印过书籍。（四）苏州。苏州自宋代以来即为文人荟萃之地，文化发达。明代苏州刻书在万历以前已多达177种，为全国之冠。所刻称"苏版"，与内府版、福建版并称，所刻经、史、医、刑以及舆地、文诗之类均有。私家刻书中值得一提的是苏州府所属常熟县藏书家、出版家毛晋的《汲古阁》本，种类极多，有著名的《十三经》《十七史》《津逮秘书》《宋六十名家词》《六十种曲》等，流行于大江南北，还远至流求，为保存和流通我国传统古籍起了重要的作用。（五）徽州。徽州自宋以来，纸、墨、砚生产已很著名。明代徽商以盐业财雄一时，也投资于出版印刷事业。徽版书雕镂版画，穷工极巧，为时所珍。明代徽版与杭版、苏版、闽版齐名。（六）建宁。自宋至明福建建宁府一直是全国出版印刷业的中心之一。宋、元时书坊集中在建宁府附郭县建安，建阳则麻沙、崇化两处刻书最著名。明时建安书坊衰落，而建阳独盛。麻沙、崇化两处街上都是书铺，天下贩书客商如织。明代建阳提供的书籍数量占全国之最。在技术方面已采用木活字、铜活字印书。胡应麟《少室山房笔丛》卷四："余所见当今刻本，苏常为上，金陵次之，杭又次之。近湖刻、歙刻骤精，遂与苏常争价。蜀本行世甚寡，闽本最下。"除上述重点印书版地点外，两京十三布政使司地方官署、藩府都有刻书。明代刻书除了传统的经史子集和宗教典籍外，还有不少科技医药书籍，包括西方翻译著作，对中国文化影响极大。

清军入关后也重视印刷出版事业。全国刻书印刷极为普遍。对出版印刷业最有影响的，首先当然是首都北京，全国政治、经济、文化中心，元朝以降素来也是印书中心。清代中央政府印书事属内务府，所刊本均称"内府本"。康熙、乾隆时代我国文化事业发展到封建时代的顶峰，两帝均大力致力于文化事业。康熙十九年（1680年）于武英殿设修书处，掌管刊印装潢书籍。所刊书称"武英殿本"，简称"殿本"。殿本书甚多，如今流传的重要古籍，如《十三经》《二十四史》、九通、《大清一统志》《全唐诗》《水经注》《佩文韵府》等大部头著作都有殿本。殿本校刊、写刻、纸墨均精，为木版书中上品。清代北京城内除了内府官刻外，还有许多书坊刻书，集中在为城隆福寺和宣武门外琉璃厂两处为最盛。所刻除一般经史和八股文试卷外，还刻小说、民歌、俗曲、鼓词、字典、法律、医书及初级满文课本等。其次是苏州，自明代以来即为出版印刷业中心之一。地方经济发达，故文化事业特别兴旺。苏版书籍多为书坊所刻，康乾年间还成立了同业行会，为他处所无。书坊所刻除经、史、医等书外，还刻了不少小说、戏曲，曾为官方所禁。后起的有广州，刻书印刷业是清中叶以后才兴起的，当地从事海外贸易的富商注重文化事业，开设书坊刻书。当时广州刻工价廉，许多书商喜在广州刻版，运回印刷。佛山镇印书业是清末才兴起的，开始用木版印刷，后多用石印和铅字机印。佛山版多为通俗小说，这是近代市民社会的需要。杭州、徽州书坊衰落，南京亦不及明代之盛。其他各省都有书坊刻书印刷，因均以营利为目的，质量不如殿本，但对普及文化和教育应有一定贡献。清末各地方政府都设局刻书，首创为曾国藩在同治二年（1863年）于江宁所设金陵书局，光绪年间各省相效仿。所刻称为局本。各局中刻书最精最多为浙江官书局，因有著名学者如俞樾主持其事，故所刻精审，错误极少，超过殿本。估计十余官书局所印书当在一千种左右，四部均备，对当时普及文化起过一定作用。

近代以来上海成为全国印刷业中心，其时西方石印、铅印传入中国，比木版大为方便，木雕印刷遂被淘汰。中国最早使用照相石印方法的是上海天主教的土山湾印刷局。1874年上海开设点石斋书局印刷书籍。1881年开设同文书局印行了更多的古本书籍。1897年创办的商务印书馆，成为近代中国最大的印书机构。其他城市也纷纷成立新法石印、铅印书坊，不能备举。

雕版印刷术的发明，是我国书籍史上一项革命，对人类文化发展作出了重大贡献。我国印刷业的发展地域变化，实际上也是经济、文化地域变化的反映。印刷术发轫于唐五代，大兴于宋代。宋代以降，至明清刻书印刷业遍及全国。书籍普及，不仅方便了学子，普通百姓的文化知识亦有所提高，对整个封建社会文化发展起了推动作用。我们从历史上刻书印刷的中心地点来看，除了开封、北京由于作为首都的特定条件成为刻书印刷业的中心外，其他大都在南方，长期不衰的有杭州、苏州、成都、建宁等。这充分说明，宋代以后南方经济文化无疑胜于北方。宋代以后文人学士南方籍多于北方籍，印刷业的兴旺无疑是个条件。同时印刷业带动了造纸、制墨、雕工业的发展，由此兴起一批以印书为专业的市镇，促进了地方经济的繁荣，同时也带动了地方文化的发展。因此印刷业的兴起和发展，对我国人文景观的变迁有很大的影响。

第三节 造纸业的地理分布及其变迁

我国古代书写文字有甲骨、青铜、玉、石等,但这些材料不易取得,且过于笨重,携带不便,不利于普及和大量使用。于是后来出现了用简(长方形竹片)、牍(木片)作为书写材料,用韦(皮条)或丝编在一起,称为"策"或"册"。简、牍材料易得,书写方便,又便于携带,所以我国古代许多典籍都是书写在简牍上的。同时在春秋战国以后,随着蚕桑丝织业的发展,又用缣帛作为书写材料。所以春秋战国时期简、牍、帛同时作为书写的材料。然而随时代文化的发展,长篇文字的出现,简牍体积过大、缣帛太贵的缺点就暴露出来了。所谓"缣贵而简重"。[①] 纸就是作为帛、简及其他书写材料的代用品而出现的。

造纸术起源于何时,过去一直没有定论。传统的说法认为是东汉蔡伦所发明,现在出土实物证明西汉以前已有纸的产生。不过蔡伦在纸的原料改进和应用推广方面所起过的重要作用是不容抹杀的。先秦文献中无"纸"字,而在湖北云梦睡虎地出土的秦简中有"纸"字的出现,可以证明这一时期或在此之前,纸张已用于书写。据潘吉星研究,纸字虽从纟旁,但纸从未以丝质纤维做过原料,都是以麻类木竹类(桑、藤、楮、檀皮、稻草、麦秆等)植物纤维为原料的。[②] 目前为止发现的西汉纸有:1957 年在西安市郊灞桥出土的西汉早期纸,经检验为麻类植物纤维纸。1933 年在新疆罗布泊出土的西汉黄龙元年(前 49 年)古纸也是麻纸。1973—1974 年在甘肃额济纳河边居延汉代遗址出土公元前 1 世纪的西汉纸经化验也是麻类纤维纸。1974 年在敦煌马圈湾汉代烽燧遗址中发现麻纸 8 片。1978 年在陕西扶风县中颜村西汉窖藏中发现 3 片纸,也是麻料纤维纸。不过西汉纸虽已发明,但尚在萌芽阶段,用途不广。1990 年在敦煌悬泉置汉代遗址发现三片残纸,上有隶书的药名,这是目前为止最早有字的纸。

西汉时造纸业的地点已无可考,然从目前发现的灞桥纸、居延纸、中颜村纸、敦煌纸和罗布泊纸的情况推测,关中地区大概是当时造纸的一个中心。东汉时造纸技术在西汉基础上有了明显进步,除了用麻类纤维外,还用楮树皮纤维造纸。同时已有广泛用于书写的记载,在新疆、内蒙古、甘肃发现的东汉纸实物也都是带字的。

---

① 《后汉书》卷七八《蔡伦传》。
② 潘吉星:《中国造纸技术史稿》,文物出版社 1979 年版,第 6 页。

造纸业产地,洛阳无疑也是一个中心,《后汉书·蔡伦传》载,东汉和帝时,京城洛阳城中任尚方令的宦官蔡伦,"乃造意用树肤、麻头及蔽布、鱼网以为纸,元兴元年(105 年)奏上之。帝善其能,自是莫不从用焉,故天下咸称'蔡侯纸'"。首都是政府机关和文人学士集中的地方,对纸的需要量最大,故洛阳必为当时纸的主要产地。其次,齐鲁地区也可能是两汉时期产纸地。据记载,东汉献帝(196—219 年)时期,东莱人左伯在"蔡侯纸"的基础上改进造出一种"妍妙辉光"的"左伯纸"。到了魏晋时期,纸的用途更为扩大,逐渐替代简帛等书写材料,东晋时简牍缣帛作为书写材料全被淘汰。《太平御览》卷六〇五引桓玄曰:"古无纸,故用简,非主于敬也。今诸用简者,皆以黄纸代之。"出土文物也表明,东晋以后不再出现简牍文书,文书档案都书写在纸上了。纸的普遍应用,大大推动了文化的发展。一方面是公私著述和藏书的大为增加,另一方面是抄书之风盛行和书法艺术空前变化,没有纸的出现,书法的楷、草是难以出现的。

两晋时期南北各地都建立了公私纸坊。长安、洛阳在两汉基础上发展成为造纸中心。洛阳是西晋首都,用纸量很大,左思《三都赋》出,一时传抄者众,洛阳纸贵。《初学记》卷二一《晋虞预请秘府纸表》:"秘府中有布纸三万余枚,不任写御书,而无所给。愚欲请四百枚,付著作史,书写起居注。"可见京城内府藏纸很多。河北、胶东也盛产纸,徐陵《玉台新咏序》:"五色花笺,河北、胶东之纸。"东莱人左伯曹魏时即造出著名的"左伯纸"。[①]《齐民要术》卷五《种谷楮》记载,种楮"煮剥卖皮者,虽劳而利大。自能造纸,其利又多"。东晋时南方造纸也有很大发展,浙江会稽、安徽南部、建康和扬州六合、广州都是南方产纸中心。南方纸业的发展主要表现为造纸原料的扩大。除传统的麻类外,桑皮纸、楮纸和藤纸都已出现。浙江嵊县剡溪沿岸的藤纸,已引人注目。张华《博物志》:"剡溪古藤甚多可造纸,故即名纸为剡藤。"《太平御览》卷六〇五引东晋人范宁曰:"土纸不可以作文书,皆令用藤角纸。"(古时一纸称一角)范宁所谓土纸,可能就是一般麻纸、桑皮纸。而藤纸在当时被视为纸的上品。当时南方产量很大,《太平御览》卷六〇五记载,王羲之一次将会稽郡库中九万张纸全送给了谢安。

唐代为我国封建社会经济、文化发展顶峰时期,纸制品不仅用于书写还广泛普及于民间日常生活,如纸衣、纸帽、纸被、纸帐、纸甲、纸伞、纸扇以及纸质冥器等。纸的需要量大为增加,促进了造纸技术的提高,使成本降低。造纸业

---

① 李为:《历史时期中国造纸业的分布与变迁》,载《地理研究》1983 年第 4 期。

遍及南北各地以至少数民族地区,据《新唐书·地理志》《元和郡县志》《通典·食货典》记载,陕西的长安、凤翔、洋县,四川的成都、广都,安徽的宣州、池州、歙州,浙江的杭州、衢州、婺州、越州、睦州,广东的广州、韶州、罗州,江西的江州、信州、临川,江苏的常州、扬州,湖南的衡州,山西的蒲州,河南的洛州,河北的巨鹿,湖北的均州,湖南的衡州,甘肃的武威、敦煌,新疆的吐鲁番等地均产纸品。中国的造纸技术也远传于日本、阿拉伯和南亚、东亚、东南亚、西亚各地。

唐代印刷品用纸中,以陕西长安、凤翔、洋县所产麻纸为上品,关中为汉唐都城所在,造纸历史悠久,且用量亦大,促进了当地的造纸业。其他质量高的纸大多在南方。据《唐六典》记载,四方进献的有:益州的大小黄白麻纸,杭、越、婺、衢等州上细黄白状纸,宣、衢等州案纸,均州大模纸,蒲州细薄白的纸。此外,扬州六合笺,韶州之竹笺,江州九江的云兰纸,临川之滑蒲纸,广东罗州(今廉江县北)的用栈香树皮制的香皮纸,还有著名的用木芙蓉皮所制"薛涛笺",都是闻名当时的。余杭由拳村贡藤纸,歙、常、池、江、衢诸州亦贡纸。藤纸在唐代最为盛行。唐李肇《国史补》:"纸则有越之剡藤苔笺,蜀之麻面、屑末、滑石、金花、长麻、鱼子、十色笺,扬之六合笺,韶之竹笺,蒲之白薄、重抄,临川之滑薄。又宋、亳间有织成界道绢素,谓之乌丝栏、朱丝栏,又有茧纸。"其中鱼子笺,据潘吉星考证,就是历史上著名的砑光水纹纸,证明水纹纸是我国首先发明的,这种纸至北宋时仍在四川制造。[1] 唐代文人最重剡溪藤纸,两京士大夫皆能用剡纸相饷。《全唐文》卷七二七舒元舆《悲剡溪古藤文》:"剡溪上绵四、五百里多古藤,……遂问溪上之有道者,言溪中多纸工,持刀斩伐无时,劈剥此肤以给其业,异日过数十百郡,泊东洛西雍,历见言书文者,皆以剡纸相饷。"由于藤的生长期长、资源有限,故唐后藤纸开始走下坡路了。蜀郡麻纸特好,《唐六典》卷九:"集贤所写,皆御本也。书有四部:……四库之书,两京各二本,共二万五千九百六十卷,皆以益州麻纸写。"唐亓益州印本,就地取材,提高了蜀本的地位。南唐置纸务官,"求纸工于蜀",南唐有名的以其宫殿为名的澄心堂纸,原料出于皖南的贵池、歙县一带,制作出于蜀工之手。澄心堂纸在宋代特别为人所珍,名画家多用此纸作画。蔡襄说:"纸,澄心堂有存者,殊绝品也。……纸,李王澄心堂为第一。其物出江南池、歙二郡,

---

① 潘吉星:《中国造纸技术史稿》,文物出版社 1979 年版,第 85 页。

今世不复作精品。"①歙州、池州、信州、宣州所产纸亦闻名。《新唐书·地理志》宣州贡纸,可知至今闻名于世的宣纸,唐代已开始生产。宣纸实产于泾县,因泾县属宣州,故称宣纸。吴越出版的书籍多用余杭由拳村藤纸。所以杭本和蜀本在五代开始名誉全国,除了木质、刻工、用墨良好外,用纸质地好是个重要原因。

宋元时代雕版印刷大为发展,造纸业也随之大为兴旺。宋代产纸有几个中心。宋板用纸,以川纸为第一。苏轼《东坡志林》云:"川纸取布头机余经不受纬者治作之,故名布头笺。此纸冠天下。"越州剡藤纸和嵊县竹纸也名闻天下。藤纸用古藤捣制,坚滑光白,又得力于清澈的剡溪水。故剡县古藤被砍伐殆尽。竹纸自宋开始出现,苏轼云:"今人以竹为纸,亦古所无有也。"②我国长江流域及其以南地区到处有竹,用竹作为制纸原料,大大丰富了纸的纤维来源,确为一大发明。嵊县产竹,竹纸价低,又不生蛀,南宋竹纸驰誉全国。歙县的贡纸品质俱佳。南宋时江东徽州绩溪纸、池州纸,江西饶州、吉州、抚州所产纸,福建福州的藤纸,建宁的竹纸,均为印家所喜。因为南方产藤、竹,是造纸的上等原料,所以好纸都产于南方。宋人蔡襄说:"今世纸多出南方,如乌田、古田、由拳、温州、惠州皆知名,拟之绩溪,曾不得及其门墙耳。……循州藤纸微精细而差黄,……蜀笺惟白色而厚者为佳。"③宋元时期竹纸不仅用于书写,也用于印书,其中建本大多用竹纸。除竹纸外,北宋时还用楮皮和草料纤维如稻草、麦秆等混合材料造纸。宋元时造纸原料丰富,纸质上好,竹纸和混合材料纸逐渐取代了以前的麻纸和藤纸。金代造纸业也比较发达,原汉族所居各府州多有造纸坊,然无名品。元代名纸仅限于南方浙、赣。明董其昌说:"元有黄麻纸、铅山纸、常山纸、英山纸、上虞纸,皆可传至百世。"宋元时期由于印刷业的发展,纸的用途广泛,除了书籍外,各种印刷品繁多,另一种重要用途,即纸币的发行。中国是世界上最早发行纸币的国家。

明代造纸业比宋元更为发达。南北均产纸。北方主要在河北、陕西、山西等省,多产麻纸,其质量、数量均不及南方。张秀民先生指出:明代纸的主要产地,"为江西、浙江、福建,次为蜀、滇,长江以北已衰落。造纸原料不外两大类:曰竹料,以竹丝、竹穰为之,有太史、老莲、玉版、白鹿等名。曰棉料,除竹以外,各种草木之皮

---

① 〔北宋〕蔡襄:《蔡襄集》卷三三《文房四说》,上海古籍出版社 1996 年版。
② 〔北宋〕苏轼:《东坡志林》卷九。
③ 〔北宋〕蔡襄:《蔡襄集》卷三三《文房四说》,上海古籍出版社 1996 年版。

如楮皮、桑皮、苎麻、葛藤、芙蓉皮等浸烂,纯取细筋为棉料,通称棉纸或皮纸,利用破衣尤为方便。明代藤纸已不多见,常用者为楮树皮,或作谷树皮,又作构皮,而有的皮纸除大部分用楮皮外,也搀入一小部分嫩竹麻,甚至少量稻草"。① 此外皖南的宣纸、温州蠲纸、四川薛涛笺均为名产,这些都是唐五代沿袭下来的名产地。据明人屠龙《纸笺》、文震亨《长物志》、方以智《物理小识》等书记载,江西铅山、广信出连七、奏本纸,临川出小笺纸,浙江常山、南直隶庐州出榜纸,上虞出大笺纸,吴中松江出潭笺,福建邵、建出竹纸。这些纸大都作为贡品,为上层统治者享用。据张秀民先生估计,明代产纸约有一百种,其以产地命名者有:吴纸、衢红纸、常山東纸、安庆纸、新安土笺、池州毛头纸、广信青纸、永丰纸、南丰纸、九江纸、清江纸、龙虎山纸、顺昌纸、将乐纸、光泽纸、湖广呈文纸、宁州纸、宾州纸、杭连纸、川连纸、贡川纸等。其中吴纸,明人以为天下第一。胡应麟评论说:"凡印书,永丰绵纸为上,常山東纸次之,顺昌书纸又次之,福建竹纸为下。绵贵其白且坚,東贵其润且厚,顺昌坚不如绵,厚不如東,直以价廉取称。闽中纸短窄黧脆,刻又舛讹,品最下而值最廉。"又云:"大率闽、越、燕、吴所用刷书,不出此数者。"② 明谢肇淛《五杂组》卷一二说:"印书纸有太史、老连之目,薄而不蛀,然皆竹料也。若印好板书,须用绵料白纸无灰者,闽、浙皆有之,而楚、蜀、滇中绵纸莹薄,尤宜于收藏也。"张秀民认为明清时川滇一带棉纸虽坚韧,而质地单薄,多灰黑点,实不及浙、赣产品。③ 明代著名出版家毛晋汲古阁所印书全用竹纸。明代南方造纸已从家庭作坊发展为手工业作坊,规模很大,出现了新的劳资雇佣关系。

清代纸生产亦多出于南方。苏州府元和、长洲、吴三县共有纸坊 36 家,雇工 800 余人,可见规模之大。④ 北方也有,如河北迁安产高丽纸,山东产"毛头纸",以桑树、楮树等皮为之,山西平阳府有棉纸,陕西镇巴白河有皮纸,均销路不广。南方因造纸原料丰富,造纸业颇为发达。据严如煜《三省边防备览》记载,道光年间,陕南汉中地区西乡有纸厂 20 余座,定远纸厂逾百,洋县华阳也有小纸厂 20 余。大厂百数十人,小厂也有四五十人,山中竹木为其原料,所产销甘肃、湖北各地。当时南方各种纸中以泾县宣纸为最有名,原料用一种名为青檀树的乔木,经加工漂白,洁白柔韧,吸水性强,长期保存不变色,不虫蛀,有纸寿千年之誉,闻名于世。唯产低,

---

①　张秀民:《中国印刷史》,上海人民出版社 1989 年版,第 538 页。
②　〔明〕胡应麟:《少室山房笔丛》卷四。
③　张秀民:《中国印刷史》,上海人民出版社 1989 年版,第 540 页。
④　刘永成:《乾隆苏州元长吴三县"议定纸坊条议章程碑"》,《历史研究》1958 年第 2 期。

只能满足部分书画家的需要,只有极少量用来印书,且价极贵。清代印书最美的为产于浙江开化的开化纸,纸质细腻,洁白无疵,柔薄而韧性强,殿本多用之。此外,较有名的有江西连史纸,福建长汀一带杭连纸,泰和毛边纸,湖南浏阳皮纸,湖北宜都纸。四川绵竹纸也很有名,以当地所产竹为原料。清代因造纸技术提高,不仅能仿造澄心堂纸、薛涛笺,还制作许多各种色彩、图案、洒金银的蜡笺,成本贵于绸缎,今故宫博物院有藏。

清代新疆、西藏也产纸,新疆纸用桑皮、棉布、茧屑混合造成,粗厚强韧。西藏造纸中心在江孜,原料用当地有毒的小灌木,浸碎而制,纸质粗劣,但能防蛀。

19世纪中叶以后,随着"洋纸"的传入和倾销,传统的中国造纸业急剧衰落。中国造纸业的地理分布发生很大变化,主要表现为向东南沿海和东北地区转移。首先是上海成为中国造纸业一大中心。清末光绪十七年(1891年)李鸿章在上海杨树浦创办纶章造纸厂,是我国机器造纸之始。这是因为19世纪中叶以来,近代文化迅速发展,各种书报刊物用纸量大为增加,原先手工业式造纸已不适应机器印刷,又不能双面印刷,不能作为报刊新闻用纸,于是不得不引进机器,用现代化的设备造纸。同时除了本国自造纸外,还大量进口国外月光纸和白报纸。其次,日帝国主义自1931年侵占东北黑、吉、辽三省后,利用当地的丰富资源,进行大规模造纸业建设,先后建成造纸工厂30余家,年产机制纸7万~11万吨。再次,《马关条约》签订后日帝侵占台湾,利用当地资源,先后在台东、台中、台北等地建造纸厂6家,年产机制纸4万吨。其他沿海城市如天津、杭州、广州和山东济南造纸工业都有一定的发展。其他内地省份造纸业寥寥无几。①

纸的发明对世界人类文化的贡献,自不待言。我国历史上造纸业的地域分布和变迁,也反映造纸原料的变迁。唐代以前造纸原料以麻为大宗,北方尚居重要地位。唐宋以后,长江流域经济大为发展,又有丰富的藤、竹成为重要造纸原料,质量又高于麻纸。于是造纸中心逐渐向南方转移。再加上印刷业和书法艺术的需要,南方所产的纸品受到官府、文人和印刷商青睐,身价大增,从而促进南方经济、文化的发展。

① 李为:《历史时期中国造纸业的分布和变迁》,载《地理研究》1983年第4期。

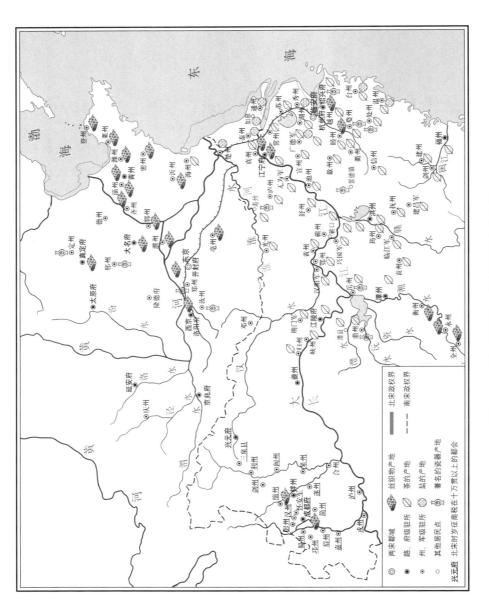

图 11-1 两宋时期手工业及经济都会分布图

（采自史念海《中国历史地理纲要》下册）

第四节 陶瓷业的地理分布及其变迁①

陶瓷的发明是人类社会发展史上划时代的标志,也是人类文明史上的重要成果之一。我国是世界陶瓷古国。早在八九千年前,我们的祖先已经掌握了烧制陶器的技能。陶器的出现,便于谷物的贮存和饮水的携运,对稳定人类的定居生活,提高生活的质量,促进社会生产力方面,都起了十分重要的作用。陶器的产生与农业经济的发展有着密切的联系。一般是先有了农业,然后才出现陶器。

我国东部季风区最早进入农业社会,所以我国新石器时代遗址中都有陶器出现。黄河流域的仰韶文化、马家窑文化、大汶口文化、龙山文化、齐家文化都以经营农业为主,故在这些遗址出土的遗物中以陶器为最多。仰韶文化的制陶业已相当发达,虽然基本上还是手制,但这时已有了初级的陶轮。长江流域的中下游大溪文化、屈家岭文化、河姆渡文化、马家浜文化、良渚文化基本上都以种植水稻为主,兼营渔业,并从事制陶等原始手工业。其他如南方江西、福建、广东、广西等省,广泛分布着大量新石器时代遗址,西南地区四川、云南、贵州和西藏地区也广泛分布着新石器时代遗址,因调查不多,出土的陶器较少。东北、内蒙古、宁夏、甘肃和新疆一带草原地带,广泛分布着以细石器为代表的文化遗存,称之为"细石器文化"。但所伴存的陶器,因时代和地区而有显著的差别,说明分属不同的文化系统。其明显表现为,以农业为主的定居聚落,陶器丰富,形制也多样;以渔猎畜牧为主的聚落,则陶器相对稀少,器形和纹饰也相当粗糙,说明陶器的发展与当时经济生活有密切关系。

先秦两汉时期统治阶级日常生活用器主要是铜器和漆器,很少用陶器,陶器则是一般人民所用的日常用器,所以陶器大多为私人经营制造的手工业,产地比较普遍。陶器的另一种用途,即是建筑材料,如砖瓦,则大多出于官府经营的制陶作坊。在汉代遗址中出土的陶片,不少带有县、亭、里、市、人名的铭文,反映了各地官私营制陶手工业工场的产品。

随着烧陶工艺的发展,逐渐产生了瓷器。瓷器的产生主要有三个条件:一是瓷土,是由长石或长石质岩风化而成,含有石英、莫来石等成分的高岭土;二是高温窑,瓷器胎体要经受 1 200℃～1 300℃的高温才能烧结,陶器烧成温度较低,一般

---

① 本节主要参考中国硅酸盐学会编《中国陶瓷史》(文物出版社 1982 年版)一书撰写。

600℃～700℃，最高达 1 000℃，再高则会烧溶变形；三是施釉的发明，釉是石灰釉经过高温烧成具有半透明的玻璃质，施在素胎上，经过烧制，瓷器表面就呈光亮，可以拭抹。因此，瓷器坚硬结实，组织细密，具有不吸水性，叩之有清脆的金属声；而陶器则胎体疏松，质地脆弱，吸水性强，叩之音浊无金属声。

中国原始瓷的出现可以追溯到青铜时代。原始瓷指商周时代以瓷土作胎，经 1 200℃高温烧制，胎质烧结，器表有釉，但胎呈灰色，釉呈青或青绿色，釉层厚薄不均，容易剥落，制作工艺比较原始，是一种薄层不透光的陶瓷器，称为原始瓷，是成熟瓷器出现前的产物，属于瓷器生产的早期和低级阶段。最早的原始瓷属商代中期。我国原始瓷在黄河、长江下游地区均有发现，遍及河南、河北、山东、陕西、甘肃、湖北、江西、江苏、安徽和北京等地，以江苏、浙江、江西、河南和皖南出土最多。在绍兴、萧山、诸暨、德清、吴兴等地还发现了商末至周代生产原始瓷和几何纹硬陶的窑址。这些窑址范围都很大，堆积层厚，产量估计很大。西周原始瓷分布的地域已广及陕西、河南、山西、河北、湖北、湖南、江西、安徽、江苏、上海、浙江和福建等省市，秦汉原始瓷主要发现于江苏、浙江、安徽三省的墓葬和遗址中，山东、河南、陕西、湖北、湖南、江西、福建等地也有发现。江苏的宜兴，浙江的上虞、绍兴、诸暨、慈溪、宁波、鄞县、龙游、武义、永嘉等地发现大量汉代原始瓷窑址，其中尤以上虞县为最多，是汉代原始瓷的重要产地。

两汉时代陶瓷生产取得了划时代的成就。尤其是东汉青瓷烧制成功，是我国陶瓷发展史上的重要突破。青瓷的产生，始于东汉时代，已成共识。有关研究认为，青瓷是从浙江开始的。但这时瓷器都属青瓷系瓷器，浙江上虞市石浦发现东汉窑址，出土多为青瓷，少量黑瓷。以前都以为黑瓷是东晋德清窑开始的，此次发现将黑瓷生产提早了一二百年。[①] 到了北朝末年白瓷的烧制才有了突破，为隋代白瓷烧制工艺奠定了基础。

魏晋南北朝时期，北方长期遭受战火，瓷器业生产处于停顿状态，而南方则处于发展时期，制瓷水平大有提高。当时的瓷窑主要集中在江浙一带，江苏宜兴的均窑，浙江上虞、余姚、绍兴一带的越窑，温州的瓯窑和金华的婺窑，所产青瓷各有特色。烧窑遗址的发现以在浙江最为集中，上虞、绍兴、宁波、萧山、德清、余杭、永嘉等均有发现。仅上虞就发现窑址数十处，比东汉时期的窑址猛增四五倍，为当时瓷器业中心。因上虞、绍兴一带，秦汉为会稽郡地，唐属越州，故这里所产的瓷器，统

---

① 朱伯谦：《浙江上虞县发现的东汉瓷窑址》，载《文物》1981 年第 10 期。

称"越窑"。东晋时期是青瓷生产大发展时期,浙江德清窑兴起,瓯窑、婺州窑有较大发展,产品远销福建、广东、江苏等地,有与越窑竞争的局面,上虞、绍兴一带的越窑,地位也不如以前独占鳌头。宜兴的均窑产品质量较越窑稍逊。南朝时湖北、湖南、福建、四川等地也开始烧青瓷,青瓷生产的规模较前大为扩展。北方的瓷器不发达,北魏迁都洛阳后,开始出现白釉瓷器,墓葬中多有出现,主要在河北南部。东魏北齐时中原制瓷业有所发展,河南安阳北齐范粹墓中出土的白瓷,釉呈乳浊淡青色,说明是从青瓷发展起来的。从青瓷到白瓷是烧瓷技术上一大进步,反映了能够控制胎釉中的含铁量,克服了铁的呈色干扰,从而产生了白瓷,是瓷业工艺上的里程碑。北朝也生产青瓷,窑址产地尚不清楚,山东淄博寨里窑是目前唯一已知的北方青瓷产地之一。其产品质量不及南方青瓷。南北青瓷在造型、胎釉、纹饰方面均有所不同。南方烧窑燃料用松柴,北方用煤,松火力软而火焰长,烧制中窑内充满火焰,空气无进入余地,釉在熔融色时,受到还原作用。与此相反,煤火力强,火焰短,空气容易进入窑内,使其受到不同程度的自然氧化。所以南方青瓷呈色比较好,北方青瓷呈色就略逊一筹了。黑瓷在北齐时期已经出现,产地尚不明确。潼关以西尚未有制瓷业。1974年在安阳北郊洹河南岸发现了隋代青瓷窑,连同近年在河南巩县铁匠炉村、河北磁县贾壁村发现隋代窑址,大体上反映了北方青瓷窑址的地点分布,估计它与北齐在冀南瓷业发展有一定的联系。

　　唐代瓷器出现了以越窑为代表的青瓷和以邢窑为代表的白瓷两大系统,所谓"南青北白"。青瓷以南方瓷窑为代表,在《茶经》中提到南方有越州窑、鼎州窑、婺州窑、岳州窑、寿州窑和洪州窑六大青瓷窑。其中除鼎州窑没有发现外,其余五窑均已发现。越窑仍集中在浙江上虞、余姚、宁波等地,所产青瓷胎质细腻,釉色光亮,代表当时的最高水平。越窑所产又称秘色瓷,相传吴越王烧进为供奉之物,不得臣庶用之,故称秘色。赵彦卫《云麓漫钞》认为起自李唐,此说可信。当时的明州(今宁波)是对外贸易的重要港口,瓷器是主要出口商品之一,这就刺激了越瓷的发展。1980年在绍兴上灶官山发现了又一处越窑,这是继余姚上林湖、上虞窑寺前、鄞县郭家寺、小白市等越窑后又一处越窑,出土的瓷片为釉色青绿、青黄的青瓷。[①]瓯窑和婺窑是越窑外的两个瓷业中心。瓯窑仍在浙南温州、永嘉、瑞安等地,集中在瓯江北岸永嘉灶岩头到大坦坟山一带和温州的西山,地距温州对外港口很近。瓯瓷与越瓷的最大区别是瓷胎呈灰白或淡灰色,釉层均净,滋润如玉,胎釉紧密结

---

　　①　沈作霖等:《绍兴上灶官山越窑调查》,载《文物》1981年第10期。

合，制作技术很高。瓯窑虽不见唐宋记载，但就其所产瓷器而言，远远超过婺窑和洪窑，在瓷业史上具有重要地位。婺州窑在今浙江金华、衢州地区，金华、兰溪、义乌、东阳、永康、武义、衢州、江山等市县都有唐代窑的发现。婺窑瓷器产品与越窑、瓯窑相似。中晚唐后产品渐趋粗糙，制作不如越、瓯。70 年代在江西丰城市曲港镇罗湖村发现了唐代瓷窑遗址，确定了洪州窑罗湖村为洪州窑的所在地。据资料表明，洪州窑最迟在东汉晚期就开始烧制比较成熟的瓷器，东晋南朝进入兴盛时期，大约延续到中唐，主要生产杯、碗、盅、盏、罐等日常器皿，釉色为黄褐色或酱色瓷，晚唐开始衰落，在江西瓷业中逐渐被南面的吉州窑、北面的景德镇所替代。前后生产期长达 800 年。① 陆羽《茶经》认为六窑中洪州瓷窑地位不如越窑、鼎州窑、婺州窑、岳州窑、寿州窑，并且烧褐釉瓷器，不宜用茶。岳州窑位于湖南湘阴县城堤境一带，从南朝至隋唐都烧过青瓷。寿州窑在淮南市田家庵区的上窑镇，始于六朝末年，初烧青瓷，后烧黄瓷。唐时以生产黄釉瓷器为主，陆羽《茶经》中提到的寿州窑产品排在越窑、鼎州窑、婺州窑、岳州窑之后，洪州窑之前。其云：“寿州瓷黄，茶色紫。”此外，四川有成都青羊宫窑、邛崃固驿窑、什方堂窑等，主要烧制青瓷，还烧彩瓷，其中以邛崃窑彩瓷最著名。

北方主要烧白瓷。唐代白瓷以邢窑瓷为最著名。《茶经》中提到的邢窑瓷器以质白坚硬为特点。陆羽说：“邢磁类银，越磁类玉。”关于邢窑的地点，《国史补》中曾载：“内丘白瓷瓯，端溪紫砚石，天下无贵贱通用之。”于是人们一直以为邢窑在内丘。近年来内丘未发现过任何窑遗址，而在与内丘交界的临城境内发现多处窑址，出二大量白瓷，被认为是邢窑所在。② 邢窑白瓷与越瓷都广负盛名。皮日休《茶瓯诗》称：“邢人与越人，皆能造瓷器。”但唐末五代邢窑白瓷逐渐衰落了。晚唐开始代之而起的是邢窑北面的定州窑。定州窑在今河北曲阳县涧磁村，所产白瓷胎质细腻，胎色洁白，釉面光莹，是白瓷中的上品。至宋代成为五大名窑之一。其他如巩县窑、密县窑也生产白瓷。

黑瓷在北方大约北齐时始有，其窑址有：今安徽萧县的白土镇窑，历史上称为“萧窑”，生产白、黄、黑瓷；陕西铜川市黄堡镇铜川窑，在唐代开始烧瓷器，以黑瓷和白瓷为主，兼烧少量青瓷，到宋代为青瓷耀州窑所在地，主烧青瓷；巩县窑也以青瓷为主，兼烧黑瓷。山东淄博著名的唐三彩是唐代陶瓷工艺中陶器的代表作。三彩

---

① 权奎山：《陆羽〈茶经〉与洪州窑瓷器》，载《文物》1995 年第 2 期。
② 李辉柄：《唐代邢窑窑址考察与初步探讨》，载《文物》1981 年第 9 期。

陶是一种低温釉陶器,对烧成的陶坯上彩,再上釉后加温,使铅釉中铜、铁、钴等元素经过烧制呈现绿、黄褐、蓝三色,釉面光亮,色彩鲜艳,成为陶器中的精品。唐三彩主要作为明器,唐代盛行厚葬,规定只有达官贵族才可使用,故在长安、洛阳、扬州出土最多。50年代在河南巩县(今巩义市)发现过三彩陶的窑址,近年来又在陕西铜川市黄堡镇发现过三彩窑炉。长安、洛阳的三彩陶大约即产于这两处。

唐五代为我国瓷器业大发展时期,这与当时饮茶之风盛行有关。制瓷工场数量和分布有很大的扩展,为宋代瓷业的繁荣打下了基础。隋代窑址考古发现只限于河北、河南、安徽、江西、浙江、湖南、四川7省10个县内,唐代窑址扩大到12省50个县,把后世的产瓷中的名窑都包括在内了。唐代瓷器已经出口远销日本、东南亚和南亚一带。

宋代是我国瓷业发展史上的一个繁荣时期,新中国成立以来发现有宋窑的窑址有19省130个县。我们现在看到的宋瓷釉的色彩、图案、花纹极美,为我国瓷器中的瑰宝。

宋代瓷窑有"官窑"和"民窑"之分。宋代宣和、政和年间汴京自置窑烧造,名曰官窑。[①] 其产品专为宫廷烧制瓷器,不能流通,还有两处为宫廷所垄断的是浙江余姚越窑和杭州修内司官窑;有的原为民窑,后在官督下专为宫廷烧制,所产也可称官窑。

官、哥、汝、定、钧是宋代五大名窑,其中四个在北方,说明当时窑业重心在北方。哥窑相传是处州龙泉县(今浙江龙泉市)琉田的章生一、章生二兄弟两人所造,兄曰哥窑,弟曰生二窑。所造青瓷,粹美冠绝当世。"极青莹纯粹,无瑕如美玉。然一瓶一钵,动博十数金。其兄名章生一,所主之窑,其器皆浅白、断文,号百圾碎亦冠绝当世。今人家藏者,尤为难得。"[②]1949年以来在龙泉县西南琉田(今大窑)进行发掘,在大窑与溪口发现黑胎青瓷窑址五处,与文献记载的瓷器特征相吻合,较可靠地解决了文献上"哥窑"的产地问题。[③] 钧窑在河南禹县(今禹州市)钧台,已为考古证明。窑址遍及县内各地,属北方青瓷系统。钧窑烧出的瓷器釉色青中带红,是用铜的氧化物作为着色剂,烧成铜红釉,灿如晚霞,为陶瓷工艺上一大创造。1977年在河南宝丰发现清凉寺窑址,为宋代五大名窑之一汝窑所在。[④] 汝窑所产青瓷,莹润如脂,为当时名产。钧、

① 〔南宋〕顾文荐:《负暄杂录》。
② 光绪《处州府志》卷二四《龙泉物产》。
③ 李辉柄:《略谈我国青瓷的出现及其发展》,载《文物》1981年第10期。
④ 李辉柄:《汝窑遗址的发现与探讨》,载《文物》1991年第12期。

汝、官、哥窑同属"官窑"性质。定州窑址在今河北曲阳县漳磁村，是宋代名窑之一。以烧白瓷为主，还兼烧黑釉、酱釉和绿釉器。定窑的瓷器工整素雅，北宋中期以后始有印花装饰，对南北瓷窑有较大影响，为瓷器中的珍品。其他山西境内的平定窑、阳城窑、介休窑和四川的彭县窑，也烧定窑风格的白瓷。

河北磁县观台镇、彭城镇为宋代磁州窑址所在，是宋代北方最大民窑，以烧白瓷为主，兼烧青瓷、黑瓷、花瓷和低温三彩铅釉陶。属于磁州窑系的还有河南修武当阳峪窑、鹤壁集窑、禹县扒村窑、登封典河窑、山西介休窑、江西吉安吉州窑等，都是烧白瓷为主的瓷窑。

宋代北方还有名为耀州窑的，在今陕西铜川市（原同官县）黄堡镇，因原同官县属耀州而名，所产青瓷器，受到越窑的影响。陆游《老学庵笔记》谓："耀州青瓷器谓之越器，以其类余姚秘色也。"河南临汝窑、宜阳窑、新安城关窑、禹县钧台窑、内乡大窑店窑、广州西村窑、广西永福窑等都主烧青瓷，属耀州窑系。

江西景德镇窑是宋代具有独特风格的瓷窑，所产的瓷器釉色介于青白之间，青中有白，白中带青，因此称为青白瓷。景德镇已发现的湖田、湘湖、胜梅亭、南市街、黄泥头、柳家湾等窑址，生产大量青白瓷，在景德镇形成风气，形成一大瓷器系统。属于青白瓷窑系的还有吉安永和镇窑、广东潮安窑、福建德安窑、泉州碗窑乡窑、同安窑、南安窑等。

宋代南方海上贸易发展，遂使沿海地区瓷业大兴。哥窑即后来的浙江龙泉青瓷，在南宋时继越窑之后大大发展起来，有过一段光辉时期，在瓷业史上有重要地位。窑址仍集中在大窑、溪口一带。元代青瓷生产较南宋更为发达。据调查元龙泉窑址达150余处，分布在整个瓯港流域的松溪上游一带的浙江地区。由于我国宋元青瓷在国外声誉日隆，龙泉一处已不能满足需要，因而在广州、泉州、明州三大港口附近设立瓷窑，尤以泉州最为集中，从福建北部的浦城、松溪、政和，直到围绕泉州港的福清、仙游、南安、同安、莆田等地都设了瓷窑。福建德化窑始于宋代，也以烧独特风格的白瓷驰名于世。广东的广州、南雄、潮安、惠阳、南海、佛山、三水、高鹤、新会、番禺、中山、阳江、东兴、澄迈等地都设有窑址，除了烧青白瓷外，大多烧青瓷，所产瓷器大批出口至泰国、菲律宾、印度尼西亚、马来西亚和朝鲜、日本等地。据《诸番志》记载，南宋时与我国有瓷器贸易的在亚洲有15个地区和国家，由此大大促进了南方瓷器业的发展。

元代制瓷工艺在我国陶瓷史上具有重要的地位。宋代以来传统的耀州窑、钧窑、磁州窑、龙泉窑仍继续生产传统的产品。而景德镇的瓷品却有突破性进展，就是青花瓷器的烧制成功。元代青花瓷的"青花"是对白地蓝花瓷器的一种专称。"青花"是指应用钴料在瓷胎上绘画，然后上透明釉，在高温下一次烧成，呈现蓝色花纹的釉下彩瓷器。青花瓷以景德镇窑的制品为代表。在景德镇所产瓷器中青花瓷历时最久，产量最大。其制作瓷品工艺精美，色彩鲜艳，具有明净素雅之感，与中国传统水墨画有异曲同工之妙。其优点是其他瓷窑的瓷品无法比拟的，它一经出现便以旺盛的生命力发展起来，使景德镇迎来了空前的繁荣，最后赢得了"瓷都"的美称。其产品远销海内外，成为我国最具有民族特色的瓷器而闻名于世。

除青花瓷外，景德镇还烧制一种釉里红。釉里红是指以铜红料在胎上绘制纹饰后，罩以透明釉，在高温下烧制而成，使釉下呈红色花纹的瓷器。这也是景德镇瓷工的一大创造。

钧窑在元代已发展成一窑系，窑场主要在北方，河南的鹤壁、安阳、浚县、淇县、新安、临汝、禹县、郏县、宝丰、鲁山、内乡，河北的磁县，山西的浑源、介休等。磁州窑窑场除了河北磁县外，还有河南的汤阴、鹤壁、禹县、郏县，山西霍县、介休等地，以烧白釉黑花器为主。山西霍县陈村发现的霍窑也是元代北方主要瓷窑，以产白釉瓷器为主。

元代龙泉窑生产规模扩大、烧制技术提高，产品精美，超过了宋代的龙泉窑。由于元代海外交通贸易十分发达，瓷器出口量大大超过宋代，从而刺激了南方瓷器的生产。窑址也由交通不便的大窑和溪口向瓯江和松溪两岸扩展，瓷器顺流而下，从温州、泉州出口，远销海外。元汪大渊《岛夷志略》提到出口的瓷器中有"处州瓷""处瓷"和"青处瓷"，这些瓷器主要是东南沿海窑场烧制的，除浙江的龙泉窑青瓷、江西景德镇的青白瓷外，浙江、福建地区各瓷窑仿制的龙泉瓷和青白瓷也占很大比重。元代晚期景德青花瓷也销海外，据《岛夷志略》记载，输出地区为日本、菲律宾、印度、越南、马来西亚、印度尼西亚、泰国、孟加拉国、伊朗等国家。

明代也是瓷业发展的一个辉煌时期。瓷业产地遍及全国大部分省区，山西、河南、甘肃、江西、浙江、广东、广西、福建都有瓷器生产。其中山西的法华器，德化的白瓷，江苏宜兴的紫砂器更是这一时期的特殊成就。但代表整个明代瓷业水平的是全国瓷业中心——江西景德镇。明代的景德镇所产瓷器数量大、品种多、质量高、销路广。宋应星《天工开物》云："（瓷器）中国出惟五六处，北则真定定州、平凉华亭、太原平定、开封禹州，南则泉郡德化、徽郡婺源、祁门。德化窑惟以烧瓷仙、精巧人物、玩器，不适实用。真、开等郡瓷窑所出，色或黄滞无宝光。合并数郡，不敌江西饶郡产。……若夫中华四裔驰名猎取者，皆饶郡浮梁景德镇之产也。"这时的景德镇已处于全国瓷业的中心地位，它不仅要满足国内市场的需要，而且还要负担宫廷御器和明政府对内外赏赐和交换的全部官窑器的制作。明代后期商品经济发展，景德镇民营窑产品市场激增，嘉靖、万历以后，在景德镇从事瓷业的工场主和工匠有十余万人。景德镇瓷业成为全国中心的原因：一是宋元以来传统瓷窑的衰落。钧窑已全部停产。磁州窑系、龙泉窑产品虽仍为民间所爱，但其质量难与青花瓷相比，无论在胎、釉制作工艺上都远逊于景德镇，其产品无法与景德镇竞争，先后衰落，各种具有特殊技能的工匠纷纷集中于景德镇，造成景德镇"工匠来八方，器成天下走"的局面。二是景德镇所在浮梁县境内麻仓山、湖田及其附近的余干、婺源等地都蕴藏着十分丰富的瓷土原料。浮梁附近山区多松柴，为烧瓷提供了丰富的燃料。由于自然和社会条件的成熟，景德镇在国内外市场刺激下，在元代基础上发展成为全国瓷业中心。其产品销售很广，"自燕云而北，南交趾，东际海，西被蜀，无所不至，皆取于景德镇"。①

明代洪武年间开始在景德镇设置的官办御器厂，官窑 20 座，任务是烧造官窑器供宫廷使用，对景德镇民营瓷业有很大的破坏性，主要表现为三个方面：占用了最熟练的制瓷工人，独占了优质的瓷土和青料，并且限制民窑的产品品种，用"官搭民烧"的办法对民窑进行盘剥。永乐、宣德年间所烧的青花瓷胎釉精细，以青色浓艳、造型多样和纹饰优美而负盛名，被认为是我国青花瓷的黄金时代。宣德官窑以其产品量多与质优而被誉为历代官窑之冠。明代官窑在瓷器上的重大创造是彩瓷的兴起，是中国陶瓷史上的一个里程碑。所谓彩瓷，从广义上说，包括点彩、釉下彩、釉上彩和斗彩，但习惯上所谓的明代彩瓷，是指釉上彩和斗彩而言。釉上彩的技术在宋代磁州窑已经开始，即在已烧成瓷器的釉面上用彩色描绘各种纹饰，再加温烧制，使彩料烧结在釉面上。明代在此技术基础上提高，产生了绚丽多彩的彩瓷。以后又将釉上彩和已经比较成熟的釉下彩结合起来，创造了别具一格的斗（拼合）彩。成化年间烧制的斗彩，基本上都是官窑的产品，其工艺开创了釉下青花和釉上多种色彩相结合的新工艺，成为世上珍品。嘉靖、万历时期的五彩瓷器又是一个新的高度。

除了景德镇外，明代浙江龙泉窑的青花瓷仍然在全国占有一定地位，民间用瓷在弘治年间仍以龙泉瓷为主。明代福建德化生产的白瓷，因瓷胎细密、釉色纯白、透光极好而负盛名，以生产瓷雕为主。江苏宜兴窑所烧紫砂器始于宋代，但至明代开始盛行。其他烧青花瓷的还有云南玉溪窑，江西乐平、吉安窑，广东博罗、揭阳和澄迈窑等。

明代有大量瓷器输往海外，主要通过对各国的赠予、来使的回赏、官方的远航

---

① 〔明〕王宗沐：《（嘉靖）江西省大志·陶书》。

贸易(如郑和)和民间私人贸易等途径运往海外。出口以青花瓷为大宗,也有釉上彩的彩瓷,远销亚、非、欧、美各地。

清代景德镇瓷业仍在全国居首位,其盛时工匠达数十万人。在清代青花瓷仍然是景德镇的大宗产品。康、雍、乾三朝的青花瓷达到了我国制瓷工艺的历史高峰。在色彩、工艺、品种方面,在明代基础上有很大突破。如康熙时期景德镇的青花瓷色泽鲜艳,层次分明,故有"青花五彩"之誉。釉里红是以铜红料作为着色剂,在瓷坯上进行彩绘,然后上透明釉,加高温一次烧成。这种工艺在景德镇始于元末,明宣德时已有很高声誉,但明中期后一度衰退,直至康熙时又得到恢复,并比明代有更高水平。康熙时代的五彩瓷器比明代的彩瓷色彩更鲜艳,光泽透彻明亮,工艺比明代更进一步。此外,还有极名贵的珐琅彩瓷器,即在铜胎上以蓝色为地色,掐以铜丝,填上红、黄、蓝、绿、白等色釉而烧成的精制工艺品。明永乐时期已有这类制品,由于其蓝色在景泰年间最好,故称"景泰蓝"。在铜、玻璃、瓷料等胎上用进口的各种珐琅彩料描绘烧成的各种珐琅彩器,也是康熙年间创始的名贵瓷器。雍正年间的斗彩改变明代单纯的釉下青花和釉上五彩相结合的工艺,成为釉上青花和釉上粉彩相结合,使图案更艳丽清逸了。总之清代景德镇瓷业发展到历史上的顶峰,产品在全国占首屈一指的地位,在国际上也有很高的声誉。

除景德镇外,可述的还有江苏宜兴窑的紫砂器,乾隆时已为全国制陶中心,紫砂器已闻名全国。还有广东佛山石湾窑的陶器产品,也受到民间的欢迎。福建德化白瓷也有一定地位。

清代瓷器输出至世界各地,数量之大也是空前的。特别在欧洲不仅作为日用品受到广大顾客欢迎,同时优质的瓷器还作为富有家庭夸耀财富的装饰品。19 世纪上半叶以后,随着日本瓷器和欧洲瓷器业的发展,我国瓷器在国际市场上渐趋衰落。

我国的陶瓷业从原始社会算起已有七千多年的历史,东汉以后瓷器的兴起,使我国陶瓷业进入了一个新的阶段,在以后的一千多年时间里的总趋势是不断地向上发展和繁荣。南北瓷业的地理分布有过变迁,唐代瓷业分布是南北相当,产品特色是"南青北白"。宋元时期是我国瓷器业的第一个高峰,产地以南方为盛,产品北方仍以白瓷为主,而南方则先有青白瓷、后有青花瓷的出现,成为当时瓷器的主要产品。明清时期是我国瓷业发展的顶峰时期,景德镇成为全国瓷业的中心,其生产的各色精美的彩瓷、青花瓷工艺精湛绝伦,产品誉满世界,成为传播中华文明的载体。宋代以后南方经济文化的高度发展与瓷器业的发展无疑有着密切的关系。

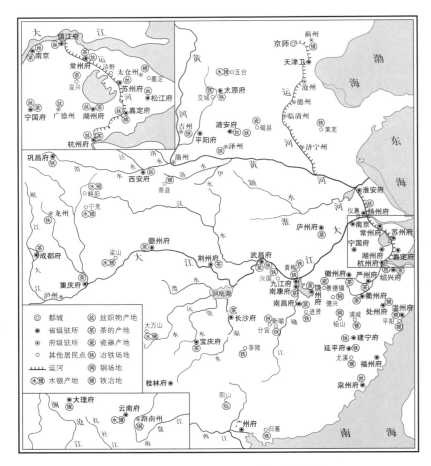

图 11-2　明代手工业和经济都会分布图

（采自史念海《中国历史地理纲要》下册）

第五节　历代五金生产的地理分布及其变迁①

我国有极其丰富的矿物资源。本节主要论述的是与人类历史活动、日常生活密切相关的五金生产即金、银、铜、锡、铁五种金属矿业的地理分布及其变迁情况。

---

① 本节内容主要参考了夏湘蓉等等著《中国古代矿业开发史》（地质出版社 1980 年出版）、钮仲勋《魏晋南北朝矿业的分布与发展》（《历史地理》第 2 辑）、黄盛璋《唐代矿业的分布与发展》（《历史地理》第 7 辑）、张滥模《从中国古代矿业看金属矿产的分布》（《科学通报》1955 年 9 月号）、杨远《西汉盐铁工官的地理分布》（香港《中国文化研究学报》九上，1978 年）、郭声波《历代黄河流域铁冶点的地理布局及其演变》（《陕西师范大学学报》1984 年第 3 期）等论著编撰而成。

一、金

我国开采和使用黄金有着悠久的历史。迄今已知最早的黄金饰品是 1976 年在甘肃玉门火烧沟遗址中发现的金耳环和金鼻环，经 C¹⁴ 测定年代约当公元前 1900—前 1700 年。时代最早的金片，1977 年发现于河南郑州商城遗址祭祀坑中，此金片极薄，出土时揉成一团。时代最早的金器皿，为 1987 年出土于湖北随县擂鼓墩曾侯乙墓中的金盏、金勺、金杯、金器盖、金弹簧圈，其中的金盏制作最精，重 2.15 千克，金弹簧圈直径不到半厘米，金丝直径仅半毫米，至今仍金光闪闪，富有弹性。

先秦时，楚国是有名的黄金产地。《管子・地数篇》载："金起于汝、汉之右涝"；《轻重》甲篇说："楚国有汝、汉之黄金"。汝是指今河南之汝河，汉是指今陕西、湖北之汉水。又，《韩非子・内储说上》："荆南之地、丽水之中生金，人多窃采金。"荆南系泛指今湖北、湖南一带；丽水指今金沙江。可见金沙江的砂金，战国时已有人淘采。著名的楚币"郢爰"，就是用黄金制成的。

汉代的黄金产地，见于文献的约有四处：（1）豫章郡之鄱阳。故址在今江西鄱阳县西南。《史记・货殖列传》"豫章出黄金"裴骃《集解》："鄱阳有之。"《汉书・地理志》豫章郡："鄱阳武阳乡右十里有黄金采。"（2）汝、汉流域。《盐铁论・力耕篇》："汝、汉之金，……所以诱外国而钓羌胡之宝也。"（3）陵阳。《盐铁论・通有篇》："左陵阳之金、右蜀汉之材。"陵阳故址在今安徽黄山市黄山区西。（4）永昌郡之博南。永昌郡治今云南保山市东北，博南县故治今云南永平县西南。《论衡・验符篇》："永昌郡中亦有金焉，纤靡大如禾粟，在水涯沙中。"《续汉书・郡国志》永昌郡：博南"永平中置，南界出金"。水涯沙中产金盖指今澜沧江中之砂金。

考古发现的汉代铸金文物颇多。1968 年，在河北满城县西汉中山靖王刘胜及其妻窦绾墓中，各出土一套保存完整的金缕玉衣，均由两千多块玉片用金丝缀成，金丝的含金量最高达 96％，可见制作工艺之高。还有 1955 年在陕西阳平关发现的"朔宁王太后玺"，1959 年在云南晋宁发现的"滇王之印"，1962 年在山东发现的"石洛侯印"，1981 年在江苏邗江县发现的"广陵王玺"，以及保存于日本的东汉"倭奴国王"金印等。

至于文献记载的汉代"黄金"产量数额，大得惊人，如《史记・梁孝王世家》"藏府余黄金尚四十余万斤"，《史记・平准书》载卫青等将士"受赐黄金二十万余斤"等，汉初赐诸侯王、功臣、公主动辄数百千斤，均见于《汉书》各本纪、列传。新莽时实行黄金国有政策,民间黄金均得收归国库。《汉书·王莽传》记载,王莽死时,"省中黄金万斤者为一匮,尚有六十匮,黄门、钩盾、臧府、中尚方处处各有数匮"。如此记载可信,则汉末国家黄金储备折合今天约有18万千克。后人对此是否真金表示怀疑。赵翼《廿二史札记》"汉多黄金"条认为:"后世黄金日少,金价亦日贵。盖由中土产金之地,已发掘净尽。而自佛教入中国后,塑像涂金,大而通都大邑,小而穷乡僻壤,无不有佛寺,即无不用金涂。以天下计之,无虑几千万万,此最为耗金之蠹。加以风俗侈靡,泥金写经,贴金作榜,积少成多,日消月耗。故老言黄金作器,虽变坏而金自在,一至泥金涂金,则不复还本,此所以日少一日也。"此言可备一说,然汉世黄金产量如此之高,恐还待进一步研究。

东汉时期黄金产地多在今云南、四川两省境内。云南主要砂金产地在保山。四川砂金产地主要在绵阳、广元、雅安等。《后汉书·明帝纪》,永平十一年,是岁漅湖出黄金,庐江太守以献。说明安徽巢湖一带也曾出过砂金。

三国、两晋时期,见于史籍的产金地,较前为多。如诸葛亮说:"汉嘉金、朱提银,取之不足以自食。"[1]汉嘉故治在今四川名山县北。《华阳国志》卷二:"广汉郡涪县……屠水出屠山,其源有金银矿,洗取火融,合之为金。"涪县故治在今四川绵阳市东。《华阳国志》又云:葭明"有水通于汉川,有金银矿,民取洗之"。[2] 故址在今四川广元市西南。陶弘景尝云:"金之所生,处处皆有,梁、益、宁三州多有出于沙中,……建平、晋安亦有金沙出石中。"[3]梁、益、宁三州治所分别在今陕西汉中市、四川成都市和云南晋宁县东,建平在今福建建阳市,晋安在今福建南安市东。

南北朝时,见于记载的产金地仍是汉水流域、四川和福建。如《魏书·食货志》:"汉中旧有金户千余家,常于汉水沙淘金,年终总输,后临淮王或为梁州刺史,奏罢之。"又如南朝李膺《益州记》:"金山长七、八里,每夏潦雨有崩处,即金粟散出。"此山据考在今四川广元市北三里。《建安记》:"金泉山南枕溪有细泉出沙,彼人以夏中水小,披沙淘之得金。"[4]金泉山在今福建建瓯市境内。

唐代史籍记载的产金之地颇多。开元时的《唐六典》卷三户部记贡金之州凡十八,其中剑南道有龙、雅、眉、嘉、资、姚六州,江南道有饶、衡、巫、台四州,岭南道有象、蒙、融三州,山南道有金、利、万三州,陇右道有廓、宕二州。绝大部分都在南方。

① 〔梁〕刘昭注:《续汉书》志第23《郡国志五》汉嘉条引诸葛亮书,又见《全三国文》卷五九。
② 〔梁〕刘昭注:《续汉书》志第23《郡国志五》广汉郡下引。
③ 〔元〕张存惠:《重修政和经史类备用本草》卷四引。
④ 《太平御览》卷四四、四七引《建安记》。

《元和郡县志》记贡金之州凡二十一,比《唐六典》多出陵、泸(属剑南道)、钦、演、长(属岭南道)、涪(属山南道)、河(属陇右道)七州,少去姚、象、金、万、巫五州。但记载可能不确,如《元和志》绵州龙安县:"金山在县东五十步。每夏雨奔注,崩颓之所侧金粟散出,大者如棋子。"《新唐志》绵州土贡缕金银器、麸金。可见《元和志》有所脱漏,但总体格局未变。《新唐书·地理志》载贡金之州凡 64,其中岭南道有 27 州(占 42.2%),剑南道 18 州、山南道 7 州、江南西道 3 州、江南东道 2 州、黔中道 3 州、陇右道 4 州。

从地区分布来说,唐代产金之地以岭南为最,岭南又以邕州(治所在今广西南宁市南)为第一。《岭外代答》卷七"生金"条载:"邕州溪峒及安南境皆有金坑,其所产多于诸郡。"邕州金坑系民营,故代宗大历十四年(779 年)七月《放邕府金坑敕》云:"邕州所奏金坑,诚为润国,语人以利,非朕素怀",其坑任人开采,官不得禁。① 此地直到北宋晚期才设官冶。② 其他如《岭表录异》卷上:"五岭内富州(广西昭平)、宾州(今宾阳)、澄州(今上林)江溪间皆产金。侧近居人,以木箕淘金为业,自暮至旦,有不获一星者。……广州含洭县有金池。彼中居人,忽有养鹅鸭,常于屎中见麸金片。遂多养,收屎淘之,日得一两或半两,因而致富矣。"岭南之外,南诏地区也是产金中心。《蛮书》卷七:"生金出金山及长傍诸山,藤充(腾冲)北金宝山。土人取法,春冬间先于山上掘坑,深丈余,阔数十步。夏月水潦降时,添其泥土入坑,即于添土之所沙石中披拣。有得片块,大者重一斤,或至二斤,小者三两五两,价贵于麸金数倍。……麸金出丽水,盛沙淘汰取之。沙赕法,男女犯罪,多送丽水淘金。长傍川界三面山并出金,部落百姓悉纳金,无别税役征徭。"四川盆地的长江、嘉陵江沿岸次之,汉水上游又次之(唐置金州,即以产金而名,故治在今陕西安康市),而黄河流域极少,直到晚期也仅有兰、廓二州有贡金的记录。

宋代金矿分布的最大特点是胶东金矿的崛起。北宋元丰年间,全国有 25 州产金,年产黄金 10 710 两,其中仅登、莱二州(治所分别在今山东蓬莱市和莱州市)元丰元年的黄金产量已有 9 573 两,③相当于全国黄金总产量的 89.4%。据朱彧《萍洲可谈》卷二载:"登、莱金坑户止用大木,锯剖之,留刃痕,投沙其上,泛以水,沙去,金著锯纹中,甚易得。"因而《宋史·食货志》说:"天圣中,登、莱采金,岁益数千两。"

① 《唐大诏令集》卷一一二。
② 参见〔南宋〕李焘《续资治通鉴长编》卷二四九熙宁七年正月己丑条。
③ 《宋会要辑稿》食货三十三"金"。

可见北宋时胶东金矿已属高产。南方其他地区，采金亦颇为兴盛。《宋史·食货志》"熙宁七年，广西经略司言：邕州右江填乃洞产金，……后五年凡得金为钱二十五万缗，……元丰四年始以产薄，罢贡"；"政和元年，张商英言：湖北产金，非止辰、沅、靖溪洞，其峡州夷陵、宜都县、荆南府枝江、江陵赤湖城至鼎州，皆商人淘采之地"。

元代在今辽宁、两湖、云南等地都有不少淘金处所，和宋代比较起来是一个很大的发展。据柯绍忞《新元史·食货志》，元代主要产金地有七处：（1）登州栖霞县。今山东栖霞市。（2）淄、莱等路。治所分别在今山东淄博市临淄、莱州市。（3）大宁路龙山县。今辽宁凌源市南。（4）江浙行省地区，指信、饶、徽、池四州，治所分别在今江西上饶、鄱阳，安徽歙县、贵池市。（5）抚州路乐安县。今江西乐安县。（6）湖广地区，指岳、澧、沅、靖、辰、武冈、宝庆等地，多在今湘西。（7）云南地区，包括丽江、大理、楚雄、金齿（今保山）、临安（今通海）、曲靖、元江、会川（今四川会理）、东川、乌蒙（今昭通）等地。此外，和州（今新疆吐鲁番）、嘉定（今四川乐山市）、檀州（今北京市密云县）等地也都曾开采过黄金。

明代淘金最盛之地，集中在云、贵地区。宋应星《天工开物》下卷"五金"："水金多者，出云南金沙江（原注：古名丽水），此水源出吐蕃，流丽江府，至于北胜州，回环五百里，出金者有数截。"丽江府治今云南丽江市，北胜州治今云南永胜县。又，永乐年间，贵州没太平溪金场局，[①]这应是黄金产量大的结果。贵州产金地区主要有省溪（今万山特区）、提溪（今江口县西北）等地。明代中后期辽东、湘西金矿资源已近枯竭。

清代开采黄金的极盛时期是在光绪年间（1875—1908年），最重要的金矿集中在云南和黑龙江。云南有金沙江、麻康、麻姑、锡版、黄草坝、上潞江六大金厂，地点分别在今永胜、中甸、文山、腾冲、保山等地。黑龙江金矿主要分布在漠河、呼玛等地，产量最高时曾占全国黄金产量的60％；为此，还在大兴安岭原始森林中开辟了一条从墨尔根（今嫩江县）到漠河的"黄金之路"，此路地名以"数字"加"站"字为名，如十九站、二十三站等，沿袭至今。

清代其他产金地尚有新疆伊犁皮里沁山、呼图壁、玛纳斯、库尔勒喀喇乌苏条金沟等金矿，甘肃敦煌沙州南北山金矿，贵州镇远府中峰岭金矿，以及湖南沅陵金矿等。

我国是世界上的黄金生产大国之一，仅次于南非、俄罗斯、美国、加拿大、澳大利亚而位居全球第六位。现有的五大金矿中，胶东、黑龙江两大金矿产量最高，前

---

① 《明史》卷八一《食货志》。

者开采始于北宋,后者始于清代;小秦岭金矿在明景泰三年(1452 年)也有过开采,夹皮沟金矿已开采 160 多年,只有金厂峪金矿是新中国成立后才发现、开采的。由此可见,大部分金矿都是历史的延续。

二、银

迄今为止发现时代最早的银制器皿有安徽寿县楚王墓出土的银匜和河南洛阳金村周墓中出土的银盒、银卮、银杯等,时代均为战国晚期。

由于银矿往往与其他矿处于伴生、共生状态,在当时有限的技术条件下,提炼困难,所以产量很小,产地也不多。据《汉书·地理志》载,仅犍为郡朱提(今云南昭通一带)出银。诸葛亮所说"汉嘉金、朱提银,采之不足以自食",所指即此。

三国、两晋时期,见于记载的银产地集中在西南地区。蜀汉的云南郡(治今云南祥云县东南云南驿)"有银窟数十",刘禅在位时"岁常纳贡"。[1] 据《华阳国志》记载,东晋时出产银的地方有:梓潼郡涪县孱山(在今四川罗江县北)、葭明(今四川广元市西南)、阴平郡刚氐县(今四川平武县东)、朱提郡堂螂县(今云南会泽县北)、梁水郡贲古县(今云南建水县东南)等处。

南朝的银矿主要分布在岭南地区。刘宋文帝初年,始兴郡(治今广东韶关市)领有银民三百多户,专事开采银矿。[2]《始兴记》:"泠君西北有小首山,宋元嘉元年夏,霖雨山崩,自巅及麓,崩处有光耀,有若星辰焉。居人往观,皆是银铄,铸得银也。"[3]岭南除始兴郡外,产银之地尚有临贺(今广西贺州市东南)和遂成县(广西苍梧县西南)的任山。《桂阳记》:"临贺,山有黑银。"[4]《南越志》:"遂成县任山,银沙自出。"[5]此外,桂阳郡的阳安(今湖南资兴南)也出产银。[6]

北朝产银之地,仅长安骊山、恒州白登山二处。《魏书·食货志》载:"世宗延昌三年春,有司奏长安骊山有银矿,二石得银七两。其年秋,恒州又上言:白登山(在今山西大同市东北)有银矿,八石得银七两,……诏并置银官,常令采铸。"

据《新唐书·食货志》记载,天下有银冶五十八,元和初,天下银冶废者四十,开成元年增银冶二。其时认为"天下有银之山必有铜。唯银无益于人,五岭以北,采银一两者流他州,官吏论罪"。元和四年(809 年)"复诏采五岭银坑,禁钱出岭"。

① 《太平御览》卷八一三引《南中八郡志》。
② 《宋书》卷九二《徐豁传》。
③④⑤ 《太平御览》卷八一二引。
⑥ 《太平御览》卷八一二引《后魏书》。

《旧唐书·宪宗纪》载，元和三年，诏"天下银坑，不得私采"。是知唐时银矿的开采都受到政府的控制。《新唐书·食货志》："有银"地点共35处，分布于28个州府中，以南方居多。《唐六典》卷三：岭南道"桂、邕、昭、柳等五十余州贡银"。另据《元和郡县志》、《新唐书·地理志》记载，土贡银的有五十余州，岭南道差不多每州都有贡银，无银贡的只是少数例外，所以唐代银矿生产实以岭南为主要中心；其次，睦、衢、宣、歙、池、饶、信、福、建、汀、邵、道、郴、鄂等江南东、西道诸州亦皆产银，郴州平阳县（今湖南桂阳）南三十里银坑还产"至精好"之偶子银，"别处莫及"，①在北方，贡银的仅河南府（治今洛阳）、渭（治今甘肃陇西）、凤（治今陕西凤县东北）、代（治今山西代县）四府州而已。《元和志》陕州安邑（今属山西运城）的中条山"有银谷，隋及武德初并置银冶监"。大约在唐武德以后，银矿衰落，故不见贡纳。其中，饶州德兴县（唐时地属饶州乐平县）的银山大概是唐代最大的银矿。银山在德兴县东三里，又名银峰山，隋大业时有人在银峰下"得双银笋"。②唐贞观初，侍御史权万纪上言："宣、饶二州银大发，采之岁可得数百万缗。"③总章二年（669年），"（乐平）邑人邓远上列取银之利，上元二年（675年）因置场监，任百姓任便采取，官司什二税之，其场即以邓公为名"。④此地银的产量颇为可观，每年产银十万余两，收税山银七千两，⑤可能是唐代唯一的大银矿。五代南唐时于此置德兴县。

1956年在西安唐大明宫遗址出土了四块天宝年间银铤，其中三块上刻的字表明都是宣城郡和市银铤。⑥1963年从长安秦渡镇北收集的银铤中，刻有"天宝十载信安郡税山银"的字样。⑦"文革"期间，在西安南郊出土一银铤上刻"河南府伊阳县天宝十二载宿课银壹铤伍拾两"。⑧这与文献记载的宣州（即宣城郡，治今安徽宣州市）、衢州（即信安郡，治今浙江衢州市）、河南府伊阳县（治今河南嵩县西南）产银均相吻合。

就宋代产银之地而言，初期有26个州（军），元丰年间增加到68个州（府、军），也均主要分布在南方。最大的银矿大概要数桂阳监（治今湖南桂阳县）了。据载该监有一场、七坑产银，"桂阳监在桂阳洞之南，历代以来，或为监，出银之务也"，"古

---

① 〔唐〕李吉甫：《元和郡县志》卷三〇《江南道五·郴州平阳县》。
② 清同治《德兴县志》卷一〇。
③ 〔元〕马端临：《文献通考》卷一八《征榷考五》。
④ 〔北宋〕乐史：《太平寰宇记》卷一〇七《江南道王》。
⑤ 〔唐〕李吉甫：《元和郡县志》卷二九《江南道四》。
⑥ 李问渠：《弥足珍贵的天宝遗物》，载《文物参考资料》1957年第4期。
⑦ 陕西博物馆 朱捷元：《长安县发现唐丁课银铤》，载《文物》1964年第6期。
⑧ 秦波：《西安近年来出土的唐代银铤、银板和银饼的初步研究》，载《文物》1972年第7期。

来贡铜、铅，今出银，管烹银冶处"。① 距监最远的银矿达一百三十里。然据《宋会要辑稿·食货三三之九》，桂阳监银产原额应为 20 732 两，元丰元年实收 875 两，仅及4.2%，可见其时矿源已近枯竭。唐代最大的江西饶州德兴银矿在宋代前期曾兴旺了约近百年，中叶以后开始衰落了，著名的邓公场"至宋天圣间，山穴倾催而银课未除，范仲淹守郡，奏罢之"。② 宋代前期在北方还有秦州银矿比较著名。《太平寰宇记》载，太平兴国年间，秦州境内有银冶八务。是北宋早期一个大银矿。

元丰元年(1078 年)时，银产量较多的四个州依次为：南剑州(治今福建南平市)51 227 两，信州(治今江西上饶市)35 957 两，潭州(治今湖南长沙市)28 757 两，虢州(治今河南灵宝市)25 642 两。此四州合计 141 583 两，占当年全国白银总产量215 385 两的 65.7%。

元代银矿产地较多，既有继承前代的，也有新开辟的，引人注目的是云南银矿的开发。至元二十七年(1290 年)五月，"尚书省遣人行视云南银洞，获银四千四十八两。奏立银场官"。③ 武宗至大元年(1308 年)六月，"尚书省臣言别都鲁思谓云南朝河等处产银，令往试之，得银六百五十两，诏立提举司……"。④ 据记载，天历元年(1328年)云南行省银课为 735 锭 34 两 3 钱，占该年全国银课总数 1 551 锭 11 两的47.4%。

元代产银之地，尚有瑞州上高县蒙山场、韶州曲江县银场、宁国路银冶、霍丘豹子崖银洞、惠州银洞等，散布在今江西、广东、安徽诸省。

明宋应星《天工开物》下卷"五金"，对明代银矿分布有一个概括性的描述："凡银，中国所出，浙江、福建旧有坑场，国初或采或闭；江西饶、信、瑞三郡，有坑从未开；湖广则出辰州；贵州则出铜仁；河南则宜阳赵宝山、永宁秋树坡、卢氏高嘴儿、嵩县马槽山，与四川会川密勒山、甘肃大黄山等，皆称美矿，其他难以枚举。……然合八省所生，不敌云南之半。……凡云南银矿，楚雄、永昌、大理为最盛，曲靖、姚安次之，镇沅又次之。"除宋氏所举之外，秦州(今甘肃天水市)也盛产银矿。天顺四年(1460 年)，银矿"课额浙、闽大略如旧，云南十万两有奇，四川万三千(两)有奇，总十八万三千(两)在奇"。⑤ 则知云南一省占全国总数的 54.6%。

---

① 《太平寰宇记》卷一一七，杨守敬《古逸丛书》本。
② 〔清〕顾祖禹：《读史方舆纪要》卷八五《江西三》。
③ 《元史》卷一六《世祖本纪十三》。
④ 〔明〕王圻：《续文献通考》卷二七"征榷·坑冶"。
⑤ 《明史》卷八一《食货志》。

不过,从洪武到嘉靖初的一百多年当中,浙、闽、川、陕诸省的银场由盛转衰,矿源趋于枯竭;只有云南银矿仍保持着旺盛的产量,从而成为清代最主要的产银区。

清代云南开采的银厂有三十余处。仅有额课(当时的额课,为一两银抽银课一钱五分至二钱,即税率为15%～20%)可考的即有十一厂:(一)个旧银厂,属临安府建水县,额课银33 613两有奇。在今个旧市。(二)石羊银厂,属楚雄府南安州,额课银22 390两有奇。在今双柏县西南。(三)永盛银厂,属楚雄府楚雄县,额课银3 375两有奇。在今楚雄市。(四)兴隆银厂,属云南府,额课银3 132两。在今昆明市附近。(五)沙涧银厂,属邓川州,额课银1 302两。在今大理市东北。(六)马腊底银厂,属开化府,额课银706.8两。在今文山市。(七)黄泥坡银厂,属临安府,额课银661两。在今建水县。(八)古学银厂,属丽江府中甸厅,额课银568两。在今香格里拉市。(九)蒲羊塘银厂,属鹤庆府,额课银421两。在今鹤庆县。(十)募乃银厂,属永昌府,额课银300两。在今普洱市澜沧拉祜族自治县。(十一)方丈银厂,属元江州新平县,额课银68两。在今新平彝族傣族自治县。

其余二十多处无额课可考的银厂,分布在东川府(今会泽县)、镇雄州(今镇雄县)、永善县(今永善县)、顺宁府(今凤庆县)、永北厅(今永胜县)、南安州(今楚雄市南)、中甸厅(今香格里拉市)等。

纵观历代银矿产区的地理分布,汉、魏时代集中在西南地区,南朝、唐代以岭南为生产中心,宋代以今湖南、江西居多,元、明、清三代则以云南为主,而今已探明的白银储量又以河南省最为丰富。由于银矿、银场(厂)开采的时间一般很难维持在一百年以上,所以经常有开有闭、互为消长。

三、铜 和 锡

我国是发现、冶炼和利用铜矿、锡矿最早的国家之一。根据考古材料,迄今为止我国发现的最早的铜器是1977年在甘肃东乡族自治县林家马家窑文化遗址中发现的一件铜刀和几片碎铜块,年代约为公元前3000年。在我国先秦时期主要用铜来铸造青铜器,而秦汉以来则主要用铜来铸钱和铜镜。无论是青铜器还是铜钱的铸造,都需要锡作为辅料。[1] 所以将铜和锡一起来叙述。

我国的青铜器时代从商代早期开始(有人推测始于夏代晚期),一直延续到春

---

① 杜佑《通典》言:每一炉岁铸钱三千三百缗,费锡四万九千五百斤。

秋末叶,持续时间长达一千多年。殷商、西周是我国青铜器的鼎盛时代。20 世纪以来在我国各地出土了大量制作精美的青铜器,如 1976 年在河南安阳小屯村"妇好墓"出土的青铜器多达 468 件、重 1.6 吨。著名的司母戊大方鼎(现称"'后母戊'青铜方鼎"),重 875 公斤,通耳高 133 厘米,横长 110 厘米,宽 78 厘米,是 1939 年在安阳武官村出土的迄今为止我国出土的最大的青铜器,在世界上也是罕见的,被称为"青铜器之王"。经分析,它含铜 84.77%、锡 11.64%、铅 2.79%,其他 0.8%,代表了殷商晚期青铜器制作的最高水平。[①]

商周时代出土了如此大量的青铜器,说明当时铜和锡的产量非常丰富。但是当时的铜、锡矿源在哪里呢? 一般认为中原地区铸造青铜器的原料,多数可能来自南方。《诗经·鲁颂》:"憬彼淮夷,来献其琛,元龟象齿,大赂南金。"这说的是淮夷贡献的珍宝中,有一大批南方所产的铜。[②] 在曾伯霥簠铭文中,也提到淮夷,还有"金道锡行"之言。"金道锡行"就是铜、锡交易入贡的道路。[③] 春秋时的曾国,在今湖北随州市之南,位于南、北交通要道,所以"初期青铜文化未必不能蕴育于岭南,传于齐鲁沿海一带"。[④]《国语·楚语下》:"又有数曰云连徒洲(江汉平原上云梦地区),金木竹箭之所生也。金足以御兵乱,则宝之。"这里的金当指铜。

锡的产地,古今均在南方,《周礼·职方》:"东南曰扬州……其利金、锡、竹、箭。"《尚书·禹贡》:"扬州……锡贡。"郑玄注:"此州有锡则贡之,或时乏则不贡。锡,所以柔金也。"《考工记》:"吴、粤之金锡,此材之美者也。"

战国时代,由于铁器的出现和逐渐普及,青铜工业已走向衰落,中国文明步入了铁器时代。从此以后,大量的铜不再被用来锻铸青铜器了,而是铸造了数不胜数的铜钱和铜镜,以及其他许多精美的铜器。

西汉时,铜的产地有丹阳、越巂、益州诸郡。据《汉书·地理志》载,丹阳郡设有铜官,为西汉时唯一设铜官的郡。丹阳铜的产地,历来认为在今安徽当涂县境内,此地位于长江中下游铜矿区的东北端。当时人们称丹阳铜为"善铜""嘉铜",如铜镜铭文有云:"汉有善铜出丹阳,炼冶银锡清而明","杜氏作镜大毋伤,新有嘉铜出丹阳",[⑤]等等。这说明西汉以丹阳铜的质量最好。吴王刘濞谋反时,所据有"章山

---

① 现代青铜冶金试验表明:纯铜的布氏硬度为 35,若加 10% 的锡则铸造后的布氏硬度为 88,再经锻锤,硬度可上升到 228。
② 先秦、秦汉时许多场合所说的"金"是指现今的铜。
③ 参见郭沫若主编:《中国史稿》第 1 册,人民出版社 1976 年版,第 257 页。
④ 赵宗溥:《青铜文化来源考疑》,载《矿测近讯》第 88 期,1948 年。
⑤ 〔清〕陈介祺:《簠斋藏镜》。

之铜"。章山也在今安徽南部。又据《汉书·地理志》越巂郡："邛都，南山出铜。"邛都治今四川西昌市。该书还提到益州郡的俞元县怀山、来唯县从陆山均出铜。俞元县在今云南澄江县，来唯县在今云南蒙自市。可见北起西昌、南迄蒙自的铜矿带，西汉时即已发现。锡产于南方，《史记·货殖列传》："江南出连、锡。""连"，或说即为锡，或说为铅、锡合金。

东汉的铜矿产地，据《续汉书·郡国志》载有四处：俞元、邛都、朱提（今云南昭通）、贲古（今云南蒙自市东南）。前两处是继承前代的，后两处是在川滇铜矿带新开的矿。实际上的铜矿产地，应不止四处。例如从东汉后期铜镜铭文演化情况来看，继"善铜出丹阳"之后，出现了"铜出徐州、师出洛阳"，或"铜以徐州为好、工以洛阳著名"等铭文铜镜，说明徐州是继丹阳之后的另一个著名的铜矿产地。此地就是现在江苏省北部的铜山县。1955年在辽阳三道壕清理两座西晋壁画墓，出土了一面鸟纹规矩镜，铭文为"吾作大竟（镜）真是好，同（铜）出余（徐）州清且明兮"，亦是明证。又如山西运城洞沟的古铜矿遗址，崖壁上刻有东汉光和二年（179年）、中平二年（185年）的题记，考古工作者在1960年至1961年间发现有古矿洞七处，矿石是黄铜矿，也有少量孔雀石，并发现铁锤、铁钎等开矿工具和一块铜锭。① 可见著名的中条山铜矿，至迟在东汉末业已开采。

《续汉书·郡国志》记载锡的产地有三处。益州郡"律高，石室山，出锡"，贲古"采山，出铜锡"。律高在今云南开远市北，采山则在今个旧市。可见"锡都"个旧，东汉时即已产锡。另一处为汉中锡（故地在今湖北郧西县），"有锡，春秋时曰锡穴"，有人怀疑此非锡矿，而可能是铅矿。

魏晋南北朝时，铜、锡矿的记载也很少。吴黄武五年（226年），孙权"采武昌山铜铁，作千口剑、万口刀"。② 常璩《华阳国志》提到产铜之地有汶山郡之邛都县、梁水县（今云南开远市），产锡之地有兴古郡之律高县。南朝的铜矿，产于南广郡蒙山（今四川名山县西）③、武昌郡白雉山（今湖北大冶东）④、鄱阳郡玉山（今江西玉山县东）⑤、宣城郡的梅根冶（今安徽池州市贵池区梅龙街道）。据《太平寰宇记》载："自齐、梁之代为梅根冶以烹铜、铁，……铜山出铜，以供梅根监。"北朝的铜矿，产于恒

---

① 安志敏等：《山西运城洞沟的东汉铜矿和题记》，载《考古》1962年第10期。
② 《太平御览》卷三四三引陶弘景《刀剑录》。
③ 《南齐书》卷三七《刘悛传》。
④ 《太平御览》卷四八引《江夏图经》。
⑤ 《太平御览》卷一七〇引《鄱阳记》。

农郡铜青谷、苇池谷、鸢帐山(均在今河南三门峡市南)、河内郡王屋山(在今河南济源市西北)、南青州苑烛山(今山东沂水县境)、齐州商山(今山东淄博市东)①等地。

唐代产铜之地甚多,南北各地皆有。《旧唐书·食货志》载元和三年(808 年)诏云:"天下有银之山必有铜,铜者可资于鼓铸。"但主要集中在中条山区、太行山区、秦岭山区、剑南山地、南岭山区和长江下游丘陵地带。据《新唐书·地理志》记载,铜矿产地有陕州平陆,河中府解县,绛州闻喜、翼城、曲沃。这些地方均属中条山地区。《新唐书·食货志》载,天宝时,天下铸钱之炉九十九,而绛州三十,扬、润、宣、鄂、蔚皆十,益、郴皆五,洋州三,定州一。其中绛(治今山西新绛)、蔚(治今山西灵丘)二州合之占全国五分之二,则其地必为产铜最多之地。《旧唐书·食货志》载,大历四年(769 年)正月,"关内道铸钱等使、户部侍郎第五琦上言,请于绛州汾阳、铜原两监,增置五炉铸钱。许之"。《元和志》载,蔚州飞狐县(今河北涞源)三河冶旧置炉铸钱,至德后废。元和时复置五炉铸钱。太行山区的铜矿,产于潞州黎城、阳城、代州五台、太原府盂县、定州唐县,可见此山东、西两麓均有出产。秦岭铜矿主要产于商州(今陕西商洛市商州区),商州的红崖冶出铜益多,洛河上游的洛源监,岁铸钱七万二千贯。剑南山地的铜矿,出产于邛州临邛县(今四川邛崃市)的铜官山、雅州荥经县(今属四川)的铜山、梓州铜山县(今四川射洪县西)的可象山。南岭山区的产铜之地有郴、连、贺、桂四州(治所分别在今湖南郴州市、广东连州市、广西贺州市东南和桂林市)。郴州桂阳监,每年铸钱五万贯。长江下游丘陵地带的铜矿,出产于扬、润、宣、饶、信诸州(治所分别在今江苏扬州市、镇江市,安徽宣城市,江西鄱阳县、上饶市),扬州铜镜在唐代最为有名,②宣州当涂县"赤金山在县北一十里,出好铜与金类,《淮南子》《食货志》所谓丹阳铜也",③其地自南朝以来,为梅根冶所在。除上述六大铜矿集中产区之外,兖州莱芜县(今山东莱芜市)等地也产铜,渤海国的铜州(今吉林镜泊湖之南)当因产铜而得名。

隋唐时代的锡矿,见于《隋书·地理志》《新唐书·地理志》记载的分布在十六个县,其中秦岭、淮河以南地区有十一县:光州乐安,梁州西县,越州会稽,湖州安吉,虔州虔化、南康、大庾,道州江华,贺州冯乘、富川,潭州长沙;以北仅五县:洛州长水、伊阳,相州武安,泽州阳城,兖州莱芜。

①　《魏书》卷一一○《食货志》及卷四九《崔鉴传》。
②　《旧唐书》卷一○五《韦坚传》。
③　〔唐〕李吉甫:《元和郡县志》卷二九《江南道四》。

宋代铜矿的分布情况，和唐代比较起来有显著的变化。宋时铜矿集中分布在今江西、湖南、广东三省境内，而绛州铜矿到宋代已不见记载。

北宋元丰年间，有 22 个州（军）出产铜矿，其中以韶州岑水场、巾子场，潭州永兴场等地产量最高。南宋乾道元年（1165 年），李大正言："自昔坑冶铜课，最盛之处曰韶州岑水场、曰潭州永兴场、曰信州铅山场，号三大场。"①岑水场在曲江县（今广东韶关市）境内，是一个开发较晚的大型铜矿，元丰元年（1078 年）岑水场产铜12 808 430 斤，竟占当年全国铜总产量的 87.7%。后来产量虽急剧下降，南宋初产量为近四百万斤，乾道二年（1166 年）约十万斤，仍很可观。永兴场在浏阳县（今湖南浏阳市）境内，也是一个开发较晚的铜矿，元丰元年产量为 1 708 250 斤，占全国的 11.7%。经过八十多年开采，南宋绍兴三十二年（1162 年）年产量仍有 1 796 000斤，比元丰时略有增加，可见这个铜矿的蕴藏量是很丰富的。铅山场在铅山县（今江西铅山县南）境内，唐时已有开采，北宋初停罢，绍圣三年（1096 年）恢复生产，只产胆铜，乾道二年的产量为 96 336 斤。

宋代锡矿，据《宋会要辑稿·食货》三十三载，元丰时有 26 个州（军）产锡。这些州、军集中分布于今广东、广西、湖南、江西四省（区）交界的南岭山区。其中，贺州元丰元年锡产量为 878 950 斤，占当年全国总产量的 37.9%，可见贺州（今广西贺州市东南）是宋代的主要产锡之地。

到了元代，宋时铜矿产地多不见记载，可能是这些铜矿区内易采的富矿体已衰竭。不过，元代在益都路临朐县（今属山东）七宝山、锦州、瑞州的鸡山与巴山（在今辽宁省西部）、澂江（今云南澄江县）萨矣山均新辟了铜冶。澂江铜矿的开辟，为明清两代开发云南铜矿的先声。

元代铸币很少，产铜不多，锡的产量也不大，产地仅限于沅、辰、靖诸路②（今湖南西部芷江、沅陵、靖县）；而宋代产锡最多的贺州，元代也不见记载。

明代铜矿的分布情况，宋应星有简明的记载。《天工开物》下卷"五金"："凡铜坑所在有之。……今中国供用者，西自四川、贵州为最盛，东南间自海舶来，湖广武昌、江西广信皆饶铜穴，其衡、瑞等郡出最下品。"广信在今上饶市，衡州为今湖南衡阳市，瑞州为今江西高安市。可见铜产地全在长江流域。

明初，铜场仅江西德兴、铅山二处。正德九年（1514 年），军士周达请开云南

---

① 《宋会要辑稿》食货三四。
② 《新元史·食货志》。

诸银矿,因及铜、锡,此后遂屡开云南诸铜场。① 有人建议:"两京铸钱以铜价太高,得不偿费;可采云南铜,自四川运至岳州府城陵矶开铸。"②反映了当时云南产铜颇盛。

《天工开物》也记载了明代锡矿产地的分布情况,云:"凡锡,中国偏出西南郡邑,东北寡生。古书名锡为贺者,以临贺郡产锡最盛而得名也。今衣被天下者,独广西南丹、河池二州,居其什八,衡、永则次之;大理、楚雄即产锡甚盛,道远难致也。"临贺郡指今广西贺州市,南丹、河池今为广西二县市,衡、永为今湖南衡阳、永州二市,大理、楚雄则属云南。

清代的铜矿,主要分布在云南省境内,其次为四川西部,湖南、贵州、广西三省也有一定的产量。

云南铜矿的极盛时代,大约是在雍正初到嘉庆中期,铜厂从起初的十七厂发展到乾隆三十七年(1772年)的四十六厂,即使年产量最低的乾隆十五年也有 9 155 974 斤,最高的乾隆三十年可达 14 674 481 斤。该省铜矿的分布,大致可以分为三个集中的区域:(1)滇北区,包括东川、鲁甸、巧家、昭通、大关、永善、宣威、镇雄各州县,其中以原东川府所属各厂为最盛,特别是东川府城西南 160 里处的汤丹厂、会泽县境内的碌碌厂,两厂产量占全省产量的70%以上。当时运往北京宝泉、宝源两局铸钱用的滇铜,主要靠此二厂供应。(2)滇西区,包括永北、丽江、云龙、永平、保山、顺宁各州县,其中以顺宁(今凤庆)的出产为最盛。(3)滇中区,包括滇池和抚仙湖周围各州县,并南延至开远、蒙自等地,本区均属小厂,以寻甸、易门、云龙各处产量较丰。

嘉庆中叶以后,滇铜产量逐年下降,于是从嘉庆二十二年(1817年)开始采四川铜矿以济不足。四川的铜矿主要集中于西部的宁远、叙州二府,在地理上与滇北铜矿区同属一个整体,产量较大的有会理州(今会理县)迤北厂、金狮厂,西昌县(今西昌市)金马厂,盐源县甲子夸豹子沟厂,冕宁县金牛厂,屏山县龙门溪厂,马边厅(今马边县)铜大厂,雷波厅(今雷波县)分水岭厂等。

清代的锡矿,以云南、湖南二省开采最盛,云南主要是蒙自县的个旧锡矿,湖南锡矿产于郴州、宜章等地。

纵观历代锡矿的地理分布,以南方占压倒优势,无论是青铜时代,还是汉唐盛

---

① 〔清〕嵇璜等:《续文献通考》卷二三《征榷·坑冶》。
② 〔清〕嵇璜等:《续文献通考》卷一一《钱币考》。

世,抑或宋元明清,直至今天均产在南方,尤其以西南地区为盛。

历代铜矿生产的地理分布,则应以南方为主。唐代以前,北方虽然出现过像徐州、中条山这样的大型铜矿,但南方的大型铜矿更多。宋代以后,随着南方铜矿的进一步开发和随之而来的矿业经济的崛起,北方铜矿在经济中所占比重越来越小,以至于今天全国六大铜矿中,北方仅有山西中条山、甘肃白银厂两处,年产铜均为 1 万多吨,仅占全国年产量 30 多万吨的 6.7% 而已;其余安徽铜陵、江西德兴、湖北大冶、云南东川四大铜矿全部位于长江流域,年产铜分别为 12 万多吨、10 万多吨、5 万多吨和 1 万多吨,占全国总产量的 93.3%。中国古代经济重心的南移,当与铜矿业经济的变迁有关。

四、铁

铁矿石在自然界中虽分布极为广泛,却因铁的熔点高,冶炼技术复杂,人类发现和使用铁较晚;但由于铁器硬度强、韧性高,它的出现最终排斥了石器和青铜器,促进了生产力的较快发展,因而它标志着文化发展史上一个崭新时代的降临。

在目前已发掘的殷商、西周以至春秋早期的墓葬中,至今尚未发现有冶铁遗址或铁器实物。迄今可以确定为春秋末期出土的铁器仅有十余件,器类简单,形体薄小,当属铁器刚出现不久之物。我国目前发现最早的铸铁件是 1964 年在江苏六合程桥春秋晚期 1 号墓出土的铁丸,经金相分析系白口铁铸成。最早的铁容器是 1977 年在湖南长沙窑岭 15 号楚墓出土的铁鼎,重 3 250 克,年代为春秋、战国之交。所以,考古学界多认为楚国是我国最早冶炼和使用铁器的地方。

战国中叶以后,铁器逐渐推广、普及开来,因而发现和开采的铁矿也愈来愈多。《管子·地数篇》记载"出铁之山三千六百九",《山海经》所载产铁之山三十七。《尚书·禹贡》"华阳黑水惟梁州……贡镠、铁、银",此梁州系指秦岭以南广大的西南地区。迄今为止发现的上千件先秦铁器中,绝大部分是战国中晚期的铁制品,种类有斧、锛、凿、刀、锤、钻、犁、臿、耙、锄、戟、矛、鼎、盆、盘、甲胄、匕首、带钩等生产工具、生活用具、装饰品和武器等。在齐都临淄、韩都新郑都发现过冶铁手工业作坊遗址。

秦统一中国后,执行冶铁官营的经济政策,但全国设置了多少铁冶,史无明文。我们所知今四川邛崃山区,当时肯定是一处大铁冶,《史记·货殖列传》载:"蜀卓氏之先,赵人也,用铁冶富。秦破赵,迁卓氏……致之临邛,大喜,即铁山鼓铸,运筹策,倾滇蜀之民,富至僮千人。"又,"程郑,山东迁虏也,亦冶铸,贾椎髻之民,富埒卓氏。俱居临邛"。

西汉武帝于元狩四年(前 119 年)宣布盐铁官营政策,在全国置铁官 49 处。[1]另有铁矿产地两处,共 51 处。这些铁官和铁矿产地的分布,以今日政区而言:山东 12 处,河南、江苏各 7 处,河北、陕西各 6 处,山西 5 处,四川 3 处,北京、辽宁、甘肃、安徽、湖南各 1 处。其中江苏 7 处,安徽 1 处全在长江以北。可见当时全国铁官和铁矿产地的地理分布,以北方占绝对优势;广大的长江中下游以南地区,仅有桂阳郡(今湖南郴州市)一处,显然是南方开发较晚、进入广泛使用铁器的时代较中原亦为晚之故。

迄今为止已发现的二十多处西汉铁冶遗址,也全部在长江以北;其中在今河南省者即有 10 处,其中以著名的巩义铁生沟、郑州古荥镇等处规模最大。考古证明铁生沟冶铁遗址中所采用的铁矿石,采之于遗址附近的南、北两山上。

在已发现的西汉冶铁遗址中,有些与文献记载的铁官不相吻合。如新疆民丰、库车、洛浦发现的三处冶铁遗址,均不见于《汉书·地理志》。当时为了抗击匈奴、出兵大宛,几十万大军需用铁制兵器来装备,这三处可能是战时临时设置的铁冶作坊。像北京市清河镇、内蒙古和林格尔两处西汉铁冶遗址,亦可作如是观。另外在四川西昌市南 40 千米黄联关区东坪村一带发现冶铸遗址,炼渣厚积,炉群列布,应属汉代郡国铸钱工场。[2]由此可以推断西汉时期的铁矿和铁官数,必然超过文献记载的数量。

东汉的铁官分布,据《续汉书·郡国志》载有 34 处,以今日政区而言,计有:山东 5 处、山西、江苏各 4 处,河南、河北、陕西各 3 处,北京、四川、辽宁、安徽、湖南各 1 处,以上 27 处与西汉同;另有新增铁官 7 处,计四川 3 处、云南 2 处、甘肃与河北各 1 处。与西汉相比,山东的铁官数由 12 处减到 5 处,江苏、河南、河北、陕西四省的铁官也裁撤了一半,变动较大;而四川新设铁官 3 处,云南新设 2 处,反映了东汉时期西南地区的冶铁生产具有很大的发展。

汉末大乱,铁的生产遭受很大的破坏,曹操曾改铁制刑具为木制。[3]曹操统一北方后,始在河北开冶,设"司金都尉""监冶谒者"等职,专门管理冶铁事业;其中韩暨大力发展水冶,"在职七年,器用充实"。[4]曹魏立国后,又在白超垒(今河南新安县铁门镇东)、京兆(今陕西西安市西北)、天水(今甘肃甘谷县东南)、南安(今甘肃陇西渭水东岸)等地发展铁冶。刘备据有益州,以张裔为司金中郎将,"典作农战之

---

① 详见《汉书》卷二八《地理志》。
② 四川大学历史系考古专业西昌市文物管理所《四川西昌东坪汉代冶铸遗址的发掘》,载《文物》1994 年第 9 期。
③ 〔元〕马端临:《文献通考》卷一六四《刑考三》。
④ 《三国志》卷二四《魏书二十四·韩暨传》。

器"；①越巂郡的定筰、台登、卑水三县（治所分别在今四川盐源县南、冕宁县东、会理县东北）产铁，蜀汉设官管理后"器用周赡"。② 孙吴立国东南，铁冶以武昌（今湖北鄂城）较为发达，"采武昌山铜铁，作千口剑、万口刀"。③

西晋统一全国后，设"卫尉"一职，专管江北"冶令三十九、户五千三百五十"，④而江南只有梅根冶（今安徽贵池市东北）和冶塘（今湖北武汉市武昌区东南），不属卫尉管辖。永嘉之乱以后，江北诸冶大都遭到破坏而废弃，而江南的梅根、冶塘两冶乃显得日益重要。东晋的冶铁业还从长江流域向珠江流域发展，据《晋书·庾翼传》："时东土多赋役，百姓乃从海道入广州，刺史邓岳大开鼓铸，诸夷因此知造兵器。"反映了当时冶铁业不仅在汉族地区，同时也向少数民族地区传播的事实。不过，迨至东晋末年，江南诸铁冶因"收入甚微"而只保留了铜官大冶（即梅根冶）和都邑小冶各一处，"余者罢之"。⑤

十六国时，战争频繁，矿业生产几乎无可称述，惟因军事需要而尚有一定的冶铸业。如后赵石虎曾在渑池建立铁冶，徙刑徒于此处冶铁。⑥ 南燕慕容德也在商山（今山东桓台县东南）建立铁冶。⑦ 此时的西域，社会相对安定，"屈茨北二百里有山，夜则火光，昼日但烟，人取此山石炭冶此山铁，恒充三十六国用"，⑧反映了当时屈茨（今新疆库车）冶铁业的发达。

北朝以北魏时相州的冶铁作坊"牵口冶"最为有名（故地为今河南浚县北十八里之牵城），"常锻炼为刀，送于武库"。南朝梁时浮山堰（在今安徽五河县东），梁武帝下令"引（建康）东、西二冶铁器，大则釜鬲，小则锸锄，数千万斤，沉于堰所"。⑨ 足见东、西二冶铁器的产量相当可观。

据《新唐书·食货志》载，唐代官营铁冶最初只有铁山五处，到宣宗时增加到七十一处。唐代产铁分布零散，但相对集中于下列六个地区：（1）胶东半岛。此地最大的冶铁中心为兖州莱芜县（今山东莱芜市），《新唐书·地理志》载有铁冶十三。《元和郡县志》兖州莱芜县："韶山在县西北二十里，其山出铁，汉置铁官，至今鼓铸

---

① 《三国志·蜀书·张裔传》。
② 《三国志·蜀书·张嶷传》。
③ 《太平御览》卷三四三引陶弘景《刀剑录》。
④ 《宋书》卷三九《百官志》。
⑤ 《宋书》卷四二《王弘传》。
⑥ 《晋书》卷一〇六《石季龙载记上》。
⑦ 《晋书》卷一二七《慕容德载记》。
⑧ 《魏书》卷一一〇《食货志》。
⑨ 《梁书》卷一八《康绚传》。

不绝。"《新唐书·王涯传》:"自李师道平,三道十二州皆有铜铁官,岁取冶赋百万。"此 12 州是:郓、曹、濮为一道,淄、青、齐、登、莱为一道,兖、海、沂、密为一道,这些地方差不多涵盖了今山东大部分地区。《太平寰宇记》载青州有铁冶十八,当为唐末五代时事。(2)太行山东西两翼。据《新唐书·地理志》,太行山西侧的河东道,有 12 府州、13 县产铁;东侧的河北道有 5 州 7 县产铁。大抵太行山区、吕梁山区、五台山区是唐代产铁中心之一,其中并州(太原府)的铁器很有名,杜甫云:"焉得并州快剪刀,剪取吴淞半江水",①任华作诗曰:"锋芒利如欧冶剑,劲直浑是并州铁。"②(3)剑南山地。据《新唐书·地理志》及《元和郡县志》载,剑南山区有 15 州,24 县产铁;邛州还有官营的铁矿,《元和郡县志》于邛州临溪县下载:"孤石山在县东十九里,有铁矿大如蒜子,烧合之成流支铁,甚刚,因置铁官。"(4)秦岭山区。据载秦岭山区有 5 府州、7 县产铁,西起秦州成纪,东至兴元府西县。(5)江南丘陵地区。据载长江中下游地区丘陵地区产铁处,有 15 州、25 县,分布在今湘、鄂、赣、浙、闽诸省及苏、皖二省南部。其中舒州(今安徽潜山)、宣州(今安徽宣城市)是全国贡铁最著名的两州。《全唐文》卷七五一杜牧《上盐铁裴侍郎书》:"盐铁重务,根本在于江淮。"(6)南岭山区。据载广、连、昌、贺、永、道、虔 7 州 11 县产铁。

此外,渤海国的位城也产铁。《新唐书·渤海传》:"俗所贵者曰……位城之铁。"位城系铁州治所(故址在今吉林敦化市东南),铁州当因以产铁著称而得名。

北宋铁矿分布于 36 个州(军、府)内,以北方居多。元丰元年(1078 年)铁的产量为 5 501 097 斤,其中邢州(治今河北邢台市)綦村冶 2 173 201 斤,占 39.5%;磁州(治今河北磁县)固镇冶 1 971 001 斤,占 35.8%;徐州(今江苏徐州市)利国监 308 000 斤,占 5.6%;兖州(今山东兖州市)242 000 斤,占 4.4%;威胜军(今山西沁县)228 286 斤,占 4.1%。此五处铁产地,全在北方,产量占全国的 89.4%。沈括所说的"百炼钢",即产于磁州。③

南宋时,邢、磁、徐、兖州和威胜军的大型铁矿已划入金朝版图;南宋境内的铁矿,主要分布在今江西境内的信州铅山场、抚州东山场和弋阳县、上饶市。

关于辽、金的铁矿生产,文献记载不详。考古工作者于 1961—1962 年期间在黑龙江阿城县五道岭地方,发现了金代中期的铁矿井 10 余处,炼铁遗址 50 余处,

---

① 〔唐〕杜甫:《戏题王宰画山水图歌》,《全唐诗》卷二一九。
② 〔唐〕任华:《怀素上人草书歌》,《全唐诗》卷二六一。
③ 〔北宋〕沈括:《梦溪笔谈》卷三《辨证一》。

并查明金代铁器在黑龙江省有大量广泛的分布。

元代将铁分成生黄铁、生青铁、青瓜铁和简铁四等,①产地以腹里为主②。从元太宗八年(1236年)到仁宗延祐六年(1319年)的80多年间,腹里境内先后共设铁冶26所,其中在今山西境内的有大通、兴国、惠民、利国、益国、闰富、丰宁8所(丰宁之冶有二),在今河北东部的有双峰、暗峪、银筐、大峪、五峪、利贞、锥山7所,在今河南北部、河北南部太行山麓地区有神德、左村、丰阳、临水、沙窝、固镇6所,在今山东境内的有宝成、通和、昆吾、元国、富国5所。这些铁矿产地,有的是继承宋代的,有的是新发现的。虽然这些铁冶的年产量不详,但各地冶户多至760至6 000户,可以想见其规模是相当庞大的。

元河南江北行省的铁,主要产于颍州(今安徽阜阳市)、光化(今湖北老河口市)。除腹里、河南外,铁课"独江浙、江西、湖广之课为最多"。③

明洪武六年(1373年),全国置铁冶13所,其中南方6所、北方7所,但各冶的产量差别很大,兹将洪武七年的铁冶产量列表如下:

布政司	冶　名	产　量(斤)
山　西	大通冶(太原府)	120 000
	富国冶(平阳府)	221 000
	丰国冶(平阳府)	221 000
	润国冶(潞　州)	100 000
	益国冶(泽　州)	100 000
陕　西	巩昌冶(巩昌府)	178 210
山　东	莱芜冶(济南府)	720 000
江　西	进贤冶(南昌府)	1 630 000
	新喻冶(临江府)	815 000
	分宜冶(袁州府)	815 000
湖　广	兴国冶(武昌府)	1 148 785
	黄梅冶(黄州府)	1 283 992
广　东	阳山冶(广州府)	700 000

说明:本表采自夏湘蓉等著《中国古代矿业开发史》第146页,略有变动。

---

① 《元史》卷九四《食货志二·岁课》。
② 《元史》卷五八《地理志一》:"中书省统山东、西、河北之地,谓之腹里,犹云内地。"
③ 《新元史·食货志》。

由上表可知,进贤、兴国、黄梅三冶的年产量,均超过了 100 万斤;而山西虽有五冶,加起来却只有 762 000 斤,尚不及进贤一冶产量的一半。总计南方六冶铁的产量为 6 392 777 斤,占当年全国总产量 9 052 987 斤的 70.6%;北方七冶产量仅为 1 660 210 斤,占总产量的 18.3%;其他不设铁冶的地区(含北平、河南、浙江、四川等布政司)铁的产量占全国总产量的 11.1%。可见,明初全国铁冶业的重点已明显地南移。

明初铁的生产,相对来说产量很大,洪武初年全国官铁总年产量为 1 800 余万斤,其中湖广 600 余万斤,占全国总产额三分之一强,[1]达到了当时的历史最高水平,因而铁已过剩。于是洪武十八年(1385 年)"罢各布政司铁冶",[2]八年后再开官冶。到洪武二十八年,内库库存铁多达 3 743 万斤,因此太祖"诏罢各处铁冶,令民得自采炼"。[3] 明朝中、后期,铁冶生产的地理格局稍有改变。在北直隶,出现了著名的"遵化铁冶"。遵化即今河北遵化市。遵化铁冶的工人最多时达 2 500 多人,最少时也有 1 500 多人,是明代中后期最大的铁矿生产基地,所以正统初上谕工部曰:"军器之铁止取足于遵化收买。"[4]在山西,仅阳城一县在天顺、成化年间(1457—1487 年)的产量,就相当于明初山西全省每年铁产量的七八倍。[5]

清代的铁矿产地,有 135 处,内地十八省中除河南、安徽、江苏三省之外,均有出产。[6] 著名的铁厂,北有汉中(陕西)、南有佛山(广东)。张之洞在湖北创办汉阳炼铁厂,铁矿石来源于大冶铁矿。民国年间,少数地质工作者曾对辽宁鞍山、湖北大冶、海南岛石碌、四川攀枝花、内蒙古白云鄂博等地的铁矿作过一些调查研究,初步估算全国的铁矿储量约有 1 亿多吨。

纵观历代冶铁生产的地域分布,基本上可以说是以北方黄河流域为生产重心,因为从秦汉到清代(明初除外),黄河流域铁冶点占全国总数的百分比一直在 80% 以上,即使最低的现代也占了 76%。历代黄河流域铁冶点的地理布局,从具体位置上看大多数位于山地或丘陵的边缘、沟谷地带,而在总体上又集中于五大区域,即:燕山—太行山—崤山山脉、山西山地、豫西山地、鲁中山地和关中盆地。这五大区

① 夏湘蓉等编著:《中国古代矿业开发史》,地质出版社 1980 年版,第 141 页。
② 《明史》卷八一《食货志五》。
③ 《明太祖实录》卷一七六及卷二四二。
④ 《明会要·食货五》引孙承泽《春明梦余录》。
⑤ 白寿彝:《明代矿业的发展》,载《北京师大学报》创刊号(1956 年第 1 期)。
⑥ 由于学术界缺乏对清代铁矿产业的系统研究,此处对这一内容无法展开详细的叙述。

域总面积不及整个黄河流域的四分之一，而长期保持了约占总数五分之四的铁冶点；其中又以燕山—太行山—崤山地区为铁冶生产最为集中的区域，这一区域一直保持了约占总数 30％的铁冶点。① 只是近代以来铁矿勘探技术的进步，才逐渐改变了这一区域独占鳌头的局面。

---

① 以上观点，均系郭声波《历代黄河流域铁冶点的地理布局及其演变》一文的结论，载《陕西师大学报》1984 年第 3 期。

第十二章 城市分布和交通
路线的历史变迁

  城市是社会发展到一定阶段出现的具有多种职能的综合体,是一种特殊的地理空间。一般说来,城市是一个国家或地区的政治、经济和文化中心。中国历史上的城市,大多先是国家和地区的政治中心,如国都和各级地方行政区划的首府,政治是其主要职能。由于其处于一个国家或地区的领导地位,随后也发展成为经济和文化中心。唐宋以后,随着商品经济的发展,才开始出现以经济职能为主的城市,这些城市中有的是在原来政治中心城市的基础上发展起来的,如扬州、泉州、广州、明州等,有的则完全是由手工业、商业的繁荣而新兴发展起来的以经济职能为主的城市,如东南地区的盛泽、震泽、景德镇等。单纯的文化城市,在中国历史上没有出现过,因为中国传统社会里,文化必须依附当时的政治和经济,所以文化中心往往是当时的政治或经济中心。如汉唐的长安、洛阳,明清的北京、扬州、苏州等。

  交通路线是维系城市之间联系的动脉,是人类在地理空间内开展社会活动的必要保障条件,它的开辟和畅通与不同时期城市布局和发展变化密切相关。上文已述,中国历史上城市大多为某一地区的政治中心,故早期交通路线的开辟,目的不外乎以下传政令、上达民情、输送赋税、调动军队等政治职能为主,当然也不排除公私用以流通商品。唐宋以后政治中心在北方,而经济中心南移,于是漕运成为交通路线一大重任。宋元以降至明清时期,各地商品经济贸易空前发展,单纯为输送商品的交通路线渐次开辟,同时因商品储存、流转的需要,在交通枢纽地也出现新的城市,全国规模的城市、交通网络逐渐形成。因此,历史上交通网络的兴衰变迁,与全国政治(包括军事)、经济格局的变化有密切关系。

  我国历史上交通路线大致上可分为陆路、水路和海上交通三类。因"南船北马"的特点,北方以陆路交通为主,南方以水路交通为主。陆路交通路线的开发,因自然条件和生产力水平的制约,自早期开辟以后,大多为后代因袭沿用,古今变化较少。如今天京广、陇海铁路,入川、入滇的交通路线,大致在战国秦汉时已经形成。直至近代炸药发明以后,才可能开山凿岭,克服自然的制约,选择更理想的交通路线。水路交通主要依靠天然河流，由于我国中原地区天然河流大多东西流向，为满足南北水运交通的需要，往往以开凿人工运河以弥补之，所以我国运河水利特别发达。天然河流的河道时有改道、淤浅的变迁，人工运河的选线又随着政治、经济格局的变化而变迁，所以水运交通路线的古今变化较大。我国东部有 1.8 万千米的海岸线，海上交通在我国起源也很早，至少可以追溯至公元前好几个世纪。但由于早期航海技术的限制，而内陆水陆交通又便捷，不必冒海上风涛之险，所以东部沿海城市之间的海上交通并不发达。倒是自汉代以来去南海诸国的海上交通，很早就已开始。宋元以后，因海外贸易的需要和航海技术的提高，域外海上交通成为海外贸易的主要航路，同时也因国际交往的发展而不断地延伸和发展。

第一节　先秦时期的城市和交通

近十余年来，考古学家在不少省份陆续发现了数十座原始社会后期或青铜时代早期的筑有坚固城墙的城邑遗址。这些城邑遗址属于不同的史前文化，时代可上溯至四五千年以前。遗址的共同特征自然是有城墙遗迹，所以称它们为"城"。由于这些城邑的性质难断，考古学界有人含混地称它们为"文化城"。从历史地理学视角而言，只能暂置不论。从现存文献包括甲骨文在内的资料而言，我国交通路线的开辟和准确意义上城市的兴起为时很早。据《古本竹书纪年》等历史文献记载，夏代自禹至桀曾多次迁都，有安邑（今山西夏县）、阳城（今河南登封）、阳翟（今河南禹州市）、平阳（今山西临汾）、夏邑（今河南禹州市）、斟寻（今河南偃师）、帝丘（今河南濮阳）、斟灌（今河南清丰东南）、纶（今山东济宁）、原（今河南济源）、老丘（今河南陈留）、西河（今豫西陕东，一说今河南内黄）等。商代几次所迁的都城有：亳（今河南偃师，一说郑州商城）、嚣（今河南荥阳东北敖山，一说郑州商城）、相（今河南内黄）、邢（今河北邢台）、庇（今山东郓城）、奄（今山东曲阜）、殷（今河南安阳）等。以上一些都城，以及西周时都城丰、镐和各诸侯国都城都是当时各地的重要城市。为了政治统治和经济交流的需要，各地区城市之间也有了相当发达的水陆交通路线。甲骨文里已有"车""舟"二字。商代不断扩展势力，沟通各地区的交通道路必然逐步形成。商代晚期可能已形成以商都为中心的远方道路系统。据彭邦炯推测，商代远方道路有六条：（一）向东南方，通往徐淮地区的大道，即征人方的往返路径。（二）向东北方，通往今辽宁朝阳地区大道。（三）向东方，通古蒲姑（今山东博兴县一带）。（四）向南方，通往湖北、湖南、江西等地。（五）向西方，沿黄河、渭水,达于周人丰镐一带。(六)向西北方,入太行,交通舌方、土方。① 《诗经》中所称颂的"周道如砥,其直如矢","周道倭迟",反映了周朝境内已有了坦直绵长的陆路大道。然而中国城市和交通路线的大规模兴起和开辟,则始于春秋战国时代。

春秋战国时期,因列国之间交往频繁,工商业比较发达,进一步推动了道路网络的发展。魏、赵、齐等国间道路交错,史称"午道",在赵国东、齐国西,横竖交错。② 在东西方向上,东方各国与西秦之间有一条由成皋沿黄河至函谷关的"成皋之路",③在南北方向上则有太行山东麓大道,是古代华北最重要的南北通道。自楚国北上中原,则需经南阳盆地而东出伏牛山隘口,此为"夏路"。④ 汾水谷地纵贯山西,是略次于太行山东麓大道的南北通道。在西南部地区,有秦国开辟的向蜀地的金牛道。在东部海滨,齐、燕之间亦有通道。

在水运方面,公元前 647 年,秦国沿渭水、黄河、汾水水道,将大量粮食由秦都雍(今陕西凤翔南)运至晋都绛(今山西翼城东),以赈灾荒,史称"泛舟之役",是先秦史上一次大规模的水运活动。江淮地区,水网密集,水运得天独厚,而列国又在天然河流的基础上,开凿人工运河,使运道更加便捷。如楚国在江汉平原开扬水;吴国开邗沟以沟通江、淮,又开菏水以沟通商、鲁;齐国在临淄城西开河沟通济水、淄水。魏惠王迁都大梁(今开封)后开凿的鸿沟是战国时代中原地区沟通河淮的最重要的人工运河,沟通了河淮之间的济、汝、颍、涡、睢、泗等河,形成了以鸿沟为干渠的水运交通网。至此,黄、淮、江三大水系均有水运可以通达。

春秋战国时期的城市多受到上述交通发展的推动,位于交通枢纽的城市或者被择为列国中心都邑,或者为商人会聚之所,成为有名的商业都会。这类城市可举出秦之咸阳(今陕西咸阳东北),魏之大梁(今河南开封),赵之邯郸,燕之涿(今河北涿州市)、蓟(今北京宣武区),韩之荥阳(今河南荥阳北)、郑(今河南新郑),齐之临淄(今山东淄博临淄),周之雒邑(今河南洛阳),郑之阳翟(今河南禹州市),楚之郢(今湖北江陵北纪南城)、宛(今河南南阳市)、寿春(今安徽寿县),宋之陶(今山东定陶西北)、睢阳(今河南商丘),卫之濮阳(今河南濮阳南),越之吴(今苏州),等等。

---

① 彭邦炯:《商史探微》,重庆人民出版社 1988 年版,第 267 页。
② 〔西汉〕刘向:《战国策》卷一九《赵策二》。
③ 〔西汉〕刘向:《战国策》卷五《秦策三》。
④ 《史记》卷四一《越王句践世家》。

雒邑位于秦、齐、楚、赵间纵横往来的交通孔道,被称为"天下之朝市"。① 邯郸地处太行山东麓南北交通大道上,又为冶铁中心,工商业发达。吕不韦在此经商,家累千金。陶邑地处中原主要水运航道济、泗二水的交会处,为诸国"货物所交易"的"天下之中"。② 濮阳(卫)也地处水运要冲,繁荣可与陶邑相匹,史云"富比陶、卫"。③ 齐国临淄为东方第一都会,"临淄之途,车毂击,人肩摩,连衽成帷,举袂成幕,挥汗成雨,家敦而富,志高而扬"。④ 韩国旧都阳翟也是著名商业都会,吕不韦曾是阳翟大贾,"往来贩贱卖贵,家累千金"。⑤ 蓟城(今北京)处于数条大道的交会之处:向南为太行山东麓大道,西北出南口直上蒙古高原,东北出古北口,通向松辽平原,正东横越小平原,沿燕山南麓直趋海滨。北京城(最早称蓟城)在三千余年的历史中没有出现大幅度的城址移动,即因其交通地位之重要。其他城市的繁荣无不与交通、商业发展有关。

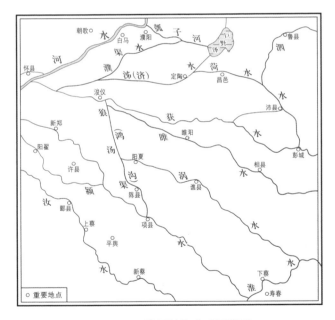

图 12 - 1　战国鸿沟水系形势图

---

① 〔西汉〕刘向:《战国策》卷三《秦策一》。
② 《史记》卷一二九《货殖列传》。
③ 《战国策·齐策六》。
④ 《战国策·齐策一》。
⑤ 《史记》卷八五《吕不韦传》。

第二节 秦汉时期的全国交通——城市体系的形成

秦始皇统一六国,将战国以来零乱错杂的交通道路进行统一规划和改建,如大修驰道,自京师达于四方。《汉书》卷五一《贾山传》载:"为驰道于天下,东穿燕、齐,南极吴、楚,江湖之上,濒海之观毕至。道广五十步,三丈而树,厚筑其外,隐以金锥,树以青松。"同时又开凿了沟通湘、漓二水的灵渠,于是形成了以咸阳为中心向全国辐射的水陆交通网。汉代兴起,又在此基础上加以扩展和延伸,陆路有汉武帝所开通穿越秦岭的故道、褒斜道、子午道,通往蜀、滇的西南夷道,通往西北的回中道等;水路有武帝时开凿的关中漕渠等。秦汉时,形成下列几条交通干线:

一、西北干线。由长安向西,沿渭水河谷或泾水河谷,逾陇山或六盘山,贯通河西走廊通往西域各地。

二、北路干线。有两条:一条是秦始皇为抵御匈奴所开的直道。自咸阳北面淳化为起点,北由子午岭上,进入鄂尔多斯草原,至今包头市西南秦九原郡治所。今尚有断续遗迹可寻,汉时仍被利用。一条从长安(或咸阳)东出,沿渭水至蒲津渡河,沿汾水河谷而上,经平阳、太原,以至云中、代郡。原战国时的秦晋交通本多由此道。

三、西南干线。由渭水流域向南穿秦岭间河谷,由故道、褒斜道、子午道等栈道进入汉中盆地,再由战国时秦国所开石牛(金牛)道入蜀。秦灭蜀即由此道。自此再循秦汉时所开五尺道或称西南夷道入滇。

四、南路干线。由长安东南出武关,经南阳盆地出襄阳,下汉水至江陵,由荆江溯湘水经灵渠下漓水、郁水(今西江)至番禺(今广州)。由此入海,再往南海诸国。另外还有从长江溯湘、赣等水而上,越过五岭的几条山道如横浦关(今梅岭关)、阳山关、湟溪关等,进入岭南地区。

五、东路干线。从长安东出函谷关至洛阳,东经成皋、荥阳,循济渎抵定陶,又顺济、淄以达东方大都会临淄。这条路线是战国以来中原地区东西交通干线,也是秦汉帝国的动脉。

六、东北干线。从长安至洛阳,再由洛阳渡河,沿着太行山东麓,经邺、邯郸,以通涿、蓟,复向东北至辽东地区。

七、东南干线。由洛阳东经成皋、荥阳至陈留,沿着战国时魏国所开凿的鸿沟南下,由颍水入淮,逾淮由淝水、巢湖以抵达长江,渡江由胥溪运河进入太湖地区。另一支线即由济渎经定陶出菏水,由泗水入淮,复沿吴国所开邗沟抵达江干,渡江而至太湖流域。

八、长江干线。这是唯一一条不由首都出发的水运干线。长江流量稳定,是理想的水运航道。干流自宜昌以下均可通航。公元前308年秦司马错率巴蜀众10万,大船万艘,米600万斛,浮江伐楚。公元前210年秦始皇自云梦一带浮江而下,过丹阳,至钱唐(今杭州)。

在上述干线之间还有许多支线相连,难以备述。这一全国性水陆交通网是先

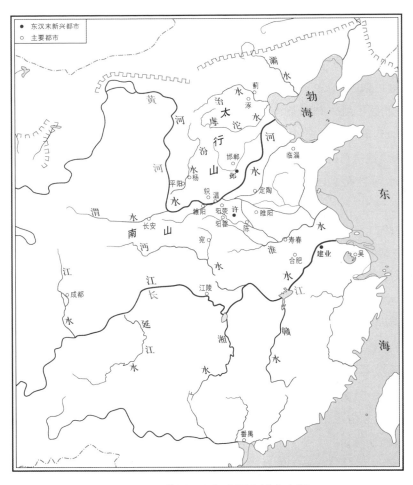

图 12 - 2　战国至西汉主要都城分布图

秦以来长期形成,而又由秦汉帝国统一经营的结果。不仅在当时起着加强各地经济文化交流和巩固统一帝国的积极作用,并且为后代长期沿用,直到近代铁路修筑以前,仍然是中国境内的主要交通干线。

随着各地区之间经济交流的加强,原先分布在这些主要交通干线上的城市得到进一步的繁荣和发展。从全国范围来看,长安、洛阳、成都、临淄、邯郸、宛是全国最重要的都会,分别坐落在当时的关中、三河、巴蜀、齐鲁、燕赵、南阳六个经济最发达的地区。经济区划的观念意识在汉代已经出现,司马迁在《史记·货殖列传》中以相当成熟的区划观念,对几大经济区进行了描述,突出了区域范围、物产、都市、交易之物、风俗等内容。其中对于都市的地理地位十分重视,将一地区的重要商业城市称为"一都会也"。除此之外,当时主要的都会还有温、轵、杨、平阳、蓟、荥阳、睢阳、陈、阳翟、定陶、寿春、合肥、江陵、吴、番禺等。它们大多为郡国首府,并多数集中于黄河流域。

长安为西汉首都,替代了被毁灭的秦都咸阳,成为全国的政治中心。由于商业繁荣、人口密集,也是全国的消费中心。城内"街衢洞达,闾阎且千;九市开场,货别隧分;人不得顾,车不得旋;阗城溢郭,傍流百廛"。① 举世闻名的丝绸之路,即以此为起点,也可谓是当时一国际性都会。雒阳在西汉仍保持自战国以来"天下之朝市"的地位,居民多以商贾为业。东汉建都雒阳成为全国政治中心后,更促进了城市的繁荣。邯郸在西汉时仍为冶铁中心,是河北平原上最大的工商业城市。临淄在西汉时设有铁官、服官,尤以丝织业著称于世。武帝时"临淄十万户,市租千金,人众殷富,巨于长安"。② 成都是战国以来"天府之国"的经济中心,不仅以产蜀锦闻名于世,金银器、漆器制造业亦甚可观,为西南地区一大都会。宛是邯郸以外另一冶铁中心,南阳孔氏以冶铁业兼营商业致富数千金。宛又因为位于关中、河洛、江淮交通之冲,人民多经商,故有"宛、周、齐、鲁商遍天下"。③ 王莽时强化经济集权,于长安及雒阳、临淄、邯郸、宛、成都六大都市立五均官,以统制全国工商业,可见均为当时全国第一流都会。

其余政治地位稍次的城市,因居水陆交通沿线或枢纽,而成为一方的商业中心。黄河以北以陆路交通为主,蓟、涿因地处太行山东麓南北交通大道上,成为河

① 〔东汉〕班固:《西都赋》。
② 《史记》卷五二《齐悼惠王世家》。
③ 〔西汉〕桓宽:《盐铁论·力耕》。

北平原北部两大都会。河东地区的杨（今山西洪洞东南）、平阳（今山西临汾西南）则因处于晋西北畜牧区与汾、涑河流域农耕区之间，而获贸易之利，成为一方商业据点。轵（今河南济源南）、温（今河南温县西）位于太行山区进入华北平原南北陉道和黄河北岸东西大道交汇点上，成为洛阳北面的两个商业都会。黄河以南以水运为主，阳翟由颍水可达陈、蔡，荥阳位于河济分水的水运咽喉，均成一方都会。定陶仍因居"天下之中"，为东西贸易中心。与定陶地理条件相近的有睢阳和陈（今淮阳），前者处于获、睢二水之间，丝织业比较发达，后者位于鸿沟和颍水交汇处，因水运之便，史称"天下之郊"。① 合肥和寿春因沟通江、淮两大流域，而被列入重要都会。长江中游的江陵和下游的吴都具有优越的水运条件，前者近物产富饶的云梦地区，后者有三江五湖之利，均为一方首要都会。岭南的番禺则是西汉时海路对外贸易中心。河西走廊的武威、张掖、酒泉、敦煌，是西汉王朝通往西域交通道路上的名城。

总的说来，秦汉统一局面，为富商大贾的周游天下，沟通货物，提供了良好的社会条件。正如《盐铁论·力耕》所云："自京师东西南北，历山川，经郡国，诸殷富大都，无非街衢五通，商贾之所臻，万物之所殖者。"充分说明了商业城市地理位置与交通路线的关系。

第三节　魏晋南北朝时期南北城市交通路线格局的变化

魏晋南北朝时期的长期战争破坏了社会正常的经济秩序，城市成为军事攻击的主要对象，尤其是大城市，更是屡遭战火的破坏。董卓兵烧洛阳，造成"洛阳何寂寞，宫室尽烧焚"。李傕、郭汜混战于关中，长安城内"白骨委积，臭秽满路"。其他如宛城、徐州等"名城空而不居，百里绝而无民者，不可胜数"。②"中国萧条，或百里无烟，城邑空虚"。③ 昔日都市繁盛的景象在中原大地上扫荡殆尽，留下的是一座座城市的残破丘墟。除政治军事的因素以外，在社会经济方面也有重要的变化，也造成城市的衰落。因为东汉亡后，生产力遭到巨大破坏，商业停滞，自然经济完全占据了统治地位。在商业衰落的环境下，自春秋战国以来，从王侯营垒基础上发展起来的商业城市，日益丧失其经济支持而走向衰落。与此同时，由于战争和分裂局面

---

① 《汉书》卷五二《灌夫传》。
② 《后汉书》卷四九《仲长统传》。
③ 《三国志》卷五六《吴书·朱治传》裴注引《江表传》。

的形成,原先畅通的交通路线也因而受阻。

这个时期的交通路线和城市分布,因政治格局的变化出现了新的情况。

东汉末建安年间,曹操为了征伐乌丸和控制河北地区,主持兴修了白沟、利漕渠、平虏渠、泉州渠、新河以后,河北平原上增添了一条贯通南北,起自河南淇门东北直达今天津并东抵滦河下游的水运航线,特别是引漳水入白河以通漕的利漕渠的开凿,使从白沟上游来的漕运,可由此渠折入漳水,西溯邺城(今河北临漳西南),使原来已处在南北陆路交通要道上的邺城,更添了水运的方便,遂使其地位日显重要,终于替代邯郸,成为河北平原上的第一都会。曹操称魏公即都于邺城。以后的后赵、前燕、东魏、北齐均在此建都。东汉末年兴起的都会还有许(今河南许昌东)。建安初曹操因洛阳残破,迎献帝都许,并屯田许下,得谷百万斛,许成为曹操争雄河北的根据地。

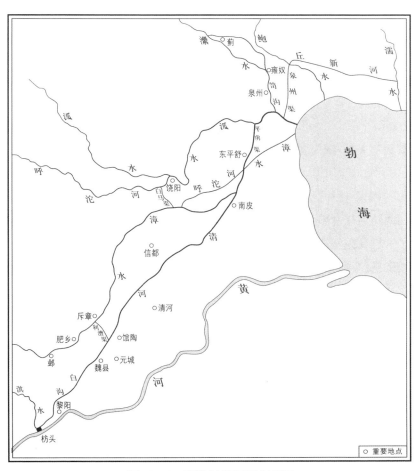

图 12‑3　曹魏时期运河水系图

长安至洛阳一线,曾是全国城市体系的轴心地带,在魏晋南北朝的战乱时期,自然成为军事争夺的主要战场,受创最重,再加上政治格局的变化,其城市体系的轴心地位大为削弱。长安虽然仍被一些政权选作都城,如西晋、前赵、前秦、西魏、北周等,但其稳定性与繁荣程度均不如往昔。洛阳在北魏时获得四十来年的繁荣,但遂又毁于战火。东魏武定年间,杨衒之亲眼看到曾经繁华的洛阳,"城郭崩毁,宫室倾覆,寺观灰烬,庙塔丘墟,墙被蒿艾,巷罗荆棘。野兽穴于荒阶,山鸟巢于庭树。游儿牧竖,踯躅于九逵;农夫耕老,艺黍于双阙"。[1] 千年名都却呈现一片荒凉的景象。

在中原地区城市衰败的同时,黄河流域周边地区和江淮以南则出现一批新兴的城市。原本经济比较落后的河西走廊,由于中原战乱,"中州避难来者日月相继"。[2] 在十六国时期河西走廊为前凉、西凉、北凉等政权所割据,其中心城市姑臧(今武威)也得以迅速发展,北凉时人口达二十多万。文化事业也有良好发展,成长起一批具有全国影响的河西学者,带出一代河西学风,撰写出很有影响的学术著作。山陕高原的北部地区,有鲜卑族北魏政权的平城(今大同)和匈奴族夏政权的统万城(今陕西榆林市北)。赫连勃勃的统万城"城高十仞,基厚三十步,上广十步。宫墙五仞,其坚可以砺刀斧。台榭高大,飞阁相连,皆雕镂图画,被以绮绣,饰以丹青,穷极文彩"。[3]

北魏建都平城,成为塞北一政治中心。为了沟通漠北和中原,即大力发展交通路线,有通往漠北的长川道、牛川道、白道,有越过句注山、雁门关,沿汾河南下的交通路线,有自平城南下,沿滱水南下至河北平原,有经过鄂尔多斯沙漠东南边缘地区,沿秦州路和河西路通往西域各国,于是平城成为塞北交通中心。[4] 在此期间,江淮以南地区兴起了一批新兴城市。孙权于建安十六年(211年)徙治秣陵,次年改名建业(今南京),后迁武昌(今湖北鄂州),黄龙元年(229年)还都建业。为加强建业与太湖流域之间水运交通,开凿了沟通秦淮水和苏州、镇江间运道的破岗渎,避开了原走长江的风涛之险。西晋避司马邺讳改建业为建康,东晋南朝皆定都于此,是江南的政治文化中心,它又是长江下游的最大商埠,有"贡使商旅,方舟万计"。晋末永嘉之乱后,北人南迁如潮涌,"洛京倾覆,中州士女避乱江左者十六七"。[5] 长江下游和宁绍平原的人口

① 〔北魏〕杨衒之:《洛阳伽蓝记·序》。
② 《晋书》卷八六《张轨传》。
③ 《魏书》卷九五《铁弗刘虎传》。
④ 〔日〕前田正名著,李凭等译:《平城历史地理学研究》第四章以平城为中心的交通网,书目文献出版社1994年版。
⑤ 《晋书》卷六五《王导传》。

骤增,土地逐渐开发,工商业迅速发展,随建康兴起的还有:京口(今镇江),因北临大江,南通吴郡,会稽,西连建康而成一方都会。山阴(今绍兴)是豪门大族聚居之地,又是两浙绢米交易中心,所谓"海内剧邑"。① 襄阳为南北通商贸易的据点。江陵则为东晋南朝境内除都城建康外的另一政治经济中心。番禺因南朝时海上贸易的发展,更为富庶,《南齐书·州郡志上》云:"卷握之资,富兼十世。"长江流域出现了"荆城(荆州)跨南楚之富,扬郡(扬州)有全吴之沃"的局面。长江上游的成都居西南一隅,社会相对安定,三国时曾为蜀汉都城。永嘉之乱,蜀中未受直接波及,中原人士纷纷避乱入蜀,其后李氏据蜀,采取保境安民之策,工商业得以继续发展。成都城为水陆所凑,货殖所萃,其城"市廛所会,万商之渊;列隧百重,罗肆巨千;贿货山积,纤丽星繁"。② 成都是西汉末六大都市中唯一保持原来地位的一个。

　　总的来说,在魏晋南北朝时代,黄河流域城市体系的状态十分紊乱,此起彼伏、动荡不定,没有出现较为稳定的新局面。北魏放弃平城、迁都洛阳一事,说明洛阳所处的传统的轴心城市地带的位置,仍具有深刻的生命力和强大的吸引力。所以,长安、洛阳之类的城市,虽然屡毁,依然屡建,人们最终并不愿意撤离这块充满"帝王之气"的土地。果然,到隋唐时期,全国统一局面形成,一个更加强有力的全国城市轴心,又在这里以极其壮观的形态再次出现。江淮以南新兴城市出现和崛起,具有强大的生命力,为隋唐以后南方城市格局的形成打下了基础。

第四节　隋唐五代时期全国城市体系的重建与发展

　　隋文帝统一全国,结束了长达数百年的分裂动乱。隋唐两代均以长安(大兴)为首都(西京),洛阳为东都(东京),长安和洛阳重新构成了全国城市体系的轴心。

　　隋唐统一帝国的出现,为全国交通的重新畅通提供了条件。中国举世闻名的南北大运河即形成于这个时期。隋初建都大兴(今西安),因渭水流曲沙多,不利航行,为解决都城的漕运问题,即于开皇四年(584年)自大兴城西北凿渠引渭水东流注入黄河,名广通渠。开皇七年(587年)为平陈需要,重新开凿了江淮之间的邗沟,

---

① 《宋书》卷八一《顾恺之传》。
② 〔西晋〕左思:《蜀都赋》。

改称山阳渎。炀帝即位,营建东都洛阳,大业元年(605年),开通济渠,从洛阳西苑引毂、洛水东至偃师入洛,由洛入河,再由板渚(今河南荥阳市汜水镇东)引河水东流,经今开封、睢县、商丘、宿州市,至今盱眙县对岸入淮,是炀帝大运河中最重要的一段。大业四年(608年)用兵辽东,又开永济渠,引沁水与清水、淇水相接,以下大致循白沟故道及今南运河,至今大清河折入漯水(永定河前身),直抵涿郡治所蓟县(今北京)。涿郡是隋北方重镇。大业六年(610年)又重新修凿京口(今镇江)至余杭(今杭州)的江南河,至此,南北大运河告成。大运河西抵长安,北达涿郡,南至余杭,总长2 000余千米,沟通了河、海、江、淮、钱塘江五大流域,形成了以政治中心长安、洛阳为轴心,向东北、东南扇形辐射的水运网。大运河规划严密,布局合理,实为世界水运史上一件伟大工程。

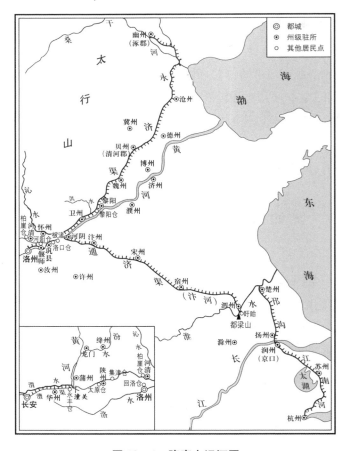

图 12 - 4　隋唐大运河图

唐代建都关中,其漕运路线与隋代基本相同,故没有较大规模新运河的开凿,仅在隋代运河基础上加以疏浚和扩建而已。如关中漕渠至隋末已淤废,天宝元年(742年)重加修浚,岁运漕米250万石入关中。陆路交通方面,唐代曾在开元年间开大庾岭道,贞元年间开蓝田至内乡新道350千米等,但对整个陆路交通的布局影响不大。唐代驿路贯通全国,每30里设驿站。按照《通典》的说法,驿路体系以长安为中心,"东至宋、汴,西至岐州,夹路列店肆待客,酒馔丰溢。每店皆有驴赁客乘,倏忽数十里,谓之驿驴。南诣荆、襄,北至太原、范阳,西至蜀川、凉府,皆有店肆,以供商旅,远适数千里"。[①] 在内河水运方面,《元和郡县志》云:隋代开通济渠后,"自扬、益、湘南至交、广、闽中等州,公家运漕,私行商旅,舳舻相继"。《唐国史补》卷下:"凡东南郡邑无不通水,故天下货利,舟楫居多。转运使岁运米二百万石输关中,皆自通济渠(即汴河也),入河而至也。江淮篙工不能入黄河,蜀之三峡,河之三门,南越之恶溪,南康之赣石,皆险绝之所,自有本处人为篙工。大抵峡路峻急,故曰:朝发白帝,暮彻江陵。四月、五月为尤险时。……扬子、钱塘二江者,则乘两潮发棹,舟船之盛于江西,编蒲为帆,大者或数十幅,自白沙溯流而上,常侍东北风,谓之潮信。"以上记载,充分说明了唐代南北水陆交通十分发达,全国四方无不通达,以长安、洛阳为轴心的交通网又重新建成。

南北大运河的开凿,大大促进沿线城市商业的繁荣,江南运河沿线的杭州、苏州、润州(今镇江),江淮运河沿线的扬州、楚州(今淮安),都成为江淮以南重要都会。尤其是扬州,在水运交通上为东南枢纽,政治地位、经济地位空前提高,为唐代第一工商业都会。江淮以北受水运之利而发展的城市还有永济渠沿岸的魏州(今河北大名东)、贝州(今清河),通济渠沿岸的汴州(今开封)、宋州(今商丘),汴水与泗水交会的徐州,汴水与淮河交会的泗州(今江苏盱眙县对岸,清康熙时没入洪泽湖中)等。长江及其主要支流沿线有成都、荆州、鄂州(今武昌)、潭州(今长沙)、岳州(今岳阳)、江州(今九江)、洪州(今南昌)、襄州(今湖北襄阳),等等。江陵"右控巴蜀,左联吴越,南通五岭,北走上都"[②],为长江中游一大都会。洪州扼扬、广间交通要冲,鄂州当汉水入江之处。此外,广州也是岭南名城,交易远至南洋、阿拉伯,"外国之货日至"。当时全国最发达的工商业城市已南移至长江流域,即首尾的成都和扬州,所谓"扬一益二"即是。

---

① 〔唐〕杜佑纂:《通典》卷七《食货七·历代盛衰户口》。
② 〔唐〕颜真卿:《谢荆南节度使表》,《全唐文》卷三三六。

安史乱后，北中国又陷入长期战乱之中，交通阻塞，城市破残。唐末长安城又沦为起义军与唐军的交战之地，宫庙寺署遭重创。公元 901 年，朱温劫唐帝，毁长安宫室民舍，"长安自是遂丘墟矣"。这一次长安的毁灭，是中国城市史上的标志性事件，自此，盛达千年的名都长安再没有机会重现汉唐时代的辉煌。

五代时期，北方城市的分布格局受到新政治局势的影响，开封（汴）、洛阳、太原为北方政权的都城，所以获得相对稳定的发展。其中开封的发展最为重要，除后唐而外，后梁、后晋、后汉、后周均立都于此，所以，开封成了北方最重要的城市。开封在水运上的有利地位，是其发展的重要地理条件，而都城地位的确立，又在政治上获得了推动力量。后周时期的开封，华夷辏凑，水陆会通，日增繁荣。955 年（后周显德二年）下诏扩建开封罗城，致使开封的城市面貌大为改观，规模扩大四倍，城内道路拓展，这为后来宋代开封城的大繁荣打下了基础。

南方的城市分布格局也值得注意。南方地区经隋唐的发展，形成了几个以城市为中心的社会经济区域，这些区域由天然的地理界限分割而成，主要有江淮地区、江汉、三吴两浙、福建、湖南、四川、岭南、云南。在南方割据的政权大致是按照这些区域划分的，它们的都城都是这些地区的中心城市：扬州（吴、南唐都城）、荆州（荆南都城）、杭州（吴越都城）、福州（闽都城）、长沙（楚都城）、成都（前蜀、后蜀都城）、广州（南汉都城）、大理（南诏都城）等。

在 8 世纪初到 10 世纪期间，东北地区的渤海国，有朝贡道、营州道、契丹道、新罗道、日本道、黑水靺鞨道等六大水陆干线，通往中原和周围各个地区。唐天宝末年时，渤海国以上京龙泉府（今黑龙江宁安西南东京城）为都，此后除贞元时一度徙东京龙原府（今吉林珲春西）外，一直都于上京。上京位于牡丹江（当时称忽汗河）流域，城周长 32 里，建筑宏伟，形制模仿长安，为当时东北地区最大的城市。随着经济的发展，渤海国地区，尤其是牡丹江流域，涌现出一批大小城市，可以说，这是东北地区第一次重要的城市发展。渤海国为东北地区的开发，以及后来契丹族在东北地区的兴盛打下了基础。

第五节　宋辽金时期城市重心的南移与商业市镇的出现

自北宋开始，全国统一王朝的都城不复设在关中。旧称富庶的关中地区已日趋衰落，与此同时，淮南、两浙、荆湖、福建地区的农业、手工业、商业却直线上升。

这一形势是宋朝定都东部开封,造成全国城市重心东移的经济大背景。

宋代以首都开封为中心,大力发展水运交通,在运河方面有所建树。通济渠(汴河)在唐末淤废。建隆二年(961年)即加疏浚并引索、须等水入汴河,以加强水源。同年开闵河,自新郑导洧、漷二水为源,开渠经新郑、尉氏,入开封城与蔡河相接。蔡河在战国时为鸿沟,西汉名狼汤渠,魏晋以来称蔡水,自来以汴河为源,因汴河本身水源不足,宋初开始即以闵河为源。开宝六年(973年)改闵河名为惠民河,以后闵、蔡两河合称惠民河。同年又重浚了五代后周所开的五丈河,改名广济河,以通山东漕运。宋初重浚时改引今郑州市的京、索水为源,过中牟,至开封城西架槽横绝汴河,东汇于五丈河,名金水河。这样,就形成了以汴京开封为中心的四条人工运河:汴河、惠民河、金水河、五丈河(广济河),史称漕运四渠。其中金水河为五丈河的水源渠道,不通漕运。而另一条通漕的则为黄河,故历史上又合称为漕运四河。"四水贯开封",开封城内四水交会,成为水运枢纽。《宋史·河渠志》云:汴都"有惠民、金水、五丈、汴水等四渠,派引脉分,咸会天邑,赡给公私,所以无匮乏"。其中汴河即隋通济渠,是沟通江淮的水运干道,交通地位极为重要,所谓"唯汴之水,横亘中国,首承大河,漕引江湖,利尽南海,半天下之财赋,并山泽之百货,悉由此路而进"。在开封市场上,有来自江淮的粮米,沿海的水产,北方的牛羊,洛阳、成都的酒,南方的果品、名茶,西北的石炭,成都的纸,福建、成都、杭州的印本书籍,耀州的陶瓷等等。由于城市经济生活的民间化,连通城郊远近地区的各类交通通道,也自然加强了其对于基层经济活动的意义,《清明上河图》所描绘的就是北宋开封城内外、大道两侧、河桥上下商业繁忙的景象。

北宋时期整体而言,北方经济发展不及南方,主要原因是对辽对夏战争形势对社会的负面影响和黄河流域生态环境的恶化。但"澶渊之盟"(1004年)后,社会形势趋于稳定,北宋曾努力恢复北方的经济,如塘泊水田的开发、淤灌淤田的实施。另外,出于军事防御的目的,又全面修葺河北城池,自景德、大中祥符、明道、庆历以后,北宋对河北城池的修葺未曾中断。如庆历元年(1041年),一次修河北21州城,[①]对保卫城市的安全起了重要作用。同时,北宋初年,即与辽开展边境贸易,在镇(正定)、沧、易、雄、霸诸州设榷务互市。澶渊之盟后,继于雄州、霸州、安肃军、广信军设置四榷场,辽亦开新城为贸易之所。依照盟约,宋每年赠辽绢20

---

① 〔南宋〕李焘:《续资治通鉴长编》卷一三四。

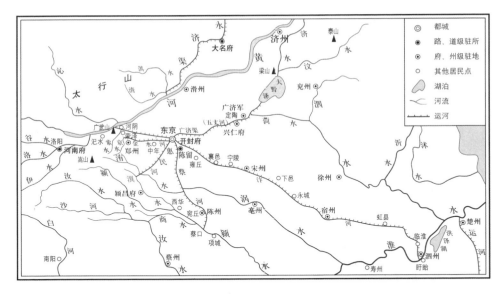

图 12 - 5　宋代以开封为中心的水道交通图

万匹,银 10 万两,均在雄州白沟镇交接。雄州"最当北边要冲",[1]是双方使臣、商旅来往的必经之路,城市规模较大,人口亦较多,成为北部边境上重要城市。1126 年靖康之乱,宋室南渡,淮河以北为金所有,南北漕运断绝,汴河等人工运河不加疏浚,不久均遭淤废。沿线城市经济也随之衰落,北中国城市和交通路线的布局发生了变化。

南宋建都临安(杭州),在宁绍平原上开凿了浙东运河。西起钱塘江岸西兴镇,东经萧山、绍兴至上虞与余姚相接,以沟通山会平原与浙西地区的经济联系。临安为东南形胜之地,当水道交通枢纽,有"东南第一州"之称。临安在北宋时已然为重要的工商业城市,又是对外贸易的重要港口,经济繁荣,人烟稠密。建炎以后,宋室南渡,辗转江宁(南京)、越州(绍兴),最终定都临安。"大驾初驻临安,故都及四方士民商贾辐辏。"[2]南宋末年,临安有户 39 万,人口 120 余万,规模超过了北宋的东京(开封),成为南方第一都会。

整体来说,宋代城市十分繁荣,大城市的数目较前代有大幅度增加。10 万户以上的城市,在唐代有一二十座,而宋代增加到四五十座。北方的秦州、太原、真定、京兆、大名(北京)、洛阳(西京)、密州、晋州,东南的平江(苏州)、江宁、扬州、真州、

---

① 〔南宋〕李焘:《续资治通鉴长编》卷二五九,神宗熙宁八年正月甲午条。
② 〔南宋〕陆游:《老学庵笔记》卷八。

楚州、庐州、襄州，长江中游的南昌、鄂州、江陵、长沙，川蜀地区的成都、梓州、绵州、兴元、遂州、汉州、利州，闽广地区的福州、泉州、广州等都是商业贸易的重要城市。苏州是与杭州齐名的城市，时谚称"天上天堂，地下苏杭"。江宁（建康）是沿江津要，南渡后有"陪都"之称。

　　两宋时期除了上述各地区政治、经济中心的大中城市之外，开始出现了以工商贸易业为主的府州县以下的聚落——市镇。镇自魏晋以来至唐五代时期多为军事据点，宋代开始逐渐演变为工匠、商人、小贩汇集的工商业小城。《太平寰宇记》《元丰九域志》等书记录了大量镇名。从地理位置上观察，大多新兴市镇都位于交通要道、水陆码头、沿海口岸、大城市四周。运河、汴河、淮河，以及长江下游沿岸，分布的小城镇较多。北宋神宗年间，全国有镇约 1 800 个，绝大多数分布在南方，梓州路为镇的密集地区之一，有 300 多个。江西景德镇到南宋时发展为著名的瓷器产业中心。在宋金两朝交界地带亦设立榷场，计有：今安徽地区的盱眙军场、安丰军花靥镇场、今河南地区的光山县中渡市场、今湖北地区的随州枣阳市场、襄阳邓城镇场、今甘肃地区的天水军场。其中盱眙军场最为重要。不过这些榷场只是双方交易的地点，并无工商业基础，一旦开战，即行衰落。由于和平时期宋金交界处毕竟也有一些客商往来，所以也推动了一些市镇的发展，如楚州北神镇、信阳军齐冒镇、安丰军花靥镇等。

　　北方的契丹族原为游牧民族，其先世"未有城郭沟池宫室之固，毡车为营，硬寨为宫"。[①] 以后取幽蓟十六州农耕区后，特别是辽朝建立之后，契丹社会发生了巨大变化，在境内开始出现了城市。除原皇都为上京（今内蒙古巴林左旗南林东镇南古城），此外还设有中京（今内蒙古宁城县西）、东京（今辽阳）、西京（今大同）、南京（今北京），为五京制。辽朝前期，上京为主要都城，圣宗统和二十五年（1007 年）以后，尽管没有正式宣布迁都，而事实上的都城改为中京。辽朝五京实际可看作五个地区的中心城市。其中上京与中京都是建立在北方基本未曾出现过城市的地带。由于辽朝设立京城，又迁入了汉族人口，推动了地区的农业与商业的发展，城市自身也获得繁荣。如上京的城邑建制，如幽州制度，太宗耶律德光时，城墙高二丈，幅员广十七里。南城称作汉城，汉人多住在这里，设立市肆，经营商业。南门之东还有回鹘营，为回鹘商人聚居之处。位于老哈河北岸的中京城，其地本奚王牙帐所在，该城由"燕蓟"一带的"良工"营建，据考古工作者对中京城遗址的勘测，该城城周三

———————

① 《辽史》卷四五《百官志一》。

十里,规模实在不小。① 城内有宫室、楼阁、府库,一些街道两侧还有廊舍,下面布列店肆,也是"拟神都之制"。② 除上述较大城市外,辽朝境内还有为安置大批俘虏汉人、渤海人所置州县。但这些州县人口稀少,少则一千,多也不过四五千。更小的有卫州,仅"居人三十余家。盖契丹所虏中国卫州人筑城而居之"。③ 女真族所建立的金朝于1126年灭北宋,占领北中国,以秦岭、淮河与南宋接界。自1153年以后,金朝主要都城在中都(今北京),其余陪都除上京会宁(今黑龙江哈尔滨市白城)外,还有东京(辽阳)、西京(大同)、南京(开封)。原辽上京在金朝改为临潢府。金朝据有北方以后,采取了一系列稳定社会,发展经济的措施,东北地区、黄河流域的经济得到一定的恢复。在战乱中被毁的城市得到重建。金代城市大多是在辽、宋城市的基础上重建和发展,且"城郭宫室,政教号令,一切不异于中国"。④ 金朝也有一些新建城市,这主要是上京会宁府。那里原为完颜部最初的住地,无城郭,星散而居,立都后,修城郭宫室,宫城仿效宋汴京,但规模要小。上京会宁府城由皇城和南北外郭城组成,外郭城总周长21.5千米。城内有居民房舍、佛寺、店肆、作坊,城市人口主要为女真人,也有汉人、契丹人、渤海人,盛时有31 000多户。所谓"汴洛之士,多至其都(上京会宁),四时节序,皆与中国侔矣"。⑤ 在金朝统治地域内的大城市之间也出现了许多市镇,《金史·地理志》中记载了镇513个,主要分布在今山东、河北、河南、山西地区。金朝在其东北边境兴修了一些军事城堡,如铁骊(今伯力一带)、奴尔干(今特林)等,有些军事城堡因地处水陆要冲,逐渐成为商品集散之地,进而转变为小市镇。金朝设立州县时,"或升城堡寨镇为县"。⑥

金朝在交通上进行了经营发展。天会二年(1124年)即自京师至南京,从上京到春泰之间设置驿站。迁都燕京之后,又沿旧黄河、漳水、衡水等水道开通漕运。不过,金代漕运,因河道管理不善,运道多淤塞不畅,常以陆挽辅助。

金建都中都(今北京市西南隅),是中国北方城市历史地理史上划时代的大事。中都开始成为北中国的政治中心,以至于后来元明清三代成为全国最重要的政治中心。

---

① 辽中京发掘委员会:《辽中京城址发掘的重要收获》,载《文物》1961年第9期。
② 《辽史》卷三九《地理志三》。
③ 〔南宋〕叶隆礼:《契丹国志》卷二五胡峤《陷北记》。
④ 《宋史》卷四三六《儒林传六·陈亮传》。
⑤ 〔南宋〕李心传:《建炎以来系年要录》卷一九,建炎三年九月。
⑥ 《金史》卷二四《地理志上》。

第六节 元明清时期城市重心的东移与工商业市镇的繁荣

元朝疆土辽阔,全国遍设驿站,据成书于至顺二年(1331 年)的《经世大典》记载,总数达 1 500 多处,构成以大都为中心的稠密交通网,"星罗棋布,脉络相通"。元朝驿路系统向东北可通奴尔干(今黑龙江口),驱北可远达吉利吉思部落(今叶尼塞河上游),西面则到达乌斯藏(今西藏),规模之大,前所未有。明清两代又在元代驿站基础上再加以扩展,几乎无处不可通达,形成较汉唐更为稠密的全国交通网络。本时期在交通事业上最大的建树,则是举世闻名的京杭大运河的开凿。

元朝定都大都城(今北京),需要大批江南漕粮。平宋之初,从江南北运的漕运,一路为海运,一路为河运。河运的路线是由浙西入江淮,再从黄河(当时黄河东南夺淮入海)逆水而行至中滦(封丘)旱站上岸,然后陆运 180 里至淇门入御河,再顺御河(今卫河)而下至直沽(今天津),转达大都。这条漕运路线既绕远道,时日延宕,一路上又水陆转运装卸,劳资甚巨,很不理想。终于至元十八年(1281 年)采纳韩仲晖、边源的建议,开凿了自济州(治任城,今济宁)至安山的济州河,引汶泗水为源,会流至济州城西分流,南入泗、淮,北汇济水(又称大清河),全长 75 千米;河成后,南来漕船自淮溯泗,由此河出大清河入海,转趋直沽(今天津),仍有蹈海之险。至元二十六年(1289 年)又开凿了起自安山西南济州河,北经寿张、东昌(今聊城)至临清入御河的会通河,全长约 125 千米。自后江淮漕粮可由水路直抵直沽。最后从通州至大都一段仍需陆运,路虽不远,亦颇费力。至元二十九年(1292 年),又采用郭守敬建议,引大都西北昌平县白浮村诸泉水为源,东南流入大都城内,汇为积水潭(今什刹海),再循金代运粮河旧道,东至通州高丽庄入于白河(今潞河),全长 164 里,次年告成,命名为"通惠河"。至此,南起杭州、北抵大都的京杭大运河全线贯通,全长 1 700 余千米。

但元代的会通河、济州河通运并不理想,其原因一是经常遭受黄河北决的冲毁,漕运受阻,二是水源不足,不胜重载。所以终元一代漕粮多以海运为主。末年竟废弃不用,至明初会通河已淤断约三分之一。明永乐年间迁都北京,漕运为国家急务。于是永乐九年(1411 年)命工部尚书宋礼主持修浚运河,用汶上老人白英策,在东平县东戴村(今汶上县东北)筑坝,遏汶水入南旺湖分流南北济运,于沿岸设置安山、南旺、马场、昭阳四湖为水柜,"柜以蓄泉",西岸设陡门,"门以泄涨",全线设

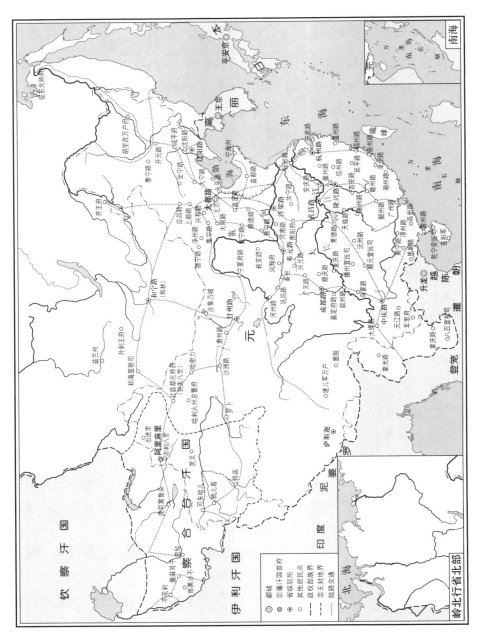

图 12—6 元代陆路交通示意图

闸以通运,故又称"闸河"。又为扩大水源,广引鲁中山地诸泉入运,资以济漕,故又有"泉河"之称。永乐十三年(1415 年)运河大通,"逮会通河开,海陆并罢。南极江口,北尽大通桥,运道三千余里"。① 此后,为避开徐州至淮阴 300 千米一段的黄河之险,从明代中叶至清康熙中的百余年间,不断在这一带开挖新河,嘉靖四十五年(1566 年)开南阳新河,万历三十二年(1604 年)泇河竣工,天启三年(1623 年)开通济新河,清康熙二十七年(1688 年)开中河。从明代中叶至清康熙中,前后经历了百余年,终于使京杭大运河全线基本为人工河道,全长 1 900 千米,沟通海、黄、淮、江、钱塘五大水系,成为其后数百年间南北水运大动脉。②

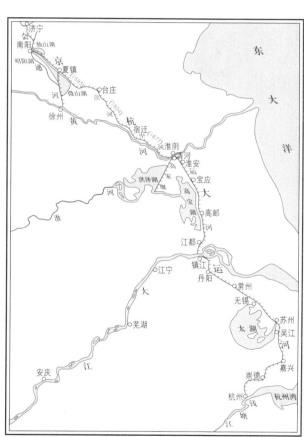

明代京杭大运河形势图(京师—夏镇)　　　　明代京杭大运河形势图(夏镇—杭州)

图 12-7　元明清京杭大运河图

① 《明史》卷八五《河渠志三·运河上》。
② 邹逸麟:《山东运河历史地理问题初探》,载《历史地理》创刊号,1981 年。

　　明清时期商品经济得到空前发展,水陆交通四达,由此在全国范围内出现大批大小工业城市。一类是从中央到地方各级政治中心,如首都北京和陪都南京以及各省省会和府州治所,均是大小地区的中心都会。此类不必赘述。一类是京杭大运河沿线因水运交通发展起来的商业城市,如通州、直沽、沧州、德州、临清、聊城、济宁、徐州、淮安、扬州、镇江、常州、苏州、嘉兴、杭州等。这些城市大多原先已为府州治所,后因大运河所经,更趋繁荣。如临清因元开会通河后,为舟航之所必由,商贾荟止,骈樯列肆,岿然一重镇。济宁为南北咽喉,国家四百万漕艘皆经其地,闽广吴越之商持资贸易者猬集于此。在运河沿线也有一些小镇,由于交通地位重要而形成较大的商业市镇,在地区之内产生较大影响,如河西务、南阳镇、清江浦(淮阴)、王家营等。万历年间,沿运河设立榷关八处:崇文门、河西务、临清、九江、浒墅、扬州、北新、淮安,都是商务要津。一类是与北方蒙古草原上的民族交往贸易的边境城市,如元代有和林、上都、集宁、应昌、德宁等。明朝与周边少数民族交接地带,互市贸易活跃,在交通要道形成重要的贸易城镇,如大同、宣府、秦州(甘肃天水)、打箭炉(今四川康定)等。清代农牧地区统为一国,边区城市得到明显的发展。东北地区、西南地区、新疆、台湾及海南在中央朝廷有效的管理下,一些地理位置优越的城镇,均成为各地区的政治或经济的中心城市,如辽阳、大连、吉林、浑江、齐齐哈尔、呼和浩特、乌鲁木齐、伊宁、哈密、安顺、个旧、台南等。东北为满族发祥地,故清廷对东北的开发尤为重视。顺治十年(1653年),颁布《辽东招民开垦例》,前来汉人日渐增多,辽河流域沿交通线一带成为居民密集地区。康熙时,清朝在辽河流域的广大地区设置了奉天、锦州、辽阳、金州、承德、海城、盖平、开原、铁岭、锦县等府州县治。在辽河流域以北,也形成了宁古塔(今宁安)、吉林乌拉(今吉林)、齐齐哈尔、墨尔根(今嫩江)、伯都讷(今扶余)、珲春、依兰等"边外七镇"。一类是在全国各地的其他水陆交通要道与手工业中心发展起来的城镇,如黄河流域的朱仙镇、长江岸上的汉口镇、岭南的佛山镇、江西的景德镇为天下闻名的四大镇。特别是明朝中后期,手工业和商业高度发展,形成大批商业市镇或手工业基地。如景德镇以所产瓷器天下闻名,亦远销海外。佛山镇以冶铁闻名,民屋鳞次栉比,几万余家。丝织业闻名的有盛泽镇、震泽镇、南浔镇、濮院镇等,以棉织业著称的有乌泥泾镇、枫泾镇等。置于元至元年间的上海县,因商业繁荣,至明末已被誉称为"小苏州"。此类手工业和商业城镇在南方为数甚多,不胜枚举。

　　在全国宏观的城市分布上,元明清三代发展的趋势是南方逐步超过了北方,许多在过去十分繁华的北方大城市,除了首都北京外,大多到清代都有所衰落,或者发展极为缓慢。工商业城市的发展主要集中在长江流域和东南沿海地区。具体来说，在经济发达的东南沿海，江浙地区，长江沿岸，大运河沿线，是城市发达地带。杭州、苏州、常州、无锡、镇江、扬州、淮安、徐州、聊城、临清、德州、天津、通州、广州、宁波、福州、泉州、汉口、重庆、泸州、成都等是明清时期最发达的城市。其中苏州在清时为仅次于北京的第二大城，"贸易之胜，甲于天下"。汉口为湖北咽喉，"九省通衢，商贾云集"，为长江中游最大商埠。扬州、江宁（南京）、杭州等也是工商贸易的

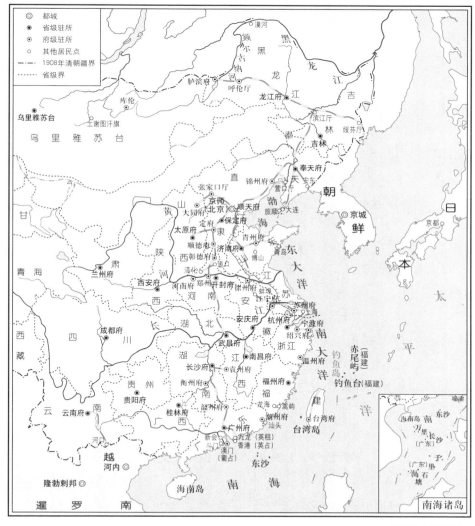

清宣统三年(1911)

图 12 - 8　晚清铁路分布图

荟萃之所。相对看来，中西部地区发达城市的分布密度要小，重要的城市有西安、太原、昆明、贵阳等，数目和繁荣程度均不及东方、南方的城市。

1840 年鸦片战争对中国社会产生了巨大影响。原有的经济格局、交通体系，在诸多新的因素的干预下，发生了深刻变化。如 1842 年《江宁条约》规定"五口通商"，广州、福州、厦门、宁波、上海五处港口开其先例，接踵签订的一系列不平等条约，多有开辟商埠的条款，近代中国约开的商埠（五口除外）有：镇江、汉口、九江、营口、烟台、汕头、琼州、台南、淡水、南京、天津、宜昌、芜湖、温州、北海、嘉峪关、龙州、蒙自、重庆、思茅、河口、杭州、苏州、沙市、梧州、三水、腾越、青岛、威海卫、大连、赤坎（湛江）、江门、奉天府、安东、大东沟、辽阳、呼伦贝尔、局子街（延吉）、龙井街、头道沟、百草沟、伊犁、塔城、喀什噶尔、乌鲁木齐、哈密、奇台、吐鲁番、恰克图、库伦、科布多、乌里雅苏台、亚东、江孜、噶大克等等。接着中国有自开的商埠：岳州、湘潭、常德、长沙、武昌、济南、潍县、周村、吴淞（上海）、海州、浦口、天生港、三都澳（福建宁德）、鼓浪屿、香洲（广东香山）、公益埠（广东台山）、南宁、昆明、秦皇岛、凤凰城、辽阳、新民屯、铁岭、通江子、法库门、葫芦岛、长春、吉林、哈尔滨、宁古塔、珲春、三姓、齐齐哈尔、海拉尔、瑷珲、满洲里等。这些商埠大多在沿海、沿江地带，少数在内地。中国城市的布局与发展随之出现激变，其中口岸城市与铁路沿线城市的迅速发展是其主要特征，与其相对照，许多地区的传统城市停滞不前，导致了全国范围内城市分布的更大的不平衡性。

清末南北漕运停办，运河失修，渐趋淤废，沿线城镇受严重影响。如临清、聊城、济宁、淮阴、扬州等已无昔日繁荣景象。有的则完全湮没无闻，如河西务、南阳镇、王家营等。同时海上轮船运输和铁路运输改变了我国东部地区的交通格局，大宗货物改向海运港口和铁路沿线集中。有的城市却受惠于铁路而迅速繁荣，如长春、哈尔滨、石家庄、唐山、蚌埠、郑州、合肥等。有的则受惠于海运，如上海、天津、青岛、大连等。总之，19 世纪中叶以后，由于西方资本主义势力的入侵，中国城市、交通的布局发生了巨大的变化。

第七节　域外交通的历史发展

中国与域外周边各国的交通开始很早，至少可以追溯到公元前好几个世纪。但早期的交往掺杂了许多传说成分，难以确信。比较可靠的史实是从西汉开始的。中国疆域西、北两面连接大陆，东南两面濒临大海，决定了域外交通的陆路和海路两道。

一、陆上丝绸之路的形成和发展

中国陆上域外交通路线开辟正式确立于汉武帝时张骞通西域以后。"西域"一词在中国历史上有广、狭二义：狭义的西域指今甘肃敦煌以西、葱岭（今帕米尔）以东的新疆地区；广义的西域指通过狭义的西域所能达到的地区，包括中亚的中西部、印度半岛、欧洲东部和非洲北部在内。秦汉以前中国西北部边区的民族由东向西迁徙，就为开辟东西方交通道路作出了贡献。公元前 2 世纪，匈奴势力扩展，向西侵占了西域大片土地，掠夺人口，同时骚扰西汉边境。汉武帝为了联络阿姆河流域的大月氏袭击匈奴右侧，即派张骞两次出使西域，打通了东西方的交通道路。由于以后中国内地的丝绸由此运往西域，故这条道路被后人称为"丝绸之路"。

张骞通西域后开辟的丝绸之路是从长安出发，西北行逾过陇坂，通过河西走廊，出玉门关、阳关，过白龙堆（今新疆若羌县东北库姆塔格沙漠），至楼兰（今罗布泊西北岸），自此分为南北两道：南道沿南山（今昆仑山脉）北麓，经鄯善扜泥城（今若羌附近），西南沿今车尔臣河，经且末（今且末西南）、扜弥（今于田东）、于阗（今和田）、皮山、莎车至疏勒（今喀什）；北道沿孔雀河至渠犁（今库尔勒）、乌垒（今轮台东）、轮台、龟兹（今库车）、姑墨（今阿克苏）至疏勒。两道会合从此越葱岭（今帕米尔），至大宛（今费尔干纳）、康居（阿姆、锡尔两河流域），再西至奄蔡（黑海、咸海间）；或西经大月氏、大夏（今阿富汗北部）、安息（伊朗北部）、条支（今伊拉克），乃至犁轩（埃及亚历山大城）。

东汉明帝永平十六年（73 年），北攻匈奴取伊吾（今哈密）地，置宜禾都尉屯田，以后又与匈奴多次争夺伊吾地，最终迫使匈奴西迁。于是东汉又开辟了新北道，即从敦煌出发，经伊吾、高昌壁（今吐鲁番东）、车师前部交河城（今吐鲁番），经焉耆至龟兹与原北道合，再西行至疏勒。此三道即《三国志·魏书·乌丸传》裴松之注引《魏略》所谓南、中、新三道。其中道即西汉时北道，其新道即东汉之新北道。

魏晋时通西域三道又有变化。据《隋书·裴矩传》记载，从敦煌至于西海，凡三道：南道即傍昆仑山北麓的汉魏时南道，中道即《魏略》的新道，而北道则为新辟天山北路的一道，即由敦煌经伊吾、蒲类海（今巴里坤湖），通过天山北麓，渡北流河水（今伊犁河、吹河），至拂菻（东罗马），以至西海（今地中海）。这条新辟的新道对罗马帝国意义重大。公元 1—2 世纪罗马帝国曾因安息的阻挠，断绝了丝绸的来源。

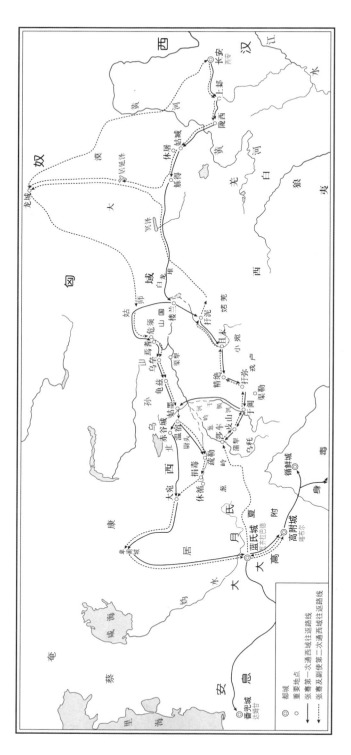

图 12 - 9　张骞通西域路线图

而新北道的开辟,使罗马帝国摆脱了安息的羁绊,保证了丝绸的来源。南、中二道越过葱岭后,南道折西南经护蜜、吐火罗、恺怛(均在今阿富汗)等地,达于西海(今印度洋);中道经钹汗(今费尔干纳)、康(今撒马尔干)、安(今布哈拉)等地,至波斯(今伊朗),以达西海(今波斯湾)。当时洛阳为丝绸之路起终点,中西间交通空前繁荣。《洛阳伽蓝记》卷三:"自葱岭以西,至于大秦,百国千城,莫不欢附,商胡贩客,日奔塞下,所谓尽天地之区也。"唐时又新辟一条从庭州(今新疆吉木萨尔北破城子)至碎叶的"碎叶路"①:由玉门关经伊吾、高昌(今吐鲁番)、焉耆、龟兹、姑墨(今阿克苏)、凌山(今别迭里山口)、热海(今伊塞克湖),又经碎叶城(今吉尔吉斯斯坦吹河沿岸托克马克附近)、怛罗斯城(今江布尔)、白水城(今奇姆肯特)、石国(今塔什干),渡锡尔河、阿姆河至阿富汗、印度。唐时玄奘、杜环西行均由此道。碎叶城是唐代西部军事重镇,安西都护府辖下四镇之一,一度为安西府治所,是唐代中国去西方的交通枢纽。

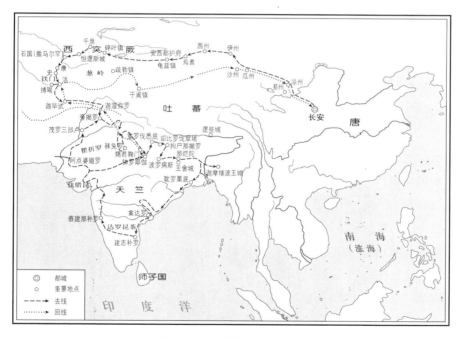

图 12-10 玄奘西行路线图

---

① 〔唐〕李吉甫:《元和郡县志》卷四〇《陇右道下》。

近年来在中国境内的甘肃武威、敦煌，新疆的古楼兰、民丰北的尼雅遗址、吐鲁番、库车、拜城、巴楚等地，以及中亚各地、埃及、叙利亚等处，都出土过中国的丝绸织品，足见当时中西陆路交通在促进东西方丝绸贸易和经济文化交流方面具有十分重要的意义。

此外，中国还有几条通往域外的陆路交通线。一条是由西南通往印度的陆道，即川滇缅印道。大致从四川成都出发，通过川西平原，由崎岖山路经雅安、西昌，渡金沙江，经云南大理、保山、腾冲一带，进入缅甸境内伊洛瓦底江上游，越过亲敦江和那加山脉，到阿萨姆，沿布拉马普特拉河谷，再到印度平原；或由伊洛瓦底江出海至印度。从公元前2世纪张骞在大夏（今阿富汗）看到蜀布和邛杖，以及印度孔雀王朝（前321—前185年）时著作《政事论》《摩奴法典》中已有支那帕塔（CinaPatta，意即支那成捆的丝）一词出现的事实来推测，这条西南丝绸之路的开创实早于西北丝绸之路。① 东汉永平十二年（69年）云南西部哀牢夷内附，置永昌郡治不韦（今保山东北），正处在西南川滇缅印交通孔道上。唐代川滇缅印的交通更为发达。据贾耽《入边四夷路》和樊绰《蛮书》的记载，此道从成都经今雅安、西昌、会理，渡金沙江，经大姚、祥云、下关、大理，由保山越高黎贡山至腾冲，或南至缅甸掸邦、骠国古都卑谬（今伊洛瓦底江下游）出海去印度；或西去密支那，越过那加山脉，沿印度布拉马普特拉河谷，至印度中部。永昌（今保山）为西南陆路对外交通要埠。南诏、大理时代与缅甸交通更为频繁。元时曾六次派使者去缅甸，其路线大致由大理经保山、腾冲、梁河、盈江，沿大盈江至缅甸的八莫，然后沿着伊洛瓦底江至缅甸的都城蒲甘（Pagan）。明清时去缅甸多走此道，八莫即为当时中缅交通要道上重要商业城市。这条道路与近代滇缅公路基本吻合，抗战期间曾为中国唯一对外交通线。

另外还有两条从中国西部内陆去西域和南亚的陆道。一条是从青海西宁一带湟中地区出发，经柴达木盆地南缘，越过阿尔金山脉，去新疆的于阗，从于阗循传统的丝绸之路通往西域。这条青海道（因途经古吐谷浑地，又称吐谷浑道）始于何时尚不清楚。不过有明确记载则始于北魏太平真君六年（445年）。《魏书·吐谷浑传》和《西域传》记载，该年北魏败吐谷浑，在魏军的追击下，慕利延从青海湖走白兰（今青海都兰、巴隆一带），驱其部落渡流沙，进入于阗。自后由青海道往来于西域的记载不少，这是因为东晋南北朝分裂时期，河西走廊交通受阻时，往往取青海道。

① 季羡林：《中国蚕丝输入印度问题的初步研究》，载《历史研究》1955年第4期。

北魏神龟元年(518年)宋云西行,即由青海道越葱岭至阿富汗、印度。西魏时印度僧阇那崛多经葱岭及于阗,经吐谷浑境至鄯州(治今青海乐都),走的也是青海道。西域与南朝政权的交通,因北朝的阻隔,不走河西走廊,也多自敦煌以西即折而进入吐谷浑境,从川北进入益州。隋唐统一,此道仍通行,唯河西走廊畅行,青海道逐渐衰落。另一条是从上一条分出的,自青海经西藏、尼泊尔至印度道。自唐贞观十五年(641年)文成公主与吐蕃弃宗弄赞联姻后,三四十年间,唐蕃交通十分频繁。当时中国去印度多舍中亚道,而走吐谷浑、吐蕃、尼波罗至天竺道。王玄策出使印度即走此道。因为这条道去印度较中亚道近便,大致从拉萨渡雅鲁藏布江,走浪卡、江孜、拉孜、定日、聂拉木,至加德满都,再由加德满都进入印度。据唐义净《大唐西域求法高僧传》卷上记载,通过这条道路去印度的有玄照、道生、道方等法师。

宋元以后,海上丝绸之路日趋繁荣,而陆上丝绸之路时受政治形势阻隔,而且长途跋涉,荒漠流沙,备尝艰险,故渐趋衰落。时有使者往来,基本上皆由上述数道,无甚变化。

二、海上交通路线的发展和港口城市的兴衰

我国东部有绵延1.8万千米的海岸线,众多的港湾为海上交通提供了方便。所以我国先民们很早就开始了海上活动。《诗·商颂》:"相土烈烈,海外有截。"据此可知早在商代已有海外的截获。西周春秋时期,山东半岛的莱夷,淮河下游的淮夷、徐夷以及长江下游的吴、越,从他们"文身断发"的习俗和盐渔之利的产业,都说明航海活动和海上交通在我国古代沿海的民族中很普遍。战国时代燕、齐、越国都有海上交通。东南沿海地区的东瓯、闽越、南越之间的往来,大多取道于海上。但是有比较明确记载的海上交通,则始于西汉时代。

(一)两汉魏晋时期　两汉时期中外海上交通已很发达。中国北部海上交通,由山东半岛渡海趋辽东半岛,沿着朝鲜半岛的西南海岸,渡对马海峡至日本。这是中、日、朝之间海上交通的最早航路。但当时朝鲜半岛和日本的经济、文化比较落后,主要是使者来往,同时将中国文化传入朝鲜、日本,对经济交流的意义不大。

南部海上交通航路在西汉时远至孟加拉湾西岸。据《汉书·地理志》记载,自日南障(今越南顺化附近)或徐闻、合浦出海,经马六甲海峡,沿途停泊各港口,最终到达黄支国。黄支国一说在今苏门答腊西北部,一说在今印度马德拉斯西南。当时汉代输出的主要商品是黄金和丝绸,而输入的主要是琉璃、玛瑙、琥珀、药材和香

料等。东汉时中印海上交通畅通不衰。叶调国（今爪哇，一说苏门答腊东南部）也派使者经由日南航海来汉。罗马帝国东部也有商人远洋来华通商。《后汉书·西域传》有"大秦王安敦使遣使自日南徼外来献象牙、犀角、玳瑁"的记载。中国输出的仍以丝绸为主。

魏晋南北朝时期海上域外交通仍持续发展。三国时魏、吴两国东临大海，很注意发展域外海上交通。曹魏曾两次遣使去日本，日本倭女王国也曾四次遣使来华。其航海路线大致与西汉时同。孙吴黄武五年（226年）曾有大秦商人来到吴境交趾。后来孙吴政权派朱应、康泰去林邑（今越南南部）、扶南（今柬埔寨）及南洋群岛的若干岛屿，回国后著有《扶南异物志》（朱应著，已佚）、《吴时外国传》（康泰著，已佚，今散见于《水经注》《艺文类聚》《通典》《太平御览》等书）。这条航路在两晋南北朝时为中印高僧来往必由之路。西晋时有天竺僧耆域自天竺（印度）经扶南，走海道至交、广。后从长安出发，经流沙，返回西域。这是第一个从海路来华，由陆路返回的印度僧。东晋高僧法显从长安经陆路去印度，后由海路经师子国（今斯里兰卡）、苏门答腊、爪哇、渡南海、东海，在山东半岛崂山登陆。此后南北朝时印度僧多由师子国泛海至广州，如求那跋陀罗、菩提达摩等。当时广州为中国海外交通的第一大港，南海诸国的货物均辐辏于此。《南齐书·蛮夷传》："史臣曰：书称'蛮夷猾夏，盖总而为言矣。至于南夷杂种，分屿建国，四方珍怪，莫此为先，藏山隐海，瑰宝溢目。商舶远届，委输南州，故交、广富实，牣积王府。"

（二）隋唐时期　隋唐统一帝国的形成，更加注意域外海上交通。北方航路主要去高丽、新罗和日本。隋代去高丽航路从东莱郡（今山东莱州）出发，直航平壤，大体走传统的北方航路。隋代与日本的海上交通，自大业三年（607年）日本推古天皇派小野妹子使华（这是日本历史上第一次正式派使者来华）后，中日使者往来频繁。隋代去日本的航路大致从东莱出发，先至百济（今朝鲜半岛西南部），然后过聃罗国（济州岛），经济州海峡、对马海峡，至日本壹岐岛。隋唐之际，日使常自难波（大阪）出发，经濑户内海、福冈，再经壹岐、对马、济州等岛，沿朝鲜半岛、辽东半岛沿岸，抵登州上陆。唐朝去朝鲜的海上航路，据贾耽《登州海行入高丽、渤海道》记载，从山东登州出发，经渤海海峡间一系列岛屿，至大连湾，又沿辽东湾海岸至鸭绿江口，由此分为两路：一路溯鸭绿江而上，再转陆路至渤海国东京城（今黑龙江宁安市西南东京城），即所谓渤海道；另一路沿朝鲜半岛西海岸航行，至唐恩浦口（今仁川以南马山里附近）登陆，陆行东南至新罗三城（今庆州）。

唐代中日交通十分频繁，去日本航路有二，一是传统航路，从登州出发，沿辽东半岛南岸和朝鲜半岛西南岸，经济州海峡、对马海峡至日本。另一是从扬州出发，横渡中国海，抵达日本。日本遣唐使来华，前期多走北路，沿海岸而行，大都平安到达。后期因新罗统一朝鲜半岛，与日本关系不和，故来华者多走南路，冒风浪之险，直渡中国海。在中国登岸的主要港口城市为楚州（今江苏淮安）、扬州、越州、福州、明州（今宁波）等。

隋代南方海上交通也十分频繁，著名的有大业三年（607 年）派常骏出使赤土国（旧有暹罗、马来半岛二说，近年陈碧笙主苏门答腊）一事，从南海郡（今广州）出发，经越南半岛沿岸诸岛屿，至赤土国。此外隋代还与真腊（柬埔寨）、婆利（今巴厘岛）、盘盘（今马来半岛）、丹丹（今马来半岛中部）等地有海上来往。唐代南海航路，据贾耽《皇华四达记》所记"通海夷道"，即自广州出发，经雷州半岛，再沿越南中部、南部沿海和附近岛屿，渡新加坡海峡，东航可至诃陵（今爪哇岛），西行经室利佛逝（今苏门答腊）、伽蓝洲（今尼科巴群岛）至师子国（今斯里兰卡）。再沿印度半岛海岸，由波斯湾至幼发拉底河口登陆，可到大食国都城缚达（今巴格达）。① 这是唐与

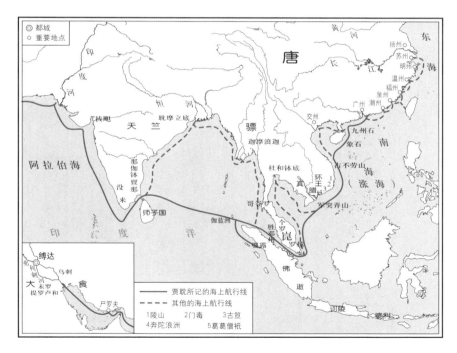

图 12-11　唐代和印度以西的海上交通图

---

① 《新唐书》卷四三下《地理志七下》贾耽《广州通海夷道》。

大食这东西两大帝国海上交往的航路，阿拉伯商人亦多由此航路来华贸易，在世界史上具有重大意义。唐代与东南亚其他国家，如真腊、骠国（今缅甸）、婆利、盘盘、丹丹等均有海上往来，不能备述。

隋唐时期，在海上交通与贸易的推动下，沿海地区出现一批港口城市。北有登州（今山东蓬莱）、莱州，南有楚州（今江苏淮安）、扬州、苏州华亭县（今上海市松江区）、明州（今浙江宁波）、温州、福州、泉州、潮州、广州、交州（今越南河内）等。其中广州为全国对外贸易第一大港，日抵外国船只十余艘。《新唐书·柳泽传》称开元时广州已有市舶使。大量中国丝绸与阿拉伯香料由广州出入。据10世纪初阿拉伯人阿布·赛义德《中国印度见闻录》的记载，9世纪后期居于广州的伊斯兰教、犹太教、基督教、拜火教等教徒总数达12万之多。此数虽不可尽信，但唐时来广州贸易并长期定居的外商肯定是很多的。

（三）宋元时期　宋元时期海上域外交通空前发展，其原因有四：一是全国的经济重心由北方转向物产丰富的东南地区，东南临海，便于商品出口；二是罗盘、指南针的发明，造船和航海技术的大大提高，促进了航海事业的发展；三是西夏、回纥政权在西北的割据，造成中原与西域间交通的阻隔，而东南沿海的城市则逐渐成为中国对外的重要门户；四是瓷器成为对外贸易的重要商品，瓷器宜水运不宜长途跋涉陆运。据《岭外代答》《诸番志》等书记载，和南宋通商的国家有五十多个，南宋商人泛海去贸易的，也有二十多个国家。元代的海外贸易也十分发达。汪大渊《岛夷志略》记载，有近百个国家和地区与中国有海上交通。总之，宋元时不仅发展了与马来半岛、印度支那半岛、印尼群岛、菲律宾群岛、印度半岛和巴基斯坦各地港口的交往，还远至波斯湾沿岸、阿拉伯半岛以及东非的索马里、马达加斯加一带和地中海区域的西班牙南部港口的交通。

宋元时期东北去高丽、日本主要从登州和明州两处出发。北宋熙宁前主要从登州起航，熙宁以后因辽国强大，为防止私商带兵器前往辽境，北宋政权禁止海商由登、莱起锚，故从熙宁以后改从明州出发，沿着两浙、淮南的海岸，然后折东北渡海至今朝鲜济州岛西北大黑山岛一带岛屿，至今开城西礼成江登岸。从明州去是利用信风进行航行。去日本多在夏季，回程多在秋末初冬，路线大致是去高丽路线的延续。

宋元时在主要海上贸易港口设立市舶司、务、场，管理对外贸易。北宋时设立市舶司的有广州（971年设司）、杭州（989年前设司）、明州（999年设司）、泉州（1087年设司）、密州板桥镇（今山东胶州市，1088年设司）、秀州华亭县（今上海松江，1113

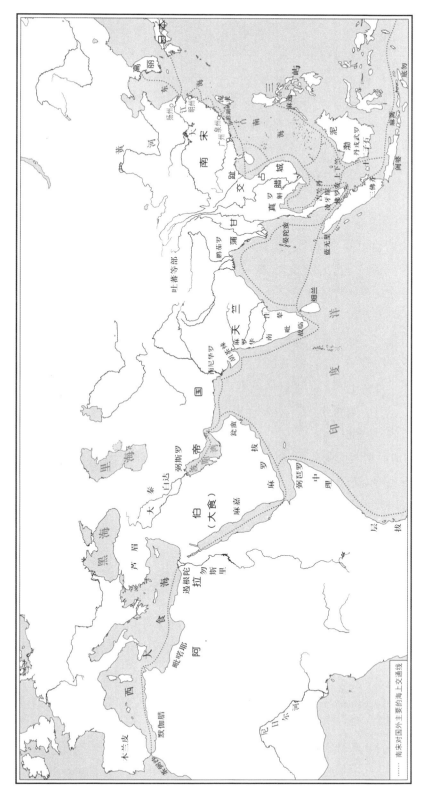

图 12－12 南宋对国外的海上交通图

年设司）。南宋时又增置温州市舶务、江阴军市舶务和秀州海盐澉浦市舶场。其他如通州（今南通）、楚州、海州（今东海县）、越州（今绍兴）、台州（今临海）、福州、漳州、潮州、雷州、琼州（今海口市）等地，虽未置市舶机构，但都是重要的海上贸易港口。元至元十四年（1277年）取得闽、浙地后，即沿袭南宋制度，在泉州、庆元（即原明州）、上海（镇）、澉浦四处设市舶司。后又增置广州、温州、杭州三处。至元三十年（1293年）温州司并入庆元司，杭州司与当地税务合并。大德元年（1297年）又将澉浦、上海两司并入庆元司。此后只剩下庆元、泉州、广州三司。

宋代广州在各海外贸易港口中居首位。南宋初年广州市舶司的"收课入倍于他路"。① "大贾自占城、真腊、三佛齐、阇婆涉海而至，岁数十柁。凡西南群夷之珍，犀、象、珠、香、流离之属，禹不能名，离不能计。"②泉州港位于东海航路和南海航路的交汇处，唐以来海外贸易已很发达，南宋以后更是飞速发展，海上来的大船多泊于此，大批外国人亦在泉州居住，形成"藩坊"。"东南之利，舶商居其一。"③时人称泉州为"七闽之都会也。番货远物，异宝珍玩之所渊薮，殊方别域，富商巨贾之所窟宅，号为天下最"。④ 至元代，泉州取代广州成为对外贸易第一大港，南洋、印度、波斯、阿拉伯等一百多个国家和地区的商船云集于此，"百货山积"，许多外国传教士在这里登陆。此外，如明州、秀州澉浦、华亭青龙镇、上海镇（南宋置镇，元至元置县）的海外贸易，均盛极一时。

（四）明清时期　明朝前期，海运发达，洪武时尚设市舶司于宁波、泉州、广州。"宁波通日本，泉州通琉球，广州通占城、暹罗、西洋诸国。"⑤从永乐三年（1405年）至宣德八年（1433年）由太监郑和所率大型船队，七次下西洋，远渡印度洋，历经30余国，蔚为壮观。其航路南至爪哇岛，西达波斯湾的忽鲁谟斯（今伊朗阿巴斯港）和红海的天方（今麦加），最远还到达了非洲东海岸的木骨都束（今索马里摩加迪沙）。郑和下西洋不仅开辟了从中国至东非一些国家和地区的新航路，而且在航程中还开辟了许多支线，对后世太平洋、印度洋上的远程航行产生了巨大影响。这不仅是中国也是世界航海史上的壮举。明代还与马尼拉、墨西哥有过贸易往来，其航线还到达过美洲。但明中叶之后，实行海禁，"市舶司暂罢，……严禁濒海居民及守备将

---

① 〔清〕徐松：《宋会要辑稿》职官四四。
② 〔南宋〕洪适：《师吴堂记》，《盘洲文集》卷三一。
③ 《宋史》卷一八六《食货志下八》。
④ 〔元〕吴澄：《送姜曼卿赴泉州路录事序》，《吴文正公集》卷一六。
⑤ 《明史》卷八一《食货志五·市舶》。

卒私通海外诸国"。① 海上贸易萎缩,遂使海港城市衰落。其时民间走私贸易虽然长期存在,然因受到政府的严禁,对沿海城镇发展影响不大。

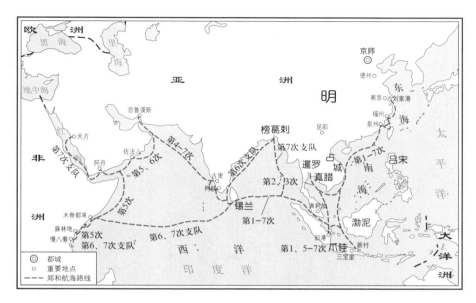

图 12‑13　郑和下西洋路线图

清朝实行"闭关自守"的政策。康熙朝虽曾开放海禁,以为"既可充闽粤兵饷,以免腹地省份转输之劳",又对"闽粤边海生民有益",②设广东澳门、福建漳州、浙江宁波、江南云台山四榷关以通商。但到乾隆时,认为"洋商错处,必致滋事",于乾隆二十二年(1757年),谕令禁止外国商船到宁波等地,限定在广州一口通商。此后,宋明以来的著名海岸港口城市泉州、福州、宁波的外贸作用逐渐衰落,仅广州继续发展。除限一口通商而外,清朝实行的货物出口限制与行商制度也是其"闭关"政策的组成部分,这些都大大阻碍了中国与世界的商贸与交流。

宋代以前中国对外贸易商品以丝绸为主,宋代以后瓷器也成为出口的主要商品。在南洋菲律宾的苏禄群岛、棉兰老岛、米沙鄢群岛等地都有中国青瓷器的出土。在印尼的苏门答腊、爪哇、加里曼丹等岛,都曾出土大量中国瓷器;从印度半岛的沿海地区以及今斯里兰卡西南的狄达加岛,波斯湾口的阿曼湾,以至红海沿岸都曾发现过唐宋元明的各朝瓷器。远至非洲东海岸的摩加迪沙等地也有唐宋至明代

---

① 《明史》卷八一《食货志五·市舶》。
② 《圣祖仁皇帝圣训》卷二一《恤民一》。

各时期的青瓷碎片出土;这些都与中国古代文献上记载的中国对外海上航路完全吻合。因而日本学者称之为"陶瓷之路"。[①] 16 世纪以后,西欧殖民主义者开辟了通向印度、远东、美洲的新航路,从此远洋航路遂为其所垄断。鸦片战争后,中国沿海航线亦被其所控制,沿海港口被迫开放。香港、澳门被强行侵占,甚至丧失了内河航行权。中国域外海上航行事业完全衰落。

---

① 〔日〕三上次男著,李锡经、高喜美译:《陶瓷之路》,文物出版社 1984 年版。

第十三章 历史文化景观的地域差异及其变迁

文化从广义而言,是指人类在社会实践活动中所创造的物质财富和精神财富的总和。但以狭义言之,则主要指社会的精神文化。精神文化有其延续性,任何时代任何一种社会文化现象,不会是无本之木,无源之水,必有其渊源和流衍;因此必有其产生、发展和变化的过程;同时,任何时期任何一种文化现象又是特定的自然、民族、政治、经济环境的产物,又随着自然、民族、政治、经济环境的变化而变化,故必有其不同历史时期的分布空间和地域差异。历史文化地理就是研究不同时期各种文化现象的时代差异和地域差异,并探讨其变化、发展的各种自然和社会背景。本章不可能对所有文化现象进行分析研究,只是对学术文化、方言和社会民情风俗的历史变迁和地域差异作概括的论述。

第一节 文化重心区的分布、转移与政治、经济的关系

文化重心区是指反映一个时代、一个社会的主要精神文化的各种要素的叠加区。所谓各种文化要素,它包括代表这个时代主流思想的文学、史学、哲学学术文化、科学技术以及受这种文化影响的区域居民的教育状况和文化素养,各类文化人才和文化成果等。历史上任何时代,各地文化发展都是不平衡的。上述各种文化要素的密集、叠加分布的地区,就是文化重心区。不同历史时期由于各地的自然环境和政治、经济等人文环境不同,文化重心区可以有一个或数个;同时也因不同历史时期自然、政治、经济诸因素的变化,文化重心区也随之发生兴起、衰落、转移、整合的不断变化。下文就我国历史上文化重心区区域特征及其变迁作一概述。

早在先秦时期,中国的主流文化就呈现出明显的区域特征,随着西周建国而广泛传播的周文化,迄至春秋末年,在各地的影响程度迥乎不同。周、鲁是周文化的中心,礼乐昌盛;其次是晋、卫、宋、齐,对周文化都有所发展;而秦、楚等国仅社会上

层受到周文化的影响。及至战国时期，由于长期分裂的政治形势及各地的文化传统、学术文化的发展，存在着显著的地域差异。大体说来，"鲁国尚儒学，是儒学的发展基地；齐地学术较为庞杂，阴阳五行学、道家之学、儒学都相当发达；楚国道家与辞赋最具特色；三晋以法家与游说之士为盛；秦地主要接受三晋学术，本土文化一直较为落后。列国君主的尊贤纳士，权臣贵族的广延宾客，曾使齐、魏、赵、楚、秦、燕等国聚集过大批士人，但以各地所出文化人才而论，则以关东的齐鲁三晋郑卫周等地最为兴盛"。① 秦统一中国以后，尊崇三晋法家之学与东方滨海地区的阴阳五行学说，并试图用法家学说来统一文化，但这一努力随着秦帝国的瓦解而中断。

秦亡汉兴，学术文化的发展进入了一个新的阶段。据卢云《汉晋文化地理》的研究，认为西汉时代文化重心区域的分布格局，以武帝时代为界，可分为前后两期。前期文化重心地区仅局限于关东地区，即齐鲁周宋、河北西部和淮南吴越地区（主要为从九江郡至会稽郡的宁绍平原以北地区），这与先秦时期特别是战国晚期的文化重心地区基本吻合，显然是与文化渊源的传承有关。及至西汉后期，文化重心区域得以扩大和繁荣。由于京师长安文化机构的发展，官僚集团结构的变化，以及关东向关中的移民，使得三辅文化迅速发展。蜀地也由于循吏的文教，学术文化获得了显著的发展。与此同时，西汉前期齐鲁周宋地区的学术文化得到了进一步的发展。从区域特色而言，齐鲁一带重经术，儒家文化盛行。不过内部仍稍有差异，如除了所持经学的差异之外，鲁国仅守经学，而齐地除经学外，黄老、纵横之学也相当发达；另外还有方士、谶纬之学。三晋地区自战国以来，法家与纵横家就最为发达。西汉时代法家人物与主要法家著作基本上都出于三晋。此外，纵横长短之学也比较发达。西汉后期，经学逐渐居于主导地位。淮南与吴越地区以诗赋最为发达，其次是儒学、黄老学、阴阳五行学等。蜀地比较突出的，是文学、小学、黄老学等。三辅学术文化主要由东方传入，接受三晋法家与纵横家的学说，而极少接受儒家学说。三辅人士所著书籍中，六艺、诸子、诗赋、术数等都占有一定比例，此种不同的区域文化特色，既有先秦时代传统因素的影响，又与当时的自然、社会与政治形势息息相关。西汉时代的文化重心应在齐鲁及其周围地区，这一地区的学术文化发展在全国最为突出，代表着全国文化发展的主流，也是当时最为重要的文化传播发

---

① 卢云：《汉晋文化地理》，陕西人民教育出版社1991年版，第2页，对严耕望《战国学术地理与人才分布》一文观点的概述。

源地。西汉前期的黄老之学和武帝以后儒家学说之传播,均自齐鲁一带向外展开。

及至东汉,学术文化地理的分布大势与西汉基本相似,根据卢云《汉晋文化地理》的研究,其主要的变化在于:其一,河北西部地区显著衰落,逐渐失去了文化发达区域的地位。其他四个文化发达区域,也出现了程度不同的扩大与收缩的地域变迁。具体而言,东汉时齐鲁一带的文化略有衰退,但与此毗连的汝南、颍川、南阳一带文化迅速发展起来,所谓"汝颍多奇士",[1]东汉时期不少科学家和科技成果出于这一地区,如张衡(南阳西鄂人)、宋均(南阳安众人)、张仲景(南阳涅阳人)、杜诗(在南阳制作水排)等。三辅地区的文化继续发展,关中贾逵、马融为东汉一代经学大师,郑玄、卢植也都在关中受学。蜀地在东汉时除了原有成都平原所在的蜀郡文化较为发达,邻近的广汉、犍为也得以发展,史称"三蜀","土地沃美,人士俊乂,一州弥望"。[2] 西汉时代淮南与吴会地区文化都比较发达,但东汉时,淮南地区大为衰落,吴会则有很大的发展。其二,除了局部地区(三辅、颍川、汝南、陈留、沛郡、河南一带)之外,东汉前后期各文化发达区域比较稳定。其三,各地区的学术文化均以经学最为主要,学术文化的区域性大为削弱。其中,尤以巴蜀地区与吴会地区最为显著。其四,封建文化在周边地区出现了明显的拓进,比较突出的有凉州、并州与广大南方地区。其五,学术文化重心由齐、鲁、梁、宋向汝、颍、南阳一带转移。西汉的政治中心在关中,文化重心在东方。及至东汉,政治中心与文化重心相分离的局面方才得以改变。

在汉魏之交,由于北方的战乱与士人的播迁,各地的文化面貌有了很大的变化。东汉末年士人的流动,引起了荆州的襄阳、幽州的涿蓟以及辽东、岭南一带短暂的文化繁荣。但随着三国鼎立局面之确立与北方经济、文化的复苏,文化发达区域又逐渐恢复到了东汉时代的基本格局。曹魏境内的文化发达区域,基本上仍然局限于关中平原、南阳盆地、司豫兖青徐地区,不过曹魏时河北南部的邺都却是当时文学中心,曹氏父子和建安七子创建著名的建安文学,邺下集中了一时之俊,"攀龙托凤,自致属车者,盖以百计"。[3] 所谓"邺京之下,烟霏雾集"。[4] 蜀汉境内,巴蜀文化发达区进一步扩大至巴西郡,并以巴西为最盛;而在孙吴境内,文化最发达的仍是吴郡和会稽北部一带,而与吴郡毗连的丹阳之发展,则使两汉时吴、会一带的

---

① 《晋书》卷一一七《姚兴载记上》。
② 〔晋〕常璩:《华阳国志》卷三《蜀志》。
③ 〔南朝〕钟嵘:《诗品》。
④ 《北齐书》卷四五《文苑传·序》。

文化发达区域进一步扩大。

西晋时代的文化发达区域，基本上继承了三国时期的分布状况，北方仍是豫兖青徐司雍地区与三辅地区，南方主要为吴、会、丹阳一带。但巴蜀文化发达区衰落，河北文化再度发展，河西等地的文化有了进步，自此以后至整个十六国时期，河北成为北中国文化最发达的地方。三国时期的政治分裂局面以及各地文化发展的不同状况，使得学术文化的构成再次出现了较大差异，地域性重又明显起来。三国两晋时期，在文化最为发达的洛阳附近，即河南、南阳及兖豫一带，玄学、清谈最为流行。儒学传统浓厚的青徐滨海地区，受到玄学新文化的影响，成为经学、玄学并重的地区。河东、太原与吴地，三国时受玄学影响还比较小，西晋时逐渐增大，清谈之风也兴盛起来，而幽冀一带、关中、河西与蜀地，自三国至两晋，仍然保持着两汉以来的经学传统与教育形式，玄学的影响较小。玄学流行的地区，对官学教育的积极性与私家教授的风气减弱，而恪守两汉经学传统或经学、玄学并重的地区则相反。同时，由于北方、西北、东北游牧或半游牧民族的内徙及其与汉人的长期杂居，汉族学术文化在这些民族的社会上层中出现了空前的广泛传播。三国两晋时期，文化重心仍在北方的黄河流域。洛阳及其周围兴起的玄学与谈玄之风，使北方成为玄学新文化的发源地，不断向其他各地传播。

根据《隋书·地理志》对隋炀帝时全国190郡风俗的记载，谭其骧指出："当时被誉为尊儒重礼的，只有中原21郡荆扬17郡共38郡，仅占全国190郡的五分之一；……至于其他五分之四的地区（按郡数计），则几乎没有什么儒教的影响：中原经济发达地区则机巧轻狡侈靡成俗，边郡则失之于刚强劲悍；南方梁荆扬三州则普遍信鬼神好淫祀。长江流域尊儒重祀郡数已接近中原，这当然是永嘉乱后中原士族南迁的结果。"盛唐时期的儒学兴盛地区，北方为山东（今河北）、兖州，南方则是吴中，与隋朝的情况大致相当；只是蜀地可能比隋代有所发展。[①]

唐代是我国历史上文化最繁荣昌盛的时期，其特色是儒、道、佛并重，又兼容西域各种文化，是两千年来文化最多彩绚丽的时代。唐代取士主要为进士和明经二科，明经所试主要是传统的帖经，不为当时所重；进士所试则为杂文，也即诗赋，所谓"以声韵为学"，诗赋需要才气，较明经为难·故当时有"三十老明经，五十少进士"之谚。唐代以诗赋取士，故诗人特多。见于《全唐诗》著录的诗人就有2026人。而唐一代著名诗人大多在首都长安逗留过，故长安无疑是当时的文化重心地。根据

① 谭其骧：《中国文化的时代差异和地域差异》，见《长水集续编》，人民出版社1994年版，第180页。

陈正祥编制的唐代前期进士分布图,当时进士的籍贯分布,在黄河流域的主要在长安、洛阳轴线上和下游的两河地区以及汾河中游地区,长江流域则主要是中游的南阳盆地和下游的扬、润、苏、越等州,其他地区极为稀见。由此可见,唐代前期黄河中下游仍是全国文化重心地区。安史乱后的唐代后期,进士人才的分布出现了新的情况,也就是除黄河中下游地区进士人才仍然十分集中之外,长江下游的润、扬等州和两浙地区、江西的赣江下游以及闽江下游闽、泉等地人才大增。① 这明显是北方人口大量南迁,促进了南方文化的崛起。

到了两宋时代,情况大变。根据张家驹的统计,北宋时期宰相属于北方各地(指今河南、河北、山东、山西、陕西)的计有 41 人,南宋时则减至 5 人;属南方各地(指今安徽、江苏、江西、浙江、湖北、湖南、福建、广东、四川)者有 31 人,南宋时增至 57 人。他认为,南宋以后,"经济重心全部南移,公卿将相,遂多江、浙、闽、蜀人选"。② 他还对《宋史》"道学"和"儒林"等传人物的分布作了统计:北宋时北方人物约占总数的三分之二弱,而南宋后南方人物竟占百分之一百,由此可明显见出南宋时期南方学者之崛起。又根据《宋史》"文苑传"所得的不完全统计,两宋时期,北方与南方人数之比为一比二。而根据《全宋词》辑录的一千多位作家所作的不完全统计,当时的文学主流——宋词的主要作者,在北宋时北方共有 65 人,南宋时共有 90 人;南方则北宋时为 135 人,南宋则有 482 人。南北双方的比例,北宋时南方为北方的一倍强,南宋时南方则超过北方竟至五倍。其中词人最多的地区是浙江和江西,其次是福建。宋代的印刷业中心,主要集中在南方的两浙、福建和四川三地。这对当地文化的发展具有重要的作用。南方人才繁盛的地区主要有四处:一是两浙,这是两宋经济最为发达的地区,南渡后为行在所在,更使得当地成为文化中心;二是江西,在晚唐五代中国人口、经济重心的南移过程中,因鄱阳湖和赣江流域的富饶以及地理位置的优越,而吸引了许多北方人,其文化兴盛仅次于两浙;三是福建,北宋时所出人才已相当不少,宋室南渡后愈益繁盛,从而加快了发展的步伐;四是四川,这是长江上游的经济发达地区,文化也颇为兴盛。上述四处正是印刷业最发达地区,书籍的传布促进了文化的发展。宋室南渡以后,我国文化重心的南移也宣告完成。

何祐森曾列出蒙元时期各省的多项文化指标(经学家、史学家、哲学家、文学家

① 陈正祥:《中国文化地理》,三联书店 1983 年版。
② 张家驹:《两宋经济中心的南移》,湖北人民出版社 1957 年版,第 136 页。

以及书院等),①据何炳棣的分析,②综合指标显示,浙江在累计数值上占有优势,其次是江西和福建。在元代,虽然江西史学家、哲学家和文学家的数目比浙江少,但经学家和书院的数目却居全国首位。这为此后江西的发展以及在全国的地位,奠定了良好的基础。及至明代,江西吉安、浙江绍兴、江苏苏州、北直隶顺天、江西南昌、江苏常州、福建福州、福建泉州、浙江宁波、浙江嘉兴、福建兴化、浙江杭州、江苏松江和广东广州 14 个府,产生的进士数皆超过 400 名。在明代中叶,江西是全国最重要的人文荟萃中心。民间流传着"翰林多吉水,朝士半江西"的俗谚,"吉水"也就是吉安府。在整个明代,吉安府科甲鼎盛,产生的进士数超过 1 000 人,这一纪录在全国无与伦比。而在明代,非进士不入翰林,致此,吉安所出的翰林也就特别之多。"吉水山高进士多",为四方之人所艳羡。③

据谭其骧的研究,明代自永乐初至崇祯末,历任内阁大学士共 163 人,按明代两京十三布政使司分列的籍贯来看:南直、浙江、江西三省共得 75 人,占全国总数的 45%;加上福建省共得 86 人,四省占总数 53%,是全国文化最发达的地区。中原的北直、山东、河南、山西四省合 46 人,占总数 28%。此外,陕西、湖广、四川、广东、广西共得 30 人,占 18%。15 省中,云、贵二省全都不出一人。所以全国人才分布的总形势是东南最盛,中原次之,西北、西南最为落后;西北的陕西(当今陕甘青宁省区)和西南的广西和云贵三省都只出 2 人。明代的理学家,东南四省占了全国总数的 76.5%,北方四省仅占 16%。此外,中南、西南三省合占 7%。《明史·儒林传》中的人物以江西为最多,浙江出宰辅仅次于南直,理学之盛仅次于江西,而绍兴一府科名儒学之盛,又甲于浙江。④ 浙江从明代中叶起,在科举方面的成绩直追江西。与此同时,当地出现了王阳明的"心学"理论,对于明代社会有着相当重要而广泛的影响。显然,浙江于 16 世纪已取代了江西,成为人文渊薮的重心。该省在科举方面的领先地位,直到晚明才被南直所取代。南直的文化中心,首推南京、苏州、扬州三处。南京原是大明帝国的首都,永乐年间迁都北京后仍旧是陪都,由于它的富庶和舒适,吸引了众多的移民。而苏州所处的苏南地区,是当时的商业繁盛之区。自明代中叶起,该地区富甲海内,藏书家、出版家和鉴赏家麇集,而成为东南地区的人

---

① 何祐森:《两宋学风之地理分布》,载《新亚学报》第 1 卷第 1 期,1955 年 8 月。见何炳棣《科举与社会流动的地域差异》一文。

② 何炳棣著,王振忠译:《科举和社会流动的地域差异》,载《历史地理》第 11 辑。

③ 解缙:《九县诗》,〔明〕憺漪子选辑:《天下路程图引》卷一,见杨正泰校注:《天下水陆路程、客商一览醒迷、天下路程图引》,山西人民出版社 1992 年版,第 439 页。

④ 谭其骧:《中国文化的时代差异与地区差异》,载《长水集续编》,人民出版社 1994 年版。

文渊薮。此外,成化、弘治年间的盐政制度改革,使得富商大贾萃集于淮扬等地,从而为当地的文化发展提供了良好的契机。在明代,江苏是接纳人才和财富最多的两个地区之一。[①]

根据何炳棣的研究,清代的科举状况发生了几个明显的变化:一是科甲的分布变得更加均匀。以江苏省为例,虽然苏州和常州仍然居于全国领先地位,科甲却被省内其他地区(除海州外)更加均匀地分享了;二是当科第竞争变得比以往任何时候都更加剧烈时,具有巨大文化资源的大都市中心的优势愈益明显了;三是在清代人口迅速增殖之时,除了广西、云南、贵州和辽宁以外,所有的省份平均每百万人口中的进士数目都急剧下降了。清代直隶顺天府以1 038名进士而居全国领先地位,这与京师六部胥吏的来源以及皇室宗族、旗人之麇集有关。此外,浙江杭州、江苏苏州、福建福州、江苏常州、广东广州、浙江绍兴、浙江嘉兴、浙江湖州、江西南昌9个府的进士总数超过400名。明代中叶两浙盐政制度改革以后,杭州成为全国最大的文化中心之一,产生的进士数高达1 004名。另外,徽州府的进士达519名,其中仅142人在本府注籍。江北的扬州府,进士登科虽未达400名,但因“扬州繁华以盐盛”,其进士总数多达348名,一甲总数11名,故而也跻身于全国最重要的文化地区之列。

根据范金民的研究,明清时期,江南(在明代为应天、镇江、常州、苏州、松江、杭州、嘉兴、湖州八府,清代太仓升为直隶州,为八府一州)进士在全国数量最多。他根据明清进士题名录统计,明清两代共举行殿试201科,外加博学鸿词科(不计翻译科、满洲进士科),共录取进士51 681人,其中明代为24 866人,清代为26 815人,江南共考取进士7 877人,占全国的15.24%。明清两代每7个进士中,就有1人以上出自江南。而且,其科试名次在全国也最为显赫,明代状元近四分之一和清代状元半数以上出自江南,榜眼、探花更不胜枚举,三鼎甲往往为江南人囊括,江南进士特别集中在苏州、松江、常州、杭州等府附郭各县的一些簪缨望族。[②] 夏维中和范金民进而分析了形成“江南进士甲天下”的原因,认为主要是因为,一是江南经济之富庶为当地人的科举应试提供了坚实的经济基础;二是江南区域社会弥漫着一种“好学勤学、重教重考、擅长科考”的风气,使得进士绵绵不绝,蔚为大观;三是江

① 何炳棣著,王振忠译:《科举和社会流动的地域差异》,载《历史地理》第11辑。
② 范金民:《明清江南进士数量、地域分布及其特色分析》,载《南京大学学报》1997年第2期,第171—178页。

南为文献渊薮，钟灵毓秀，教育发达，黉宫宏伟，书院林立，再加上江南人桑梓情深，前贤后昆相互汲引，遂使江南进士冠绝海内。① 而江南地区则又以苏州为中心。明人王士性就曾指出："苏人以为雅者，则四方随而雅之，俗者，则随而俗之。"②

春秋战国是我国历史上文化最繁荣、最多元、最灿烂的时期，各国由于地理环境和人文传统的不同，文化的差异比较明显，各国都具有自己的文化特色，这种特色又与国君的爱好和士人的倡导有关。同时因各国人才流动频繁，区域间文化交流和影响也十分明显。秦始皇以后的封建帝制时代，统治阶级所推崇的文化往往成为社会的主流文化，读书人也多趋之若鹜，以求仕进和富贵，于是政治中心首辅之地往往成为全国文化重心所在。唐宋以后，科举取士成了一根指挥棒，促动有条件的非直接劳动者都想通过这一途径以求发展，再加上印刷术的发明，读书非必集中于首辅之地，也非必师承某一大师才能凸显。于是经济发展、生活安定的地区成了文化较发达的地区；经济虽并不发达，但地狭人稠，唯科举无他出路的地区，也成为文化繁荣区。这是我国文化区分布和转移的一般规律。

第二节　方言的地域差异及其变迁的地理背景③

北朝颜之推曾指出："夫九州之人，言语不同，生民以来，固常然矣。"④方言是语言的地域变体，它的产生，既可能是不同地域人群在各异的地理环境下自然产生的不同表达方式，又可能是远古时代部落分裂引起的语言分化之结果。

中国古代典籍中对方言地域差异的最早记载，见于《礼记·王制》篇："五方之民，言语不通，嗜欲不同。"此谓当时的中国各地，存在着不同的方言。根据现有的文献记载，先秦时期，今山西、陕西北部和甘肃一带的诸戎与中原言语不通；在中原人眼里，南蛮人说话如鸟语，不知所云；山东的齐与南方的楚的方言差别亦很大；巴蜀直到为秦所灭后，才与中原地区沟通，言语原当不同；越语则不经翻译便难以与

① 夏维中、范金民：《明清江南进士研究之二——人数众多的原因分析》，载《历史档案》1997年第4期，第80—87页。
② 〔明〕王士性：《广志绎》卷二《两都》，"元明史料笔记丛刊"，中华书局1981年版，第33页。
③ 本节主要根据周振鹤、游汝杰《方言与中国文化》一书的研究成果，上海人民出版社1991年版。
④ 王利器：《颜氏家训集解》卷七《音辞》，上海古籍出版社1980年版，第473页。

中原人沟通。周振鹤认为：戎、吴越、南蛮、齐东、楚的语言是诸夏以外的民族语言，燕、狄、巴、蜀、淮夷等地的语言也很可能是非夏族语言。即使是在诸夏语言区域中，至少秦、魏的方言也不能相通。这些，都说明了当时的中国各地存在着不同的方言。为了便于相互之间的沟通和交流，当时也存在着一种"雅言"，"雅言"也就是夏言，是西周王畿一带周王室所用的方言。

及至战国时期，周室式微，雅言作为标准音的地位丧失，各诸侯国"言语异声"①，也就是以本国首都的方言为标准音，这使得各地的方言差异更为复杂。秦灭六国以后，虽然统一了文字，但各地的方言仍然得以保留。

西汉定都长安，关中为全国政治、经济和文化中心，而三晋近秦，春秋以来，世为姻亲，故而秦晋方言是当时的中心方言。后代不少学者都根据扬雄的《方言》、许慎的《说文解字》等资料，推测汉代的方言地理。如林语堂推测汉代的方言分为十四个区域，美国语言学家司礼义将其分为六个大区及若干个小区。周振鹤、游汝杰也作有《汉代方言区划拟测图》。而刘君惠等人在参考前人研究成果的基础上，以《方言》中词语的地域分布情况为主，综合历史人文方面的其他资料，将汉代的汉语方言分成十二大区：（一）秦晋方言区：秦、晋、梁益；（二）周韩郑方言区：周、韩、郑；（三）赵魏方言区：赵、魏；（四）卫宋方言区：卫、宋；（五）齐鲁方言区：齐、鲁；（六）东齐海岱方言区：东齐、海岱；（七）燕代方言区；（八）北燕朝鲜方言区：北燕、朝鲜；（九）楚方言区：楚郢、北楚、江淮；（十）南楚方言区：江湘、沅澧、九嶷湘潭；（十一）南越方言区；（十二）吴越方言区：吴、越、瓯。②

并将汉代的方言分成南北两派，南派以楚方言为核心，受楚方言强烈影响的方言都属南派。其中又可分为三组，即：楚、南楚，吴越，南越。北派方言可分为东、西两区，西区为秦晋（附梁益），东区为：燕代、北燕朝鲜，齐鲁、东齐海岱，周韩郑，赵魏。③

周振鹤认为：两汉之交，秦、晋方言已糅合为一，并在全国占有最重要的地位，后代北方汉语就是以当时的秦晋与雒阳一带的方言为基础而逐渐定型的。东汉时期内地长期的稳定局面，以及边疆游牧部族入侵引起的民众播迁，加速了方言的融合。东汉三国时期的兵燹战乱，引起了北方人口大规模的流动，从而造成了方言地理格局的变化。这些变化主要体现在：汉末的北方关中方言与中原方言发生混化，并可能已向

---

① 〔东汉〕许慎：《说文解字》序。
② 刘君惠、李恕豪等：《扬雄方言研究》，巴蜀书社 1992 年版，第 105—106 页。
③ 同上书，第 66—67 页。

南扩散到荆州一带,从而促使荆楚方言的地盘缩小;在东南,给吴语区带来了北方方言,从而促使汉时淮夷、江淮、徐夷的方言或语言南移。汉语可能已扩散到了辽宁。

据周振鹤的拟测,在西晋以前,北方和南方方言的分野大致在秦岭—淮河一线。西晋的汉语方言可分为河北、东齐、关中、中原、巴蜀、吴、楚几个区域。当时,关西、关东方言已经混化,但吴语和楚语跟北方方言的差异仍然较大,一直延续到南北朝。对此,颜之推在《颜氏家训·音辞》中指出:"南方水土和柔,其音清举而切诣,失在浮浅,其辞多鄙俗。北方山川深厚,其音沈浊而铧钝,得其质直,其辞多古语。"周祖谟指出:"南北语音不同,各有土风,北方大致以洛阳音为主,南方大致以金陵音为主,梁益、秦陇、荆襄当又有异。"①隋陆法言《切韵序》在谈到各地方音特点时,也说:"吴楚则时伤轻浅,燕赵则多涉重浊。"唐陆德明亦曾指出:"方言差别,固自不同,河北江南,最为巨异。或失在浮清,或滞于沈浊。"②唐代的蜀方言可能比较有特色,李商隐所撰的《蜀尔雅》13卷,是我国最早的专门记载一地方言的著作,该书系李氏"采蜀语为之"。③

根据周振鹤的研究,中唐安史之乱引起的移民运动,对南方方言的地理格局造成了重大的影响。这主要表现在,加速了北方方言对湖北方言的同化作用,从而奠定了这一带西南官话的基础;更往南,今天新湘语的萌芽大约就在此时出现;与此同时,粤方言也受到移民方言的部分影响。在江西北、中部,进入江西的移民语言将吴语区和湘语区分隔开,形成了赣语的主要基础,并为此后客家话的形成准备了条件。

五代十国时期的分裂割据,也对南方各方言区的形成起到了推波助澜的作用。唐宋时期"北方话"作为一个方言大区逐渐明确起来,宋代史籍中出现了"北人音"这样以北方话作为一个整体方言的概念。陆游《老学庵笔记》卷六中说:"中原唯洛阳得天地之中,语音最正。"这说明宋代以中州音为标准音。根据周振鹤的研究,当时,北方话中又可分出四个小区,即秦、中原、河朔和蜀四个区域。张师正《倦游杂录》云:"关右人或作京师音,俗谓之獠语,虽士大夫亦然。"④"关右"在汉唐时泛指函谷关或潼关以西地区,此处相当于秦地,说明这一带的方言颇具特色。而在南方,至少还存在着吴、荆楚(湘)、闽三种方言。

①　周祖谟:《魏晋音与齐梁音》,载《中华文史论丛》1982年第3辑,上海古籍出版社,第168页。
②　〔唐〕陆德明:《经典释文·序录》,黄焯汇校,黄延祖重辑:《经典释文汇校》,中华书局2006年版,第4页。
③　《馆阁书目》引李淑《邯郸书目》,见刘君惠等《扬雄方言研究》,巴蜀书社1992年版,第91、96页。
④　转引自周祖谟《宋代方音》,《文史》第4辑,新建设编辑部编,中华书局1965年版,第108页。

周振鹤《现代汉语方言地理的历史背景》(载《中国历史文化区域研究》,1997年)认为,现代南方方言的地理分布格局到南宋时已基本奠定,后世只有局部变动。这种变动主要有：明末至清中叶闽南话和客家话先后扩散到台湾、海南岛和广东沿海;明季闽南话进入浙南温州地区,太平天国以后皖南大片地区变为官话区,清代中叶赣语和湘语的边界逐渐明确,等等。经过南宋以后不断的变化,终于形成了现代汉语七大方言分布的地理格局。七大方言为北方方言、吴方言、湘方言、粤方言、闽方言、赣方言和客方言。北方方言又称官话方言,分布于长江及湖南雪峰山一线以北以西的广大地区以及九江至镇江一线的江南沿岸;吴方言分布于除镇江以西的苏南、上海和浙江地区;湘方言分布于湖南湘资流域及广西东北角;粤方言分布于广东中部、西部和广西东南;闽方言分布于福建(除闽西)、粤东南、海南和台湾大部;赣方言分布于江西北、中部及湖南东缘;客方言分布于粤东北、赣南、闽西及川、桂、台、湘部分地区。北方方言“以华夏族及其后身汉族所用语言,经过数千年长期发展并受周围少数民族语言影响的直接结果;而分布在中国南方的汉语其他方言溯其源则发端于历史上黄河中下游地区人民的几次移民运动”。其中,以吴方言的源头最为久远——先周时代从陕西渭水流域迁到江南太湖流域的太伯、仲雍等移民带来的语言,可能是后来吴方言的滥觞;稍晚于吴方言的湘方言,源于古楚语,殷末鬻熊率楚人自中原播迁至江汉流域,古楚语也就扩散到了湖南,成为湘方言的源头;秦统一全国以后,为了防范百越族的反抗,派遣戍卒五十万镇守岭南,后者的语言,也就成了粤方言的先声。原始闽语萌发于东汉末年,当时,有大量北方移民从陆路和海路进入福建。中唐安史之乱后,部分移民到达江西中部,他们带来的语言可以看成是赣、客方言的前身。唐末,部分移民迁往闽西、赣南。及至宋辽金元时期北方游牧族的南侵,更使他们迁移到地理环境更为闭塞的闽、粤、赣交界的山区,从而形成了独特的客家方言。

以上是自北向南的几次大规模的移民对南方方言的影响,此外,自东向西的几次移民,对南方方言同样造成了重大的影响。从五代迄至明清的江西向湖南之移民,使得湘语发生质的变化,由近而远地带上了程度不同的赣语特征。与此同时,福建向广东的移民,也将莆仙和闽南方言扩散到了海南岛和广东东、西两端的沿海地带,并形成了珠江三角洲上的一些闽方言岛。南宋王象之《舆地纪胜》卷一〇〇《广南东路·潮州》“四六门”,曾提及当地的方言：“初入五岭首称一潮,土俗熙熙,有广南、福建之语,人文郁郁,……虽境土有闽、广之异,而风俗无漳、潮之分。”这种情形,一直延续到明清,王士性《广志绎》曾指出：“潮州为闽、越地,自秦始皇属南海郡，遂隶广至今，以形胜风俗所宜，则隶闽者为是。"他从山水形胜的角度分析认为，潮州与广东没有多少关系，"而与汀、漳平壤相接，又无山川之限，其俗之繁华既与漳同，而其言语又与漳、泉二郡通，盖惠作广音而潮作闽音，故曰潮隶闽为是"。迄今，潮汕熟语中还有"潮州福建祖"一词，便是状摹潮州与福建关系之密切。①

明清时期，"湖广填四川"的移民运动，也使得两湖地区的西南官话向西迁移，从而形成了今天的四川方言。明代对云南的移民，使得晚明时期昆明的方言与下江地区极为相似。

譬如，四川是西南官话区，但"广东湖广与江西，客籍人多未易稽"②，由于移民来源众多，当地的方言种类也纷繁复杂。对此，清杨国栋《峨边竹枝词》描摹道："楚语吴歌相遇处，五方人各异乡音。"③根据崔荣昌的研究，在四川，除了官话外，还有客话、湘语和闽语三大方言。而且，官话方言中，除了西南官话外，还有属于北方官话的河南话和江淮官话的安徽话。④ 这种方言分布的状况，显然是由彼时彼地的移民状况所决定的。

历代的汉族移民，加上当地各种少数民族聚居杂处，彼此相互融合、交流，遂形成广东省纷繁复杂的方言。这些是大到一个省内的情形，中等的如一个府，情况亦复如是。徽州方言"六邑之语不能相通，而一邑中四乡又复差别"。⑤ 差别甚至小到一个县，如绩溪当地甚至有"一山一个音，阴山阳山话不同"的说法。⑥ 有时，地缘与业缘相结合，从而产生了一种独特的方言景观。如徽州道教名山——齐云山虽然坐落于休宁县境内，但其上的道士均来自婺源，故而当地有"休宁的山婺源的官"之民谚。齐云山上道士做道场以及一般居民之间的日常交际，均使用婺源方言，从而在周围一片休宁方言区内形成了一个婺源方言岛。⑦ 类似的例子，还有明清以来典当业中的"徽语"、旧上海人力车夫及码头工人中盛行的苏北话等。

周振鹤指出，现代汉语方言地理的形成，除了动态的移民活动的因素之外，静态

---

① 余流、王伟深、邵仰东：《潮汕熟语俗典》，汕头大学出版社1993年版，第129页。
② 〔清〕王正谊：《达县竹枝词》，《中华竹枝词》第5册，第3362页。
③ 《中华竹枝词》第5册，第3484页。〔清〕胡用宾的《旌阳竹枝词》曰："分别乡音不一般，五方杂处应声难。楚歌那得多如许，半是湖南宝老官。"自注曰："宝庆府人，俗呼保老官。"（《中华竹枝词》第5册，第3511页）〔清〕杨学述《建昌竹枝词》："楚语吴音半错讹，各乡场市客人多。"（《中华竹枝词》第5册，第3437页）
④ 崔荣昌：《四川方言与巴蜀文化》"综论"，四川大学出版社1996年版，第1页。
⑤ 许承尧：《歙事闲谭》第18册《歙风俗礼教考》，引自张海鹏、王廷元主编《明清徽商资料选编》，黄山书社1985年版，第55—56页。
⑥ 章亚光：《胡适〈四十自述〉中的绩溪方言》，载《绩溪县徽州研究会会刊》第4期，1995年3月。
⑦ 平田昌司（日本京都大学）主编：《徽州方言研究》，日本好文出版社1998年版，第317页。

的行政区划之影响也不容忽视。这主要表现在以下几个方面：一是长期稳定的行政区划（特别是地域适中的二级政区，如唐宋的州、明清的府），对于方言的趋同性最为有利；在同一行政区划中，权威土语随着行政中心的更易而发生变换。例如，早期闽南话的代表应是泉州音，厦门崛起之后，成了闽南的经济、文化中心。据研究，厦门人系来自泉、漳二州，厦门话为泉州腔和漳州腔的混合（大体泉腔占 2/3，漳腔占 1/3），故而现今的闽南话以厦门话为代表。① 又如，明清时代的徽州方言以府城所在的歙县话为其代表，但随着近世以来屯溪经济地位的提高，以及 1949 年后长期成为徽州地区的政治、经济、文化中心，故而屯溪话也就成了当代徽州方言的代表。②

近三十多年来，随着我国改革开放政策的深入，城市化进程的加速，大量农村人口涌入城市，各地的方言区有了新的变化。主要表现为普通话的全面推广，而各地方言区的萎缩，例如大量安徽、江西、四川等全国各地农村人口涌入长江三角洲和杭嘉湖地区，从事建筑和服务行业，而服务行业是最为面对大众的。再加上各地中小学长期推广普通话。于是近年来出现了到杭州听不到杭州话，到苏州听不到苏州话，上海孩子不会说上海话的现象。方言的萎缩同时也影响地方戏的发展。于是引起有关方面的注意，开始采取一些保护方言的措施。又如，广东珠江三角洲经济的迅猛发展，使得当地的民工潮高涨不下，大批来自全国各地的民工，意外地在当地推广了普通话。而与此同时，随着广东经济的腾飞，又使得它在全国的地位趋于强势，从而为粤方言的流行，奠定了基础。③ 总之，随着各地区经济的发展，人口的移动，方言区的变化是必然的结果。

第三节　社会人群的地域差异

"一方水土养一方人"，一地的自然条件及人文社会环境，对一方人群的风俗人情、性格行为有着直接的影响。我国地域辽阔，不同地域的自然条件差异很大，经济发展的历程也不相同，人们的社会经历、文化沉淀也不尽相似。因此，在历史时期，不同区域的文化、经济背景，塑造了各地不同的人群的风俗人情和性格行为。

---

① 李如龙：《福建方言》，福建人民出版社 1997 年版，第 248 页。

② 安徽省徽州地区地方志编纂委员会：《徽州地区简志》十三"社会·方言"，黄山书社 1989 年版，第 474 页。

③ 张振江：《珠江三角洲经济发展与文化变迁——以语言为对象》，中山大学出版社，1997 年第 1 期，第 55—59 页。

早在先秦时期，中国人就对各地的人文社会现象给予了特殊的关注。《礼记·王制》篇就指出："广谷大川异制，民生其间者异俗。刚柔轻重，迟速异齐，五味异和，器械异制，衣服异宜。中国戎夷，五方之民，皆有性也，不可推移。东方曰夷，被发文身，有不火食者矣；南方曰蛮，雕题交趾，有不火食者矣；西方曰戎，被发衣皮，有不粒食者矣；北方曰狄，衣羽毛穴居，有不粒食者矣。……五方之民，言语不通，嗜欲不同。"《礼记·王制》篇在这里指出了"五方之民"（即"中国"与"东夷""南蛮""西戎""北狄"四夷）在居处、言语、衣服、饮食等生活方式上的差异，点明了地理环境与人群风俗的密切关系。《汉书·地理志》也说："凡民函五常之性，而其刚柔缓急，音声不同，系水土之风气，故谓之风；好恶取舍，动静亡常，随君上之情欲，故谓之俗。"这也就是说，民情风俗与"水土"之关系，形成不同地域的人文差异。

本节据现有的研究成果，对历史时期不同地域人群的不同风俗人情和性格行为差异的形成和变化，略作概述。

一、元以前中国人群地域差异概述

苏秉琦将已发现的六七千处新石器时代的考古学文化划分为以下几个区系类型：（一）陕豫晋邻境地区（仰韶文化的主要分布区）；（二）山东及邻省一部分地区（大汶口文化和龙山文化遗存比较密集）；（三）湖北和邻近地区，其中又可分为汉水中游地区（仰韶文化的边缘地区）、鄂西地区（大溪文化）和鄂东地区；（四）长江下游地区，分为宁镇地区、太湖地区（马家浜—良渚—青铜文化）和宁绍地区（余姚河姆渡文化）；（五）以鄱阳湖—珠江三角洲为中轴的南方地区，分为赣北地区、北江流域和珠江三角洲一带；（六）以长城地带为重心的北方地区，自东向西可分为以昭盟为中心的地区、河套地区和以陇东为中心的甘青宁地区。

他认为，由于人们活动地域的自然条件不同，获取生活资料的方法各异，其生活方式也就各具特色。如果将中国版图分为面向内陆和面向海洋两部分，则面向内陆的部分，多出彩陶和细石器；而面向海洋的部分则主要是黑陶、几何印纹陶、有段和有肩石器的分布区域，民俗方面还有拔牙的习俗。[1] 据研究，我国新石器时代的墓葬方向（死者埋葬时的头向）在各个地区有着比较明显的差异，[2]这可能反映了

① 苏秉琦：《关于考古学文化的区系类型问题》，《苏秉琦考古学论述选集》，文物出版社1984年版，第225—234页。
② 王仁湘：《我国新石器时代墓葬方向研究》，载田昌五、石兴邦主编《中国原始文化论集——纪念尹达八十诞辰》，文物出版社1989年版，第320—333页。

不同人群各异的生活方式及观念信仰。

李学勤将青铜时代文化划分为七个文化圈:(一)中原;(二)西北;(三)北方,其中又可划分为北方和东北两个亚圈;(四)东方,主要是指山东地区;(五)东南,又可划分为长江下游和东南沿海两个亚圈;(六)南方,指长江中游及其以南;(七)西南。七个文化圈的划分大体上适用于整个商周时期。① 他还以文献和考古成果综合考察,将东周时代的列国划分为七个文化圈,即中原文化圈(地处黄河中游,以周为中心,北到晋国南部,南至郑国、卫国,亦即战国时代的周和不包括赵国北部的三晋一带)、北方文化圈(包括赵国北部、中山国、燕国以及更北的方国部族)、齐鲁文化圈(今山东省境内的齐、鲁和若干小诸侯国)、楚文化圈(长江中游)、吴越文化圈(淮水流域和长江下游,南至南海,东南及于台湾)、巴蜀滇文化圈(今重庆、四川之巴、蜀两国和云南的滇以及西南其他部族)和秦文化圈(以关中为中心的西北地区)。②

司马迁的《史记·货殖列传》,根据自战国至西汉初的自然条件和经济状况,叙述各地的生产、生活及风俗习尚的地域差异,他将全国分为山东、山西、江南、龙门碣石以北(即由黄河山陕峡谷南端向东经中条山、太行山、燕山至渤海湾一线)四大地区。刘向将汉朝全境划分为若干区域,朱赣则按区记述风俗,后为班固辑录于《汉书·地理志》篇末。卢云据此整理出西汉的文化区域可分为关中、巴蜀、齐地、鲁地、楚地、燕地、赵地、韩魏周宋、郑卫、越、西南夷十一个文化区。③ 各个文化区内人群的生活方式,有着相当大的区别。对此,《史记·货殖列传》曾经总结道:

> "楚越之地,地广人希,饭稻羹鱼,或火耕而水耨,果隋蠃蛤,不待贾而足,地势饶食,无饥馑之患,以故呰窳偷生,无积聚而多贫。是故江、淮以南,无冻饿之人,亦无千金之家。沂、泗水以北,宜五谷桑麻六畜,地小人众,数被水旱之害,民好畜藏,故秦、夏、梁、鲁好农而重民。三河、宛、陈亦然,加以商贾。齐、赵设智巧,仰机利。燕、代田畜而事蚕。"

《汉书·地理志下》亦指出:

> "楚有江汉川泽山林之饶;江南地广,或火耕而水耨。民食鱼稻,以渔猎山

---

① 李学勤:《走出疑古时代》第四篇《中原以外的古文化》、第六篇《续见新知》,辽宁大学出版社1997年版,第197、320页。
② 李学勤:《东周与秦代文明》,文物出版社1984年版,第11—12页。
③ 卢云:《汉晋文化地理》结束语《汉晋时期的文化区域及其变迁》,陕西人民教育出版社1991年版,第485页。

伐为业，果蓏蠃蛤，食物常足。故呰窳偷生，而亡积聚，饮食还给，不忧冻饿，亦亡千金之家。信巫鬼，重淫祀……"

"呰窳"也就是贪懒、萎靡不振的意思。南方由于山林富饶，河流湖泊星罗棋布，楚人通过"火耕水耨""渔猎山伐"等粗放式的经营，即能衣食常足，这也就养成了楚人不事力作的生活习俗。这与黄河下游秦、夏、梁、鲁朴实勤农之风，是明显的对照。

在河北中北部，又是另一种侈靡浮夸的风俗民情。《史记·货殖列传》指出："中山地薄人众，犹有沙丘纣淫地余民，民俗慓急，仰机利而食。丈夫相聚游戏，悲歌忼慨，起则相随椎剽，休则掘冢作巧奸冶，多美物，为倡优。女子则鼓鸣瑟，跕屣，游媚贵富，入后宫，遍诸侯。……今夫赵女郑姬，设形容，揳鸣琴，揄长袂，蹑利屣，目挑心招，出不远千里，不择老少者，奔富厚也。"这种民情风俗的形成，当与非农业社会的流动生活习俗和远离齐鲁重农文化影响有关。

从人才分布来看，秦汉时代山东、山西的人文差异颇有历史特色。《汉书·赵充国传》赞语："秦汉已来，山东出相，山西出将。秦将军白起，郿人；王翦，频阳人。汉兴，郁郅王围、甘延寿、义渠公孙贺、傅介子、成纪李广、李蔡、杜陵苏建、苏武、上邽上官桀、赵充国、襄武廉褒、狄道辛武贤、庆忌，皆以勇武显闻。苏、辛父子著节，此其可称列者也，其余不可胜数。何则？山西天水、陇西、安定、北地处势迫近羌胡，民俗修习战备，高上勇力鞍马骑射。故《秦诗》曰：'王于兴师，修我甲兵，与子皆行。'其风声气俗自古而然，今之歌谣慷慨，风流犹存耳。"

秦汉时代的山东、山西，是以崤山、华山和函谷关为界的，故又有"关东""关西"之称。《后汉书·虞诩传》亦称："谚云：'关西出将，关东出相。'"关西地处农耕的汉族与西北游牧部族交错分布的地区，为了应付不同民族之间时常发生的流血与冲突，当地民间"修习战备"，遂形成了勇武善战的区域风俗及剽悍的人群性格。《汉书·地理志下》曰："汉兴，六郡良家子选给羽林、期门，以材力为官，名将多出焉。"所谓六郡，是指陇西、天水、安定、北地、上郡和西河（相当于今山西、陕西、甘肃、宁夏、内蒙古等地）。当时，六郡良家子弟是京师羽林、期门军的主要兵源。至于关东地区，《汉书·地理志下》也说："汉兴以来，鲁、东海多至卿相"，这可作为"关东出相"的一个注脚。鲁（国）治鲁县（今山东省曲阜），辖境相当于今山东省曲阜、滕州、泗水等地；东海郡治郯（今山东省郯城北），西汉末辖境相当于今山东省东南隅及苏北一带。这一带是西汉时期的文化中心地区，经学与仕宦相结合，文化最为发达，出现了许多世代读经的簪缨士族。据杨兆贵的统计，西汉丞相46人，依其籍贯或出生地计，属山东者36人。其中，出相较多的是沛、邹鲁、东海及河内诸郡。其中的鲁国经学人才特别众多,多至丞相,宣帝、元帝以后尤盛。①

"关东出相,关西出将"是一种独特的人群现象,它反映了不同区域风俗背景下所形成的人才地理分布,有着悠久的民俗传承。直到公元四五世纪之交,十六国时期的后秦国君姚兴还对群臣说道:"古人有言,关东出相,关西出将,三秦饶俊异,汝颍多奇士。"②根据卢云的研究,姚兴所谓的"古人有言""关东出相,关西出将"是西汉时期的谚语,而"三秦饶俊异,汝颍多奇士",则当为东汉以来的状况。"三秦"亦即关中地区的别称,这一带在西汉武帝以后,文化迅速发展。及至东汉时期,文化继续保持着发达的状态。而颍川、汝南一带,则后起直追,文化发展较快,公卿、学者、士人辈出,著述丰硕,居于诸郡国之前列。③ 东汉末曹操与荀彧书曰:"颍汝固多奇士。"④不少汝颍士人为当时的军阀混战运筹帷幄。直到东晋,仍有"汝颍之士利如锥"之说。⑤

与"关东出相,关西出将"的人群现象相似,西汉以来,长江上游也有"巴有将,蜀有相"⑥的说法。成都平原的蜀郡在西汉时是文化发达地区,而巴郡东部"人多劲勇,少文学,有将帅材"。⑦

在魏晋南北朝时期,南北地域文化的差异日益明显。北方人具有强烈的文化优越感,《魏书》卷九六《司马睿传》载:"中原冠带呼江东之人皆为貉子,若狐貉类云。巴、蜀、蛮、僚、溪、俚、楚、越,鸟声禽呼,言语不同,猴、蛇、鱼、鳖,嗜欲皆异。"据陈寅恪、周一良等人的研究,魏晋以还,中原人常常咒骂南方人为"貉子"或"貉奴"。⑧ 出于自卑的心理,吴地人士企慕中原,仿效北方的洛下风习。

永嘉之乱以后,晋室东渡,"中州士女避乱江左者十六七",中原士族南迁的侨民与江南的土著之间在相当长的一段时间内,存在着严重的对立情绪。江南土著与渡

---

① 杨兆贵:《论班孟坚"山东出相"说》,《中华文史论丛》第 57 辑,上海古籍出版社 1998 年版,第166—204 页。

② 《晋书·姚兴载记下》。

③ 卢云:《汉晋文化地理》第一章《汉晋时期学术文化的区域特征及其变迁》,陕西人民教育出版社1991 年版,第 66—70 页。

④ 《三国志·魏志·郭嘉传》。

⑤ 《晋书·祖纳传》。

⑥ 〔东晋〕常璩:《华阳国志》卷一《巴志》,刘琳校注,巴蜀书社 1984 年版,第 90 页。

⑦ 同上书,第 83 页。

⑧ 参见陈寅恪《魏书司马睿传江东民族条释证及推论》,载《金明馆丛稿初编》,上海古籍出版社 1980年 8 月版,第 69—106 页;周一良《西晋王朝对待吴人》,载《魏晋南北朝史札记》,中华书局 1985 年版,第72—75 页。

江侨旧的通婚，甚至被视作无异于乱伦。东晋葛洪曾指出江南人慕效洛阳的书法、语言、哀哭和居丧，如"转易其声音，以效北语，……乃有遭丧者而学中国哭者"。① 根据陈寅恪等人的研究，江南士族普遍学习洛阳话。当时，洛阳玄风传播到江南，清谈要说标准的洛阳话，洛阳话成为南朝的官话。南朝士族读书要仿效洛阳书生特有的腔调，称为"洛生咏"。② 与此同时，南朝士大夫鄙夷江淮以北之人，称之为"伧楚"。慧琳《一切经音义》卷六五引《晋阳秋》曰："吴人谓中国人为伧人，又总谓江淮间杂楚为伧。"根据余嘉锡的解释，"伧"是对"鄙野不文之人"的指称，原来并无地域之分，"自三国鼎峙，南北相轻，吴人自负其山川之美，物产之丰，起居被服，自命风流。晋室南渡以后，吴人称呼南渡士大夫为'伧'，而这批中原旧族，居吴既久，习其土风，又转效吴人口吻，称后来南渡者为'伧'。"大抵晋宋以后，凡南人而不能操建康语者，则皆目之为楚云。"③

及至隋朝，虽然南北统一，但由于民俗传承的惯性，各地的风俗仍然纷繁多样。《隋书·地理志》以南北朝后期梁、陈、齐、周和隋五代为论述对象，将隋炀帝时全国190个郡按《禹贡》九州编次，各于州末叙其风俗，其中就有不少对人群现象的描述。比如，冀州"人性多敦厚，务在农桑，好尚儒学，而伤于迟重。前代称冀、幽之士纯如椎[棰]，盖取此焉"，④这是指冀州人士的敦厚持重。又如，"齐郡旧曰济南，其俗好教饰子女淫哇之音，能使骨腾肉飞，倾诡人目，俗云'齐倡'，本出此也"。⑤ 显然，当时的"齐倡"，与先秦两汉时期的"邯郸倡"，几乎可以相提并论。再如，"京口东通吴、会，南接江、湖，西连都邑，亦一都会也。其人本并习战，号为天下精兵，俗以五月五日为斗力之戏，各料强弱相敌，事类讲武"。⑥ 在六朝时期，京口因山为垒，缘江为境，为东南襟要所在，兵家必争之地，故而当时人以之为建业之"门户"。长期的战略要地以及频繁的军事纷争，形成了当地人"习战"的特征以及"斗力之戏"的民俗活动。与江北各地较为发达的经济、文化水准相比较，江南则显得相对滞后："江南之俗，火耕水耨，食鱼与稻，以渔猎为业，虽无蓄积之资，然而亦无饥馁。其欲主鬼神，好淫祀，父子或异居，此大抵然也。……自岭以南二十余郡，大率土地下湿，

---

① 〔东晋〕葛洪：《抱朴子·讥惑篇》，参见唐长孺《读〈抱朴子〉推论南北学风的异同》，《释中国》第二卷，王元化主编，上海文艺出版社1998年版。周一良：《魏晋南北朝史论集》，中华书局1983年版。
② 郑欣：《洛阳玄风与南朝文化》，载《魏晋南北朝史探索》，山东大学出版社1997年版，第498页。
③ 余嘉锡：《释伧楚》，《余嘉锡文史论集》，岳麓书社1997年版，第210—216页。
④ 《隋书》卷三〇《地理志中》。
⑤ 同上书。
⑥ 《隋书》卷三一《地理志下》。

皆多瘴疬,人尤夭折。"

及至两宋时期,南北地域社会的发展,呈现出了更大的分异,各地人群的性格特征愈益明显。明人谢肇淛曾引用《绀珠集》的记载说:"东南,天地之奥藏,其地宽柔而卑,其土薄,其水浅,其生物滋,其财富,其人剽而不重,靡食而偷生,其士懦脆而少刚,笞之则服。西北,天地之劲力,雄尊而严,其土高,其水寒,其生物寡,其财确,其人毅而近愚,食淡而轻生,士沉厚而慧,挠之不屈。""剽"是轻捷、聪慧的意思,与西北之"近愚"形成了强烈的反差。《绀珠集》见宋人《直斋书录解题》卷一一,为朱胜非杂抄诸家传记、小说而成。谢肇淛认为:"此数语足尽南北之风气,至今大略不甚异也。"①北宋时期,南北士大夫相轻之风极为盛行,北人视南方为"下国",而南人则视北人为"伧夫"。②

从南北人文变迁的角度来看,北宋真宗朝的"澶渊之盟"是一个重要的转捩点。陆游在《渭南文集》卷三中说道:"伏闻天圣以前,选用人才多取北人,寇准持之尤力,故南方士大夫沉抑者多。仁宗皇帝照知其弊,公听并视,兼收博采,无南北之异。于是范仲淹起于吴,欧阳修起于楚,蔡襄起于闽,杜衍起于会稽,余靖起于岭南,皆一时名臣。……及绍圣、崇宁间,取南人更多,而北方士大夫有沉抑之叹。"③

在北宋政局中,南方人的地位日趋显著。据张家驹的统计,北宋宰相福建有 10名,仅次于河南居第二位;江西有 6 名,与山东并列第三。司马光曾对宋神宗说:"闽人狡险,楚人轻易,今二相皆闽人,二参政皆楚人,必将援引乡党之士,充塞朝廷,风俗何以更得淳厚?"④虽然不无偏见,但亦可见福建人、江西人(即楚人)等已成为一个特殊的群体,崛起于中国政坛,并为北方士大夫所嫉恨。

在两宋时代,江西人才辈出,及至 11 世纪初,王钦若成了第一个当上宰相的南方人。其他著名的人物还有:临川人晏殊,庐陵人欧阳修和周必大,南丰人曾巩,新余人刘敞,临川人王安石,高安人刘恕,分宁人黄庭坚,鄱阳人洪浩、洪适、洪遵,吉水人杨万里等。江东路的饶州人,在宋代更是相当令人瞩目。在北宋,饶州是神童辈出的地区。当时特设"童子科"(亦称童子举),15 岁以下能通经作诗赋者,应试后给予出身并授官。在这种"学而优则仕"政策的刺激下,社会上涌现出一大批"初当移步来相谒,方及能言便诵诗"的"神童"。宋真宗曾作"七闽山水多才俊,三岁奇童

---

① 〔明〕谢肇淛:《五杂组》卷三《地部一》,上海书店出版社 2009 年版,第 43 页。
② 参见张家驹:《两宋经济重心的南移》,湖北人民出版社 1957 年版,第 133 页。
③ 同上书,第 135—136 页。
④ 〔明〕陈邦瞻:《宋史纪事本末》卷三七《王安石变法》,中华书局 1977 年版,第 335 页。

出盛时"一诗,赐予福建"神童"蔡伯俙。神宗元丰年间,饶州浮梁(今江西景德镇市)"神童"朱天申年仅十二即能背诵"十经",朱天申从弟朱天锡年十岁,也能背诵七经。叶梦得的《避暑录话》曰:"饶州自元丰末朱天锡以神童得官,俚俗慕之,小儿粗能念书,自五六岁即以次教之五经,以竹篮坐之木杪,绝其视听,教者预为价,终一经,偿钱若干,流俗因言饶州出神童。然苦之以至于死者,盖多多也。"

饶州地处鄱阳湖平原地区,嘉祐年间吴孝中所作《余干县学记》曾指出:"饶地沃土平,饮食丰贱,众士来往凑聚,人语有吴楚之音。江之东西冠带诗书甲于天下,江南既为天下甲,而饶人喜事,又甲于江南。"[①]在宋代,饶州不仅是富庶的大州,而且文风也相当繁盛,神童的培养便是士习民风中极端的例子。汪藻的《修德兴县门楼记》称:"自大江以东,岁以士荐于京师者,其州十而饶为最,环饶之境,而德兴为最。"[②]及至南宋绍兴末年,朝士多饶州人。

徐了饶州外,福建和四川两地的人才辈出也受到了世人的瞩目。对此,程民生的《宋代地域文化》一书中,有比较详尽的分析,此处根据他的研究略作概述。朱彧《萍洲可谈》卷三曰:"中州人每为闽人所窘,目为'福建子',畏而憎之之辞。"江西人王安石,被福建人吕惠卿出卖排挤、罢相退居江宁以后,往往写"福建子"三字以发泄胸中之愤怒。四川人苏轼与吕惠卿也是政敌,曾指斥后者:"福建子亦会做文字!"而司马光与吕惠卿曾在宋神宗面前激烈论战。时人评价:"一个陕西人,一个福建子,怎生厮合得着!"对于福建人的性格,当时人认为:"闽士轻狭。"司马光也指出"闽人狡险",并曾说王安石"心术似福州"。对此,程民生认为:"大致都是说福建人有心机,好捉弄人,致使北方人难以应付,不堪忍受,对其又怕又厌恶。"[③]

至于四川人,当时的绰号是"川若直"。黄庭坚指出,中州人因蜀人放诞不羁而称之为"川若直"。"若直是宋代中原地区的俗语,据史料可理解为不规矩、不成熟。换句话说,宋代四川人的习性比较洒脱,有点儿放诞,与中原地区传统的封建礼法不相一致,因而使中原人看不惯,受到蔑视。"[④]

福建与四川两地,当时有"闽蜀同风,腹中有虫"的说法。程民生认为,福建、四川相近之处有以下数点:一是文明昌盛;二是宗教兴盛;三是乡土观念浓郁;四是宗法观念淡薄;五是民间蓄养蛊毒。闽蜀同风,说明了"闽蜀文化已形成咄咄逼人之

---

① 〔南宋〕王象之:《舆地纪胜》卷二三《饶州·风俗形胜》,第2册,第1032页。
② 同上书,第1033—1034页。
③ 参见程民生《宋代地域文化》,河南大学出版社1992年版,第54—55页。
④ 同上书,第54页。

势,对北方以及南方其他地区产生冲击和威胁,引起北方等地的不安"。①

　　蒙古统一全国以后,推行民族歧视政策:第一等为蒙古人,第二等为色目人,第三等为汉人(又称汉儿,概指原金朝境内的各族人,包括汉族、女真、契丹、渤海、高丽人以及附元较早的云南、四川的大部分居民),第四等称为南人(亦称"蛮子""新附人"等),概指原南宋境内的各族人。南人则将前三种人统称为"北人"。当时的"南人"与"北人",在诸如法律、赋役、选举和任官等诸多方面,都享有不平等的待遇。"南北之士,亦自町畦,以相訾甚,若晋之与秦,不可与同中国。"②町畦,是比喻界限或规矩约束。这说明了在元代南人与北人之畛域极为分明。例如,在任官方面,元末明初浙西人叶子奇曾指出:"天下治平之时,台省要官皆北人为之,汉人、南人万无一二。其得为者不过州县卑秩,盖亦仅有而绝无者也。后有纳粟、获功二途,富者往往以此求进。令之初行,尚犹与之,及后求之者众,亦绝不与南人。在都求仕者,北人目为'腊鸡',至以相訾诟。盖腊鸡为南方馈北人之物也,故云。"③腊鸡是指风干的鸡肉。在明代,它成了江西人的地讳(绰号)。这种政策加深了民族矛盾与地区的文化差异。

二、明清以降人文现象的地域特色

　　中国社会到了明代中叶进入了转型时期,其主要表现:一是人口大量增加,根据葛剑雄的研究,明代的人口从洪武二十六年(1393年)的约7 000万,到万历二十八年(1600年)应有1.97亿人。万历二十八年以后,人口峰值已接近2亿了。④ 这对中国的社会影响很大,不少地方由地广人稀变为地狭人稠,传统的生产力难以维持众多人口的生存,于是不少人离开土地,从事其他生计,社会经济出现多元化倾向。二是商品经济的发展,由上一条而诱发大量人口弃本逐末,从事商业及其他有关生计。明嘉靖时人何良俊说:"余谓正德以前,百姓十一在官,十九在田。盖因四民各有定业,百姓安于农亩,无有他志。……自四五十年来,赋税日增,徭役日重,民命不堪,遂皆迁业。……昔日逐末之人尚少,今去农而游手趁食,又十之二三矣。大抵以十分百姓言之,已六七分去家矣。"⑤中国的老百姓从传统的或做官、或种地,

　　① 程民生:《宋代地域文化》,河南大学出版社1992年版,第54—59页。
　　② 〔元〕余阙:《青阳集》卷四《杨君显诗集序》,转引自周良霄、顾菊英著《元代史》,上海人民出版社1993年版,第381页。
　　③ 〔明〕叶子奇:《草木子》卷三上《克谨篇》,中华书局1983年版,第49页。
　　④ 葛剑雄:《中国人口发展史》,福建人民出版社1991年版,第241页。
　　⑤ 〔明〕何良俊:《四友斋丛说》卷一三,《元明史料笔记丛刊》,1959年版,第111—112页。

转变为经济生活的多样化，从而引起了社会文化生活的多样化。于是，不同地区、不同自然环境和不同经济生活而产生的不同社会文化、习俗、道德观念、行为方式的地域差异逐步凸现，这在南方社会尤为显著。这种差异，当时人已经觉察到，晚明谢肇淛就曾指出："天下推纤啬者必推新安与江右，然新安多富而江右多贫者，其地瘠也。新安人近雅而稍轻薄，江右人近俗而多意气。齐人钝而不机，楚人机而不浮。吴、越浮矣，而喜近名；闽、广质矣，而多首鼠。蜀人巧而尚礼，秦人鸷而不贪。晋陋而实，洛浅而愿，粤轻而犷，滇夷而华。要其醇疵美恶，大约相当，盖五方之性，虽天地不能齐，虽圣人不能强也。"①今选择几个典型地区不同的文化习俗以说明之。

（一）京师及其周围地区 明永乐年间迁都北京，使得京师成为五方杂处、各色人等汇集之地，从而形成光怪陆离的人文景观。首先，明初虽然驱逐了蒙元，南风北渐也使得南北风俗的差异逐渐减小，但京师的胡族遗风仍然明显可见。我们从明万历时人沈榜所作的《宛署杂记》卷一七《民风二·方言》中，仍可看出京师方言之独特。这一点，随着定都北京，南方官吏、举子的纷纷北上，而愈来愈明显地表现了出来。由于南方人大批北上，他们与当地妇女广泛通婚和深入交往，对于"京师妇人"的性格特征，也有了深刻的印象。对此，王士性曾指出："都人好游，妇女尤甚。……又嗜辛辣肥酸，其气狂盛，多嗜斗狠，常以酒败，其天性然也。妇人善应对官府，男子则否，五城鞭喧闹，有原被干证，俱妇人而无一男子者，即有，妇人藏其夫男而身自当之。"②这与传统社会中的妇女形象大不一样。其次，北京作为全国的政治中心，集中了庞大的皇室宗族、官僚阶层及其家属，于是为这一大群统治集团服务的各种行业大为兴起，四方人口麕集于此。在北京生活过多年的谢肇淛非常概括地指出：

"燕云只有四种人多：奄竖多于缙绅，妇女多于男子，娼妓多于良家，乞丐多于商贾。"③北京人雇用的女仆，大多以"籍隶京兆各县，尤以三河居多"，④北京市面上走街串巷、挑剃头担儿的，则都是宝坻县（今属天津）人。⑤ 而作衙役、跟班的除了南方人后裔外，大多是保定、天津一带的人，他们见多识广，能说会道，故俗谚有"京油

① 〔明〕谢肇淛：《五杂组》卷四《地部二》，上海书店出版社 2009 年版，第 74 页。
② 〔明〕王士性：《广志绎》卷二《两都》，第 18 页。
③ 〔明〕谢肇淛：《五杂组》卷三《地部一》，上海书店出版社 2009 年版，第 43 页。
④ 逆旅过客编辑，梅花馆主校正：《都市丛谈》一三五"女仆"条，北京古籍出版社 1995 年版，第 172 页。
⑤ 待余生：《燕市积弊》卷三，八三"剃头挑儿"，第 105 页。

子,卫嘴子,保定的狗腿子"的说法。① 此外,北京老米碓房均由山东人开设,称为"山东百什房";翎子铺悉为山西人所开;开茶叶店的都是安徽歙县人;梨园优童则大半来自苏州、扬州一带。② 职业与地域似乎结下了不解之缘。"奄竖"也就是太监。明清定都北京,京畿地区成为宦官辈出之地。其中以出自河间府为最多。明末炙手可热的权阉魏忠贤,就是河间肃宁县(今属河北)人。发展到清代,"阉宦类多河间人"③,"河间太监"亦遂喧声远近。除了"奄竖多于缙绅"之外,"妇女多于男子"也构成明代京师人群现象的一大景观。沈德符还指出:"缙绅羁宦都下,及士子卒业辟雍,久客无聊,多买本京妇女,以伴寂寥。"④

此外,各级衙门中的"书办"多为绍兴人,更是京师当时重要的人群现象。《萧山来氏家谱·叔新兄传略》记载,万历年间,绍兴人大多"走京师图为幕宾,为掾房,为仓场、巡驿、尉簿之属,岁不啻千计"。所谓"幕宾",也就是世人心目中的师爷;而掾房等则是衙门中的绍兴胥吏。中央各部胥吏中,绍兴人占了多数,北京形成了一个胥吏的中心。及至清代前期北京有不少"(绍兴)乡人聚落",也就是绍兴人麇居的小社区,他们大多卜居于邻近于北京的宛平和大兴两县,以便其职业能代代相传。清光绪年间,夏仁虎在《旧京琐记·俗尚》中就曾指出:"都中土著,在士族工商而外皆食于官者,曰'书吏',世代相袭,以长子孙。其原贯以浙绍人为多。"

上述仅举其大要而已,由于四方人士、各色人等集居京城,他们都以各自的习俗进行生活和交往,同时也互相影响,遂使京城的人文景观呈现光怪陆离、色彩斑斓的特色。

(二)山西地区 明代永乐年间迁都北京,山西地近北边。有明一代为了对付漠北的蒙古残余,先后在北方边地设有"九边"。为了解决屯军的军糈配给,推行"开中法",号召各地商人输粟支边。作为报酬,政府给予他们以盐引,让其到指定的盐场支取所值引盐,运往指定地区销售。后来商人为免飞挽之苦,相继在北方边地招民屯垦,就近纳粮上仓。由于山西和陕西一带气候干燥,谷物经年不腐。所以"三晋富家,藏粟数百万石,皆窖而封之;及开,市者坌至,如赶集然。常有藏十数年

① 邓云乡:《"卜居终爱北都好"——我与北京历史风俗》,《万象》第 1 卷第 1 期,1999 年 3 月,第 109 页。
② 《北京梨园掌故长编》,见张长溪编纂《清代燕都梨园史料正续编》,中国戏剧出版社 1988 年版,第 897 页。
③ 〔清〕徐珂:《清稗类钞》第 1 册"阉寺类·受宫"条,第 439 页。
④ 〔明〕沈德符:《万历野获编》卷二三《妇女·燕姬》,中华书局校点本 1959 年版,中册,第 597 页。

不腐者"。这种得天独厚的自然条件，孕育出明代前期商界的两大巨擘之一——山右富商。万历年间，"富室之称雄者，江南则推新安，江北则推山右。……山右或盐，或丝，或转贩，或窖粟，其富甚于新安"。①"山右"也就是山西（商人），而"新安"则指的是席丰履厚的徽州（商人）。史载，"平阳、泽、潞豪商大贾甲天下，非数十万不称富"。② 晋商之崛起，使得山西人群备受世人的瞩目。王士性指出："晋中俗俭朴，古称有唐、虞、夏之风，百金之家，夏无布帽，千金之家，冬无长衣，万金之家，食无兼味。饭以枣，故其齿多黄，食用羊，故其体多肉，其朔风高厉，故其色多黯黑，而少红颜白晳之徒。其水泉深厚，故其力多坚劲，而少湿郁微肿之疾。地有洞，故其房至可避。商有伴，故其居积能饶。"③这段记载，对于山西人的衣、食、住、行、体貌特征，以及从商习俗等，均有极为精细的描摹和透彻的分析。当时，山西商人重点经营的场所是中国北方。由于大批商人、屯戍卫所麋集北方边地，引起了当地社会风俗习尚的巨大变化。谢肇淛就曾指出："九边如大同，其繁华富庶不下江南，而妇女之美丽、什物之精好，皆边塞之所无者，……谚称蓟镇城墙、宣府教场、大同婆娘为'三绝'云。"④大同原是边徼荒镇，因晋商的纷至沓来，才形成了"繁华富庶不下江南"的盛景。

（三）扬州地区　明清时期扬州是长江和运河的交汇点，南北交通的枢纽，两淮盐运的中枢，大批盐商麋居于此。由于盐商聚居及由此汇集的巨额财富，使得扬州城市及周边地区的文化极为发达。清初顺、康之际，王士禛非常敏感地指出："近日地气自江南至江北，而扬州为极盛。"⑤雍正时人李培则引《舆地全览》，称："扬州冲而俗侈，与苏州相仿佛，而饶富过之。"⑥可见，当时扬州的富裕程度已超过了素有"天堂"之称的苏州。两淮盐商财富的汇集，使扬州所在的苏北地区创造出了高度的文化，清代扬州府的进士总数为 348 名，一甲进士总数为 11 名，成为全国最重要的文化地区。

明万历年间，随着两淮盐业的发展，大批盐商鳞集邗上，服务性行业的手工艺人也从四面八方纷至沓来。当时，扬城五方杂处，土著人口仅为侨寓游民的二十分之一。其中以单身男性占绝大多数，再加上扬州地处运河沿岸，四方来往仕宦商贾

---

① 〔明〕谢肇淛：《五杂组》卷四《地部二》，上海书店出版社 2009 年版，第 74 页。
② 〔明〕王士性：《广志绎》卷三《江北四省》，第 61 页。
③ 同上书，第 61 页。
④ 〔明〕谢肇淛：《五杂组》卷四《地部二》，上海书店出版社 2009 年版，第 80 页。
⑤ 〔清〕王士禛：《香祖笔记》卷七，上海古籍出版社 1982 年版，第 137 页。
⑥ 〔清〕李培：《灰画集》第 3 册，卷五"南直"，第 288—289 页。

不断,故而社会上形成了蓄养幼妓的"养瘦马"畸俗。当时,"要娶小,扬州讨",成为大江南北人尽皆知的一句民谚。清代以来,扬州成为当时全国财富最集中、生活最奢靡的城市,从而引起扬州周围地区服务行业也都汇集于此。如"扬州三把刀"也相当著名。所谓三把刀,指的是厨师、理发师和剔脚匠。徐谦芳在《扬州风土记略》指出:"扬地产妓女、佣工、庖人、剃发匠,此亦不必讳也。佣工仅及于海上,余则各省多有之,发匠且达于东瀛。而厨司竟及于欧美。"①总之,明清时期扬州地区上层社会过着穷极奢丽的生活,也影响到下层社会的享乐风气。直至晚清以来,太平天国战火波及扬州,以后又有黄河改徙,漕运停顿,河、漕、盐三大政的骤变,扬州地区的经济文化顿时衰落。

(四)苏州地区　在淮扬盐商崛起之前,苏州一直是江南的文明渊薮,其文化地位为扬州所不及。唐宋以来,"苏湖熟,天下足"以及"上有天堂,下有苏杭"等谚语,就反映了世人对江南特别是苏州的艳羡。然明清以来,苏州地区也是全国赋税负担最重的地区。明人谢肇淛指出:"三吴赋税之重甲于天下,一县可敌江北一大郡,破家亡身者往往有之,而闾阎不困者,何也? 盖其山海之利,所入不赀,而人之射利,无微不析,真所谓弥天大网,竟野之罘,兽尽于山,鱼穷于泽者矣。"然而,尽管苏南赋税之重甲于天下,由于多样化的生产经营方式,使当地在经济和文化上仍然保持着全国领先地位。

明代中叶以后,苏州府的生活水平为全国之最。张瀚《松窗梦语》中指出:"民间风俗,大都江南侈于江北,而江南之侈尤莫过于三吴。自昔吴俗习奢华、乐奇异,人情皆观赴焉。吴制服而华,以为非是弗文也;吴制器而美,以为非是弗珍也。四方重吴服而吴益工于服,四方贵吴器而吴益工于器。是吴俗之侈者愈侈,而四方之观赴于吴者,又安能挽之俭也。"于是苏州人的服饰、发式、器物,以至于举手投足、言谈语气竟成一时风尚。

苏州地区是当时传统文化中心。清乾隆年间,龚炜就曾指出,苏州府旧属七县一州,自清顺治戊戌(1658 年)科状元、常熟人孙承恩,到乾隆丙戌(1766 年)科状元、吴县人张书勋,科状元已达 16 名之多。他认为:"前人谓状元是苏州土宜,信然。"②据研究,明清两代共出状元 203 名,苏州地区有 34 人,其中清代有状元 114

---

① 徐谦芳:《扬州风土记略·风俗》,台湾图书馆编印 1992 年版,第 76—77 页。东台,是清代扬州府的属县。
② 〔清〕龚炜:《巢林笔谈续编》卷下《苏郡状元》。

人,苏州籍状元 27 名,约占四分之一。① 故而到乾嘉时代,"苏州出状元",也为世人所公认。在科举时代,状元是苏州文人中的精英,这也反映了苏州地域文化积淀之深厚。同时苏州地区也是消闲雅玩文化的中心。苏州人悉心讲求生活艺术,并使之日趋精致,为举国上下所企慕:"姑苏人聪慧好古,亦善仿古法为之,书画之临摹,鼎彝之冶淬,能令真赝不辨。又善操海内上下进退之权:苏人以为雅者,则四方随而雅之;俗者,则随而俗之。其赏识品第本精,故物莫能违。又如斋头清玩、几案、床榻,近皆以紫檀、花梨为尚,尚古朴不尚雕镂,即物有雕镂,亦皆商、周、秦、汉之式,海内僻远皆效尤之……"②由于社会物质的丰富和士大夫空闲时间的充裕,社会出现一批专为富贵人家帮闲凑趣的"清客"。他们有一定的文化素养,琴棋书画、饮酒赋诗、丝竹音律、吃喝嫖赌,样样俱精,成为富贵士大夫阶层周围一群帮闲文人。于是苏州地区消闲文化特别发展,"苏州戏子"或"吴门梨园",在清代被称为"状元"之外的苏州又一土产。据沈德符讲述,"近年士大夫享太平之乐,以其聪明寄之剩技。……吴中缙绅,则留意声律"。③ 轻音若丝、流丽悠远的昆腔,成了南戏声腔中的主流形式,形成了"四方歌者皆宗吴门"的局面。我国戏曲的瑰宝——昆腔即产生于此。

总之,明清时期,苏州地区雅、俗文化在全国都占领先地位,它的物质和精神文化对全国产生过重大影响。研究明清文化,苏州地区是具有代表性的典型地区。

(五)浙江地区 明人王士性在《广志绎》中曾论及浙江的风俗,他将浙江全省11 府分为浙东、浙西两大区:"两浙东西以江为界而风俗因之。浙西俗繁华,人性纤巧,雅文物,喜饰罄帨,多巨室大豪,若家僮千百者,鲜衣怒马,非市井小民之利。浙东俗敦朴,人性俭啬椎鲁,尚古淳风,重节概,鲜富商大贾。"而浙东又可因其俗,分为三个亚区:"宁、绍盛科名逢掖,其戚里善借为外营,又佣书舞文,竟贾贩锥刀之利,人大半食于外;金、衢武健,负气善讼,六郡材官所自出;台、温、处山海之民,猎山渔海,耕农自食,贾不出门,以视浙西迥乎上国矣。"他又根据不同自然环境,将浙江人文分为三类:"杭、嘉、湖平原水乡,是为泽国之民;金、衢、严、处丘陵险阻,是为山谷之民;宁、绍、台、温连山大海,是为海滨之民。三民各自为俗:泽国之民,舟楫为居,百货所聚,闾阎易于富贵,俗尚奢侈,缙绅气势大而众庶小;山谷之民,石气所

---

① 胡敏:《苏州状元》,"区域人群文化丛书",福建人民出版社 1996 年版,第 2 页。
② 〔明〕王士性:《广志绎》卷二《两都》,第 33 页。
③ 〔明〕沈德符:《万历野获编》卷二四《技艺·缙绅余技》,中华书局点校本,1959 年,中册,第 627 页。

钟,猛烈鸷愎,轻犯刑法,喜习俭素,然豪民颇负气,聚党与而傲缙绅;海滨之民,餐风宿水,百死一生,以有海利为生,不甚穷,以不通商贩,不甚富,闾阎与缙绅相安,官民得贵贱之中,俗尚居奢俭之半。"①

　　王士性这一段文字十分形象地描述了浙江内部人文地域差异和特色,对我们今天理解浙江地区人文景观起了重要的提示作用。在明清时期的南方社会中,浙江人中对全国具有影响的"泽国之民"杭州人,王士性认为:"杭俗儇巧繁华,恶拘检而乐游旷,大都染南渡盘游余习,而山川又足以鼓舞之,然皆勤劬自食,出其余以乐残日。男女自五岁以上无无活计者,即缙绅家亦然。城中米珠取于湖,薪桂取于严,本地止以商贾为业,人无担石之储,然亦不以储蓄为意。即舆夫仆隶奔劳终日,夜则归市肴酒,夫妇团醉而后已,明日又别为计。"②杭州自南宋以来,就是东南地区的繁盛之区。于是造成"杭州人"悠然自得的生活态度。除杭州人外,在明代,浙江在全国颇具影响的,有"浙(江)兵""钻天龙游"和"绍兴刀笔"(包括绍兴师爷和绍兴胥吏)。

　　所谓"浙(江)兵",即王士性指出:"金、衢武健,负气善讼,六郡材官所自出。"明代金、衢一带的兵源最负盛名。对此,《焚余集》曰:"各处民兵,有可选用,义乌犷悍,壮士颇多。"③义乌属于金华府,明代嘉靖年间,戚继光抗倭,编练新军,就是从义乌招募农民矿工,成为骁勇善战的一支部队。"钻天龙游"指明代与金华府毗邻的浙江龙游人多四出经商。据万历时人王士性描述,"龙游善贾",主要贩卖明珠、翠羽、宝石、猫眼之类的"千金之货",往往只身一人"自赍京师,败絮、僧鞋、蒙茸、缊缕、假痈、巨疽、膏药皆宝珠所藏,人无知者"。④ 当时有"遍地龙游"之说,可见其人数量之多。"绍兴刀笔"即指"绍兴师爷"。民国时人李渔叔曾指出:"清代有所谓绍兴师爷,大抵盛于康乾时,遍布各省县幕府,司刑名、钱谷者,皆若辈为之,至晚清徒众愈多,流品亦愈冗滥矣。"⑤有清一代绍兴人为各级政府的幕友,遍及全国各地,对当时的政治影响极大。此外,浙东学术在明清时代也曾有一时之盛,所谓"浙江学派"对清代学术发展有过重要贡献。

　　总之,浙江地区由于内部地理条件差异,形成不同区域的人文特色。同时,也

　　① 〔明〕王士性:《广志绎》卷四,中华书局点校本1981年版,第67—68页。"罄悦"是比喻学者为文之烦碎。"逢掖"是指读书人所穿的一种袖子宽大的衣服。
　　② 〔明〕王士性:《广志绎》卷四,中华书局点校本1981年版,第69页。
　　③ 〔清〕李培:《灰画集》第6册,卷一一,训练总监编辑编刊,第673页。
　　④ 〔明〕王士性:《广志绎》卷四《江南诸省》,第75页。
　　⑤ 〔民国〕李渔叔:《鱼千里斋随笔》卷下。

由于浙江人独特的活跃性格,遂使这些特色具有全国性的影响。

上文仅列举几个地区的人群特征,约略以示我国辽阔的国土内人文景观的地域差异。如以全国范围论之,则可著一皇皇巨作,非本教材所能承担。

近现代以来,随着中国社会经济结构的变化,以及外力冲击的加剧,因时代的变迁,各地的人文环境及社会经济结构较之传统时代均有很大的变化,社会已日趋多元化,一些人群现象(如"绍兴师爷""徽州朝奉""凤阳乞丐"等)已成为历史陈迹,但与此同时,也产生了多种新的区域文化差异。如京派文化和海派文化的差异,沿海文化与内地文化的差异,北方与南方差异,湖湘文化的兴起,上海十里洋场文化的形成,等等,均为历史文化地理研究的重要课题。

图书在版编目（CIP）数据

中国历史地理概述 / 邹逸麟编著.—4版. — 上海：
上海教育出版社，2023.9（2025.10重印）
ISBN 978-7-5720-1913-5

Ⅰ.①中… Ⅱ.①邹… Ⅲ.①历史地理 – 中国 Ⅳ.
①K928.6

中国国家版本馆CIP数据核字(2023)第163000号

责任编辑　毛　浩
美术编辑　陆　弦

中国历史地理概述（第四版）
邹逸麟　编著

出版发行　上海教育出版社有限公司
官　　网　www.seph.com.cn
地　　址　上海市闵行区号景路159弄C座
邮　　编　201101
印　　刷　上海展强印刷有限公司
开　　本　700×1000　1/16　印张 25.25　插页 4
字　　数　439 千字
版　　次　2024年1月第1版
印　　次　2025年10月第3次印刷
书　　号　ISBN 978-7-5720-1913-5/K·0021
定　　价　108.00 元
审 图 号　GS(2022)4060 号

如发现质量问题，读者可向本社调换　电话：021-64373213